인문예술, 세계를 담다

인문예술, 세계를 담다

대전인문예술포럼

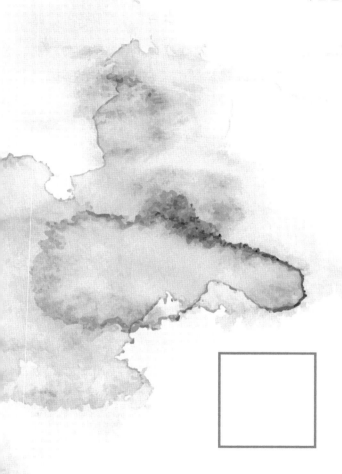

Humanities, Arts, and the World

이담북스

서문 ❖

2000년도 이후 한국 학계를 지배했던 주요 담론은 인문학 위기론, 융복합 연구와 교육, 예술문화 리터러시, 예술 기반 창의성 교육, 로컬리티 인문학 담론 등이다. 이러한 담론의 발생은 크게 네 가지 배경에 기인한다. 첫째, 대학에서 인문학 관련 학과의 전반적인 고사 위기 및 인문학 학문 후속 세대의 급감이다. 둘째, 리버럴 아츠 교육의 중요성에 대한 재인식과 교양 교육의 강화다. 셋째는 글로컬 의식의 확장에 수반하는 현상으로서 세계 지역학 연구의 활성화와 로컬리티 인문학에 대한 자각이며, 넷째는 4차 산업 시대에 대응하는 연구 및 교육적 시도 등이다. 성실한 연구자이자 학술 활동가라면, 이러한 담론이 구름 위의 추상 이론으로 머무르지 않도록 개별 논제와 연구 및 구체적 학술 활동을 통해 그 육화의 전형을 보여주려 노력한다. 이 노력은 시대를 담는 그릇이자 시대를 초월한 보편 가치를 지향하는 인문·예술 탐구자들에겐 일상이며 동시에 소명이다. 여기 대전인문예술포럼이라는 이름으로 모인 연구자들은 한 호흡으로 일상과 소명을 마시고자 하는 사람, 감히 플라톤의 언어로 번역하자면 태양을 향한 영혼의 시선을 가지려는 사람들이라고 할 수 있다.

대전인문예술포럼이 출범한 지 어느덧 3여 년이 되었다. 그동안 우리는 매달 둘째 주 금요일 오후 6시에 하나의 연구 논문 발표와 토론을 2시간 넘게 진행했고, 이어지는 식사 자리에서 학술 연찬을 지속해 왔다. 코로나 사태 이후 월례 학술회의는 비대면으로 진행되었다. 면대면, 비대면의 형식과 관계없이 전공이 상이한 연구자들이 함께 모여 하나의 연구 주제를 가지고 쉬는 달이 없이 꾸준히 발표와 토론을 이어갔다는 것만으로도 대전인문예술포럼은 그 소명을 다하고 있다고 생각한다. 주전공 분과 학회나 전공의 지역 단위 학회는 연 2차나 4차의 학술회를 개최한다. 대전인문예술포럼 회원 선생님들은 관련 학회에 참여하면서도 현 포럼에서 다학제적, 융·복합적 연찬의 기쁨과 함께 이론적 긴장 그리고 지적 자극을 주고받는 사람들이다. 이러한 결실의 하나가 이 책으로부터 시작될 총서 시리즈이기도 하다.

이 책은 20여 명 연구자의 월례 자유 발표문 중 참여 희망 회원들의 논문을 엮은 것이다. 비교적 광범위한 연구 주제를 포괄하는 측면이 있으나, 대전과 인연이 있는 중견 학자와 소장 학자들의 학술

연찬의 장을 공고히 하고 미래로 나아가는 시금석을 놓는다는 의미를 지닌 성과물이라고 자평한다. 2021년도 대전인문예술포럼이 기획한 공동연구 주제는 〈탈진실 시대의 인문예술〉과 〈다시 보는 모더니티, 대전과 그 너머〉이다. 두 개의 큰 주제에 각 6명의 연구자가 매월 연구물을 발표하고 있다. 향후에도 대전인물예술포럼은 시대와 시대정신을 담는 인문·예술 주제 연구를 진행할 것이며 그 성과를 총서로 내놓을 예정이다. 총서 시리즈의 첫 책이 나오기까지 애쓴 분들이 많다. 모든 분에게 감사하다는 말씀을 드린다.

2022년 봄 어느날, 우리 대전인문예술포럼 회원들은 이 책을 통해 우리가 최초로 함께했던 첫 월례 세미나의 신선한 긴장, 학문적 우애의 아름다운 향내, 진리에 헌신하는 영혼의 성장, 그리고 대전인문예술포럼이 내었던 선율을 대전의 어느 거리에서 듣게 될 것이다. 그리고 다시 어느 날 따뜻한 태양 아래서 대전 시민과 인문학과 예술을 노래하게 될 것이다.

대전인문예술포럼 회원 선생님들을 대신하여,

회장 이하준

❖ 차례

제1부

예술론

예술 공론장, 공중 그리고 예술 대중

이하준

1. 들어가면서

우리 사회에서 예술 민주주의, 예술 복지에 대한 담론이 시작된 지도 오래되었다. 크고 작은 지자체에서 예술문화재단을 설립했고, 예술문화 전반에 대한 많은 지원 사업이 추진 중에 있다. 공적 서비스로서 지자체의 주도하에 시민 대상 예술 관련 프로그램이 운영되고 있으며 그 종류도 다양하다. 어지간한 지자체에서는 다양한 목적의 공공미술 프로젝트가 진행되고 있다. 예술 관련 기관에서도 고급예술의 대중화라는 모토하에 시민이 참여하는 이벤트를 개최하기도 한다.[1] 예술 시장의 규모는 지속적으로 성장하고 있으며 예술 작

---

[1] 예술 민주주의는 문화 주권이 보편적 가치임을 전제하고 예술의 공공적 성격을 강화함으로써 실현될 수 있다. 이는 예술 향유 계층의 저변 확대, 예술 창작 과정과 향유에 대한 시민의 참여, 고급예술의 대중화, 공공미술 프로젝트의 형식으로 나타난다. 그러나 다차원적 접근에도 불구하고 2003~2012년 사이의 문화 향수 실태 조사 결과에 의하면, 이와 관련한 의미 있는 진전이 없는 것으로 나타났다(김웅천, 김재범, 2014, p.6).

품 수집가도 늘어나는 추세이다. 또한 온·오프라인에서 시민에 의한 자율적인 예술 관련 커뮤니티가 구성되어 활발하게 활동하고 있다. 질적인 문제와 무관하게 공적 영역과 사적 영역에서 예술 공론장이 작동하고 있다고 평가할 수 있다. 위에서 언급한 현상들은 문화예술 시대의 개막이나 예술의 민주주의 실현 과정이라고 말할 수 있다. 이와 같은 지형에서 오늘날 예술 공론장의 양상과 성격 및 기능, 공론장에 참여하는 소위 예술 대중의 문제, 그리고 공론장의 안과 밖의 구조와 원리에 대해 생각해 볼 필요가 있다.

이 글은 이러한 질문에 본격적인 답변을 하기 위한 예비적 단계로서, 하버마스의 예술 공론장 논의와 단토를 거쳐 디키로 이어지는 예술계 개념을 비판적으로 비교·분석하고 두 이론의 관점에서 새로운 예술 공론장이라 볼 수 있는 사이버 공론장의 제 문제를 고찰하고자 한다. 주지하다시피 하버마스는 예술 공론장을 문예적 공론장의 하위 범주로 보고 문예적 공론장의 형성, 기능, 역할 및 그것의 붕괴를 사회구조의 변화와 연동해 규명하였다. 이러한 작업은 엄밀한 의미에서 문예적 공론장이 사회구조 변동의 종속 변수라는 인식에 근거한다. 하버마스가 사회학적이고 역사적인 관점을 통해[2] 예술 공론장의 문제를 규명했다면, 그의 시각에서 특수한 의미의 예술 공론장을 전개한 단토와 디키는 하버마스처럼 예술 공론장의 구조 변동 자체를 탐구하는 일종의 사회학주의에 반대한다. 철학으로서의 예술, 예술계 개념을 제안한 단토와 디키는 예술 작품의 고유성

---

2 Habermas(1990); 하버마스(2001), p.57 참조.

과 진리성을 탐구하는 전통적인 미학만이 아니라 하버마스와 같이 예술과 사회(구조) 관계에 초점을 맞추는 '강한' 예술사회학적 방법론을 거부하며, 예술 공론장에서의 담론의 합리성에 관심을 두지 않았다. 이 글에서 필자가 중점적으로 다루고자 하는 바는 첫째, 하버마스와 단토, 디키가 전혀 다른 예술 개념을 가지고 있다는 점, 둘째, 예술 공론장의 공중과 예술계의 대중 간의 다면적인 질적 차이, 셋째, 온라인 및 개인 미디어를 매개로 한 새로운 예술 공론장의 성격과 그 속에서 예술 대중의 문제이다. 마지막으로 하버마스와 단토, 디키의 논점이 수정 및 상호 보완될 때 더 풍부한 논의가 될 수 있다는 것을 밝힐 것이다.

2. 문예 공론장과 예술 공론장

19세기 초에 들어 과시적 공론장이 종말을 고하고 "과시적 공공성과는 아무런 공통점이 없는 다른 공공성의 담지자"[3]들이 등장한다. 그 공공성의 담지자들은 독서 공중이며 이들의 등장과 함께 부르주아 공론장이 형성된다. 이 부르주아 공론장은 "공중으로 결합된 사적 개인들의 영역"에[4] 해당하며, 전부 부르주아적인 것과 달리 공적인 것과 사적인 것의 구분을 전제로 한다. 공론장의 물리적 공간은 커피하우스, 살롱, 만찬회 등이다. 구성원은 일부 귀족과 독서

---

3   Habermas(1990); 하버마스(2001), p.78.
4   Habermas(1990); 하버마스(2001), p.95.

공중이며 이 공론장은 '독서와 능력을 지닌 구성원들의 토론의 조직화'에 의해 운영된다. 이와 같은 공론장에서 소설, 철학적 저서, 예술 작품, 음악 등 모든 것이 토론에 부쳐졌다. 하버마스는 이것을 문예적 공론장이라 칭했다. 문예적 공론장은 지위 자체가 배제된 사회적 교제, 과거 의문시되었던 문제의 주제화, 공개성의 원칙을 그 특징으로 한다. 문예적 공론장의 참여자는 기본적으로 소유와 교양을 전제로 한다. 소유는 단지 문예적 공론장에 자유롭게 참여가 가능한 물적 조건의 소유만이 아니라 정보와 지식의 소유 및 교육받은 사적 개인의 문예 이해로 파악할 수 있는 교양을 의미한다.[5]

하버마스는 개별적 관심에 따른 독서와 개인 고유의 자기 해석을 시도하는 부르주아 공론장을 '근대적 주체의 원천'으로 평가한다.

> 열정적으로 자기 자신을 주제화하는 공중이 사적 개인들의 공적 논의를 통해 상호이해와 계몽을 추구하면서 갖게 된 경험은 말하자면 특유한 주체성의 원천으로부터 발생한다.[6]

이와 같은 공론장은 넓은 의미에서 문예적 공론장이며 예술을 토론의 주제로 삼는 경우 좁은 의미의 예술 공론장이라 지칭할 수 있다. 하버마스는 예술 공론장에서 '공중'의 발생을 음악회, 박물관, 회화와 관련해 간단히 스케치한다. 그에 따르면 18세기 말까지 모든 음악은 과시적 공공성의 기능을 수행하였다. 즉 '예배의 경건함과 품위,

---

궁정의 축제 모임'을 위한 실용적인 음악이었다. 하버마스의 지적처럼 바로크 음악이나 근대 초의 음악은 대부분 종교 예배를 위한 음악이거나 왕이나 귀족의 주문에 의해 만들어진 것이었다. 이 시기는 궁정 음악가나 궁정악단의 단원이 되어야만 음악가로서 생존할 수 있던 시대였으며 이때 음악은 '관리되는 궁정 예술의 한 장르'였다.

모차르트는 하이든, 바흐, 헨델 등과 같이 궁정 음악가나 교회 오르간 연주자로 활동했으나 그 어떤 작곡가보다도 '관리되는 음악'에 대해 가장 민감하게 저항했던 인물이다. 이 점은 흔히 알려진 '모차르트'와 전혀 다른 모습이다. 노베르트 엘리아스는 모차르트를 "시민계급 출신의 국외자로서 궁정에 근무하면서 놀랄 만한 용기로 자신의 귀족 고용주와 위임자를 상대로 저항 운동"을[7] 벌였던 인물로 평가했다. 모차르트의 저항이란 궁정 귀족의 취향에 맞는 음악이 아니라 자신만의 음악을 위한, 자신과 같은 음악인들을 옥죄는 사회 예술적 구조에 대한 저항을 의미한다. 모차르트는 음악 담당 하인으로 취급받는 것에 대한 모멸감, 귀족의 추천서 요구에 대한 내면적 분노와 천재로서 정당한 사회적 대우를 받지 못하는 것에 대한 불편한 감정 그리고 궁정 취향의 작곡(〈F장조 협주곡 KV459〉 등)의 불가피성에 대한 분노를 드러냈다. 엘리아스가 말하듯이 모차르트의 그러한 의식은 강한 평등 의식, 자유 예술가로서 궁정적 사회질서와 갈등하는 데서 비롯됐다.

〈돈 조반니〉도 그러한 대립의 모차르트적 반영이라고 볼 수 있다.

---

7   엘리아스(1999), p.21.

하버마스는 18세기 궁정 사회에 의해 관리되는 음악(예술)에 대해 자세히 논하기보다는 예술 공론장에서 과시적 공공성이 어떻게 드러났는가에 대해 간단한 언급을 하는 데 그치고 있다. 그런데 "18세기 말까지 모든 음악이 과시적 공공성의 기능에"[8] 종속되어 있다는 하버마스의 주장은 엄밀한 의미에선 오류이다. 엘리아스의 지적에 따르면 베토벤은 모차르트와 달리 궁정 사회로부터 자유로웠으며, 자유 예술가로서 자기 스타일의 작곡을 할 수 있었다.[9] 엘리아스 시각의 옳고 그름은 상대적 자율성의 범위와 정도의 문제로 수렴한다. 그의 주장이 완전히 옳다고 할 수는 없으나 하버마스의 입장처럼 당시 모든 음악을 과시적 공공성의 범주로만 파악할 수 없는 것은 분명하다.

하버마스는 회화가 음악과 비교할 수 없을 만큼 격렬한 공론장을 형성했다고 말한다.[10] 그는 이 공론장이 대략 1670년대 형성된 것으로 파악한다. 하버마스는 회화가 화가 길드, 궁정과 교회 교원으로 벗어나면서부터 비로소 자유 예술이 될 수 있었으며 '시장을 위한 예술 상품'의 성격을 갖게 됐다고 말한다. 미술사적 측면에서 보면 하버마스의 주장은 상당 부분 옳은 지적이다. 17세기 초반 네덜란드에서는 신흥 중산층의 주문에 따른 집단 초상화가 유행했다. 이 시기의 대표적인 집단 초상화 화가로는 프란스 할스Frans Hals, 바르톨로메오 반 데르 헬스트Bartholomeus van der Helst 등이 있으며, 주지하

8　하버마스(2001), p.111.

9　엘리아스(1999), p.59 참조.

10　하버마스(2001), p.112.

는 당대 최고 화가인 렘브란트 하르먼손 판 레인Rembrandt Harmenszoon van Rijn의 〈야경〉도 집단 초상화의 대표작으로 들 수 있다. 그는 고흐만큼이나 자화상을 많이 그린 화가이며 고흐와 달리 유년기에서 말년까지 자신의 자화상을 지속적으로 그린 화가이기도 하다.

필자가 보기에 하버마스가 예술 상품으로서의 공론장의 형성 시기를 17세기 말로 보는 것은 타당하지 않다. 네덜란드의 경우 대중 미술 시장이 17세기 초에 형성되었다. 게다가 당시 회화의 제작 방식을 생각한다면 더욱더 그렇다. 당대 화가 중 루벤스는 특정한 작품들의 제작할 때 100여 명에 가까운 도제들과 공동 제작을 했으며, 잠재적 구매자들을 위해 자신의 공방에서 작업 과정을 공개하기도 했다. 루벤스나 렘브란트가 미술품 수집가였다는 점도 상기할 필요가 있다. 이런 점들은 하버마스가 추정하는 것보다 이른 시기에 회화에 대한 공론장이 형성되었다는 것을 말해 준다.[11]

3. 예술에 대한 비전문가들의 판단의 제도화와 예술의 공론장

하버마스는 예술 공론장을 예술에 대한 비전문가들의 판단의 제도화와 연관시킨다. 다시 말해 초기 예술 공론장은 비전문가들의 예술에 대한 담론에서 시작되었다는 것이다. 여기서 먼저 비전문가가 누구인가를 따져 봐야 한다. 비전문가는 한마디로 말해 예술에 대한 권위자나 전문 비평가를 의미하지 않는다. 하버마스적인 의미에서

---

11   이하준(2013), p.146 이하 참조.

비전문가는 예술에 대한 취향과 선호하는 예술 작품을 선택하고 예술에 관하여 판단할 능력이 있는 사람, 예술과 관련된 담론에 사적 개인으로서 참여하는 사람을 말한다. 비전문가들은 음악 서클 등 새로운 예술 공중으로서 분야마다 자신들만의 서클을 만든다. 하버마스가 말하는 예술에 대한 비전문가들의 판단의 제도화는 '2단계 제도화'라고 봐야 한다.

일차적인 의미의 제도화는 앞서 언급한 바와 같은 사적 개인들의 예술 클럽 조직을 의미한다. 하버마스는 이것을 '비전문가적 판단의 조직화'로 표현한다. 2단계 제도화는 문학 비평, 음악 비평, 연극 비평 등 예술문화 비평지, 정기 간행물의 등장을 가리킨다. 이 2단계에서 예술 비평가는 특별한 위치를 점유한다. 18세기 당시 디드로와 같은 예술 비평가는 직업적으로 예술 비평을 하는 비평가는 아니었지만, 살롱, 커피하우스에 드나드는 공중이 그와 같은 사람들을 경청하는 결과를 가져왔고 예술 비평가들은 '작품 자체의 전문적인 비평'을 제공했다. 이런 의미에서 예술 비평가는 '공중의 대리인이자 공중의 교육자'로 기능했다.

여기서 '비전문가적 판단의 조직화'인 예술 공론장의 성격에 대해 살펴보자. 하버마스에 따르면 전문 비평가들이 등장하기 이전의 예술 공론장은 사적 개인 간의 예술에 대한 정보의 공유와 상호 학습의 장이었다. 공론장의 참여자들은 예술 서적을 읽고, 낭독하며 토론한다.[12] 그 소재는 편지, 신문의 예술 관련 기사, 예술 관련 에세

---

12 문예적 공론장이든 예술 공론장이든 정치적 공론장이든, 공론장은 '합리적인 생활세계'에 토대로 의사소통 이해 능력, 자유 토론, 민주적인 의사소통과 공론화의 보장 등을 전

이 등이다. 이것은 먼저 비전문가인 담론의 참여자가 예술 서적과 예술 작품과의 대화를 통해 그 대화의 주인공이 되는 것을 전제한다. 하버마스는 이러한 형식의 공론장의 작동 방식을 '상호 계몽의 과정'이라고 언명했다.

> 공중도 철학, 문학, 예술을 비판적으로 습득하는 과정을 통해 비로소 스스로 계몽할 수 있게 되며 스스로를 계몽의 살아 있는 과정으로 파악할 수 있게 된다.[13]

이러한 의미에서 예술 공론장은 사교적 대회 모임과 그 성격을 달리한다. 예술을 둘러싼 단순한 사교 모임과 달리 예술 공론장은 예술적 주제에 대한 자유로운 선택과 자율적 판단이 내려지는 장이다. 그러한 것은 '합리적 의사소통의 과정'을[14] 통해 이루어진다. 한마디로 예술 공론장은 비전문가들의 예술에 관한 토론과 그에 대한 더 나은 논증의 힘에 의해 작동하는 장을 말한다. 주지하다시피 위의 언급에서 말하는 예술 공론장에서 의사소통적 합리성의 단서들은《인식과 관심》에서 그리고 그 확장은〈의사소통 능력이론에 대한 예비적 고찰〉을 거쳐《의사소통 행위이론》에서 명료화된다.[15]

제로 한다. 여기에 대해서는 하버마스(2007), p.655 참조.

13 하버마스(2001), p.115.

14 전석환, 이상임(2012), p.402 참조. 이들은 여기서 문예적 공론장의 논의의 성격이 후기 저작인《의사소통 행위이론》에서 어떻게 변형·유지되는가를 논증한다.

15 Habermas(1968); Habermas(1971); Harbermas(1981).

4. 문예적 공론장과 예술 공론장의 붕괴

예술 공론장의 붕괴를 논하기 이전에 먼저 문예적 공론장의 붕괴 원인에 대해 살펴보자. 하버마스는 19세기 중반 이후 문예적 공론장이 붕괴되었다고 말한다. 물론 여기에는 좁은 의미의 예술 공론장도 포함된다. 그는 문예적 공론장의 붕괴 이유를 크게 몇 가지 차원에서 분석한다.

첫째는 부르주아 가족의 구조 변동이다. 하버마스에 따르면 이전의 중산층 핵가족은 독서와 그것을 통한 교육을 통해 문예적 공론장으로 진입하는 전초기지 역할을 했지만, 그 이전의 전통적 교육을 모방하는 방향으로 가족 구조가 변동됐다는 것이다. 부르주아적 공론장으로서의 문예적 공론장이 탈공론화한 핵심적 요인은 부르주아적 가족의 삶이 갖는 물질적 생산으로부터의 자유에서 오는 내향적 삶이 대상화된 노동의 세계 속으로 편입되었기 때문이다. 이제 가족 영역은 비어 있는 영역, 여가 시간을 어정쩡하게 사용하는 공간이 되었다.[16] 둘째는 붕괴의 또 다른 근거는 독서 공중에 의해 움직이던 살롱 문화와 클럽 등의 해체이다. 하버마스는 20세기 들어 정치적 공론의 장으로 진화했던 문예적 공론장에서 정치적 담론마저 실종, 탈정치화됨으로써 공공적 의사소통의 장인 부르주아적 공중이 더는 형성되지 않게 되었다고 진단한다. 문예적 공론장의 탈정치화는 정치적 토론의 공적 성격이 사라지고 문예 담론이 주로 사적 관계인 친구, 이웃, 가족이나 유사성을 발견하는 집단에 한정된다는

---

16 구드(2015), p.52 이하 참조.

데서 찾을 수 있다.

　세 번째는 제한적으로 유지되었던 공공적 담론의 성격 변화이다. 이러한 성격 변화는 공공적 담론이 공공의 참여에 의한 장의 성격을 벗어나서 출판사, 방송사나 기타 조직에 의한 유지 및 '관리되는 대화'로 변질되었음을 의미한다. 하버마스에 따르면 그 관리의 형식은 연 단위의 전문적 대화, 공개 토론, 원탁회의 쇼의 형식으로 나타난다. 이제 문예적 공론장에서의 토론은 상품 형식을 띠게 되며 형식화된다. 하버마스는 의례적인 문제 제기, 연출된 게임의 법칙으로서의 찬반 입장, 공개 논쟁에서의 쟁점에 대한 갈등이 개인 간의 갈등 문제로 환원되는 방식으로 토론이 조직화되며 관리된다고 말한다. 마지막으로 하버마스는 문예적 공론장의 붕괴 원인을 독서 공중의 광범위한 확장에서 찾는다. 저가의 대중지와 소위 황색 저널리즘의 득세는 역설적으로 부르주아 중심의 문예적 공론장을 붕괴시키는 방향으로 전개되었다는 것이다.

　하버마스는 대중지가 '확장된 공론장'을 만들어 냈지만, 문예적 공론장의 정치적 성격을 사라지게 했으며, 그러한 공론장의 탈정치화가 정치를 논의하는 신문들의 영향력까지 축소시키는 결과를 야기했다고 진단한다. 대중지의 탈정치화는 뉴스 보도와 사설의 오락적 요소 강화, 정치 관련 기사 비율의 축소, 스포츠, 재난, 사고와 같은 흥미 위주 및 선정적 주제의 지속적인 노출 등의 형식으로 나타난다. 이러한 공론장의 탈정치화는 결국 '오락적 소재의 혼합물'이라 할 수 있으며 이를 통해 '비판적 거리 두기'를 어렵게 만든다. 뉴 미디어의 방송 프로그램은 '말대꾸하지 말라', 즉 수신자의 적극적 반응과 반론 기회를 제거한다. 이것은 공중으로 하여금 비판적 거리와 성숙을 위한 거리 두기를 제거한다. 이러한 방식으로 독서 공중의 비판적 토론 능력이 서서히 사라지게 된다. 하버마스의 시각에서 대중 매체가 관리하는 비정상적으로 확장된 공론장은 '표면상의 공론장', 즉 사이비 공론장에 불과하다.[17]

사실 공론장에서 관리되는 대화와 토론에 대한 하버마스의 분석은 지나치게 평면적이다. 부르주아 중심의 문예적 공론장의 붕괴에 대한 하버마스의 주장과 관련해 그가 말하는 가족 구조의 변동을 좀 더 들여다봐야 한다. 과연 하버마스의 주장처럼 부르주아 가정 대부분에서 독서 공중으로서 능력을 지닐 수 있게 하는 교육이 이루어졌는지 물어봐야 한다. 교육은 이루어졌지만, 가족 구성원 내에서라기보다는 가정 교사에 의한 독서 공중의 탄생을 고려해야 한다. 또한 그 교육이 과연 문예를 중심으로 이루어졌는지도 검토해 봐야 할 것이다. 두 번째 원인과 관련해 살롱 및 클럽과 같은 근대적 공론장의 물리적 공간의 축소가 공론장의 사회적 붕괴에 있어 반드시 직접적인 원인이 될 수 있는지 의문이다. 영향을 줄 수는 있지만, 하버마스의 주장처럼 필연적인 인과관계가 성립한다고는 볼 수 없다.

주지하다시피 오늘날처럼 사이버 공론장이 활발한 상황에서 물리적 공간을 점유했는지, 그렇지 못했는지는 공론장 자체의 중요한 붕괴 요인이 되지 않는다. 20세기 이후 부르주아적 공론장에서의 정치 담론 실종에 대해선 이론의 여지가 있을 수 있다. 하버마스가

---

17 전석환, 이상임(2012), p.400 참조.

분석하는 서구의 경우와 달리, 우리의 경우 군부 독재하에서 권력에 의한 정치적 담론의 실종 시기를 제외하면 해방 이후 극단적인 이념 논쟁과 민주화 이후의 진영 논리 등 그 형식과 내용만 변해왔을 뿐 정치 공론장은 명맥을 유지해 왔다고 볼 수 있다. 실제로 우리 사회만큼 정치 담론이 끊이지 않고 재생산되는 사회도 보기 드물다.

하버마스가 말하는 공공적 담론의 성격 변화는 충분히 동의할 만하다. 비록 대안 언론과 그 밖의 대항 매체들이 활동하지만, 공론의 장 자체가 관리되고 기획되는 측면이 강하기 때문이다. 대중지에 의해 확장된 공론장의 성격 변화에 대한 하버마스의 분석은 굳이 구체적인 사례 분석을 제시하지 않아도 즉각적으로 동의할 수 있는 주장이다. 사실 그의 주장은 비판이론 1세대인 호르크하이머나 아도르노의 분석, 부르디외 등 비판적 미디어론자들의 분석과 큰 차이가 없다. 하버마스의 분석을 지지하는 최적화된 사례가 우리의 미디어 생태라고 할 수 있다. 한국 방송을 지배하는 시청률 지상주의는 토론 방송이든 시사 관련 방송이든 모두가 '복합 오락화'로 귀결하는 원인이다. 메이저 공중파나 종편의 방송 콘텐츠는 소위 먹방, 신변잡기, 음식, 오디션 프로, 스포츠, 정치 평론으로 채워진다. 하버마스가 말하는 문예적 공론장을 형성할 만한 프로그램은 '끼워 넣기식'이거나 시청이 어려운 시간대에 편성된다. 결국 공중을 형성하기 어렵게 환경이 관리되는 것이다.

예술 공론장의 붕괴 원인에 대한 분석은 문예적 공론장의 붕괴 논리와 그 궤를 같이한다. 하버마스는 예술 공론장의 붕괴 원인을 '문화와 예술을 논의하는 공중에서 문화를 소비하는 단순한 공중으로의 변화'에서 찾는다.

> 문화를 논의하는 공중으로부터 단순히 그것을 소비하는 공중
> 으로 변화하는 과정에서 과거 정치적 공론장과 구별될 수 있었
> 던 문예적 공론장은 그 특유의 성질을 상실한다. 대중매체에 의
> 해 보급된 문화는 말하자면 통합의 문화이다. (중략) 동시에 이
> 문화는 광고적 요소들을 흡수할 만큼 탄력적이다.[18]

하버마스는 문화를 논의하는 공중에서 문화를 소비하는 공중으로의 전환을 이끈 촉매가 대중매체이며, 특히 텔레비전의 역할이 크게 작용한다고 평가한다. 이와 관련해 그는 새로운 대중매체가 미국에서 교육 수준이 낮은 하위 계층에 광범위한 영향을 미쳤다는 사실에 주목한다. 그럼에도 부르주아 교양 계층의 예술문화적 역할과 예술 공론장이 완전히 해체되었다고 보기는 어렵다. 하버마스의 시각에서 이것은 예술을 둘러싼 부르주아적 공중과 문화예술의 단순한 소비자로서의 공중 사이의 균열과 거리를 의미한다. 이제 예술 공론장은 비판적인 소수의 예술 전문가와 준전문가 그룹 내에서만 형성된다. 예술에 관한 토론과 담론 능력을 잃어버린 공중은 소비하는 대중으로 전락했고, 그들에게 예술은 상품 이상이 되지 않는다.

필자가 볼 때 예술 공론장의 붕괴 논제는 예술의 물화(상업화)가 가져오는 결과로서 예술의 종말에 관해 이야기한 아도르노의 논리적 구성과 크게 다르지 않다. 아도르노가 예술의 진리성의 차원에서

---

18   하버마스(2001), p.286.

문제에 접근했다면, 하버마스는 그러한 양상의 변화를 공중의 공론장의 변화라는 측면에서 봤다고 볼 수 있다. 한편 하버마스가 말하는 예술 공론장의 붕괴는 단토나 디키가 제안한 예술계artworld 개념과 서로 공유하는 지점이 있다. 하버마스가 예술의 구조 변화에 초점을 맞추었다면, 단토나 디키는 예술 내부의 특유한 공론장의 구성에 대해 논의를 전개한다고 봐도 무방하다. 이것을 확인하기 위해서는 예술계 개념을 검토해야 한다.

5. 예술 공론장에서의 예술과 단토와 디키의 예술 개념

단토와 디키의 예술계 개념과 하버마스의 예술 공론장 논의를 비교 분석하기 위해서는 먼저 예술 개념에 대한 논의가 선행되어야 한다. 부르주아 예술 공론장에서 비전문가들의 예술 담론 논의에서 전제된 예술 개념은 재현으로서의 모방론을 벗어나지 못한다. '예술이 무엇인가'라는 질문을 던졌을 때 처음 등장하는 대답이 바로 모방론이다. 플라톤에서 시작해 취미론 등장 전까지 모방론은 그 질문에 대한 유일한 대답이었다. 낭만주의의 등장과 함께 모방론에 반발해 등장한 것이 예술표현론이다. 고전주의 회화는 단지 재현론에서만 이해되는 예술이다. 예술표현론은 예술가의 감정과 정서의 표현 그리고 예술가, 예술 작품, 감상자의 관계라는 관점에서 예술을 정의하며, 톨스토이, 콜링우드, 크로체 등으로 대표된다.

그러나 예술표현론은 추상화, 가령 색면 추상이나 기하 추상 등을 설명할 수 없다. 이는 감정과 감정의 감염과 같은 표현론의 개념으로는 설명할 수 없으며, '형식'을 이해해야 한다. 그래서 등장한 것이 예술형식론이다. 그런데 형식론적 관점은 뒤샹의 〈샘〉이나 개념 미술, 미니멀리즘 등의 작품을 예술로 이해하는 데 있어 한계가 드러난다. 이 난점을 극복하고자 제시된 것이 예술 정의 불가능론이다. 모리스 와이츠는 가족 유사성과 창의성 개념을 통해서 자신의 예술 정의 불가능 테제를 전개했다.[19] 이후 와이츠의 예술 정의 불가론에 대한 비판과 대안으로 제시된 예술론이 만델바움의 비판을 자기 관점에서 발전시킨 단토의 예술계론과 디키의 예술제도론이다.

군이 여기서 '예술이란 무엇인가'라는 답변의 역사를 기술하는 것은 예술 공론장 논의에서 하버마스가 말하는 예술이 모방론에 기초하고 있으며, 그는 자신이 상정한 예술 공론장의 붕괴 시점에서 등장했던 당대의 지배적인 예술 개념을 수용하지 않았다는 점을 부각하기 위해서다. 단토는 하버마스식의 분석 관점, 즉 부르주아적 예술 공론장에서 '진정한 예술의 본질과 가치', '좋은 예술과 나쁜 예술'과 같은 주제에 대한 담론의 사회학적 탐구와 전혀 다른 차원에서 자신의 예술론을 전개했다. 단토 식으로 표현하면, 하버마스가 〈브릴로 상자〉 이전의 예술 공론장의 구조 변동을 다룬다면 단토 자신은 〈브릴로 상자〉 이후의 예술 문제를 논한다. 다른 말로 하버마스가 말하는 부르주아의 예술적 공론장과 그것에 참여하는 공중은 회화와 조각이 예술이며, "어떤 특정한 시각적 속성"을[20] 가진 것이 예술 작품이라는 믿음을 전체로 하는 커뮤니티이다. 그런데 단토는

---

19   이하준(2013), p.79 이하 참조.
20   Danto(1997); 단토(2004), p.63.

그러한 전제를 다 버리고 '예술의 종말'을 선언한다. 전통 미술의 종말은 "무엇이 그것을 예술로 만들어 놓는가"라는[21] 근본적인 문제를 제기한다. 이것은 '예술 자체의 본성'에 대한 근본적인 탐구이다.

단토는 "무엇인가를 예술로서 보는 것은 눈으로 알아낼 수 없는 무엇 - 예술론의 분위기, 예술사에 대한 지식 - 즉 예술계artworld가 필요"하다고[22] 말한다. 이것은 곧 "브릴로 회사 사람들은 왜 예술 작품을 제작할 수 없는지, 그리고 왜 워홀은 예술 작품을 만들 수밖에 없는지"를[23] 설명해 준다. 앤디 워홀Andy Warhol의 〈브릴로 상자〉나 개념 미술이 말해 주는 것은 예술과 사물의 경계가 불분명하다는 것이다.[24] 이 모호함을 해결하는 단토의 방법은 사고의 전환, 곧 철학적 시각으로 전환하는 것이다. 철학적인 분석만이 예술인가, 사물인가를 구분 지을 수 있다.[25] 이 점에서 예술은 하나의 철학이 된다. 워홀의 브릴로 상자를 예술로 만드는 것은 결국 예술론이다. 그 예술론

---

21 Danto(1964); 단토(1997), p.189.

22 Danto(1964); 단토(1997), p.196.

23 Danto(1964); 단토(1997), p.197.

24 단토는 음악과 소음의 구별, 무용과 몸동작의 구별, 문학과 글쓰기와의 구별 역시 워홀의 예술에 대한 물음과 같은 시점에 발생하였다고 말한다.

25 단토와 달리 하버마스는 철학으로서의 예술, 예술에 대한 철학적 담론, 철학적 미학의 가능성을 부정한다. 그에 따르면 예술은 경험적이며 필연적인 논리적 범주에서 벗어난 우연성을 함축한다. 이 문제에 관해 벨머와 하버마스는 같은 입장이다. 사실 의사소통적 이성, 화용론적 관점에 초점을 맞추면 이성훈의 주장처럼 의사소통적 합리성과 예술은 대립적이다. 그러나 전석환의 주장처럼 예술 공론장과 의사소통적 이성 간의 연결 고리를 찾아낼 수 있는 이상 예술 공론장에서 표현의 진실성과 관련된 특수한 의사소통의 형식으로서의 예술 개념을 도출하는 것 역시 어렵지 않다. 예술은 아도르노의 경우만이 아니라 특수한 형태의 '언어'이며, 그 타당성 표현의 진리성에 있다. Harbermas(1985), pp.64, 244 이하, 252; Adorno(1998), pp.193, 268 이하; Wellmer(1985), p.36; 이성훈(1999), p.17 참조.

이 없다면 브릴로 상자는 그저 하나의 상자이다. 단토는 브릴로 상자를 예술로 보게 되는 것은 이론이며, 예술에 대한 지식과 회화사에 대한 이해가 있을 때만 가능하다고 확신한다.[26]

단토의 관점을 발전시킨 디키를 보자. 디키의 예술제도론은 하버마스가 말하는 예술 공중과 전문가의 판단의 제도화를 넘어서는 예술계의 내적 제도에 관한 논의이다. 이것은 디키의 예술제도론의 중핵 개념인 예술계 개념에서 잘 드러난다. 디키는 '예술론' 이전에 무엇인가가 예술이 되려면 작가 스스로 전시를 위해 만들어진 것이 예술이라는 의식이 전제되어야 하며, 전시되는 것이 예술이라는 대중의 인식이 필요하다고 말한다. 디키는 이러한 관계를 가능하게 하는 기능을 제도적 성격에서 찾으며 그것을 '예술계'라고 부른다. 예술계는 한마디로 예술을 둘러싼 "규약적 그리고 비규약적인 규칙들에 의해 지배되는 상호 연관적인 역할들의 복합체"[27] 혹은 "예술계 내의 모든 체계들의 총체"를[28] 말한다. 예술계는 예술가, 전시자, 기획자, 비평가, 예술 이론가, 미술관 소장, 아트 딜러, 관련 저널리스트, 대중, 그 외에 보조적 역할을 하는 행위자들로 구성되어 있다. '이것은 예술이다'는 예술계와 예술 체계에 의해 규정된다.

디키의 후기 예술제도론을 보여 주는 《예술사회》에서 예술은 다

---

26 단토(1997), p.199.

27 디키(1998), p.116.

28 디키(1998), p.127. 전기 예술제도론에 등장한 디키의 예술계 개념은 비어슬리에 의해 공식적 규정과 법칙에 따라 작동되는 명시적인 제도처럼 간주한다는 비평을 받았다. 후기에 들어 디키는 예술계가 비공식적인 규칙에 의해 작동된다고 자신의 입장을 수정했다. 그럼에도 제도로서의 예술계가 다른 일반 제도와 구체적으로 어떻게 다른지를 설득력 있게 제시하지 않는다고 여전히 비판받는다.

음과 같은 다섯 가지 구조적 교착점에 의해 규정된다. ① 예술가는 이해를 갖고 예술 작품의 제작에 참여하는 사람이다. ② 예술 작품은 예술계의 대중에게 전시되기 위해 창조된 인공물의 일종이다. ③ 대중은 그들에게 전시된 대상을 어느 정도로 이해할 준비가 되어 있는 구성원으로 이루어진 사람들의 집합이다. ④ 예술계는 예술계 내의 모든 체계들의 총체이다. ⑤ 예술계의 한 체계는 예술가가 예술계의 대중에게 예술 작품을 전시하기 위한 틀이다.[29] 그런데 디키의 예술제도론이 지닌 근본적인 문제는 예술이 무엇인가의 문제를 예술제도로 환원시킴으로써 예술에 대한 철학, 예술철학의 문제를 애초에 배제시킨다는 데 있다. 이 점은 하버마스가 말하는 부르주아 예술 공론장에서 비전문가적 공공의 예술 담론과 본질적으로 다른 것이다. 왜냐하면 예술 공론장에서 비전문가들은 우선적으로 예술철학적인 질문에 관해 토론하며, 제도론적 관점은 원초적으로 배제되어 있기 때문이다.[30]

6. 예술 공론장의 공중과 예술계의 대중

4장에서 살펴본 바와 같이 하버마스는 문예적 공론장이든 예술

---

29 디키(1998), p.125 이하; Dickie(1969), p.254 참조.

30 하버마스보다 예술계 안과 밖의 유기적 관계, 특히 예술계 밖의 구조적 측면을 집중 분석한 부르디외는 '예술장'을 구성원(장의 행위자) 간의 인정투쟁의 산물이자 아비투스가 체화된 예술적 실천으로 이해한다. 부르디외는 예술 작품의 인식과 평가만이 아니라 디키의 예술제도론이 지닌 역사적 문맥, 사회적 관계의 지표들을 생략하며, 그가 규명하는 '예술 작품의 제도적 사실'에도 비판적이다(부르디외, 1999, p.376 이하 참조).

공론장이든 그 공론장에 참여하는 개인을 독서 공중이자 자유로운 사적 개인으로 규정한다. 따라서 예술 공론장은 철저하게 사적 영역이다. 이들은 재산과 교양을 지녔으며, 자발성의 원칙에 따라 참여하고 정보의 교류와 상호 학습, 작품과의 대화를 통해 상호 계몽에 이르는 예술 비전문가들이다.[31] 이들은 다양한 형식의 커뮤니티를 만들며 극장, 연주회, 박물관, 전시회의 참여자로서 예술 공론장을 형성한다. 하버마스는 이러한 커뮤니티를 비전문가들의 판단의 제도화라고 칭하였다. 여기서 비전문가란 단순히 예술에 대해 무지한 일반 대중이 아니라 예술에 대한 취향과 선호하는 예술 작품 대상의 선택 그리고 예술에 대한 판단 능력과 그것에 관한 담론에 참여하는 공중을 말한다.

그렇다면 하버마스가 말하는 예술 공론장에서의 공중과 디키가 말하는 예술계에서의 대중은 어떤 차이가 있는가? 디키에게 대중은 "그들에게 전시된 대상을 어느 정도로 이해할 준비가 되어 있는 사람들의 집합"을[32] 말한다. 여기서 주목해야 하는 것은 '전시된 예술 작품을 어느 정도 이해할 준비'이다. 앞서 언급한 바와 같이 하버마스가 말하는 공론장에서 공중은 '어느 정도 이해할 준비가 된' 공중이 아니다. 부르주아 예술 공론장의 참여자들은 '이해할 준비' 수준이 아니라 사실상의 '준전문가들'이다. 또한 이들은 예술 비평 저널도 읽는 공중이며 예술 비평가와 직간접적으로 교류하는 공중이다. 그런데 디키의 예술 대중은 '반드시 예술가, 예술 작품, 그리고 다른

31　하버마스(2001), p.126 참조.

32　디키(1998), p.127.

것들과 연관'을 갖지만 하버마스의 공중보다는 비전문적이다. 실제로 '공론'과 '대중'의 차이는 예술에 대한 담론 수준과 예술에 대한 식견에 달려 있다. 디키가 대중개념이 예술 대중만을 의미하는 것이 아니라 일반 대중의 개념과 공유할 수 있는 차원의 개념이라고 언급하는 것을 상기한다면, 공중과 대중의 질적 차이는 더 커지는 셈이다.

다음으로 공중과 대중의 본질적인 차이는 신분에 있다. 하버마스가 말하는 공중은 근대적 부르주아 계급인 반면, 디키의 대중은 민주주의 사회에서 많든 적든 간에 예술에 관심을 두는 일반 대중을 의미한다. 이것은 공론장의 차이만이 아니라 공론장 자체의 형성과도 관련이 있다. 공중은 상대적으로 신분이 같은 인물들의 소수 집단을 가리키며, 따라서 예술 담론이 상대적으로 활성화될 수 있다. 그에 반해서 디키의 대중은 익명적으로 존재한다고 봐야 하며, 따라서 공론장 형성의 동기의 강도가 떨어진다. 이런 차원에서 보면 디키의 대중은 하버마스의 공중과 달리 제도화된 공론장에서의 '상호 계몽 과정'이 상당히 미약하다고 봐야 한다. 18, 19세기의 예술 공론장에서 '상호 계몽의 과정'은 물리적 공간을 전제하지만, 오늘날의 '약한 상호 계몽의 과정'은 온·오프에서 이루어지며 조직화의 수준과 강도는 떨어지게 된다. 예술 공론장에서 공중과 예술계에서의 대중이 지닌 또 다른 근본적인 차이는 사적 개인으로서의 공중과 예술 제도 속에 편입된 대중의 차이이다. 하버마스의 예술 공론장은 정치 공론장과 마찬가지로 사적 영역이다. 이에 반해 디키의 예술제도론적 관점에서 예술계는 공적 영역에 해당된다. 즉 예술의 생산과 유통 및 향유가 공적 영역이라는 예술계에서 이루어진다. 또한 하버마스가 말하는 공중은 공론장을 구성하는 핵심 요소라면 예술계에서 대중은 전체 예술계의 한 부분에 불과하다. 예술 담론의 참여 측면에서도 공중이 적극적 행위자라면 대중은 수동적 행위자라 볼 수 있다. 살펴본 바와 같이 공중과 대중은 성격과 위상에서 근본적인 차이가 있다.

7. 새로운 예술 공론장과 예술 대중

앞 장에서 살펴본 하버마스의 공론장에서의 공중과 디키의 예술계에서의 대중은 오늘날 소셜 커뮤니티라는 새로운 예술 공론장의 등장과 함께 다른 위상과 성격을 갖는다. 새로운 예술 공론장은 하버마스가 말하는 공론장과 단토나 디키가 말하는 예술계와 비교할 때 형식, 범위, 참여자의 측면에서 상상하기 어려울 만큼 확장되었다.

2016년 5월 현재 웹사이트 다음DAUM에서 검색되는 독서 클럽은 총 417개이다. 한 카페(http://cafe.daum.net/liveinbook)에는 약 9만 5천 명의 회원이 활동한다. 전체 예술 관련 커뮤니티는 약 1만 개가 넘는 것으로 집계된다. 클래식 음악 전문 커뮤니티 '이동활의 음악정원'은 회원이 무려 13만 명이 넘는다. 네이버NAVER 카페(http://section.cafe.naver.com)의 경우 715개의 독서 커뮤니티가 있으며 이중 가장 수가 많은 카페의 회원은 약 4만 1천 명에 달한다. 예술 클럽의 수는 671개이다. 물론 네이버와 다음의 독서 및 예술 관련 커뮤니티에는 허수, 즉 이름뿐인 커뮤니티나 비활성화된 커뮤니티도 있으며, 중복으로 가입할 수 있다는 점 등도 감안해야 한다.

그럼에도 불구하고 온라인 예술 공론장은 형식적으로나마 하버마스가 말하는 예술 공론장이 대중적 차원으로까지 확산된 것이라 봐야 한다. 하버마스의 관점에서 오늘날 사이버 공간의 예술 공론장은 상호 계몽의 과정이 집중적으로 이루어지는 '논증적인 담론의 장'으로 보기 어려우며, 예술의 소비와 예술을 매개로 한 유희 공간이자 사교 공간이라고 평가할 수 있다. 하버마스의 관점에서 좀 더 강하게 말한다면 사이비 예술 공론장이라고 볼 수도 있다.

단토나 디키의 예술계의 관점에서도 '예술 작품을 어느 정도 이해하려고 하는 대중'을 새로운 형식의 예술 공론장에서 얼마나 찾을 수 있을지 쉽게 대답하기 어렵다. 가령 네이버의 '그림을 사랑하는 사람들'의 회원 수는 7천 명이 넘는다. 그러나 각종 회화 작품 이미지 자료들이 대부분이며 건당 댓글 수가 30여 개를 넘지 않는다. 그것도 대부분 '좋아요'와 같은 짧은 단문 수준이다. 작품을 진지하게 이해하려는 태도를 찾는 것은 아주 드물 뿐만 아니라, 성의 있는 '인상 비평'도 찾기가 쉽지 않다. 다음의 '미술을 사랑하는 커뮤니티'는 멤버가 2만여 명에 가까우나 앞서 언급한 네이버의 커뮤니티와 비교해 질적인 차이를 발견하기 어렵다. 온라인 예술 공론장은 취미미술 동호회, 인테리어 미술과 같은 실용적 목적의 성격을 대부분 벗어나지 못한다.

그러나 이러한 현상을 단지 온라인상 사이비 예술 공론장의 의미 없는 증가라고만 폄하할 수 있는가? 이에 대해서는 좀 더 긍정적인 시선이 필요하다. 다시 말해 예술 민주주의가 사이버 공간에서 확산되고 있다고 볼 수 있다. 비록 예술 소비, 사교성, 낮은 수준의 예술 담론이 이루어지지만, 예술 소비에서 예술 향유로의 발전 경로 자체를 처음부터 배제할 이유가 없다. 새로운 형식의 예술 공론장이 양질로 전환되려면 양적 성장이 전제되어야 한다. 자발성의 원칙, 개방성의 원칙에 입각한 아래로부터의 예술 민주주의의 시작을 알리는 단초라고 적극적으로 해석할 필요가 있다.

새로운 형식의 사이버 예술 공론장에서도 담론의 질적 성장을 기대할 만한 단서를 충분히 찾아볼 수 있다. 가령 '그림을 사랑하는 사람들'이나 '미술관 즐겨찾기'라는 커뮤니티는 미술사와 미학 스터디 모임을 온·오프에서 병행하는 대표적인 학습형 예술 공론장이다. 이와 유사한 사례들도 얼마든지 찾을 수 있다. 또한 준전문가 수준의 예술 담론을 전개하는 개인들이 운영하는 사이버 공론장도 그 수가 상당히 많다. 이들은 이웃, 친구 맺기 등의 방식을 통해 독자적인 예술 공론장을 만들어간다. 예술 민주주의가 새로운 사이버 예술 공론장에서 어떻게 진화될 수 있는가를 보여 주는 단서이다. 이 공간에서 예술 대중은 디키가 말하는 '예술을 이해하려는 대중' 이상의 성격을 갖는다.

이 밖에도 새로운 사이버 공간에서 전문 예술 비평가와 일반 예술 대중이 만들어 내는 예술 공론장이 늘어나는 것에 주목할 필요가 있다. 이들의 블로그나 페이스북은 예술 대중과 사이버 전문 예술 비평가가 만나는 공간이며, '예술에 관한 상호 계몽이 일어나는 공간'이기도 하다. 《월간 미술》이나 《객석》 등 수많은 저널과 예술 기관이 운영하는 사이버 공간은 예술 전문가와 예술 대중이 상호 작용하는 공간이며 공론장을 매개로 한 질적 예술 민주주의로 나아가는 통로가 될 수 있다. 새로운 형식의 예술 공론장은 하버마스의 공론장과 예술계와 달리 참여자의 무제한성, 직접성과 동시성, 신속한 쌍방형 커뮤니케이션이 이루어진다는 점에서 속도로 무장한 예술 공론장이다. 이 새로운 공론장은 파급력과 전달성의 측면에서도 하버마스나 단토, 디키의 그것에 대해 절대적인 우위를 갖는다.

새로운 형식의 예술 공론장은 예술 민주주의의 새로운 시작과 새로운 차원으로의 진화를 이끄는 공간이다. 그 속에 활동하는 예술 대중은 단순한 예술 소비자에서 예술 이해자로, 혹은 준예술 비평가로 발전할 가능성을 담지하고 있다. 이 새로운 형식의 예술 공론장은 과거의 어떤 예술 공론장보다 단토가 말하는 '예술에 대한 지식'과 '예술론의 분위기', 예술의 역사성에 대한 내면화된 이해, 예술 비평의 이해와 비평 능력을 갖춘 예술 대중을 자생적으로 길러내는 예술 공론장이 될 수 있다. 다시 말해 새로운 예술 공론장은 워홀의 〈브릴로 상자〉와 슈퍼마켓의 브릴로 상자, 올덴버그의 〈침대〉와 일반 침대의 차이를 예술의 눈으로 구분해 내는, 비평적 시각을 갖춘 진정한 예술 대중을 예술계에 만들어 낼 잠재력이 있다. 새로운 사이버 예술 공간의 특성상 이는 본 장의 서두에 언급한 부정적인 차원을 지양하면서 형성되어 갈 수 있을 것이다.

8. 나오면서

지금까지 살펴본 바와 같이 근대적 예술 공론장의 구조 변동을 사회학적 관점에서 추적하는 하버마스의 논점과 단토와 디키의 입장인 예술계, 예술제도론은 〈브릴로 상자〉 이전과 이후만큼의 방법론적 차이와 인식의 차이를 극명하게 드러냈다. 예술 내부와 예술 외부의 시각이라는 상반된 접근은 '무엇이 예술인가'에 대한 대답에서부터 서로 다르다는 사실이 드러났다. 재현으로서의 예술과 철학·제도로서의 예술 개념이라는 근본적인 차이는 이들의 전체 논의에서도 일관되게 지속된다. 하버마스가 예술 공론장의 붕괴를 '문화를 소비하는 공중으로의 전환'에서 찾는 한, 단토 식의 〈브릴로 상자〉 해석은 예술의 상업화와 물신성에 대한 오독처럼 보일 것이다. 게다가 그 '전환'의 한 요인으로서 미디어에 관련한 비판은 비판이론이나 비판적 사회이론에서 예술 사물화 논제와 항상 짝을 이루어 왔다는 점을 상기할 필요가 있다.

예술 공론장의 탈정치화에 관한 하버마스의 테제는 예술 영역의 자율성 확대와 예술 공론장의 독자성 확보라는 이중적 의미를 함축한다. 하버마스의 예술 공론장의 붕괴 테제가 부르주아 예술 공론장의 관점에서만 문제를 다룸으로써 분석의 일면성인 분석에 빠졌다는 점,[33] 예술 공론장의 형성에 대한 경험적 연구와 논증의 추상성, 그리고 음악과 회화의 예술 공론장의 형성 시기에 관한 설명의 타당성은 문제적이다. 예술 공론장의 공중과 단토나 디키가 지적하는 예술 대중은 예술 이해 능력과 재산 및 신분 그리고 일반 교양 수준에서 차이가 크다. 하버마스 관점에서 과연 이러한 현상을 예술 공론장

---

33   Susen(2011), p.52.

의 축소나 붕괴 양상이라고 봐야 하는가는 의문이다. 일반적 차원의 예술 공론장은 분명히 확장되었다. 특히 사이버상의 새로운 예술 공론장은 이러한 확장을 선도하고 있으며, 예술 민주주의의 통로로 작용할 가능성을 충분히 담지하고 있다.

필자는 하버마스와 디키와 단토의 테제를 검토하면서 예술 공론장 논의와 예술계 논의의 상호 보완이 필요하다고 본다. 하버마스가 말하는 예술 공론장의 내적 작동 원리로서 예술에 대한 합리적 의사소통과 예술 공론장의 구조에 대한 사회학적 분석이 좀 더 의미 있는 논의가 되려면, 근대적 예술계의 총체적 행위 주체에 대한 분석이 추가되어야 한다. 근대적 예술 공론장에서도 아트 딜러, 예술 작품 수집가, 예술 아카데미와 예술 행정, 근대적 형식의 박물관이 있었기 때문이다.

단토나 디키의 논의가 지닌 문제는 그들이 지나치게 예술제도, 예술의 제도적 성격에 매달렸다는 데 있다. 가령 현대 예술제도의 기능과 역할의 변화에 대한 좀 더 세밀한 분석과 그것을 가능하게 하는 사회·문화적 원인을 배제하는 것은 예술과 사회의 변증법적 관계, 즉 작품 제작과 유통 및 수용의 문제, 예술가의 지위에 대한 인식과 변화 과정, 예술계 내외에서의 예술의 사물화 문제 등을 제대로 읽어 내는 데 실패할 수밖에 없다. 결국 분석의 시기와 대상의 차이에도 불구하고 예술 공론장과 예술계에 대한 논의는 하버마스와 단토 및 디키의 관점과 방법론을 유기적으로 결합할 때만 좀 더 이론 생산적일 수 있을 것이다. 우리 사회에서 한창 진행 중인 공공미술과 예술 공론장 및 예술계 논의에서도 마찬가지다.

〈예술 공론장, 공중 그리고 예술 대중〉
이하준 저자 인터뷰

안녕하세요, 이하준 선생님. 만나 뵙게 되어 반갑습니다. 우선 선생님의 전공과 주 연구 및 관심 분야, 그리고 현재 하시고 계신 일을 여쭈어보고 싶습니다.

> 제 연구 분야는 사회철학, 문화철학입니다. 저는 국내 유일의 호르크하이머 연구자이자 아도르노 철학 1세대 연구자로서 두 철학자에 관한 연구서와 소개서를 출간했습니다. 이력이라면 대전 옆에서 태어나 대전에서 대학을 다녔지요. 베를린에서 10년 공부한 뒤에 서울의 많은 대학에서 오래 강의를 했고 10년 전에 대전에 터를 잡아 살고 있습니다. 현재 저는 한국동서철학회 부회장, 두 개의 학회지 편집위원, 연구재단 전문위원 등으로 활동하고 있습니다. 학문 외적으로는 여러 저널과 신문에서 칼럼을 썼고 지금도 쓰고 있습니다. 인문학, 철학의 대중화를 위해 다수의 인문 대중서를 집필했고 그 작업을 연구와 병행해 나갈 생각입니다.

이 책은 대전지역의 인문·예술에 대한 저변 확대를 목적으로 다양한 분야의 전문가들이 모여 결성한 '대전인문예술포럼'(이하 '대인포럼')의 첫 결과물입니다. 그간 대인포럼에 참여하시면서 느끼신 좋았던 점과 아쉬웠던 점을 한 가지씩 말씀해 주시면 감사하겠습니다.

애초에 제가 대전인문예술포럼을 구상하게 된 것은 크게 세 가지 이유에서입니다. 첫째는 대전에 인연이 있거나 활동하는 연구자 간의 학술 교류를 통해 상호 자극과 연구 동기 부여에 도움이 될 것이라는 생각이 있었습니다. 두 번째는 지역 내 인문학자와 예술가들의 협력과 공동 작업을 토대로 로컬리티 인문학의 정립을 시도하는 것이었습니다. 셋째는 대전 시민들에게 문화센터 프로그램 수준을 넘어서는 수준 있는 인문·예술 콘텐츠를 제공하는 것이었습니다.

향후 계획은 1년 단위 단일 주제 공동연구 프로그램을 지속적으로 수행하는 것입니다. 또한, 환경과 조건이 허락하는 범위 내에서 지역의 교양 문화 지수를 넓히는 교육프로그램도 진행할 생각입니다.

인문학과 예술이라는 주제로 대인포럼에 참여하시면서 기대하셨던, 혹은 생각하셨던 인문학과 예술에 대한 가치가 있으셨을 텐데요, 선생님이 생각하시는 인문·예술의 성격과 정신, 그리고 앞으로의 비전이 무엇인지 여쭤봐도 될까요?

한국이나 대전 충청권 인문 분야의 발전 과제는 여러 가지를 제시할 수 있지만, 가장 중요한 것은 각자의 방과 구석에서 나와야 한다는 것입니다. 인문학이나 예술의 주제는 결국 인간이며 인간이 추구해야 할 보편적 가치와 보편적 가치의 맥락화입니다.

그런데 오늘날 인문학과 예술은 세분화, 전문화되어 분과주의에 빠져 있습니다. 각자의 구석에서 나와 보편학의 성격을 재획득하지 못한다면, 인문학과 예술은 기술주의에 빠지고 일종의 기능성 식품과 같은 역할에 그치게 됩니다. 개인적 차원이나 사회적 차원에서 말이죠. 대전을 막론하고 국내 인문·예술의 발전을 위해서 제일 중요한 것은 긴 호흡을 갖고 '깊고 넓은 인문학자, 예술가의 길'을 지향해야 합니다.

그다음으로 그러한 길을 가도록 하는 연구 및 창작 환경을 만들어 주고 지속적인 후원을 아끼지 말아야 한다는 것입니다. 이를 위해서는 대전에도 지자체 차원에서 인문학 연구를 지원하는 독립 기관이 설치되어야 합니다. 또한, 분산되어 있는 지역 예술가 지원 시스템을 일원화하고 지원 예산을 확충해야 합니다. 또 대전의 인문학자와 예술가나 집단의 상호 교류와 협력 프로그램을 장기적인 관점을 갖고 시에서 지속해서 지원해 줘야 합니다. 인문과 예술은 시간의 축적과 숙성의 시간이 필요합니다.

네, 잘 알겠습니다. 그럼 본격적으로 선생님이 책에 쓰신 내용에 대해 여쭈어보도록 하겠습니다. 먼저, 선생님이 글에서 강조하고 싶으신 부분을 다시 한번 간략하게 설명해 주시고, 왜 그 주제가 중요한지 말씀해 주시면 감사하겠습니다.

제가 이 글을 쓰게 된 것은 현대 예술의 운명을 한번 짚어보는 것이었습니다. 현대 예술의 운명은 희비극적입니다. 한편으로는 상업화, 사물화라는 운명을 벗어날 수 없는 것이 현대 예술입니다. 또 다른 한편으로 현대 예술은 누구나를 위한 예술이며 누구나 예술가가 될 수 있게 만드는 운명을 만들어 냈습니다. 예술 민주주의, 예술 공중, 공공 미술이 바로 그 이념적 기초이지요. 예술 창작과 소비에서의 평등과 자유를 획득한 현대 예술. 제가 볼 때 현대 예술은 두 운명 중에 어느 하나, 혹은 두 운명 사이에 애매하게 서 있다고 봅니다. 이것이 제가 글을 쓰게 된 이유고 목적입니다.

이하준

한남대학교 탈메이지교양교육대학 철학 교수다. 베를린 자유대학에서 아도르노 연구로 박사학위를 받았다. 경희대, 중앙대, 한국외대 등에서 강의했고 연세대 철학연구소 전문연구원을 지냈다. 한국연구재단 전문위원, 한국동서철학회 부회장, 대전인문예술포럼 회장을 맡고 있다. 《교수신문》, 《대전일보》, 《금강일보》 등에서 칼럼을 쓴 바 있다. 《대학지성 IN&OUT》의 편집기획위원이며 고정 칼럼을 연재 중이다. 연구서로 《부정과 유토피아》(2019), 《아도르노의 문화철학》(2007), 《호르크하이머의 비판이론》(2011)을 저술했고 소개서로는 《아도르노: 고통의 해석학》(2007), 《막스 호르크하이머, 도구적 이성비판》(2016)을 썼다. 이 밖에 세종우수학술도서와 세종우수교양도서로 선정된 책을 포함, 다수의 인문 교양 도서와 공저를 출간했으며 60여 편의 전문 학술 논문을 썼다.

우리의 예술 작품과 예술 행위, 그리고 하이데거의 예술론

홍진후

1. 우리의 학문과 예술철학

전 지구화 시대에 살고 있는 우리에게 있어, 이제 서양의 문화와 우리의 문화를 선명히 구분하는 것은 불가능하다. 현대의 세계는 동서양의 구별이라는 방식으로 존재하지 않으며, 오히려 혁명적 매체의 등장과 갱신이라는 관점을 통할 때 적절히 해명할 수 있는 것처럼 보인다. 그러므로 빠른 변화의 시대에 우리가 보다 관심을 두어야 할 곳은 학문의 지리적 유래에 대한 구분이 아니라, 우리의 지적 활동이 향해야 할 방향성을 논하는 것이다.

현재 우리의 지적 공동체가 논하는 예술은 많은 경우 서양의 예술이다. 특히 서양의 예술을 철학적으로 논하는 서양철학은 '서양'이라는 수사를 달고 있으니 더 말할 필요도 없다. 하지만 어떤 사상 또는 이념의 유래와 그것의 현재화는 전혀 다른 문제다. 지난 세기 적극적으로 수입되었던 서양의 철학은, 이제는 우리가 갱신하고 보완해야 할 우리 철학의 일부가 되었다. 다음으로 고민해야 할 것은 우리의 철학이 서양 전통을 창조적으로 수용하고 극복하는 작업을 통해 다다를 새로운 길이다. 이 글에서 논할 철학자 마르틴 하이데거Martin Heidegger(1889~1976)는 이 같은 상황에 놓인 현재의 학자들에게 도움이 될법한 조언을 이미 제시한 바 있다. 그는 "사유가 정보의 물결 속에서 사멸되고 말 것인지, 아니면 자기 자신에게 은닉되어 있는 사유의 유래를 통해서 [사유를] 보호하도록 [밑으로 침잠해 들어가는 어떤 묘한] 몰락ein Unter-gang이 사유에게 규정되고 있는지는 여전히 물음으로 남아 있다"라고[1] 말한다. 사유의 운명이 물음으로 남아 있다는 표현은 비관이 아니다. 이 말은 사유가 항상 새롭기 위해, 근원을 향한 귀향Heimkehr으로[2] 방향 잡아야 한다는 주문으로 보아야 한다.

이런 의미에서 예술에 대한 논의도, 그것이 비록 서양의 특수한 상황들을 설명한다고 하더라도, 그 근원적인 의미에서 우리의 마음을 즐겁게 해주는 것들에[3] 대한 탐구의 일부로 이해되는 순간 인류 공통의 문화적 자산이 될 수 있을 것이다. 이런 관점에서 하이데거

---

1 하이데거(2005), pp.32~33. 이하에서도 마찬가지로 대괄호 안의 내용은 옮긴 이의 보충이며, 번역 의도를 존중해 그대로 옮겼다.

2 몰락Unter-gang과 귀향HeimKehr이라는 말이 함께 지시하는 바는, 앞으로의 사유가 취해야 할 방향은 그 사유의 단초들이 유래한 근원이 되어야 한다는 점이다. 물론 여기서의 근원은 서양학의 역사적 유래를 말하는 것이 아니라 우리 인간이 고민해야 할 근본 문제들을 말한다.

3 헤시오도스(2009), 36~51행. 헤시오도스는 무사mousa 여신들의 역할을 노래를 불러 제우스를 즐겁게 해주는 것으로 묘사하고 있다. 현대이론에 와서는 리드H. Read가 같은 관점을 취한다. 그는 예술을 "즐거움을 주는 형상들을 만드려는 시도"라고 정의한다(리드, 1999, p.14).

예술론의 특성을 재구성해 보려는 이 연구 또한 서양인들의 지혜를 우리의 관점에서 해석하는 작업이다.

2. 하이데거의 예술철학을 이해하는 과정에서 마주치는 난점들

이 글의 목적은 마르틴 하이데거의 예술철학을 그 고유의 목적에 맞게 제한 규정하는 것이다. 잘 알려져 있다시피 하이데거의 철학은 전후기를 통틀어 존재의 문제를 해명하는 데 집중되어 있다. 하이데거의 평생에 걸친 저술 활동에서, 예술 자체에 관한 연구를 본격적으로 전개한 문헌의 양은 그리 높은 비율을 차지한다고 볼 수 없다. 이런 제한된 분량에도 불구하고 하이데거의 예술론(또는 예술철학)은 매우 많이 연구되고 잘 알려진 편에 속한다. 이 글에서는 하이데거의 예술철학을 분석해 그의 예술론을 구성해 보고, 이 예술론 고유의 전제들과 그 특유의 한계에[4] 대해서 논해 보도록 한다.

하이데거는 예술에 대해 많은 글을 쓰지는 않았지만, 평생에 걸쳐 지속적으로 예술론을 전개했다. 가장 대표적인 글이 일반 독자에게도 비교적 잘 알려진 〈예술작품의 근원〉이다. 이 외에도 하이데거는 강연이나 미발표 원고 등에서 자신의 의견을 지속적으로 정리했다. 그의 글 목록에는 건축에 관한 강연, 조각에 대한 글, 세잔과 클레에 대한 글과 메모, 이외에 기타 예술에 대한 글들이 포함되는데, 이것들의 분량을 다 합쳐도 하이데거 전체 저술 내의 분량은 상대적

4　여기에서의 한계는 모자람을 뜻하는 한계가 아니라, 영역 제한으로서의 한계limit를 뜻한다.

으로 매우 적다고 할 수 있다. 바로 이런 이유로 하이데거의 예술철학에 대한 논의는 많은 경우 양적으로 큰 비중을 차지하는 〈예술작품의 근원〉에 대한 주석이었고, 다른 경우라도 가장 체계적인 논의가 전개된 〈예술작품의 근원〉은 하이데거 예술철학의 핵심 문헌으로 여겨져 왔다.

하이데거의 '예술론' 또는 '예술철학'을 이 〈예술작품의 근원〉으로부터 읽어 내려는 시도는 항상 다음과 같은 문제들에 직면하게 된다. 우선 첫 번째로 단토Arthur Danto(1924~2013)의 명민한 지적처럼, 우리는 이 하이데거의 '예술철학' 또는 '예술론'을 읽어 내기 위해서 하이데거의 철학을 먼저 이해해야 한다는 점이다.[5] 이와 같은 난점은, 이 '예술철학'이 우선적으로 '철학적' 작업이라는 데에서 온다. '철학'은 개념의 철저함을 가장 중요한 덕목으로 여기고, 그 체계 내의 정합성이 매우 중요한 학문에 속한다. 그러므로 이 철학적 작업으로서의 예술철학은 필연적으로 그 철학자의 지평 안에서 이해될 때만 올바로 이해될 수 있다. 이 지점에서 분명히 해야 할 것은, 우리가 일상에서 '예술'이라고 칭하고 접하는 대상들은 그 자체로 온전한 '예술'일 뿐 철학은 아니라는 점이다. 반면 '예술철학'은 예술에 대한 철학적 성찰이다. 그러므로 예술은 기본적으로 예술철학과 무관하게 그 자체로서 존재하는 것이다. 그리고 하이데거 또한 〈예술작품의 근원〉에서 예술계 또는 문화 산업에 개입하려 하거나 피상적인 대화를 요청하려 하지 않았다. 하이데거는 예술을 주제로

---

5   단토(2008), p.159.

삼아 철학적 작업을 한 것이다. 그러므로 여기에는 현장으로서의 예술계와 예술철학이라는 사유 간의 좁힐 수 없는 간극이 존재한다.

두 번째로 하이데거는 이 〈예술작품의 근원〉을 통해 두 가지 목적을 달성하고 있다. 하나는 근대적 감성론으로 제한된 미학에 대한 비판이다. 하이데거는 자신 이전의 미학적 관심(예술 작품을 전통 철학적 개념인 질료-형상을 통해 고찰하는 경향, 천재론 등)을 부정하고 그것이 근대적 사고의 결과라는 점을 들어 극복해야 할 것이라고 본다. 다른 하나는 하이데거 자신이 제시하는 예술에 대한 철학적 논의의 개진이다. 하이데거는 예술은 결코 사라지지 않는 것이라고 본다. 이는 하이데거 특유의 존재론에 근거한다. 그는 반면에 작품은 사라질 수도 있다고 본다.[6]

우리가 세 번째로 주의해야 하는 점은, 이 〈예술작품의 근원〉이 구체적인 개별 작품에 대해 논하려는 것이 아니라는 점이다. 물론 〈예술작품의 근원〉에는 몇 가지의 예술 작품이 직접적으로 언급된다. 그중에서도 반 고흐Vincent van Gogh(1853~1890)의 〈낡은 구두〉에[7] 대한 분석이 가장 유명한데, 하이데거는 기본적으로 이 작품에 대한 설명에서 그 '구두' 그림에 대해서는 전적으로 무관심하다. 그 독해에는 하이데거의 '예술', 그리고 '작품'에 대한 자신의 사유가 전개되고 있을 뿐이다. 그러므로 이 글은 작품론이나 작가론을 발견

---

6 Heidegger(1997), pp.30~40.

7 〈예술작품의 근원〉에서는 분석 대상인 '낡은 구두' 그림이 정확하게 어떤 것인지는 적시되지 않는다. 하이데거의 〈예술작품의 근원〉을 분석하는 저술들에서 빈번하게 등장하는 '낡은 구두' 삽화는 샤피로의 주장에 따라 1886년에 그려진 〈한 쌍의 구두〉로 추정된 것 뿐이다. 이 점에 관해서는 Schapiro(1994), pp.136~138을 보라.

하려는 의도로 읽혀서는 안 된다.

　마지막으로 〈예술작품의 근원〉이 관심을 두는 대상이 매우 좁다는 점 또한 이 글을 해석하기 어렵게 만든다. 하이데거는 이 글에서 시詩, 건축, 회화 작품 등을 언급하고 있는데, 이는 예술의 매우 좁은 영역만을 대변한다. 그렇다면 이에 관해 〈예술작품의 근원〉이 '예술에 대한 일반론을 제시할 수 있는가'라는 문제를 제기할 수 있다. 이에 대해 미리 앞서서 답변하자면, 대답은 '그렇다'이다. 하지만 여기서 이 긍정은 예술철학적 입장에서의 긍정이다. 즉 하이데거의 철학적 작업이라는 틀 안에서는 이 물음에 긍정적으로 대답할 수 있다. 하지만 그렇다고 해서 그것이 하이데거가 모든 예술 장르와 모든 예술적 시도를 두루 인정하고 고민한다는 것을 뜻하지는 않는다.

　지금까지 하이데거의 예술철학을 검토하는 데 제기되는 난점들에 대해 간단히 살펴보았다. 여기서는 이런 난점들에 유의하면서, 하이데거의 예술론이 가지는 제약들을 명확하게 하려고 한다. 하이데거는 예술가가 아니었다. 그는 분명히 철학자였으며, 예술 작품에 감상자로서 참여했을 뿐이다. 그러므로 그에게 예술에 대한 철학적 접근 이외의 것을 요구하는 것은 정당하지 못할 것이다. 또한 하이데거는 매우 제한적인 예술 작품들만을 평하고 언급한다. 이는 하이데거가 자신의 철학적 작업에 필요한 작품들만을 선별했다는 뜻이 될 수도 있지만, (선별이 임의적이라는 것과는 구분되는 의미에서) 그의 이론이 두루 적용되어 모든 예술 작품이나 예술 현상을 읽어낼 수 있는 만능 이론은 아니라는 뜻이 되기도 한다.

　이와 같은 하이데거 예술철학 고유의 특성과 제약을 명확히 할 때, 오히려 하이데거의 작업은 예술 작품에의 접근 방법을 제시하는 하나의 뚜렷한 길이 될 수 있을 것이다. 우선 하이데거 예술철학에 대한 간략한 설명으로부터 이 작업을 시작해 보자.

3. 하이데거의 철학에서 예술의 의미는 어떤 경로를 통해 밝혀질까?

하이데거의 예술철학이 가진 특징을 명확히 제시하기에 앞서, 우리는 먼저 하이데거에게 '예술철학'이라고 부를 만한 어떤 것이 있는지에 대해서 논해 보아야 한다.

먼저 주목해야 할 것은 하이데거의 〈예술작품의 근원〉이라는 논문은 결코 일종의 '예술철학'을 제시하고 있는 것이 아니다"라는 푀겔러Otto Pöggeler(1928~2014)의 주장이다.[8] 이런 입장에 따르면 하이데거가 〈예술작품의 근원〉에서 언급하고 있는 내용은 단지 예술 작품을 그 소재로 삼을 뿐, 하이데거의 사유의 일부로서, 그저 그의 철학의 일부로서 이해되어야 한다. 이러한 주장은 예술이라는 주제에 대한 접근 또한 하이데거에게 있어 순수하게 철학적 차원에서만 고려되고 있다는 해석을 함축한다. 반면에 폰 헤르만Friedrich-Wilhelm von Herrmann(1934~)은 "미학에 대한 거절이 예술철학 자체에 대한 거절을 의미하는 것은 아니다. 그렇다면 '예술이란 무엇인지에 대한 숙고'는 예술의 본질에 대한 하나의 철학적 물음, 즉 일종의 예술철

---

8   페겔러(1993), p.236.

학이 아니고 무엇이겠는가?"라고[9] 주장한다.

사실 이 두 주장은 모두 일부분 옳은 면이 있다. 하지만 폰 헤르만의 설명이 조금 더 포괄적이다. 예술철학이 반드시 근대미학이나 미술 이론을 포함하는 것이거나, 이와 동일한 것으로 이해될 필요는 없다. 앞서 설명했듯이, 하이데거는 이 〈예술작품의 근원〉에서 철저하게 자신의 사유의 틀 안에서 자리 잡고 철학적 작업을 하고 있다. 그렇기에 이는 분명히 철학이다. 그럼에도 우리는 다시 이것을 예술철학이라고 부를 수 있다. 단지 이때의 예술철학은 예술의 기예적 측면을 분석하거나 평가하는 것, 또는 감각적 아름다움에 대한 것이 아니라, 하이데거 고유의 기획에 따라 진리A-λήθεια에 대한 것으로 이해되어야 할 뿐이다.[10] 하지만 그의 철학적 탐구인 '예술철학'이 현실 세계의 예술과 예술계에 대해 전혀 아무 말도 하지 않는 것은 아니다. 하이데거 본인은 분명히 그의 예술론을 당대의 현실적 - 역사적 상황과 연결해 논의했다. 그 증거를 우리는 여러 곳에서 발견할 수 있다. 우선 그가 근대적 예술에 대해 비판하는 지점, 나아가 키치Kitsch에 대한 평가 절하, 표현Ausdruck, 설치Anlage에 대한 비판 등에서 우리는 간접적이지만 현실적인 예술의 상황에 대한 개입을 분명하게 느낄 수 있다.[11]

---

9 폰 헤르만(1997), p.22.

10 이에 대해서는 Heidegger(1977), pp.67~70을 보라. 하이데거(2007), p.119의 다음 언급도 참조할 것. "미적인 것은 진리의 생기함에 속해 있다. 미적인 것은 마음에 들든 아니 들든 그 흡족함의 여부에 단지 상대적으로 달려 있는 것이 아니며, 또 이러한 흡족함의 대상으로서만 존재하는 것도 아니다." 이 글에서 〈예술작품의 근원〉에 대한 번역은 기본적으로 하이데거(2007) 등 신상희의 것을 따르나, 경우에 따라 불가피한 경우 일부 수정하였다.

11 Heidegger(1997), pp.30~40.

그렇다면 우리는 또 다음과 같이 물어야 한다. 철학이 예술을 규정한다는 것이 정당한가? 그리고 예술과 철학의 관계는 어떻게 이해해야만 하는가? 예술과 철학의 관계는 현장의 예술가와 직업적 철학자의 간극만큼이나 멀기도 하다. 하지만 서구의 철학은 전통적으로 끊임없이 예술을 정의 내리고 예술의 본질에 개입해 왔다. 그러므로 예술이라는 독립적인 영역(또는 독립적인 것으로 보이는 영역)을 철학이 개입해 규정하고 논하는 것이 어느 정도까지 정당한가에 대한 물음에도 진지하게 접근해야만 한다.

앞서 언급했듯, 하이데거는 예술을 주제 삼아 철학적 작업을 하고 있다. 그렇다면 예술철학적 작업은 그 자체로 철학이지, 예술은 아닌 것이다. 물론 예술 또한 철학은 아니다. 하지만 이 둘은 전혀 다른 역사적 흐름 안에서 서로를 분명히 가리켜 온 것이 사실이다. 이 관계에 주목했던 소수의 철학자 중 하나인 단토에 의하면, "예술이 진정으로 그리고 본질적으로 무엇인가 하는 물음은 철학이 취하기에는 적절하지 않은 잘못된 형식의 물음"이다.[12] 그가 이런 지적을 하는 이유는 어떤 것을 다른 것보다 더 나은 예술로 규정하는 것은 철학이 할 일이 아니며, 철학의 월권이라고 생각하기 때문이다. 예술을 본질로부터 규정하려고 하면, 이는 필연적으로 이 본질을 더 잘 구현한 예술 작품과 덜 구현한 예술 작품의 구분으로 이어지고, 곧 예술 작품의 우월함과 열등함을 규정할 수 있는 근거가 되기 때문이다. 오히려 단토에게는 예술이 제기한 철학적 물음에 응답하는

---

12   단토(2004), p.93.

것이 철학의 과제이다. 단토가 예술철학적 작업을 시작한 이래로 그에게 가장 중요한 주제였던 "양자 사이에 흥미로운 지각적 차이가 존재하지 않을 때 예술 작품과 예술 작품이 아닌 어떤 것 사이의 차이를 이루는 것은 무엇인가?"라는[13] 주제는 분명히 철학적 답변을 요하는 물음이다. 하지만 흥미롭게도 이 물음은 철학이 아닌 예술에 의해 제기된 물음이다.

단토는 예술철학이 니체와 하이데거를 제외하고는 헤겔 이후 불모지와 같았다고 언급하며, 오히려 "자기 자신에 대한 철학적 이해에 도달하고자 했던 예술은 아주 많이 있었다"라고 주장한다.[14] 즉 그에 의하면 헤겔 이후의 시대에는 오히려 예술이 철학에 물음을 던지고 응답을 요청하는 경우가 많았다는 것이며, 예술계가 예술의 자기 규정성을 획득하기 위해 철학적인 물음들을 예술로 표현하려 노력했다는 것이다. 그는 "예술계의 구조가 정확하게 말해서 '예술을 다시 창조하는' 데 있는 게 아니라 명백히 예술이 무엇인지를 철학적으로 인식하고자 하는 목적을 위해 예술을 창조하는 데 있다고 말할 수 있지 않을까?"라고[15] 묻는다. 물론 모든 예술이 이런 주장에 부합한다고 말할 수는 없지만, 그가 주장하고 싶은 바의 핵심은 철학이 예술을 자신의 사유거리로 삼는 것보다는, 예술이 철학적 물음을 제기하는 경우가 헤겔 이후의 시대에는 더 많았다는 것이다. 물론 그 이전 시대에는 "철학적 사변의 풍요가 예술생산의 풍요와 상

---

13 단토(2004), p.93.

14 단토(2004), p.88.

15 단토(2004), p.87.

응하던 때가 있었다"라고[16] 한다.

다시 하이데거의 입장으로 돌아와서, 그의 작업을 단토의 주장과 비교해 보자. 하이데거는 〈예술작품의 근원〉에서 예술에 대해 직접 정의를 내리려 하지 않는다. 이런 태도는 그가 '예술'이라는 개념에 대해 취하는 고유의 철학적 입장에 의한 것이다. 하이데거에 의하면 예술은 고대 그리스적 의미에서의 테크네τέχνη 개념과 직접적으로 연결되어 있다.[17] 하이데거는 이 개념을 역사학적 맥락과는 구별되는 방법으로 그의 철학 안에 들여온다. 그러므로 예술 개념은 하이데거에게 있어서 오히려 철학적 개념으로서 의미를 지닌 것이지, 실제의 예술 활동을 설명하기 위해 동원되어야 하는 개념은 아니다. 오히려 하이데거에게 있어서 실제의 예술 활동을 가리키기 위해 사용되는 개념은 '작품Werk'이라는 개념이다.[18] 그렇기에 하이데거에게 있어서 '예술'의 본질적 의미를 밝히는 것과, '작품'에 대해서 사유하는 것은 전혀 다른 차원의 의미를 지닌다.

그렇다면 작품에 대하여 하이데거가 무엇을 말했는지를 물어야 할 것이다. 하이데거에게 있어서 예술 작품은 오로지 "위대한 예술 작품"만이[19] 고려의 대상이 된다. 그런데 이런 제한 규정은, 한편으로는 단토의 지적을 통해 우리가 검토했던 바와 유사하게 예술 작품

---

16 단토(2004), p.88.

17 Heidegger(1977), p.47; 하이데거(2007), p.84; Heidegger(2013), p.120.

18 Heidegger(1997), p.30.

19 Heidegger(1977), p.26; 하이데거(2007), p.52. 이 부분에서 하이데거는 정확하게는 "위대한 예술der großen Kunst"이란 표현을 쓴다. 맥락상 이 부분에서 '예술Kunst'은 '예술작품Kunstwerk'이라는 뜻으로 읽어야 한다.

의 우열을 논하려는 것으로 읽힐 여지가 있는 것처럼 보인다. 그리고 작품 간의 이런 가치의 차별은, 결과적으로 보다 예술의 본질을 잘 구현한 작품을 예술 작품으로 규정하려는 경향으로 방향 잡을 것이라는 우려가 함께 제기된다. 하지만 하이데거에게 있어서 이 "위대한 예술"이란 그가 제시하려는 고유의 철학적 방향성에 부합하는 것을 가리킨다는 뜻이 있음에도 주목해야만 한다. 이는 비단 하이데거에게만 해당하는 것은 아니다. 철학자들은 자신의 고유한 사유에 보다 부합하는, 더 거칠게 말해 철학적이고 사변적인 해석을 가능하게 하는 작품들을 '위대한 작품'이라고 언급하는 경향이 있음을 상기해야 한다. 이런 관점에서 본다면 이 "위대한 예술"은 하이데거 철학의 고유한 기획에 부합하는 작품으로 보아야 한다.

하이데거는 1930년대에 예술에 대한 글을 본격적으로 쓰기 시작한다. 〈예술작품의 근원〉뿐만 아니라 시詩에 대한 여러 편의 글이 이때부터 작성된다. 이때 하이데거의 관심사는 예술을 존재진리가 드러나는 장으로 해석하는 데에 있었다. 예술에 대한 그의 관심은 그것이 진리 드러냄의 탁월한 방식이라는 입장 아래에서만 유효한 것이었다. 그러므로 이 예술론의 (또는 예술작품론의) 대상이 되는 작품 선택의 기준은 자신의 고유한 철학적 기획에 따른 기준, 즉 존재진리의 장으로서 기능하는 예술 작품에 부합하는지 여부일 수밖에 없는 것이다. 물론 이를 자의적이고 임의적인 선별로 이해해서는 안 된다. 우리가 철학자 각각의 고유성을 인정하고, 예술가 각각의 고유성을 인정하듯이, 하이데거의 철학적 기획이 선별하는 작품은 반드시 있을 수밖에 없는 것이며, 이는 곧 그 예술론의 고유한 성격을 제시해주는 것이기도 하다.

그렇다면 하이데거가 예술 작품을 무엇이라고 규정하고 있으며, 예술 작품의 어떤 점을 철학적 작업에 끌어들이려 하는지 간단히 살펴보도록 하자. 하이데거 스스로의 정의에 따르면, "예술의 본질은 다음과 같을 것이다: '존재자의 진리가 작품-속으로-스스로를-정립하고-있음das Sich-ins-Werk-Setzen der Wahrheit des Seienden.'"[20] 이 정의에 따르면, 예술 작품은 그 안에서 진리가 드러나는 것으로 존재할 때 예술 작품이 된다. 그러면서 하이데거는 예술 작품을 논하는 데 있어서 아름다움이 중심이 되면 안 되며, 예술 작품의 본질에 진리를 놓아야 한다고 주장한다. 하이데거에 따르면, "지금까지 예술은 대개 아름다운 것das Schöne이나 아름다움das Schönheit, 美과 관계하는 것으로 여겨졌을 뿐, 진리와의 연관 속에서는 전혀 숙고되지 않았다."[21] 이런 비판과 함께 하이데거는 존재의 진리가 드러나는 장으로 예술 작품을 규정하고 있다.

그런데 하이데거는 이 예술 작품에 대한 정의를 그저 원칙적으로만 제시하는 것이 아니라, 직접 예를 들어 이 정의가 어떻게 기능하는지를 〈예술작품의 근원〉 안에서 드러내 보인다. 하이데거는 〈예술작품의 근원〉 중 앞부분에 속하는 '사물과 작품'에서 직접 반 고흐의 구두를 분석하면서, 도구의 도구성에 대한 의미를 밝혀낸다.[22] 하이데거는 이 과정의 결과를 다음과 같이 요약하고 있다.

---

20 Heidegger(1977), p.21; 하이데거(2007), p.46.
21 Heidegger(1977), p.21; 하이데거(2007), p.46.
22 이 글의 목적상 도구성 분석의 내용보다는 그 결과가 중요하기 때문에, 자세한 내용에 대해서는 논하지 않는다.

우리는 작품으로 하여금 도구가 무엇인지 말하게 하였다. 그리하여 무엇이 작품 속에서 작용하고(am Werk) 있는지가 마치 금새라도 손에 잡힐 듯 백일하에 드러났다. 그것은 자신의 존재 안에서 존재자의 밝혀짐(Eröffnung, 개시)이며, 다시 말해 진리의 일어남(das Geschehnis der Wahrheit)이다.[23]

그러므로 이를 통해 하이데거는 작품 안에서 진리가 드러나는 예를 직접 밝혀 보인 셈이다. 하이데거는 자신의 고유한 철학적 작업을 통해 예술 작품을 새롭게 규정하려고 하며, 이는 철학적 기획으로서 정당하다. 하지만 이 철학적 기획이 곧 예술 작품 일반에 대한 논의는 아니다. 이 때문에 하이데거의 예술철학은 모든 예술 작품을 설명할 수 있는 (그리고 모든 예술 작품을 설명하려고 하는) 이론화 작업은 아니다. 바로 이와 같은 특성 때문에 하이데거의 예술철학은 분명히 선별적 대상을 갖는다. 물론 이런 제약은 새로운 예술 작품이나 새로운 예술 사조가 등장한다고 해서 제한되는 그런 성격의 제약이 아니라, 그의 철학적 기획의 고유한 방향성에 의해서만 주어지는 성격의 것이다.

이제 작품과 하이데거 철학의 관계가 간략하게 해명되었으므로, 다음으로는 하이데거가 예술 자체를 무엇으로 이해하고 있는지에 대해서 검토해 본다.

---

23 Heidegger(1977), pp.23~24; 하이데거(2007), p.49.

4. 예술 개념의 기원에 도달하기: 앎으로서의 예술

하이데거의 예술철학에서 예술 개념은, 단순히 실제 현장에서의 예술 작품 등을 가리키는 차원의 낱말이 아니라 하이데거의 철학적 구도 안에서 매우 중요한 의미를 지니는 개념이라고 할 수 있다. 하이데거는 "예술이 테크네πέχνη이며, 기술Technik이 아니"라고[24] 주장한다. 이 말의 뜻은 그리스말 테크네가 고대 그리스인에게 실제로 드러내 보여 주었던 바로 그 의미를 가장 가깝게 담아낼 수 있는 현대어가 '예술'이라는 것이다. 그리고 이 테크네라는 말이, 그 어원적인 변천사상의 직접적인 연관에도 불구하고 기술이라는 현대 독일 낱말과는 다른 의미를 지닌다는 것을 뜻한다.

그렇다면 하이데거가, 이 테크네라는 낱말이 고대 그리스인들에게 의미했던 바가 무엇이라고 생각했는지에 대해 검토해 보자. 하이데거는 "테크네는 수공업과 예술을 뜻하지 않았으며, 더욱이 오늘날의 의미에서의 기술적인 것을 의미하지도 않았고, 그것은 그 어디에서도 결코 실천적 행위의 한 방식을 의미하지 않았"다고[25] 주장한다. 그러나 다른 곳에서 하이데거는 이 테크네라는 그리스말이 역사학적으로는 '수공업'과 '예술'이라는 두 서구어의 공통 어원이라는 점을 인정한다. 이는 일견 서로 배치되는 주장으로 보인다. 그렇지만 하이데거는 그 낱말의 본래적 의미를 따져 볼 때는, 이 고대 그리스의 테크네라는 말이 유럽인들이 사용하는 통속적인 의미에서의

---

24   Heidegger(2013), p.120.

25   Heidegger(1977), p.46; 하이데거(2007), p.83.

'수공업'과 '예술'이라는 말에 완전히 동일한 뜻으로 연결되지는 않는다는 점을 다시 지적한다.[26] 이 지적을 통해 하이데거는 서구의 번역어로서의 '수공업Handwerk'과 '예술Kunst'이라는 말이 공통적으로 담고 있는 실천적 행위로서의 특성은 고대 그리스의 낱말 테크네가 뜻하던 바가 아니라는 점을 지적하는 것이다. 그렇다면 다음의 의문에 대한 설명이 제시되어야 한다. 하이데거의 말을 그대로 받아들인다면, 테크네라는 낱말이 그리스 이후 세대의 유럽인들에 의해 그리고 이후 2000년이 넘도록 완전히 잘못 번역되어 왔다는 주장인 것처럼 보인다. 이것이 하이데거의 주장인지 그리고 만약 사태가 그러하다면 왜 이런 오역이 이루어졌는지가 설명되어야 한다. 이 점에 대한 해명을 위해 먼저 하이데거의 설명을 살펴보자.

> 오히려 테크네라는 낱말은 앎의 한 방식을 지칭하는 말이다. 여기서의 '앎Wissen'이란, '보았음gesehen haben'을, 즉 넓은 의미에서의 '봄Sehen'을 뜻하며, 이러한 '봄'은 현존하는 것das Anwesende, 현존자을 그것 자체로서 받아들이며 인지하는 행위vernehmen를 가리킨다. 앎의 본질은 그리스적 사유에서는 알레테이아ἀλήθεια에, 즉 존재자의 탈은폐Entbergung에 깃들어 있었다. 알레테이아는 존재자와 관계하는 모든 태도를 지탱하면서 이끌어준다. 현존하는 것을 그것 자체로서 은닉성으로부터 이끌어 내서 고

---

26 물론 여기서 예술은 앞서 인용된 "예술은 테크네이다"라는 언술과 배치되는 것으로 읽혀서는 안 된다. 여기서 예술은 그리스말 테크네에서 파생되어 기술적으로 이해되어 온, 전래된 '예술' 개념이다. 그러므로 이는 "예술은 테크네이다"에서 하이데거가 의미하는 바의 예술 개념과는 다른 것으로 이해되어야 한다.

유하게 그것 자신의 모습이 드러나는 비은폐성 가운데로 데려오는 행위aus der Verborgenheit her eigens in die Unverborgenheit seines Aussehens vor bringen가 하나의 [탁월한] 산출행위인 한에 있어서, 이렇게 그리스적으로 경험된 앎으로서의 테크네는 존재자를 산출하는 하나의 산출행위Her-vor-bringen이다. 테크네는 결코 만듦Machen의 행위를 의미하지 않았다.[27]

하이데거는 테크네라는 낱말을 '앎'으로 규정한다. 그리고 여기서 이 '앎'은 역사 깊은 서구의 지성사적 연관인 앎과 봄의 일치를 포함하는 의미로 사용된 말이다. 즉 여기서 설명되는 '앎'은 실제로 있는 사물을 시각적으로 바라보고 그 사물을 있는 그대로 마음으로 파악하여 아는 것을 의미하는 바로 고대 그리스적인 의미로 (그리고 특히 철학적인 의미로) 제시되는 것이다.[28] 그렇기에 앎의 본질은 그리스말 알레테이아, 즉 "감추어진 것을 드러내게 한다"라는 의미에서의 진리에 있다고 언급되는 것이다. 여기서 인지하는 행위, 즉 보이지 않았던 것을 보이게 만든다는 의미에서의 봄은 곧 진리라는 말과 의미상 매우 밀접하게 관계되는 것으로 묘사되고 있다.

하이데거는 이러한 탈은폐로서의 진리를 감추어진 것을 시야 안으로 가져오는 행위로서, 즉 하나의 산출행위hervorbringen로 이해한다. 이 산출행위는 소크라테스적 전통을 암시하는 한편, 탈은폐라는 의미의 진리 이해를 다시 한번 반복하는 용어로 이해될 수 있다. 그

---

27 Heidegger(1977), pp.46~47; 하이데거(2007), pp.83~84.
28 실제로 고대 그리스어 동사 "εἴδω"는 본다는 일차적 의미와 더불어 안다는 뜻도 (즉 마음으로 본다는 뜻도) 가지고 있는 낱말이다.

러므로 테크네는 손기술로 어떤 것을 만들어 내는 것과는 전혀 다른 것으로 이해되고 있다. 여기서 테크네는 어떤 감추어져 있던 것을 시야 안으로 데려와 그것에 감추어진 것을 드러내 아는 것, 즉 진리의 드러냄이라는 차원에서 이해되어야 한다. 이 경우 테크네는 일차적으로 눈으로 보고, 마음으로 아는, 인식과 이해의 차원에서 이해되어야 한다. 이런 이유 때문에 하이데거는 테크네를 단순히 '수공업'과 '예술'로 번역하는 것은 잘못이라고 주장하는 것이다.

이제 앞서 제기된 문제, 즉 이 번역이 전적으로 틀렸는지의 문제에 답할 수 있게 되었다. 하이데거에 의하면, 테크네를 '수공업'과 '예술'로 번역하는 것은 테크네라는 말로 그리스인들이 가리켰던 표면적 의미만을 그대로 옮긴 것이다. 그러므로 이 번역은 '실천적 행위'라는 표면적이고 파생적인 뜻만을 본다면 분명히 틀렸다. 하지만 한편으로 '수공업'과 '예술'의 본질이 무엇인가를 본래 그리스인들이 체험했던 고대의 경험 그대로 파헤쳐 옮겨 본다면, 이 번역은 전적으로 틀린 것이 아니기도 하다. 실제로 "그리스인들이 수공업과 예술을 지칭하기 위해 테크네라는 동일한 낱말을 사용하였으며, 또 테크니테스τεχνίτης, 장인라는 동일한 낱말로서 수공업자와 예술가를 지칭하였다는 사실"에[29] 대한 하이데거의 언급만 보아도 이 번역이 전적으로 틀렸다고 그가 주장하는 것은 아님을 알 수 있다. 즉 앎이 선행되는 행위로서 테크네를 이해하여, 먼저 어떤 형상을 발견하고 그것을 드러내는 행위자로서의 장인과 예술가를 떠올릴 수도 있는

---

29 Heidegger(1977), p.46; 하이데거(2007), p.83.

것이다. 그러므로 우리는 하이데거가 테크네라는 그리스말에 있어서 그 본래적 바탕에 있는 의미(앎)가 표면상의 의미('수공업', '예술', '실천적 행위')보다 더 본질적이고 중요한 것이라고 주장했음을 알 수 있다.

지금까지의 정리를 통해 테크네로서의 예술 개념에 대한 의미가 간략히 밝혀졌다. 이제는 이를 토대로 하이데거의 예술론에서 작품을 어떻게 규정하는지에 대해 명확히 해보도록 한다.

5. 하이데거의 예술론에서 작품 개념의 특징

앞서 하이데거가 예술 작품을 언급함에 있어 "위대한 예술"만을 논의의 대상으로 삼는다고 말한 바 있다. 여기서는 하이데거가 읽어내고자 하는 작품(즉 위대한 예술 작품)이 어떤 특성을 가진 것이며, 어떤 작품들을 읽어 낼 수 있는지 명확히 드러내 보기로 한다.[30]

하이데거는 작품을 진리가 드러나는 곳으로 보았는데, 이런 접근 방법의 특성에 따르면 하이데거에게 있어서 창작물이 작품이 되기 위해서는 그 작품 안에서 어떤 의미(존재의 의미)를 읽어 낼 수 있어야만 한다. 작품은 진리를 드러내는 터전이 되어야만 하기 때문이다. 그리고 이런 전제는 하이데거가 예술을 기본적으로 시詩적인 것으로 이해하려는 태도와도 연결하여 이해할 수 있다. 만약 어떤 창

---

30 편의상 이 장에서는 '작품'이란 개념을 하이데거의 표현 "위대한 작품"에 한정시켜 논의하기로 한다.

작물이 읽어 낼 아무런 의미 따위는 없는 채로 감각적 쾌감만을 만족시키는 것이라면, 하이데거에게 있어 그것은 작품이 될 수 없다. 하이데거 스스로 이 부분을 명확히 하는데, 그에게 있어서 감정의 동요는 예술과 전혀 관계없는 것이다. 예를 들어 다음의 인용에서 하이데거는 바그너Richard Wagner(1813~1883)를 비판하는데, 여기서 우리는 하이데거가 음악에 대해 글을 남기지 않은 이유가 무엇인지 추정할 단서를 발견할 수 있다.[31]

> 오히려 음악이 이러한 우위를 차지할 수 있었던 것은 예술 전체에 대한 근본적인 입장이 갈수록 미학적인 성격을 띠었던 데 근거가 있다. 즉 음악이 우위를 차지하게 된 것은, 예술을 한갓 감정 상태로부터 파악하고 평가하는 예술관과, 감정 상태가 제멋대로 부글부글 거품을 내면서 끓어오르는 감정으로 갈수록 더 야만화되어가는 것에 근거가 있는 것이다.[32]

---

31 《하이데거의 예술철학》에서 폰 헤르만은 하이데거가 그의 예술 논문에서 주로 조형 예술에 대해 다루고 있는 데 반해 음악 예술 작품에 대해 다루지 않은 것이 거듭 유감스럽다고 언급한다(폰 헤르만, 1997, p.26). 하지만 음악 이외에도 하이데거가 다루지 않은 예술 분야는 매우 많다. 하이데거가 음악에 대해 다루지 않은 사실에 대해선, 뒤에 이어질 인용문에도 나와 있듯이 일부 음악이 하이데거의 기준으로는 작품이 될 수 없다는 점과 관련해 그 이유를 추정해 볼 수도 있을 것이다. 음악에서 의미를 발견할 수 있는 여지를 포함하는 것이 어떤 방식에서 가능한지, 그리고 그런 경우 음악은 어떤 시대의 어떤 것이 가장 하이데거적인 의미에서 작품이 될 등은 따로 논해 볼 문제이다. 다만, '악극'에 봉사하는 것으로서의 바그너의 음악이 어떤 의미를 담지하지 못하는 것이라면, 그리고 진리의 터전으로 기능하지 못한다면, 고전 음악에서는 작품이 될 가능성이 있는 대상이 존재하기가 상당히 어려운 것처럼 보인다.

32 하이데거(2010), p.108. 번역본의 오식은 수정하였다.

하이데거는 바그너를 비판하면서 그의 음악은 갈수록 미학적인 성격을 띠게 되었다고 언급한다. 물론 여기서 음악은 바그너의 '종합 예술 작품Gesamtkunstwerk', 즉 '악극Musikdrama'에 종사하는 부분으로서의 음악이며, 여기서의 미학은 비판의 대상인 근대미학이다.[33] 하이데거는 감정에 대한 단순한 도취, 그리고 이를 통한 '생'의 구원에 몰두하는 음악의 경향을 강하게 비판한다. 그리고 이와 같은 음악을 예술로 파악하는 바그너와 당대의 경향을, 하이데거는 예술 이해에 대한 미학적인 성격의 강화로 파악했다. 그렇기에 이런 대상들, 즉 정동을 고취하는 데 몰두하는 대상들은 하이데거에게는 예술 작품이 될 수 없는 것이었다.[34]

오히려 하이데거에게 있어서 예술은, 가장 오래되고도 본질적인 진리 발견의 터전이다. 예술에서 하이데거는 지속적으로 형이상학화된 철학의 비판과 현대 문명의 기술 비판, 그리고 이에 대한 극복

---

33 미학을 감정 상태로 보는 입장에 대한 부연 설명이 같은 책에 언급되어 있다(하이데거, 2010, p.103). "예술의 아름다움에 대한 성찰은 이제 오직 인간의 감정 상태, 즉 아이스테시스αἴσθησις와 관계하게 된다. 따라서 근대의 수 세기 동안 미학이 그러한 것으로서 의식적으로 수행되고 근거지어진 것은 하등 이상할 것이 없다. 그리고 이것이 또한 일찍이 준비되어왔던 고찰 방식을 가리키는 '미학'이라는 명칭이 출현하게 된 근거이기도 하다. 논리학이 사유 영역에서 행하고 있는 역할을, '미학'은 감성과 감정 영역에서 행하는 것이 된다. 따라서 그것은 '감성의 논리학'이라고 불린다." 이런 지적에 대해서는 이론의 여지가 있을 수 있으나, 하이데거는 일관되게 미학을 감정 상태에 대한 것으로 여기고, 근대적인 경향을 드러내는 것으로 본다.

34 또한 우리는 다음과 같은 구절에서도 감정에 대한 부정적 언급을 발견할 수 있다(Heidegger, 1977, p.26; 하이데거, 2007, p.52). "그것들이 아무리 질적으로 탁월한 것으로 평가되고, 그것들이 주는 감명이 아무리 크더라도, 또 그것들의 보관상태가 아무리 좋고, 그것들에 대한 해석이 아무리 정확하다 하더라도, 박물관 가운데로 옮긴다는 것은 그것들을 그것들 자신의 세계로부터 빼내는 것이다."

가능성마저도 발견하려고 한다.[35]

그렇다면 하이데거는 어떤 예술 작품을 작품이라 여기며, 어떤 대상을 작품(즉, 위대한 작품)이라고 여길 것인가. 다시 거칠게 말해 어떤 작품을 그의 예술철학으로 읽어 낼 수 있는지, 어떤 작품은 논외로 쳐야 하는지가 문제가 된다. 일단 가장 잘 알려져 있듯 우리는 주로 시詩가, 그중에서도 횔덜린Friedrich Hölderlin(1770~1843)의 시가 하이데거에게 예술이 됨을 알 수 있다. 반 고흐의 작품 또한 그 대상이 되었다. 몇몇 건축도 논의되었다. 하지만 하이데거가 자신의 사유 안으로 끌어들인 대상들의 공통점을 살펴보기만 해서는 위대한 작품의 기준을 찾아내기 어렵다. 오히려 하이데거가 예술 일반에 대해 언급한 내용을, 그중에서도 부정적인 언급을 통해 우리는 어떤 것이 예술 작품이 되지 못하는지 유추해 가려볼 수 있다.

하이데거는 후기에 파울 클레Paul Klee(1879~1940)의 작품을 접하고 몇 개의 노트를 남기는데, 이중 간접적으로 공개된 것들을 검토하다 보면 다음과 같은 언급을 발견할 수 있다. "오늘날의 예술: 초현실주의=형이상학; 추상 예술=형이상학; 대상없는 예술=형이상학."[36] 여기서 하이데거는 "대상없는 예술gegenstandlose Kunst"을 형이상학이라고 적어 놓았다.[37] 물론 여기서 형이상학은 근대의 완성으

---

35 이 점에 관해서는 하이데거(2008)을 참조하라.

36 Seubold(1993), p.10.

37 이 구절의 "대상없는 예술gegenstandlose Kunst"이란 표현을 "대상적/객관적 예술 gegenständliche Kunst"로 읽어야 한다는 의견이 있다. 이 의견은 그 해석에 어려움이 있을 뿐더러 독해의 부자연스러움을 감수해야만 한다. 이 구절을 'gegenständliche Kunst'로 대체해 읽는 해석자들은 이를 철학적 용어로 단순하게 치환해 '객관적'이라고 읽었을 가능성이 제일 높다고 판단된다. 하지만 이 경우도 '객관적 예술'이라는 말의 어느 부분이 부

로서의 형이상학이며 하이데거에게는 극복해야 할 것으로 이해된다. 그러므로 이 노트에서 하이데거는 간접적으로 대상없는 예술에 대해 부정적인 입장을 보인 셈이다. 그런데 특히 여기서 대상이 없다는 게 무엇을 뜻하는지가 문제가 된다. 하이데거는 '형이상학적 – 미학적'으로 파악된 예술 이해를 부정하기 때문에, 그에게 있어서 모방으로서의 예술은 예술이 아니다.[38] 그러므로 하이데거에게 있어서 모방의 원본이 되는 것으로서의 대상은 중요한 고려 대상이 아니다. 오히려 여기서 대상은 재현의 원본과는 관계없이, 그 안에서 진리 사건이 일어날 수 있는, 세계를 투사하고 의미를 발견할 수 있는 상像이면 어떤 것이든 될 수 있는 것이라고 보아야 한다. 하이데거에게 있어서 반 고흐의 구두는 그 재현적 성질과는 전혀 관계없이 어떤 진리를 드러나게 해주는 것으로 기능했었다. 그 그림 안에서 구두는, 그것이 실제로 구두인지 아닌지, 농부의 구두인지 화가의 구두인지와는 상관없이 실제의 구두를 가지고 사유를 할 수 있게 해주는 역할을 하는 '대상'으로서만 기능한다.[39] 그렇기에 이 구두는 여

정적인 함의를 가지는지는 불명확하다. 이를 말뜻 그대로 '대상적 예술'이라고 읽을 경우는 더 모순적이다. 하이데거 본인이 대상이 존재하는 예술 작품을 읽어 냈기 때문이다. 그런데 이 대체어 'gegenständliche Kunst'는 일반적으로 영어로 번역될 때 'figurative art', 또는 'representational art'로 번역된다. 이 중 후자인 재현적 예술(모방으로서의 예술)이라는 뜻 또한 대체 해석자들이 생각한 해석일 수 있다. 그런데 이 해석의 경우 뜻은 맞지만 '초현실주의', '추상 예술'과 전혀 어울리지 못하는 치명적 단점이 있다. 이 구절의 해석에 대해서는 다음을 보라: Pöggeler(2002), p.150; Petzet(1993), p.146.

38   Heidegger(1977), p.22; 하이데거(2007), pp.46~47.

39   그러므로 여기서 "대상"은 근대철학적 또는 미학적 의미에서의 대상objectum과는 구분되는 것으로, 우리가 의미를 읽어 낼 수 있는 마주-선Gegen-stand 어떤 상像으로 이해해야 한다.

기서 분명 어떤 '대상'이다. 이 점은 하이데거가 '추상 예술'을 '형이상학'과 동치에 놓은 것을 보아도 알 수 있다.

이 주장에 대해 물론 하이데거가 사유거리로 삼았던 다른 화가들을 (예를 들어 클레를) 언급하며 반박할 수도 있을 것이다. 하지만 이 점과 관련하여 하이데거에게는, 특히 조형 예술에 있어서 어떤 작품이 예술의 양식사적 판단에 의해 구상이냐 추상이냐를 따지는 것은 중요하지 않다. 오히려 하이데거에게 중요한 것은 그 작품에서 '대상'을 취할 수 있느냐 없느냐이다.

하이데거는 작품의 규정을 미술사적/사회적 맥락과 단절시킨 곳에 위치시키는데, 이를 통해 작품은 일종의 탈역사학적 자리에 놓이게 된다. 작품의 역사학적 맥락(미술사, 사조, 작가 등)과 작품은 단절되며, 철학자는 작품 자체와 단독으로 관계를 맺는다. 이처럼 맥락이 제거되기에, 하이데거에서 예술 작품의 읽기(감상)는 순수한 철학적 사유의 특징을 갖는다. 이 경우 감상자의 세계를 상기시키고 사유의 빛을 던져 줄 대상이 필요하게 된다. 이 대상은 실제 세계와의 연관이 흐릿하거나 양식상 다소 추상적이라도 문제가 되지 않는다. 다만 대상화할 상像이 필요하다는 것은 분명하다. 이 점은 '추상 예술'에 대한 하이데거의 견해를 검토해 보면 더욱 명확히 드러날 것이다.

하이데거에게 있어서 구상/추상 구분이 부차적이라는 점을 지지해 주는 매우 중요한 예는, 실제로 하이데거가 1969년에 〈예술과 공간〉이라는[40] 글을 쓰면서 명백한 추상 예술 작품을 염두에 두었다는

---

40   하이데거(2012b).

점이다. 이 글을 작성할 당시 하이데거는 에두아르도 칠리다Eduardo Chillida(1924~2002)의 생각과 작품에 큰 관심을 보였다고 한다.[41] 다름슈타트에서의 강연 〈건축함 거주함 사유함〉[42] 이후로 하이데거는 공간의 문제에 지속적으로 관심을 두고 있었는데, 칠리다의 "내게 관심사는 형태가 아니라, 형태와 다른 형태 간의 관계-그들 사이에서 일어나는 관계-이다"라는[43] 언급을 하이데거가 전해 듣고 흥미를 보이며, 이후 하이데거와 칠리다는 만남까지 갖게 된다.

그런데 여기에서 모순을 발견할 수 있다. 앞서 확인했던 바와 같이 클레-노트에서 하이데거는 "추상 예술=형이상학"이라며 비판을 가한 바 있다. 그렇다면 왜 칠리다의 생각과 작품에 우호적인 태도를 취했는가에 대해 의문을 제기할 수 있다. 이를 하이데거의 입장 변화로 해석해야 하는가, 아니면 칠리다는 단순 예외로 여길 수 있는 것인가. 이에 더해서 클레의 입지 또한 단순히 양식적 차원에서 놓고 보았을 때는 애매하기 마찬가지이다.[44] 이는 하이데거가 〈예술 작품의 근원〉 2부 집필을 생각했었다는 잘 알려진 전언과 더불어 해석자들에게 큰 난제로 다가온다.[45]

---

41 이 점에 대해서는 Petzet(1993), pp.133~158에 비교적 상세하게 언급되어 있다. 하이데거와 칠리다의 교류와 그들의 사유에 관한 연구로는 김경미, 이유택(2014)을 보라.

42 하이데거(2008).

43 Petzet(1993), p.156.

44 물론 하이데거는 클레와 관련하여 "대상은 없어지지 않아야 한다고 강조하며" 오히려 대상을 '물러나는zurücktreten' 것으로 묘사한다(Seubold, 1993, p.10). 즉 하이데거에게 있어서 클레의 작품들은 '대상없는' 작품은 아니었던 것이라고 추정할 수 있다. 이 점에 관해 Young(2001), p.161의 의견을 참조.

45 Petzet(1993), p.146.

몇몇 해석자들은 하이데거가 '추상 예술'을 간접적으로 인정했다고 주장한다. 예를 들어 영Julian Young(1943~)은 하이데거가 추상 예술을 "서구 전통의 형이상학적 성격을 진정으로 부수지 못한"[46] 것으로 본다고 주장한다. 즉 그는 여기서 유보적인 입장을 보이면서, 하이데거는 추상 예술이 서구의 형이상학적 전통을 부술 능력은 없지만, 또한 근대적 기술의 지류로 여겨질 수도 없다고 주장했다는 결론을 내린다.[47] 반면 투센Ingvild Torsen은 하이데거의 철학 안에는 "추상을 유의미하며 잠재적으로 중요한 예술적 혁신으로 이해할 여지"가[48] 있다고 주장한다. 그는 헤겔 미학과 하이데거 예술론의 유사성을 길게 논하는 한편, 하이데거의 예술론 안에서 추상 작품을 승인하고 해석하게 해줄 단초들을 찾고 있다. 그런데 그의 주장에서 핵심적인 논증은 하이데거가 칠리다의 생각과 작업을 인정했다는 부분에, 즉 명백한 추상 작업을 인정했다는 단순한 사실에만 의존하고 있다.[49] 그러므로 앞서 언급된 연구들의 한계를 지적하자면, 칠리다의 작품이 분명 추상이고 하이데거가 긍정적인 평가를 한 것도 사실이지만, 한편으로 그의 작품 안에는 그것이 추상이냐 아니냐의 문제와는 별도로 진리의 밝힘을 위한, 어떤 의미를 읽어 낼 수 있는 대상성이 구현되고 있음을 이 연구들은 간과하고 있다는 점이다.

결과적으로 앞서도 지적했다시피, 하이데거가 '추상 예술'을 부

---

46 Young(2001), p.166.

47 Young(2001), pp.166~167.

48 Torsen(2014), p.291.

49 Torsen(2014), pp.297~299.

정적으로 묘사한 메모가 있다고 해서, 추상을 하이데거의 예술론으로 읽어 내는 것이 가능한지 불가능한지를 논하는 것은 하이데거 예술론을 이해하는 데 도움이 되지 않는다. 하이데거의 예술론에서는, 그의 예술론으로 읽어 내고자 하는 작품이 그 안에 대상성을 구현하고 있는지 아니면 그렇지 못한지가 훨씬 더 중요하다. 대상은 곧 그 예술 작품의 작품적 성격을 해석해 나가기 시작하는 단초가 되고, 이로부터 사유로서의 감상이 가능하기 때문이다. 그렇기에 작품 안의 대상성은, "진리 일어남의 열린 장"으로 예술 작품을 바라보는 하이데거 예술론의 가장 중요한 기준이 된다. 바로 그렇기에 하이데거는 클레의 작품 안에서도 일종의 대상성을 발견하고, 그 작품을 읽어 냈던 것이다.

이와 관련하여, 우리는 하이데거가 형태Gestalt에 대하여 언급한 다음의 구절을 자연스럽게 떠올릴 수 있다.

> 균열Riß, 선 속으로 데려와 대지 속으로 되돌려 세워짐으로써 확립된 투쟁이 곧 형태Gestalt이다. 작품의 창작된 존재란, 진리가 형태 속으로 확립되어 있음을 뜻한다. 형태란, 균열[선]이 안배됨sich-fügen, 이어짐으로써 구성된 전체적-짜임새Gefüge이다. [이렇게] 안배된 균열der gefügte Riß은 진리의 빛남이 [형태를 구성하는 선으로] 이어진 것die Fuge des Scheinens der Wahrheit이다. 여기서 '형태'라고 말해지는 그것은, 작품이 건립되고 내세워지는 한에서, 작품이 그러한 것으로서 현성하는 그런 세움Stellen과 모아-세움Ge-stell으로부터 언제나 사유되어야 한다. […] 진리를 형태 속으로 확립하는 가운데im Feststellen der Wahrheit in die Gestalt,

대지는 언제나 사용되기 마련이다.[50]

여기서 하이데거는 균열이 자연스럽게 형태를 구성하는 과정을 설명한다. 여기서 형태는 일종의 투쟁으로 묘사되고 있다. 균열(갈라짐)을 통해 형태가 구성되고 그것이 진리로 연결되는 과정이 자연스럽게 묘사된 이 구절에서, 우리는 투쟁으로 특징지어진 저 형태가 작품존재에 있어서 핵심적인 부분이라는 점을 명확히 할 수 있다. 이 형태가 무엇인지를 깊게 분석하는 것은 이후의 추가적인 논의를 필요로 하겠지만, 형태가 곧 앞서 제시한 대상성과 직결된다는 사실은 간단히 파악할 수 있다.

다시 한번 정리하자면, 하이데거의 예술론에서 "위대한 작품"으로 받아들일 여지가 있는 작품들은 (특히 조형 예술의 경우에) 그 안에 대상성 또는 형태가 구현되어 있어야 한다. 이 형태와 대상성 없이는 하이데거의 직접적 주장에 따라, 그리고 또한 그의 철학적 기획의 고유한 특성에 따라, 작품존재가 될 수 없다. 여기서 구상/추상의 구분은 결정적인 것으로 여겨지지 않는다.

6. 예술과 인간: 예술가와 감상자

하이데거 예술론에 있어서 핵심이 되는 부분은 앞서 제시한 작품존재이다. 이를 통해서 그의 예술론의 중추가 형성되기 때문이다.

---

50   Heidegger(1977), pp.51~52; 하이데거(2007), pp.91~92.

하지만 예술 작품은 인간 현존재가 없다면 아무런 의미도 가질 수 없다. 그러므로 하이데거는 예술가와 감상자의 특성에 대해서도 논한다.

하이데거는 창작Schaffen을 "산출되는 것 안으로 출현하게 하는 것 das Hervorgehenlassen in ein Hervorgebrachtes"이라는 말로 규정한다. 이 규정 바로 뒤에 하이데거는 "작품이 작품화된다Werkwerden는 것은 진리가 생성되고 일어나는 하나의 방식이다"라고[51] 언급한다. 이와 같은 규정은 한 가지 전제를 함축한다. 바로 예술가의 창작 행위를 전적으로 예술가 개인의 행위라고 보는, 근대미학의 관점은 잘못되었다는 주장이 그것이다. 이러한 하이데거의 입장에는 창작 행위가 세계와의 만남에 의해서, 존재와의 공동 작업으로 이루어진다는 관점이 기본 틀로서 제시되어 있다. 이 관점은 다음의 인용문에서 분명하게 표현된다.

> 진정한 양식의 예술적 형상은 그 자체가 자신에 의해 환히 밝혀져 자기 안에 보존되는 세계의 현현Epiphanie입니다.[52]

이 짧은 문장에서 하이데거는 그가 평생 유지했던 예술 작품에 대한 기본적 신념을 압축적으로 보여 준다. 예술의 형상das Kunstgebilde은 세계의 현현으로 설명된다. 즉 예술 작품은 세계가 스스로를 드러내는 것이다. 그러므로 하이데거에게 있어서 예술가는 '자주적 주

---

51   Heidegger(1977), p.48; 하이데거(2007), p.85.
52   Heidegger(1983b), p.106; 하이데거(2012a), p.153.

체의 천재적 수행 능력'에 의해 규정되는 것이 아니라, 오히려 샘터에서 물을 길어 내는 자와 같은 것으로 이해되어야만 하는 것이다. 그래서 하이데거는 창작Schaffen을 길어냄Schöpfen이라는 말로 정의한다.[53]

하이데거가 감상자에게 독특한 지위를 부여한다는 사실은 잘 알려져 있다. 하이데거는 작품을 진리 일어남의 터전으로 규정하고 있기에, 감상자가 예술 작품을 통해 사유하는 과정 일체가 작품의 작품존재에 대한 해명인 동시에, 그 과정에서 길어 내는 존재의 의미에 대한 읽어냄이다. 감상자는 지속적으로 존재의 의미를 길어 내며 작품의 가능성을 보존해 주기에, 하이데거는 감상자를 보존하는 자Bewahrenden로 규정한다. 여기서 창작된 것das Geschffene을 작품das Werk으로 존재할 수 있게 해주는 감상자의 능동적인 역할이 강조되고 있다.[54] 하이데거에게 있어서 감상자는 단지 작품 외부에 존재하는 자가 아니라 작품에 직접적으로 개입해 그 작품을 작품으로 보존Bewahrung하는 자이다. 하이데거에게 있어서 작품은 '창작'만큼이나 '보존'에 의해 구성되는 것이며, '창작'과 '보존'이라는 두 행위는 작품을 진리가 일어나기 위한 터전으로 만든다는 의미에서 유사한 역

---

53 Heidegger(1977), p.63; 하이데거(2007), p.111. 창작에 관한 하이데거의 입장은 《존재와 시간》을 비롯한 주요 저작에서 취하는, 사유하는 현존재에 대한 기본적 입장과 거의 같다고 볼 수 있다. 이는 또한 철학사적으로는 실재와 해석의 문제로까지 환원되는 아주 근원적인 철학적 과제와 맞닿아 있는 것으로서, 하이데거는 자신의 철학적 입장을 예술론에서 다시 한번 '창작'이라는 개념으로서 표현한 것이라고 보아도 될 것이다.

54 Heidegger(1977), p.54; 하이데거(2007), p.96. "'작품을 하나의 작품으로 존재하게 함(sein lassen)', 바로 이러한 태도를 우리는 [작품을 참답게 보존하는] 작품의 보존이라고 말한다."

할을 한다. 이 점에 대해 하이데거는 다음과 같이 말한다.

> 작품의 창작된 존재에는 본질적으로 창작하는 자만이 아니라 보존하는 자도 또한 속해 있다. 그러나 작품은 창작하는 자를 그의 본질에서 가능하게 하고 또 그의 본질로부터 보존하는 자를 필요로 하는 그런 것이다.[55]

그런데 만약 이처럼 작품존재가 감상자에게 의존적인 것으로 규정된다면, 작품이 감상자의 자유로운 해석에 내맡겨져 임의적으로 해석되어도 되는가? 하이데거는 예술 작품을 통해 사유하는 것(감상하는 것)은 절대로 주관적 행위가 아니라고 단호하게 주장한다.[56] 이러한 주장에는 하이데거가 진리를 발견하는 과정에 대해 가지고 있는 특수한 의견, 즉 존재의 진리는 인간 현존재가 일방적으로 밝혀내는 것도 아니고, 그렇다고 해서 그저 수동적으로 전달받는 것도 아니라는 존재론적 전제가 함축되어 있다. 그러므로 하이데거에게 있어서 작품의 감상은 개인의 순전히 주관적이고 임의적인 행위가 될 수 없다. 작품의 해석은 반드시 그 작품이 감상자와 만나 발생하는 진리에 대한 해석이어야만 하며, 이 해석은 작품 체험의 인상에 대한 임의적인 전개나 세간에 떠도는 작품의 주변적인 사실들에 대한 잡담이어서는 안 된다.

---

55 Heidegger(1977), p.58; 하이데거(2007), p.103.
56 Heidegger(1977), p.21; 하이데거(2007), p.45. 한편, 감상의 주관적 성격을 강조하는 의견에 반대하는 연구로는 설민(2017)을 보라.

7. 결론

앞서 하이데거 예술철학의 기본 구도와 고유의 전제들에 대해 먼저 정리하고, 이를 바탕으로 작품존재, 예술가, 감상자에 대한 하이데거의 견해를 소개하였다. 하이데거에게 이 세 요소는 매우 독특하게 정의되어 있어서, 실제 예술 현장이나 일상에서 접하는 통상적 용법과는 분명하게 구분되어야만 한다. 이 세 요소는 하이데거 예술론이 실제 예술계와 맞닿는 접촉면이기도 하기에 이 구분은 더 선명해질 필요가 있다. 용어의 부정확한 이해나 부적합한 적용이 하이데거 예술철학에 대한 오해로 연결될 수 있기 때문이다. 하이데거 예술철학에 대한 독해를 통해 명확히 드러나게 된 점은, 다수의 이론가가 그렇듯 하이데거 또한 모든 예술 작품에 대한 예술론을 서술한 것은 아니라는 점이다. 많은 예술론이 그렇듯이, 예술 작품에 대한 일반 이론을 제시한다는 것은 임의로 예술의 경계를 설정할 위험성을 내포한다. 예술이라는 인간의 활동은 단순하게 하나로 묶어 그 본질을 설명하기에는 너무 다양하며, 삶의 도처에서 산발적으로 발생하는 것이다.

하지만 하이데거는 동시에 예술철학으로서 예술 일반과 작품 일반에 대한 일종의 일반론을 제시하고 있기도 하다. 이는 예술 작품을 예술사적 성격으로 범주화하여 규정하는 것이 아니라 예술철학적 관점에서 조명하여 규정하는 것이다.

하이데거에게 있어서 예술 작품은 순전히 내적인 측면에서만 규정되어야 하며, 그 안에 대상화 가능한 상을 표현하고 있어야만 해석이 가능한 존재로서 작품이 된다는 점이 논의되었다. 이는 하이데거의 작품존재를 설명하는 중요한 첫 번째 특징이었다. 그리고 창작자와 보존자, 즉 예술가와 감상자를 작품에 대한 공동의 참여자로 제시하는 하이데거의 존재론적 예술론이 그의 예술철학이 지닌 또 다른 특징이었다. 이와 같은 방식의 이해를 통해, 창작자의 입장에서는 자유의 제약, 보존자의 입장에서는 해석에의 개입이라는 역할의 재배치가 일어나게 된다. 즉 하이데거의 예술론은 근대적 미학의 입장에 비해 예술가가 작품에 개입할 여지는 더 적은 것으로, 감상자가 개입할 폭은 더 큰 것으로 평가한다.

이제 이와 같은 하이데거 예술철학의 특성이 어떤 효과를 가져왔으며, 왜 독특하다고 할 수 있을지를 정리해 보자. 우선 하이데거는 예술이라고 하는 인간의 행위를 사유의 한 방식으로 본다. 그렇기에 단순한 수작업의 산물이거나 감각적 쾌감을 불러일으키는 대상은 예술 작품의 지위를 얻지 못한다. 물론 통상적으로, 그리고 미술사적으로 해석할 만한 의미가 충분한 작품들은 많은 경우 여전히 예술 작품의 지위를 유지한다.

여기서 하이데거의 예술론이 특이한 점은, 사유라는 활동을 예술의 규정성에 넣었다는 것이다. 그러므로 예술 작품들은 인간의 끊임없는 활동의 아래에 놓여 있을 때만 '예술 작품'이 된다. 감각적 쾌락이 목표인 창작물들은 그 목적부터 예술 작품이 아니지만, 우리가 한때 예술 작품이라고 불렀던 것들 또한 그것이 예술 활동의 현장에서 예술 행위(창작, 해석)의 아래에 놓이지 못하면 예술 작품이 아닌 것이 되어 버린다. 이 점을 단순히 하이데거 예술론의 부차적 특징으로만 여기는 것은, 그것의 중요한 요구를 간과하는 것이 된다. 하이데거에게 예술 활동은 결국 진리를 드러내는 활동이며, 이는 인간의 근본적인 규정성에 속한다. 그렇기에 예술 활동은 인간이 인간으로서 본래적으로 살아가기 위해서 취할 수 있는 매우 중요한 길이 된다. 그러므로 예술은 작품의 가격이나 미술사적 소비에 위치하는 것이 아니라, 우리가 인간으로서 스스로의 가능성을 충실히 탐색해 나가는 바로 그 활동 자체를 가리키는 것으로 이해되어야 한다. 이런 적극적인 예술 활동에 대한 태도 요구는, 하이데거가 《존재와 시간》이래로 취해 온 인간 현존재의 본래성에 대한 요청과도 맞닿아 있다.

하이데거의 예술론에는 매우 독특한 철학적 전제들이 포함되어 있다. 사실상 하이데거의 예술론은 그의 존재론의 다른 표현형이라고 보아도 될 정도로 그 기본 입장을 동일하게 함축하고 있다. 하이데거의 예술론은 그가 주장한 존재론적 특성 때문에, 하이데거의 입장에 동조하는 관점에서 보았을 때 사실 하나의 고착된 '이론'으로 (즉 예술'론'으로) 이해되어서는 안 되는 것이기도 하다. 그리고 이런 관점에서 보았을 때 이 예술철학의 장점이 가장 두드러지기도 한다. 만약 창작자의 창작 행위와 보존자의 보존 행위가 순간마다의 갱신이라면, 하이데거의 예술론은 그저 서유럽의 예술계에 대한 해석에 그치는 것일 수 없다. 오히려 그것은 지금 여기에서 예술 행위를 하고 예술에 대해 사유하는 모든 이에게 항상 새로운 과제를 던져주는 계기로 작용할 수 있을 것이기 때문이다.

〈우리의 예술 작품과 예술 행위, 그리고 하이데거의 예술론〉 홍진후 저자 인터뷰

안녕하세요, 홍진후 선생님. 만나 뵙게 되어 반갑습니다. 우선 선생님의 전공과 주 연구 및 관심 분야, 그리고 현재 하시고 계신 일을 여쭈어보고 싶습니다.

안녕하세요, 반갑습니다. 저는 독일 철학자 하이데거의 존재론과 예술철학을 전공했고요, 예술철학의 윤리적 측면 등으로 관심 영역을 넓혀 가고 있습니다. 현재는 연구를 계속하며 대학에서 강의를 하고 있습니다.

이 책은 대전지역의 인문·예술에 대한 저변 확대를 목적으로 다양한 분야의 전문가들이 모여 결성한 '대전인문예술포럼'(이하 '대인포럼')의 첫 결과물입니다. 그간 대인포럼에 참여하시면서 느끼신 좋았던 점과 아쉬웠던 점을 한 가지씩 말씀해 주시면 감사하겠습니다.

대전인문예술포럼이 가진 가장 큰 장점은 다양한 분야의 전문가 선생님들과 가깝게 교류할 수 있는 장이라는 것입니다. 수평적인 소통과 더불어 서로 다른 관점과 관심사가 자유롭게 교차되며, 향후 연구에 대한 아이디어 발견에 있어서 상승 효과를 볼 수 있는 유익한 장이라는 점이 가장 큰 장점이라고 느꼈습니다. 아쉬운 점은 없지만…, 굳이 생각해 본다면 구성원 선생님들이 모두 바쁘게 활동하시는 분들이라 항상 시간을 내어 모이시는 데 어려움이 있다는 정도 아닐까 싶습니다.

인문학과 예술이라는 주제로 대인포럼에 참여하시면서 기대하셨던, 혹은 생각하셨던 인문학과 예술에 대한 가치가 있으셨을 텐데요, 선생님이 생각하시는 인문·예술의 성격과 정신, 그리고 앞으로의 비전이 무엇인지 여쭤봐도 될까요?

인문·예술이라는 말 자체의 뜻을 보아도 알 수 있듯, 이 분야는 인간의 인간성 자체를 탐구하는 가장 근본적인 학문 영역이라고 생각합니다. 그렇다면 인간성이란 말로 무엇을 뜻하느냐는 질문을 할 수 있을 텐데요, 서양에서는 종교적 기원을 가지는 인간관을 기본으로 사유를 해왔고, 이런 인간관으로부터 파생되는 수많은 가치를 체계적으로 정립해 왔습니다. 한국에서 학문하는 사람 입장에서 이런 서양식의 인간성 이해는 익숙하기도 하지만 일부 생소하거나 거리감이 느껴지는 점들도 있는 것이 사실입니다.

예술에 대한 이해 또한 우리는 서양의 이론을 많이 수입해 왔습니다. 예술의 기원을 고대 그리스의 기술 개념이나 제작 개념으로 거슬러 올라가 찾으려는 근본 태도가 그것입니다. 그리고 미술 이론에 있어서 오랜 기간 지배적 영향력을 행사해 온 그리스 철학적 기원 또한 우리는 수입해 연구하고 있습니다.

그런데 만약 인문·예술의 정신이란 것이 존재하고 우리가 그것에 대해 정의해야 한다면, 그 핵심은 끊임없이 스스로로 돌아가서 반성하고 탐구하는 자세라고 말해야 하지 않을까 싶습니다. 과학기술이 아무리 발달하고 사회의 복잡성이 아무리 늘어난다고 하더라도 우리가 결국은 돌아가야 할 삶의 본질적 측면, 그리고 우리 자신을 탐구의 주제로 삼는 것이 인문·예술이지 않을까 싶습니다. 그리고 인문·예술 정신이 이런 것이라고 한다면, 지금껏 서양의 이해에 많이 의존해 왔던 우리의 인문·예술 이해를 끊임없이 우리만의 이해로 갱신해 나가는 것 또한 인문학자로서 중요한 자세가 아닐까 싶습니다. 그래서 저는 인문학과 예술철학 분야에서 계속 연구를 진행하면서, 서양으로부터 수입된 이론들을 현재화하고 지금의 우리 고민에 맞는 형태로 다시 사유하는 것을 목표로 삼고 있습니다.

네, 잘 알겠습니다. 그럼 본격적으로 선생님이 책에 쓰신 내용에 대해 여쭈어보도록 하겠습니다. 먼저, 선생님이 글에서 강조하고 싶으신 부분을 다시 한번 간략하게 설명해 주시고, 왜 그 주제가 중요한지 말씀해 주시면 감사하겠습니다.

이 책에 실린 짧은 글은, 기본적으로 하이데거의 예술철학을 보다 독해 가능한 형태로 재구성하는 시도의 첫걸음에 해당하는 것입니다. 예술철학의 중요한 특징 중 하나는, 특정한 철학자의 예술철학을 이해하기 위해선 해당 철학자의 철학적 세계관 전체에 대한 선이해가 필요하다는 점입니다. 하이데거는 20세기 유럽의 대학자에 속하는 사람이고, 방대한 연구와 함께 난해한 언어들로 서술된 철학을 우리에게 남겨 주었습니다. 그 철학의 핵심이 얼마나 단순명료한 진실을 우리에게 전달하려 하는지와는 별개의 문제로, 우리는 그의 철학을 이해하기 위해 먼저 그 난해한 언어들을 헤쳐 나가야만 합니다. 예술철학의 경우에는 이중의 노역입니다. 언어를 이해하는 것과 더불어 그가 어떤 예술 행위를 목격했고, 예술의 어떤 측면을 해명하려 했는지 또한 함께 이해해야 하기 때문입니다.

제가 쓴 글의 일차적 목적은, 하이데거의 예술철학을 그 본질을 훼손하지 않으면서도 최대한 하이데거의 철학으로부터 분리하고, 하이데거의 독특한 개념을 최소한으로 사용하여 그 핵심을 정리해 보고자 하는 데 있었습니다. 그러므로 하이데거에 대한 최소의 이해만으로도 접근 가능한 형태로 그의 예술철학을 서술해 보고자 했습니다. 또한 이 글에서는 하이데거의 예술철학에 대한 이해를 하이데거 자신의 입장 또는 하이데거주의적인 입장에서만 대변하는 것이 아니라, 보다 일반적인 지성인의 입장에서 비판적으로 살펴보고자 했습니다. 이를 통해 하이데거의 예술철학이 보다 더 넓은 층에 의해 소화 가능한 이론이 되길 바라기 때문입니다.

홍진후

가톨릭대학교 강사로 재직 중이다. 현대 유럽 존재론을 전공했고, 가톨릭대학교에서 철학과에서 〈하이데거와 들뢰즈의 언어론: 존재론적 토대와 의미의 문제〉로 박사학위를 받았다. 가톨릭대 성심·성신 교정, 한남대, 강남대, 서경대 등에서 강의하고 있다. 하이데거의 존재론을 학문적 바탕으로 삼아, 언어, 예술, 윤리 등의 주제로 관심사를 확장해 나가고 있다. 현재는 감정에 대한 현대적 이론들을 20세기 유럽 존재론의 관점에서 어떻게 해석할 수 있을지에 대해 비판적으로 연구하고 있다. 최근의 연구로는 〈사유하는 삶에 대한 철학사적 평가: 고대 그리스 철학과 하이데거의 철학을 중심으로〉, 〈하이데거 예술철학의 윤리적 함의〉 등이 있다.

인문학과 예술의 로컬리티locality: 우리 지역의 철학 연구에 대한 반성에 잇대어

송석랑

1. 프롤로그

인문학과 예술의 로컬리티는 두 측면에서 논급 가능하다. 이는 다음의 두 사안, 즉 ① 부정적 의미에서의 로컬리티(주변성) 해소와 ② 긍정적 의미에서의 로컬리티(차이성) 성취를 통해 인문학과 예술의 진정성을 위한 새 방도가 제시될 수 있음을 함축한다. 그 특성 상 시작 단계부터 제기된 이래 내부 모색과 외부 여건의 개선에 따라 상당 부분 해소된 ①의 사안과 달리, 탈脫중심의 논리에 부응해 비교적 최근에 제기된 ②의 사안은 당대의 인문학과 예술에 더해진 현안이다. 중앙과 지역의 근대적 대립 구도 위에서라면 중앙의 인문학과 예술은 지역의 그것들에 비해 ①의 사안에서 상대적으로 더 자유롭다고 말할 수도 있을 것이다. 그러나 각별히 그 근원이 국외에 닿아 있는 인문학과 예술의 경우, 양자 모두 ①과 ② 두 사안의 문제를 갖고 있게 된다. 왜냐하면 예술의 경우는 차치하고 우선 인문학

중 예컨대 서양학의 경우를 말하자면, 중앙의 의미를 일급의 '서양학 생산지'(歐美)로 확장할 경우 한국 서양학 연구의 중앙 역시 ① 로부터 온전히 자유롭지 못하며, ②의 사안이 가리키는 그 현안에 관해서는 오히려 지역의 서양학 연구와 동일한 처지에 놓여 있게 될 것이기 때문이다. 이 글은 우선 한국동서철학회의 학술지인《동서철학연구》를 통해 지역의 철학 연구가 ①의 사안을 어떻게 풀어 왔고, ②의 사안을 두고 어떻게 대응해야 할 것인지를 고찰한 연후, 이 고찰의 연장선에서 인문학과 예술의 로컬리티에 대해 논급할 것이다.

2. 로컬리티와 예술과 인문학 (1)

의식의 한 양태인, 그러나 사실은 핵심 기능으로 작동하는 '기억 memory'은 사유의 가장 중요한 성분이다.[1] 무엇보다도, 그 양상의 본질이 어떻게 규명되든, 우리가 사는 지금의 현재가 지내 온 과거의 연장이며 살아 낼 미래가 그러한 현재의 미래라면, '역사적 사회적 현실성'에 대한 탐구, 즉 인문학의 사유는 '과거의 의미'인 기억의 장을 이탈해 작동할 수 없을 것이기 때문이다.[2] 사유와 언어의 동근원성

---

1 기억은 모든 인지의 능력의 핵심 사안이라는 것은 특히 현대의 인지이론을 통해 경험과학의 수준에서 실증적으로 논증되고 있다. 이에 대해서는 Bostrom(2008), pp.107~136 참조.

2 Dilthey(1962); 딜타이(2014), p.52 이하. 기억은 특히 인문과학 분야에서 (딜타이에 따르면 심리학, 언어학, '정치·사회'학, 역사, 법률학, 신학, 예술 등 "역사적 사회적 현실성을 탐구의 대상으로 삼는 정신과학" 모두에서) 공통의 전제로 취해져 왔다. 기억은 우리의 삶과 이 삶이 빚어내는 사건, 체제, 구조, 의미, 가치 등에 대한 인문학적 사유의 (나아가 자연과학적 사유의) '존재·인식'론적 토대가 된다. 철학은 인문학이되, 인문과학의 영역을 초과한다. 그것은 예컨대 딜타이의 경우에서처럼 인문과학을 정초하거나, 나아가 칸트의

을 고려할 때, 사유에 대한 기억의 이 토대성은 언어의 역사성을 함축한다. 물론, 언어로 전승된 과거의 의미를 토대로 우리의 사유가 현재와 미래의 의미를 펼쳐낸다는 말은 새삼스럽다. 그러나 사유 혹은 언어에 내재한 기억의 그 토대성과 '장소place'를 잇는 다음의 진술, 즉 "기억이란 장소의 기억이며, 언어조차 장소를 매개로 기억된다"를[3] 나란히 놓고 보면 전혀 그렇지가 않은데, 이는 그 진술이 탈근대 논리의 요체인 "공간에 대한 전회적 사유"를[4] 함축하기에 그러하다.

전회적 공간 사유가 탈근대 논리의 요체가 되는 까닭은 그것이 인간주의 관점으로 인해 우리의 기억 아래에 은폐된 장소에 대한 복구의 논리를 취하기 때문이다. 전회적 공간 사유는 지리학적 위치 개념으로 '축소/변질'된 장소('부정적 로컬리티') 아래에 놓인 깊이의 장소 내지 본질의 장소('긍정적 로컬리티')로 회귀함으로써 시간과 함께 의미를 생산, 세계를 열어가는 사건의 한 축으로서 공간의 의미를 재정립한다.[5] 주체와 객체 혹은 중심과 주변을 경계 짓는 단절의 논리를 존재론적 '장소론topology'으로써 허무는 '전회적인 공간 사유'를 통해 전통의 철학(인간의 인식주관에 입각한 '동일성의 철학')의[6] 배타성에 내재한 '근대적 위계 구도'를 거부하는 것이 당대

경우에서처럼 자연과학의 토대를 정초할 수 있는, 혹은 후설에서처럼 양자 모두의 토대를 정초할 수 있는 메타 학문이다.

3 유지로(2012), p.9.

4 "공간에 대한 전회적 사유Umdenken des Raumes"의 탈脫근대적 의의에 대해선 Günzel(2007), p.86 이하 참조.

5 Malpas(2008), pp.51~63.

6 '동일성'은 다른 것에 의존하여 존재해서는 안 되는 실체substantia의 속성이라 말할 수 있다. 자기 동일적인 존재로 달리 쓸 수 있는 이 실체는 인간 주관이 규정한 존재를 이른다.

철학의 과제라면, 지역의 철학 연구의 위상은 '부정적 로컬리티'의 극복과 '긍정적 로컬리티'의 모색 정도에 따라 제고될 수 있다.

따지고 보면, 철학의 이 극복과 모색은 진리의 인식과 미적 경험을 '긍정적 로컬리티'로 수렴하는 자리에서 인문학과 예술의 경우로 확장될 수 있다(딜타이에 따르면 예술 역시 인문학에 속하지만 여기에서는 그 고유성을 고려해 별도의 사항으로 놓았다). 이 확장에 관한 이야기에 앞서 우선 이 글은 지역적 한계 속에서 우리 한국의 철학 '지역학술지'[7]가 이루어낸 철학 연구의 성취와 위상을 보다 견고한 단계로 끌어올리기 위해 여전히 남아 있는 문제에 대한 해소방안을 '부정적 로컬리티'와 '긍정적 로컬리티'의 두 개념에 각각 함축된 '주변성'과 '차이성'에 기대어 고찰하고자 한다. 우리 지역(여기에서는 특히 대전-충청 지역; 이하 동일)의 철학 학술지인 《동서철학연구》의 게재 논문들(학술대회 발표 논문 포함) 일부와 그것들에 관한 분석 데이터 내용을 참조해 수행한 이 고찰에서는 부정적 의미에서의 로컬리티(주변성)를 상당 부분 극복하며 '중앙학술지' 정도의 수준으로 도약하게 된 지역 철학 학술지의 사례를 진단하고, 나아가 긍정적 의미에서의 로컬리티(차이성)를 취하며 철학 연구의 진정성에 기여할 수 있는 하나의 방도를 논급할 것이다. 이를 위해

그것은 고대에서 유래해 근대성으로 수렴되는 주체의 형이상학의 요체로서, 인간 주관의 본래 거주지로서의 존재론적 장소를 은폐한 인식론적 고안물이라 할 수 있다.

7 이 글에서는 '중앙이 아닌 지방'의 지역을 거점으로 성립한 철학회의 학술지를 가리킨다. 중앙·지역학술지의 경우 중앙학술지로 표기했다. 오늘날 투고자와 회원의 교류 및 개방으로 중앙과 지방의 경계가 불분명하지만, 그 차이가 무의미할 정도로 없어진 것은 아니다. 이 말은 여전히 학술지 구분의 한 용어로 사용되고 있으며, 따라서 분석의 자리에서는 유의미한 용어다.

우리 지역의 학술지 《동서철학연구》로써 이야기될 몇 가지 사항은 다음과 같다. (가) 게재 논문의 연구자 지형과 연구 주제 스펙트럼, (나) 게재 논문 및 학술대회 주제 발표에서의 동서비교철학.[8] 이들 중 (가)는 서양철학 분야의 경우를 예로 삼아 언급될 것이다. 하지만 (나)의 경우는 동·서양철학 분야를 막론하고 해당하는 동서비교철학 연구 논문을 대상으로 삼았다.

3. 지역의 철학 연구와 로컬리티: (1) 주변성

지금 이야기되는 '긍정적 로컬리티'는 공간의 공간성 내지 공간의 가능 근거로서의 본래적 장소, 즉 '공간의 원초적 본질'(인간의 어떤 행위가 이루어지는 곳)을[9] 가리킨다. 보체너는 이 본질을 "토포스로서의 장소"로 표현했다.[10] 그의 어원학적 분석에 따르면 공간의 이러한 본질은 "장소가 공간을 통해 경험되는 것이 아니라, 공간이 장소를 통해 경험되는 사태"를 통해 드러난다.[11] 그러나 근대를 경유하는 동안 공간의 개념이 '캐논kenon'의 '공허a pure

---

8   여기에서 서양철학에 대비해 사용된 동양철학은 한국철학을 포함한다.

9   예컨대 운동장, 시장, 유세장처럼 인간의 사건이 '일어나는take place' 곳(송석랑, 2012, p.205).

10 Bochner(1973), p.306. "토포스로서의 장소place as topos"는 해석학적 의미를 갖는데, 실제로 하이데거는 이 장소로써 "시간-놀이Spiel-공간"의 장소에 함축된 해석학적 이해의 초월론적 경험을 통해 시간과 공간의 동근원성을 이야기한다(Günzel, 2007, pp.115~121; 송석랑, 2015, pp.475~476).

11 이와 연관하여 또 다른 논자는 이렇게 썼다(Malpas, 2001, pp.25~27). "고대 그리스인들에게는 공간을 지시하는 어휘가 없었는데, 이는 그들이 '연장extension'이 아니라 토포스의 토대 위에서 공간적인 것을 경험했기 때문이다. 그들에게 공간은 장소와 연관된 것이다."

realm containment'로 대체되면서, 그 본질의 장소는 공간 내부에 위치한 어떤 지점을 차지하는 물리적-객관적 공간 범위인 지리적 '지역 location'의 개념에 눌려 가려진다.[12] 본래적 장소에 대한 '경험의 선험성'이 은폐된 이 '지역'은 인간화된 혹은 인간에 의해 객체의 자리로 밀려난(대상화한) 장소로서, '긍정적 로컬리티'의 자리에서 보면 '부정적 로컬리티'가 된다. 이는 로컬리티의 '주변성 극복'과 '차이성 모색'의 대상이 각각 근대의 위계 구도가 '들춰낸 후진성'과 '배척한 타자성'과 다르지 않음을 뜻한다.

이렇게 보면, '부정적 로컬리티'를 극복하려는 지역학술지의 행보는 ① '주/객'의 구도를 깨고 '긍정적 로컬리티'를 향하는 일과 ② 근대적 위계 구도 내부로의 진입을 지향하는 일, 두 갈래 모두에서 가능하다. 그 주변의 후진성을 극복하는 것이 반드시 어떤 한 중심으로의 귀속을 가리키는 것은 아니기 때문이다. 하지만 그 후진성을 들추어 추궁했던 근대의 위계 구도 내부로 진입하려는 ②의 행보는 당대의 탈근대 논리를 고려할 때, 아무래도 난감하다. 사실은 ①의 행보라야 온당할 것이지만, '부정적 로컬리티'의 주변성 극복이 위계상의 중심으로의 편입이 아니라 기본 형식과 내용에서의 질적 후진성을 해소한다는 것을 뜻한다면, ②의 행보는 '긍정적 로컬리티' 모색의 전제가 된다. 그리고 이런 의미에서 '부정적 로컬리티'의 주변성 극복은 '긍정적 로컬리티'의 모색을 위한 예비 작업과 같다. 사실이 그러하다면, 이렇게 말할 수 있다. 즉, 지역학술지의 지역성에

---

12   Malpas(2001), pp.25~31.

는 근대적 위계 구도의 극복이라는 별개의, 그러나 보다 근원적인 문제도 들어 있지만, 우선은 '부정적 로컬리티'의 주변성 내지 후진성 극복의 문제를 살펴보는 것이 순서다. 근대적 위계 극복의 문제는 이후 '긍정적 로컬리티'의 차이성 내지 타자성 모색의 문제가 맞물리는 자리에서 제기될 것이다. 차이성 내지 타자성을 배척하는 근대적 위계 구도의 극복을 통한 '긍정적 로컬리티의 회복'의 모색 문제를 살펴보는 것은 그 이후의 일이다.

3.1. 연구자 지형과 로컬리티

우리 지역의 학술지《동서철학연구》는 동서양의 철학 일반에 관련한 모든 연구 주제를 포괄한다. 한국동서철학회(1983년 창립)의 학술지로 1984년 출판 이후 5년간 논문집 혹은 무크 유형으로 연간 1회, 1999년부터 2001년 사이에는 연간 2회 발행되었으며 2002년부터 현재까지 정기 학술지로서 연간 4회(3월 31일, 6월 30일, 9월 30일, 12월 31일) 발행되고 있다. 2005년 한국연구재단 등재 학술지로 등록되었으며, 103호(2022년 3월) 발간을 앞두고 있다. 철학 전 분야의 연구자로부터 논문을 투고 받아 규정에 따른 심사 절차를 거쳐 적지 않은 양질의 논문을 출판해 온 이력을 토대로 국내 유수의 철학 전문 학술지이란 입지를 한층 더 견고히 다지는 중이다.[13]

---

13 현재 한국연구재단에 등재된 국내 철학학회 학술지는 (분과 학회 학술지 포함) 32개이며, 이 가운데 종합 철학학회의 발행 학술지는 다음과 같다(괄호는 창립 연도). 한국철학회(1953)의《철학》, 철학연구회(1963)의《철학연구》, 대동철학회(1998)의《대동철학》, 대한철학회(1963)의《철학연구》, 새한철학회(1983)의《철학논총》, 범한철학회(1986)의《범한철학》.

실제로《동서철학연구》는 한국철학, 동양철학, 유럽 및 영미철학 분야에서 인식론, 존재론, 윤리학, 예술철학, 논리철학 등 철학 고유의 주제 및 정치사회철학, 교육철학 등 응용 주제를 다룬 다양한 논문을 고루 담아냄으로써 양적 질적 측면 모두에서 주목할 만한 수준의 성취를 보이고 있다.

많은 연구자나 국가 기관(한국연구재단)으로부터 "철학은 물론 인접학문 분야에 인간과 사회에 대한 새로운 해석과 비판적 관점을 제공하며 철학 전문학술지의 소임을 충실히 수행해 왔다"라는 평가를 받고 있는《동서철학연구》는 특히 국내의 여타 철학 학술지와 달리 동서철학을 아우르는 비교 연구 주제 논문을 적극 출판으로써 철학 연구의 지평을 확장한다는 점에서 독자적 위상을 인정받고 있다. 실제로 한국연구재단의 한국학술지인용색인(KCI)에 따르면, 2017년 기준 '영향력 지수'(IF) 0.52를 기록, 철학 학회의 학술지 32개 중 9순위(대학교 부설 연구소의 철학 학술지를 포함할 경우 46개 중 16순위)에 올라 있다.[14] 그러나 게재 논문에 대한 심사평[15] 및 KCI의 세부 정보를[16] 통해 볼 때, '부정적 로컬리티'의 주변성으로부터 온전히 자유롭지 못한 것도 사실이다. 특히 서양철학의 경우, 타

---

14 한국연구재단(NRF, www.nrf.re.kr)의 2017 한국학술지인용색인(KCI) 참조.

15 필자는 2013년 이후 5년간《동서철학연구》의 편집을 주관하며 (게재 논문 포함) 투고 논문들에 대한 심사평을 개관, 분석할 수 있었고, 이 문장의 생각은 이에 근거한 판단에 따른 것이다. 구체의 사례를 들 수도 있지만, 해당 논문들에 대한 비평적 쓰기가 아닌 마당에 군이 그에 제기되었던 문제점들을 대놓고 서술할 필요는 없을 것이다. 그러한 서술은 생산적인 결론을 수반하는 대화여야 할 것이므로, 아무래도 이 글과 성격을 달리하는 글쓰기를 통해 가능할 것이다.

16 이 중 학술지의 '자기인용비율'에서《동서철학연구》는 28%로서, IF 순위에서 각각 8순위와 9순위로 등재된《철학과 현상학 연구》와《철학》의 5.8%, 20%에 비해 높게 나타났다.

학술지 '피인용 횟수'에 랭크된 상위 50개《동서철학연구》의 논문 중 교양글쓰기, 철학교육, 공학인증 등과 연관된 응용 주제를 다룬 4편을 제하면 그 비율이 동양철학 대비 15%(50편 중 7편)가 채 되지 않는다. 이러한 수치가 학술지의 후진성과 그대로 직결되는 것은 아니겠지만, 의미 있는 연구 성과의 통계 지표와 '부정적 로컬리티'의 주변성이 무관하지 않은 것도 사실이다. 이 문제의 원인은 무엇보다도《동서철학연구》의 투고자 지형에 있어 연구자들의 현저한 지역 편중도에서 찾을 수 있다.

실제로 〈한국동서철학회 연구사에 대한 데이터분석〉에[17] 나타난 논문 발표자의 지형도를 보면, 창립 이후 상당 기간《동서철학연구》의 논문 투고자들은 대전-충청 지역의 연구자들로 매우 제한적이었다. 초기(80년대)부터, 비록 허재윤(영남대)과 같은 소수의 예외적 경우도 있었지만, 주로 대전-충남북 지역 연구자(철학 교수)의 활동으로 학회가 운영되었으며, 출판된 논문의 저자들 면면 역시 그러했다.[18] 이후 90년대 들어 기존 대전-충남북 지역 연구자들과 그들이 배출한 후학들, 그리고 지리적 여건상 교류가 활성화된 호남 지역(전북대) 연구자들의 유입으로 투고자와 그에 따른 연구 분야가 양적으로 팽창한 것으로 나타나 '전국학술지'로의 발전 가능성을 보였

17　한국외국어대학교 철학과 권영우 교수가《동서철학연구》창간호부터 제89호까지 실린 게재 논문들을 분석, 정리한 보고서로서 2018년도 한국동서철학회 추계 학술대회에서 발표되었다.

18　예컨대 민동근, 서해길, 남명진, 유남상, 신동호, 이평래, 최준성(충남대), 최홍순, 이효범 (공주대), 김하태(목원대), 김수철, 민찬홍, 유칠노(한남대), 박완규(충북대), 최병환(대전 대), 서배식(청주대), 박완규(충북대) 등이 여기에 해당한다.

다. 2005년 교육부(한국연구재단)의 등재지 제도 실행과 이후 각별히 높아진 연구자들의 논문 실적 필요에 부응해 투고자의 지역 분포가 전국 단위로 확대되면서, 그리고 2000년대 우리 지역 대학으로 부임한 연구자들의 활발한 참여 및 대외 교류가 이루어지면서, 연구자의 전공 영역과 분포 지형이 비약적으로 확산 전환기를 맞았다. 이를 기점으로 투고 논문의 양이 증가하고,[19] 그에 따른 게재 논문의 질적 관리 여건이 강화됨으로써,《동서철학연구》는 국내 유수의 철학 전문 학술지로서 자리매김하게 되었다. 그러나 우리 지역의 학술지《동서철학연구》의 '보다 높은 단계로의 도약'이라는 과제를 놓고 보면, 아직 그 지역성과 그에 따른 주제 및 내용의 주변성 문제가(이것은 철학 연구의 질적 제고의 문제와 직결된다), 비록 획기적으로 '보완·개선'되어 여타 학술지에 뒤지지 않다는 평가를 받고 있지만, '부정적 로컬리티'의 해소를 위한 관건으로 남아 있다. 물론, 연구자의 지역 편중성 자체가 철학 연구의 '부정적 로컬리티'를 가리키는 것은 아니다. 그러나 선진성과 후진성을 척도로 중앙과 지역이 비교적 선명히 나뉘었던 과거의 대립 구도와 이 대립 구도가 일정 부분 유효한 현재의 사정을 고려하고 보면, 철학 연구의 '부정적 로컬리티'가 연구자의 지역 편중성에서 유래할 이유가 있으며, 사실 우리

---

19 한국연구재단(KCI)의 2016 학술지별 논문 등재 현황에 따르면,《동서철학연구》는 69편(동34/서25)으로《대동철학》36편(동12/서24),《범한철학》50편(동6/서44),《철학학연구》55편(동17/서38)에 비해 적게는 14편에서 많게는 33편의 논문이 더 게재되었다. 이는 각 학술지의 탈락률을 비슷한 수준으로 상정할 때, 최근《동서철학연구》에 게재를 희망하는 투고자가 상대적으로 많다는 것을 의미한다. 이는 동서철학의 균형을 기본 방침으로 삼는《동서철학연구》의 편집 방향에 상응, 동서철학 전반에 걸쳐 활성화된 투고 때문일 것으로 판단된다.

지역의 철학 학술지《동서철학연구》의 경우가 그랬다.

연구자의 지역 편중성 문제는 게재 논문 저자의 지역 분포 현황에서 확인된다. 예컨대 〈한국동서철학회 연구사에 대한 데이터분석〉의 199명(493편)에 대한 "서양철학 저자결과 정리표"에 따르면, 8~17편을 게재한 논문 저자 12명(총 122편) 중 6명(50%)이 충남북 지역(대전 포함)과 전북 지역에 치우쳐 있다. 그리고 3~7편을 게재한 논문 저자 42명(총 190편) 중에는 해당 지역이 19명(46%)으로 역시 높은 편중도를 보인다. 나머지 1~2편을 게재한 논문 저자(총 181편)에서도 145명 중 30명(19%) 정도를 차지해, 상대적으로 위 세 지역 연구자들의 분포도가 높았다. 최근 투고자의 고른 분포와 투고 논문의 양적 증대를 통해 '부정적 로컬리티'로서의 지역성 문제를 상당 부분 해소해 가며 전국학술지로서의 면모를 보이고 있지만, 더 자세히 들여다보면 여전히 '부정적 로컬리티에 짝하는 논문 투고자의 지역 편중성'의 문제(달리 말하자면, 지역 편중 자체라기보다는 지역 편중에서 야기된 '부정적 로컬리티'의 문제)에 기인한 게재 논문의 주변성 내지 선진성 결여의 문제들, 이를테면 텍스트 해석의 비非 엄밀성, 논지의 피상성 및 자의적 주관성, 주제의 진부성 등이 다 해소되지 않은 사안으로 남아 있다.

3.2. 게재 논문의 연구 주제와 로컬리티

거점 지역학술지로 출발한《동서철학연구》는 국내의 다른 철학 전문 학술 등재지보다 (2016년 KCI 기준) 적게는 14편에서 많게는 33편의 논문이 더 게재되고 있다. 이러한 사실은, 각 학술지의 탈락

률을 비슷한 수준으로 상정했을 때, 본 학회지에 게재를 희망하는 투고자가 상대적으로 많다는 사실을 가리킨다. 그럼에도 저자에 대한 집계를 통해 볼 때 연구자(논문 투고자)의 지역 편중성에 기인한 《동서철학연구》의 '부정적 로컬리티' 문제가 아직 남아 있다. 이 상황은 "우선 논문 투고자의 다양성 문제를 크게 개선하지 못하는 상황으로 이어지고, 이 때문에 게재 논문의 질적 관리 측면이 다소 느슨했던 경향 또한 온전히 제거되지 않고 있다"라는 연구자들 사이의 회의적 비판을 불식하지 못한다.

연구자(투고자) 지형에서 유래한 '부정적 로컬리티'의 주변성은 같은 자료(〈한국동서철학회 연구사에 대한 데이터분석〉의 199명(493편))의 서양철학 관련 게재 논문 주제에서 그대로 반영된다. 우선, '주제어key word'가 철학자인 경우 플라톤, 아리스토텔레스, 아퀴나스, 칸트, 헤겔, 화이트헤드, 아도르노, 베르그송, 비트겐슈타인, 니체, 하이데거, 후설 등이 높은 빈도를 나타냈다(〈표 3-1〉). 주제 빈도가 높은 철학자들이 상대적으로 중요한 철학자들이라는 사실은 고무적이다. 하지만 연구자 측면에서 보면 여기에서도 제한적인 경우가 많다. 즉 플라톤, 아도르노와 메를로퐁티의 경우에는 연구 논문 편수 대비 연구자 수가 1인이고, 그 밖에 비교적 높은 빈도를 나타낸 철학자들의 경우에도 연구 논문 총 편수 대비 연구자 수가 중앙학술지에 비해 현저히 적다. 이는 연구자 지역 제한성에 기인한 것으로서, 지역 외부의 저명한 선진 연구자들의 투고가 많지 않다는 반증이자 '부정적 로컬리티'의 주변성을 이르는 단면이 된다.

이와 연관된 또 다른 문제는 중세철학, 현대철학 프랑스철학, 분석철학 등 분야의 연구 논문 게재 상황이 그 중요성에 비해 현저히 적다는 사실이다. 해체주의, 데카르트, 데리다, 리쾨르, 알튀세르, 푸코, 지젝, 라캉, 들뢰즈, 같은 철학자들이나 요소명제, 양화, 우연성, 지식, 권력, 시뮬라시옹, 숭고, 응용현상학, 인지과학 등 현대철학 요소가 되는 주요 개념의 빈도 또한 그 중요성에 비해 크게 잡히지 않았으며, 주제어로 사용된 경우라 해도 사실은 부차적 수준의 논급에 그칠 때가 빈번한 것으로 확인되었다. 프랑스 근·현대철학, 현대 논증 및 분석철학, 심리철학 및 신경과학철학 등 최근 철학의 경향과 연관된 주제의 분포도 유의미할 정도로 나타나지 않았다.

한편, 의미 있는 상위 핵심어로 집계된 것들, 예컨대 행복, 소외, 자연주의, 소수자, 사회갈등, 철학상담, 치유, 자연, 존재, 자유, 덕, 윤리, 인간, 사회, 감각, 시간, 실존, 예술, 직관, 이성, 다문화, 타자, 공공성, 세계화, 시민, 공감 등의 빈도를 통해 볼 때(〈표 3-1〉), 응용철학이라는 의미에서의 '철학 일반'의 주제를 취한 논문이 주요 철학자 및 그들 고유의 이론 체계를 연구 주제로 취한 논문 대비 적지 않은 부분을 차지하고 있는 것으로 나타났다. 실제로 특정 철학의 기본 내용에 입각해 정치, 경제, 사회, 문화 이슈를 다룬 논문이 매 호號 적지 않게 투고, 게재되고 있다. 거기에는 문제 해결을 위한 철학의 응용적 확장과 그에 따른 사회적 기여라는 긍정적 측면이 분명 내재해 있다. 하지만 철학 연구 측면에서 보면 이차적 작업이 될 그 적용의 수준이, 응용의 돋보이는 착안과 접근의 참신함을 보이는 경우 한편으로, 심사자들의 의견을 염두에 두고 말하자면,[20] "철학 이론의

---

20 앞의 각주 15번 참조.

표면 위에서 주제에 활용되는 수준에서 이루어지는 데에 그치며 철학의 빈곤을 숨기거나 노출하고 있다"라는 이유로 반려되거나, 아니면 수정 요구를 받아 겨우 게재된 경우도 사실은 적지 않았다. 실천적 측면에서 유의미한 성과를 생산할 수 있지만, 학술지의 전문성에 어울리지 않을 우려도 있는 까닭에 연구자 지형 분포의 문제 해소와는 별도로 심사 단계에서의 엄격한 필터링이 필요해 보인다.

표 3-1. 서양철학 게재 논문 주제어[21]

구분	키워드(철학자, 주제) / 숫자는 빈도수(2회 이상만 표기)
고대철학	플라톤(33), 아리스토텔레스(25), 희랍 서사 및 신화(5), 소크라테스(2), 에피쿠로스(2), 플로티노스(2), 섹서투스, 퓌론, 호메로스, 키케로, 스토이즘
중세철학	토마스 아퀴나스(8), 아우구스티누스(3), 삼위일체(2)
근대철학	헤겔(30), 칸트(19), 데카르트(4), 스피노자(3), 데이비드 흄(3), 홉스(2), 슈미트(낭만주의), 셸링, 피히테
현대철학	하이데거(20), 화이트헤드(17), 베르그송(14), 니체(12), 후설(11), 아도르노(8), 레비나스(7), 비트겐슈타인(6), 푸코(6), 쇼펜하우어(5), 메를로퐁티(5), 들뢰즈(5), 카시러(4), 짐멜(4), 하버마스(4), 키에르케고르(3), 하르트만(3), 마르크스(3), 아놀드 겔렌(문화 및 제도)(3), 마르쿠제(3), 프로이트(2), 마르셀(2), 슐라이어마허(2), 리요따르(2), 프레게(2), 사르트르(2), 포이에르바흐, 루소, 딜타이, 야스퍼스, 에릭 프롬, 호르크하이머, 루카치, 막스 셸러, 러셀. 플레스너(인간학), 마르틴부버, 벤담, 존 스튜어트 밀, 토마스 쿤, 롤즈(정의론), 리쾨르, 바슐라르, 라캉, 데리다, 시몽동(개체화론), 한스 요나스, 헐버트. 퍼스, 바타이유, 게티어(신념과 진리), 데넷, 줄리앙(글로컬리티), 피에르 레비(집단지성), 인식론적 자연주의, 귀납, 통계, 설명이론, 비단조논리, 헴펠, 타르스키, 크립키(역설론), 양상허구론, 사건, 인과, 자유논리free logic, 논리형이상학, 심신동일론

21 권영우(2018)의 "한국동서철학회 논문자료 조사현황" 중 2001년(21호)과 2008년(87호) 사이의 서양철학 분야 정리표 참조.

구분	키워드(철학자, 주제) / 숫자는 빈도수(2회 이상만 표기)
철학 일반 (철학의 활용 및 응용)	윤리(8), 철학상담(3), 치유(3), 행복(3), 자유의지(2), 4차산업(2), 철학교육(2), 명예(2), 자연, 존재, 자유, 인간, 사회, 감각, 시간, 실존, 직관, 이성, 다문화, 타자, 공공성, 세계화, 시민, 공감, 가습기, 다문화, 죽음, 환경, 생명과학, 의료윤리, 전쟁, 도덕교육, 인간소외, 자연주의, 소수자, 예술, 사회갈등, 문화, 성, 지식, 직관, 외모지상주의, 여성주의

　　'동일한 학술지 내에서의 논문 간 질적 편차'를 초래하는 주변성 문제는 무엇보다도 해당 연구자들의 개인적 역량 차이로 환원될 수 있지만, 여기에 더해 열악한 연구 환경이나 최근의 연구 성과에 대한 정보 부족 및 국내외 선진 연구자들과의 소원한 교류 등도 검토될 주요 사안으로 제기된다. (그럼에도 심사 과정을 통과할 수 있는 것은 또 하나의 주변성 문제인데, 피어 리뷰 심사 체제를 고려할 때 이 또한 아직 다 해소되지 않은 연구자 지역 편중성에 기인하는 '부정적 로컬리티'의 문제로 수렴된다.) 따지고 들자면, 이러한 이야기는 《동서철학연구》만 아니라 예컨대 《철학논총》, 《범한철학》, 《철학연구》, 《대동철학》 등과 같이 지방 단위의 거점 학회 주도로 창간된 지역학술지, 나아가 관점을 달리하면[22] 《철학》과 같은 중앙의 학술지에도 해당하는 원론적 수준의 담론일 것이다. 하지만 지금 이 자

22　서구歐美를 중심에 놓을 때 한국의 중앙학술지 역시 '부정적 로컬리티' 문제에 처할 수 있다. 그러나 이러한 관점에서 '부정적 로컬리티'를 논하는 것은 '지역학술지'를 대상으로 하는 자리에서는 소모적이다. 기어이 논급한다고 하더라도 그 논리가 한국의 중앙학술지에 대해 지역학술지가 갖는 '부정적 로컬리티'에 대한 논급과 유사한 논리 구조를 통해, 물론 언어와 문화의 차이, 연구자의 이력 등에 대한 이질의 고려가 수반될 것이지만, 펼쳐질 사안이기 때문이다.

리에서 일단 중요한 것은 후자보다 전자의 문제가 상대적으로 더 깊다는 사실이다.

'부정적 로컬리티'의 주변성으로 이야기될 우리 지역의 철학 학술지《동서철학연구》의 이러한 문제는 해당 전공 회원(연구자) 풀의 제한성이라는 한계와 적극적인 기획의 결여로 인한 귀결로 진단된다. 적지 않은 타 철학 학술지로의 투고 분산과 특히 세부 철학 분과 학회의 학술지에 대한 연구자들의 선호도[23] 등을 고려할 때, 단기간 내의 획기적인 개선은 사실상 불가능해 보이지만, 연구자의 지형 분포를 되도록 확산하는 동시에 전공 분포도를 고려한 회원 풀(투고 층) 확충이나 학술대회 발표자 및 논평자 섭외를 통한 선진 연구자들의 투고 유치, 나아가 약한 분야 연구 논문의 투고 유도 등의 시도와 함께 심사 시스템 보완(투고 논문에 대한 심사위원 적합성 제고) 등을 통해 상당한 개선이 가능할 것이다. 연구자의 지역 편중성이《동서철학연구》의 '부정적 로컬리티'의 원인으로 작용했다 해도, 연구자의 지형 분포도 확산이 그대로 '부정적 로컬리티'의 해소로 직결되는 것은 아니기 때문이다. 나아가 연구 환경의 개선, 최근 연구 성과의 공유, 선진 연구자와의 교류 기회 제공을 위한 학회 차원의 적극적 시도, 이를테면 공동연구 프로젝트 수주, 정기 주제 스터디, 초청 세미나 등의 기획이 있을 경우, 적어도《칸트연구》나《철학

---

23 여기에는 전공 분야에 따른 세부 분과 학회지의 논문에 비해 지역 종합 학회지의 논문이 질적으로 다소 차이가 있을 때가 적지 않다는 세간의 비판적 견해가 작용한다. 실제로 특정한 철학자나 철학 분야의 연구를 목적으로 결성된 분과 학회의 학술지는 특성상 일반론이나 그에 입각한 활용 연구에 비해 디테일하고 예민한 학술 주제의 논문을 선호하는 경향이 없지 않다.

과 현상학 연구》,《철학적 분석》등 작지만 특화된 전문성을[24] 갖는 분과학술지에 육박하는 성취를 얻을 수 있을 것이다.

그러나 '해석의 비非 엄밀성, 논지의 피상성 및 자의적 주관성, 주제의 진부성' 등과 같은 후진성으로서의 주변성을 극복한다 해서 문제가 다 해결되는 것은 아니다. 더 중요한 것은 이 극복이 무엇을 지향하는지에 있기 때문이다.

4. 지역의 철학 연구와 로컬리티: (2) 차이성

'부정적 로컬리티'의 주변성을 극복한다는 것은, 적어도 탈근대 논리의 타당성을 승인할 경우, 근대의 위계 구도 내부로의 편입을 곧바로 의미하진 않는다. 이러한 사실은 '긍정적 로컬리티'의 모색과 '부정적 로컬리티'의 극복 사이에 놓여 있는 연속성을 함축한다. 근대의 위계 구도로의 편입이 아니라 그것과의 단절을 위한 자리에서도 주변성은 장애물일 수밖에 없는 '후진성'임을 고려하면, '긍정적 로컬리티'의 모색이라는 것도 사실은 그것을 돌파하는 성취 후에야 가능한 시도라는 점에서 그러하다. 차이성을 가져올 '긍정적 로컬리티'의 모색을 위해서라도 '부정적 로컬리티'의 주변성은 근대의 위계 구도에 앞서 반드시 넘어야 할 대상이다. 만일, 그 극복이 앞에서 이야기한 "본질이 은폐된 '장소topos'"의 회복과 짝하지 못할 경

---

24 이 '부정적 로컬리티'에 대한 극복의 정도를 두고 지역학술지와의 비교 측면에서 이야기될 수 있는 세부 분과 학술지의 이 선진성은 이론의 여지가 다분할 것이지만, 무엇보다도 투고자들의 지형도 및 심사자의 전문성에 비추어 볼 때, 부인하기 어려운 것도 사실이다.

우, '부정적 로컬리티'를 극복하려는 《동서철학연구》와 같은 지역학
술지의 행보는 '긍정적 로컬리티'의 모색이 아니라 근대적 위계 구
도의 중심 혹은 내부로의 편입을 향할 것이다.

　'긍정적 로컬리티'의 모색이 사실은 '부정적 로컬리티'의 극복을
지향해야 옳은 것이라면, 관건은 동일화의 논리로 억압의 배타성을
행사하는 근대의 위계 구도를 깨며 차이성을 취할 모색의 방도다.
'전회적인 공간 사유'는 이 방도가 인간화되고 상대화된 주체의 대
립물로서의 장소를 지리적인 위치가 아닌 존재론적 경험의 장으로
수용하는 사유에 있음을 알려 준다. 은폐된, 달리 쓰자면 "철학의 역
사를 통해 의식 혹은 자아로서의 주체가 장소로부터 '자립/이탈'하
는 사태로 인해 무의미화된"[25] 장소의 본질로 회귀, 우리가 초월해
온 실존의 의미세계로 진입할 때 '긍정적 로컬리티'는 비로소 취득
가능하다. 이는 그 차이성을 위한 모색이 본질이 회복된 '본래의 장
소topos'에서 실존의 시간과 공간을 펼쳐내는 수고와 다르지 않음을
뜻한다.

　이 수고의 철학에 대해 한 논자는 다음과 같이 말한다. 즉, "이
제 철학은 통일성, 그 동일성의 이념 주도적 폐습에서 벗어나 다양
성 내지 차이성을 삶과의 연관 속에서 새롭게 논해져야 한다. 역으
로 말하자면, 근대의 바람에 탈영토화 되어 있는 지역들의 영토화-
재영토화가 철학연구의 과제가 된다."[26] 이때의 "철학연구의 과제"
는 장소의 의의와 복구의 당위, 그리고 방법 등에 천착하는 수고만

25　유지로(2012), pp.146~147, 내용 재구성.
26　박치완(2012), p.220, 내용 재구성.

을 가리키는 것은 물론 아니다. 토대 구축이라는 측면에서 그와 같은 수고도 중요하지만, 거기에 한정될 필연의 이유가 없기 때문이다. 장소의 회복을 위한 "철학의 과제"("영토화-재영토화")는 이후의 전용, 그러니까 "삶과의 연관 속에서"라는 주장을 넘어 그 속에서 구체의 진리와 가치를 생산하는 수고의 확장을 마저 요한다.

'긍정적 로컬리티'의 차이성 회복으로 이어질 이 수고는 '부정적 로컬리티'의 주변성 극복의 경우에서처럼 일차적으로는 연구자 역량의 문제이겠지만, 여기에서도 마찬가지로 학술지의 역할이라는 것도 존재한다. 발행 주체인 학회를 통해 수행 가능한 시도 중 특히 '공동연구 프로젝트 수주', '정기 주제 스터디', '초청 세미나'의 기획은 '긍정적 로컬리티'의 차이성의 모색에서도 유효할 학술지의 역할이다. 이 역할의 수행 정도는 지역학술지가 주변성 극복 이후 지향해야 할 선진성의 새 평가 척도일 수 있다.[27] 우리 지역의 철학 학술지《동서철학연구》의 경우 그 기획을 차이성 모색에 연결할 수 있는 '각별한 가능성', 즉 동서철학을 아우르는 편집을 견지하며 동서비교철학 관련 연구 성과를 지속적으로 출판해 온 이력이 있다. 이 이력은 지역의 철학 연구가 나름의 고유한 장소성을 토대로 '긍정적 로컬리티'의 차이성을 각자의 자리에서 모색하며 당대의 시대적 흐

---

27 정확히 말하면 이때의 선진성은 철학 본질의 수준에 걸려 있는 사안이라는 점에서 지역, 중앙을 막론하고 모든 학술지가 지향할 대상이며, 이 문제에 대해서는 중앙과 지역의 구분이 사실상 무의미하다. 차이가 있다면 지역학술지로서는 연구의 선진성을 취하기 이전의 예비 과제, 즉 '연구자 지형'이나 '연구 주제'에서 보이는 '부정적 로컬리티'의 극복 과제가 상대적으로 더 크다는 것이다. 중심의 배타성으로 인해 가려진 '긍정적 로컬리티'를 모색하려는 시도는 '부정적 로컬리티' 극복 이후의 문제로서, 지역과 중앙의 학술지를 떠나 동서양의 모든 학술지에 해당할 것이다.

름에 상응할 기회를 달리 제공할 지역학술지의 가능성을 함축한다
는 점에서 유의미한 고유의 자산이다. 문제는 동서비교철학에 대해
《동서철학연구》가 취해 온 관심과 배려의 초점을 '긍정적 로컬리티'
에 맞추는 일이다.

4.1. 게재 논문의 동서비교철학과 로컬리티

《동서철학연구》는 다른 철학 종합 학술 등재지와 비교할 때, 동
양·서양철학에 관한 논문 비율이 균등한 정도의 수준을 유지하고
있다. 이는 동서비교철학의 논리를 적극 기획, 개발함으로써 철학
연구의 지평을 확장한다는 목적에 상응하는 편집 방향의 귀결이다.
한국동서철학회 논문 자료 현황의 전체 자료를 정리 집계한 내용 중
1988년 이후 주목되는 비교철학 연구 논문은 다음과 같다.[28]

〈비교철학의 방법론: 동서 중앙철학의 상봉을 위한 시론〉(변규
룡, 1988), 〈막스쉘러 가치관의 선불교적 수용〉(김팔곤/1988),
〈데리다의 해체주의와 노장사유의 독법〉(김상래/1999), 〈아리
스토텔레스와 莊子의 "진리인식"에 관한 소고〉(조규혼/2000),
〈어빙 배빗Irving Babbitt의 뉴-휴머니즘과 불교의 선사상〉(류황
태/2001), 〈쇼펜하우어와 초기불교의 존재 이해〉(김진/2003),
〈도가와 오리엔탈리즘: 서양인이 바라본 도가〉(심의용/2004),
〈주자학과 토미즘의 윤리학 비교연구〉(소병선/2004), 〈칸트
와 유가윤리 동양에서 서양 바라보기: 현대 윤리학이론을 중

---

28 《동서철학연구》 제17호~제90호(1999~2018) 참조.

심으로〉(문병도/2005), 〈다석 유영모와 마틴 부버의 관점에서 본 사이존재로서의 인간〉(윤석빈/2005), 〈유토피아론 비교: 블로흐와 공자와 노자〉(김진/2007), 하이데거와 노자의 존재개념에 대한 고찰〉(이서규/2007), 〈홉스의 리바이던과 유가의 정명론〉(남경희/2008), 〈초월적 자각과 깨달음(覺): 칸트철학과 불교사상을 중심으로〉(강성률/2011), 〈볼프와 유교: 근대 독일 계몽주의의 중국 유학적 기초와 그 문화철학의 의미〉(전홍석/2012), 〈연속과 불연속의 관점에서 본 아비담마의 마음과 프로이드의 무의식〉(윤희조/2013), 하이데거와 천부경의 일자〉(황경선/2014), 〈지성중심의 사고를 넘어선 철학상담의 가능성 모색: 왕양명과 베르그송 사상의 유사성을 중심으로〉(양선진/2015), 〈스피노자의 심리학과 불교의 마음〉(정진우/2016), 〈트롤리와 화쟁론〉(정진규/2017), 〈공공성에 관한 동·서철학적 고찰〉(소병선/2018), 〈기독교 사상과 동양사상: 기독교는 서양의 종교인가?〉(권영우 & 윤요성/2018), 〈주자와 융: 주자의 심성론과 융 분석심리학의 학제 간 접목을 통한 개인과 사회의 조화로운 공존에 대한 모색〉(고희선/2018), 〈후설 현상학과 대행선사 설법: '생활'과 '공동체' 구상의 상통성 연구〉(정재요/2018).

《동서철학연구》는 동서철학 연구자들이 동양철학의 관점에서 서양의 철학을, 그리고 서양철학의 관점에서 동양의 철학을 시대적 요구나 문헌학적 의의에 맞추어 조명하는 비교철학 연구 논문들이 생산되도록 학회 차원에서 유도하는 기획을 통해 그 결과물을 게재함으로써 국내 다른 철학 전문지와 차별성을 갖는 독특한 위상을 정립하였으며, 많은 철학 연구자로부터 그 의의를 각별히 인정받아 왔다. 실제로 비교적 타 철학 학술지에 비해 동서비교철학의 연구물들이 눈에 띄게 게재되어 이 분야의 기여도가 적지 않은 것으로 평가된다. 전반적으로 볼 때, 다방면의 주제 영역에서 비교적 참고할 만한 선행 연구가 빈약한 사정을 딛고 의미 있는 비교철학 연구 논문들을 생산해 낸 이력은《동서철학연구》가 이룬 남다른 성취다.

　하지만 중요한 것은 이 성취와 나란히 놓여 있는 한계일 것인데, '긍정적 로컬리티'의 차이성 모색과 유관한 경우로 말하자면, 예컨대 90년대 이후 서양철학의 주요 토픽 중 하나였던 '전일적 세계관'에 대한 동양철학과의 눈에 띨 만하게 치밀한 비교 연구가, 연구 인력 자원이 충분했음에도 당시의《동서철학연구》에 나타나지 않은 것은 의아한 일 중 하나다. 그 밖의 주제로 제출된 논문의 경우에도 외적 유사성을 띠는 주제들의 비교에 초점을 맞춤으로 인해 그 논지의 내용이 상호 공통의 입장과 논리에 치우치거나 한쪽의 자리에서 비교 대상의 표면을 취하는 임의적·피상적 전용의 논리를 보이는 것들이 적지 않다. 해당 연구 논문들은 특히 비교 대상 간의 차이를 명확히 드러내는 논점 분석과 이를 통한 생산적 결론의 도출 측면에서, 학계의 평판 및 해당 논문들에 대한 심사평, 한국연구재단의 학술지인용·색인(KCI) 등을 놓고 볼 때,[29] 다소 기대에 미치지 못한다.

29　앞의 각주 15번 참조. 한편, KCI에 따르면 2001년 이후《동서철학연구》인용 횟수(5회 이상) 상위 100순위에 든 것 가운데 동서비교철학 논문은〈다석 유영모와 마틴 부버의 관점에서 본 사이존재로서의 인간〉(2005) 하나에 그친다. 물론 이 내용이 동서비교철학 논문들의 질적 측면을 다 말해주지는 않을 것이지만, 반증의 사례로서 참고 될 수는 있을

문제의 비교 논문들에 노정된 한계를 돌파하기 위해서는 일단 '부정적 로컬리티'의 주변성 극복의 길을 먼저 통과해야 할 것이지만. 지금 집중할 사안은 그 극복 이후 지역학술지가 도달해야 할 본질의 장소성, 즉 '긍정적 로컬리티'의 차이성이다. 지역의 연구자들의 개인 차원에서의 역량 강화 문제는 별개의 문제로 차치하고, 학회 차원에서의 (연구자 지형 확충 및 선진 투고자 유치, 논문 심사 시스템 제고 등 학술지 관리 수준을 넘어서는) '능동적 방안'이 필요한 부분이다. 앞서 언급한 열악한 연구 환경, 최근의 연구 성과에 대한 정보 부족, 국내외 선진 연구자들과의 소원한 교류 등의 문제를 해소하는 방안으로 제안되었던 세 기획, 다시 쓰자면 공동연구 프로젝트 수주, 정기 주제 스터디, 초청 세미나의 운용은 그러므로 이 자리에서도 필요한 것인데, 이는 그러한 기획이 '부정적 로컬리티'의 주변성 극복뿐 아니라 '긍정적 로컬리티'의 차이성 회복의 성취를 위한 모색과 연계되어야 한다는 것을 의미한다.

요컨대 우리의 삶과 연관된 장소의 의미(차이성)를 흔적으로 담고 있는 동양(한국)철학과의 비교를 통해 서양철학을 창의적으로 재생산할 수 있다는 점에서, 그리고 그 역도 가능하다는 점에서,《동서철학연구》의 '각별한 가능성'은 긍정적 로컬리티의 차이성 회복을 위한 유효한 방법을 가리킨다. 왜냐하면 동양(한국) 및 서양의 철학 모두에는 고유한 로컬리티가 비록 어떤 '객관의 보편성'을 내세운 '배타적 공리'로 인해 가려졌다 해도 흔적으로나마 들어 있으

것이다.

며, 비교철학은 의미 있는 결과를 도출하기 위해서 어떤 식으로든 그 로컬리티에 대한 이해를 선취해야 할 것이기 때문이다. 만일 그 이해를 간과한다면 비교철학은 어느 한 철학의 관점에서 다른 한 철학의 내용을 일방적으로 취하는 태도를 피하기 어렵게 된다. 이 점을 고려하면, 동서비교철학은 그 비교의 관점이 서양철학의 자리에 있든, 아니면 동양철학의 자리에 있든 간에 비교의 장에 들인 철학 모두의 로컬리티에 임하는 태도의 필요성을 환기하며 긍정적 로컬리티를 적극적으로 모색하는 장일 수 있다. 어떤 철학이든 거기에는 장소의 본질로서의 로컬리티에 처한 인간의 시간과 공간이 빚는 의미의 차이성이 반영될 수밖에 없을 것인데, 이는 철학의 사유가 우리의 삶이 펼쳐지는 장소, 이를테면 "경험의 지평Horizonthaftigkeit der Erfahrung"이라는 현상학적 "생활세계"로부터 유래하기에 그러하다.[30]

따라서 배타적으로 공리화公理화된 근대의 구도를 넘어 삶을 위한 구체의 진정성 내지 로컬리티를 취하는 철학은 이 '경험의 지평'으로서의 장소로 귀환, 거기에서 생성하는 의미에 천착할 때 성립 가능할 것이다. 그 장소의 의미가 '구체의 삶'뿐 아니라 '배타적 공리의 객관적 보편성이 아닌 타자의 차이성'을 수용하는 사실적 보편성을 (만일 그렇게 부른다면 전혀 다른 의미에서의 객관성을 띠는 보편성을) 제공하기 때문이다. '긍정적 로커리티'의 차이성은 상대성이 아니라 각자의 '경험의 지평'에서 (즉 '장소'에서) 얻을 수 있는 이질의 보편성, 달리 말하면 개별적이지만 상호주관성을 통해 모

---

30 Brand(1971), pp.82~89.

두의 공감으로 확산하는 까닭에 절대적 객관성을 상대적 상호주관성으로 대체하는 '발생적 보편성'[31]을 함축한다.

우리 지역의 철학 연구의 진정성을 위해 '동일성의 이념'으로부터 해방된 차이성을 담아내는《동서철학연구》의 모색이 필요한 것이라면, 관건은 '삶과의 연관'을 가리키는 논리를 넘어 구체의 진리와 가치를 생산하는 철학 연구의 수고를 확장하는 데 있을 것이다. 철학의 '긍정적 로컬리티'를 취하는 일과 통할 이 수고는 배타적 공리들에 대한 신념을 걷어 내며 '동양(한국)철학 혹은 서양철학의 텍스트'에 내재해 있는 장소의 의미를 읽어낸 연후,[32] 그것을 '나'의 장소로 불러들여 새로운 의미의 로컬리티를 생산하는 철학의 반복일 것이다. 그 동일성에 입각한 일방의 해석에 따르는 한계를 넘어 로컬리티에 대한 상호 이해에 기초한 비교철학의 장을 확장해 나갈 때, 우리 지역 철학 연구의 '긍정적 로컬리티'에 기여할《동서철학연구》의 '각별한 가능성'이 실현될 수 있을 것이다. 필요한 것은 결국 연구자 개인 차원에서의 역량 강화일 것이지만, 이를 위한 지원도 중요하다. 이에 공동연구 프로젝트 수주, 정기 주제 스터디, 초청세미나의 기획도 기회이지만, 만일 이 일의 실천이 말과는 달리 쉽지 않은 것임을 감안하면 치밀한 연구 주제 설정을 통한 학술대회 운영이 현실적으로 우선 유용하다.

---

31 가장 지역적(한국적)인 것이 가장 세계적인 것일 수 있다는 역설을 옹호하는 이 보편성은 "글로컬리티glocality"라는 말로도 표현 가능하다(박치완, 2012, pp.245~246).

32 로컬리티의 의미는 텍스트의 말과 논리 속에 말하여지지 않은 것으로 내재해 있다. 어떤 철학의 로컬리티에 접하는 것은 그것이 침묵으로 말하는 장소의 의미를 읽는 일과 다르지 않다.

4.2. 학술대회 주제 발표의 동서비교철학과 로컬리티

동서철학회의 학술대회는 1984년 이후 2018년 6월까지 연 2회 (한국철학자대회나 타 연구기관과의 연합 학술대회 개최로 대체된 경우 연 1회), 총 54회 개최되었다(표 3-2). 우선, 사회 발전에 기여하는 새로운 시대의 정신적 가치의 발굴 및 함양과 연관된 이론과 논리를 생산, 제공하기 위해 우리 사회가 직면한 다양한 문제를 찾아 연구한 발표 논문이 철학 내재의 문제를 동서비교철학의 관점에서 접근한 것들보다 다소 많은 편이다. 시의성이나 철학 일반의 문제점에 대한 동서의 철학적 접근을 한자리에서 펼치며 상호 간의 이해를 증진하는 성과를 보인 것은 필요한 일이었고 의의도 있다. 그러나 더 중요한 것은 철학 내재적 이론 차원에서의 동서비교철학 테마를 실질적으로 다루는 일이다.

표 3-2. 학술대회 주제 이력[33]

연도	학술대회 주제
1984~1999	1984.02. 1회 학술대회 동서철학에 있어 주제의 변천 1984.10. 21세기 철학의 전망 1985.10. 동서철학에서 앎의 문제 1986.05. 동서철학에서의 진리관 1986.11. 동서철학에서의 가치관 1987.04. 동서철학의 만남 1 1987.12. 동서철학의 만남 2 1988.06 동서철학의 만남 3 1989.06 자유 발표 1991.10 자유 발표 1991.11 자유 발표 1992.07 자유 발표

---

33 한국동서철학회(2018), 제90호, pp.545~551 부록(연혁) 참조.

연도	학술대회 주제
1984~1999	1993.04. 자유 발표 1995.12. 현대사회의 도덕적 위기와 철학적 대응 1996.11. 자유 발표 1997.05. 인간본성에 대한 윤리적 반성 1997.12. 자유 발표 1998.12. 현대사회와 도덕성 회복 1999.06. 동서철학의 미래사회에 대비한 인간본질에 대한 재검토 1999.11. 자유 발표
2000~2009	2000.05. 21세기 한국에서 어떻게 철학을 할 것인가? 2001.12. 동서철학에서 죽음의 문제 2002.06. 현대사회에서 죽음의 문제 2002.11. 영상문화와 철학의 미래 2003.05. 통일사상과 현대사회 2003.11. 생명복지에 관한 학제간 대화 2004.05. 평화의 철학 2005.06. 한국에서의 윤리교육에 대한 반성 2005.12. 윤리-도덕 교육의 발전 방향 2006.06. 자유 발표 2006.11. 고령화 사회의 철학적 대응 2007.05. 동서철학의 시간관 2007.11. 개인과 국가에 관한 철학적 고찰 2008.06. 동서양의 생태윤리 2009.06. 동양논리의 비교철학적 조명 2009.11. 신을 향한 철학적 사색
2010~2018	2010.06. 동서 종교사상의 화합과 화통 2010.10. 과학기술과 휴머니즘 2011.05. 철학과 교육 2011.11. 한국사회의 인권에 대한 철학적 성찰 2012.04. 성과 철학 2012.12. 품격 있는 사회에 대한 철학적 성찰 2013.06. 동서의학의 철학적 성찰 2013.11. 국민행복에 대한 철학적 성찰 2014.06. 융복합 시대의 인문학과 철학 2014.11. 도가 도교철학과 동서철학의 만남 2015.08. 현대 한국사회의 사회적 갈등에 대한 철학적 모색

연도	학술대회 주제
2010~2018	2015.12. 융합시대의 철학과 예술 그리고 삶 2016.06. 철학과 종교의 대화 2016.11. 전쟁의 철학적 해석과 극복 2017.06. 4차 산업혁명의 도래와 인문학의 대응 2017.11. 홍주지역 유림의 파리장서운동과 민족독립운동 2018.06. 동양은 어떻게 서양을 계몽했는가?

〈표 3-2〉를 통해 보면, 동서철학 비교 주제로 분명하게 학술대회를 운영한 것은 17회 정도로 적지 않았지만, 그 비교의 질이 2장에서 본 게재 논문들의 그것과 엇비슷해 보인다. 명료히 비교 주제를 내걸지 않은 경우(예컨대 '현대사회에서 죽음의 문제'(2001), '고령화 사회의 철학적 대응'(2006)), 심지어 '자유 발표'(2006) 등을 주제로 내걸었을 경우에도 학회 특성상 발표자의 구성이 대부분 동서로 배분되어 있어 사실상 비교철학적 접근이 가능하게 운영될 수 있었다. 하지만 이 경우 대체로 가능성에 그치게 된다는 것이 문제다. 좀 더 최근의 학술대회에 이르자면(〈표 3-3〉 내용 참조), '전쟁의 철학적 해석과 극복'이라는 주제를 내걸었을 때처럼 각자의 자리(동양철학 & 서양철학)에서 연구 내용을 발표하는 자리로 마무리되는 경우가 많았다. 학회지 투고 논문과 달리, 학술대회 발표 논문은 한 자리에서 내용을 두고 함께 토의할 수 있다는 점만으로도 일정 수준의 동서비교철학적 의의를 지닐 수 있지만, 그것에 대한 구체의 접근이 없는 경우 그 의의라는 것도 결국은 막연한 효과에 그친다. 그래서는 비교철학의 실질적 접근은 물론, '긍정적 로컬리티'의 차이성 모색에 대해 동서비교철학이 갖는 의의의 실현도 사실은 어렵다.

표 3-3. 2016년 11월 학술대회 논제[34]

① 동양철학의 관점에서	전국시대 상상의 철학적 전쟁관이 갖는 의의와 한계 / 이종성(충남대)
	전쟁에 대한 불교적 관점 / 윤종갑(동아대)
② 서양철학의 관점에서	호메로스의 전쟁관: 전쟁영웅의 aidōs를 중심으로 / 김요한(전북대)
	폭력의 아포리아: 전쟁의 현상학 / 송석랑(목원대)
	마르쿠제를 중심으로 본 비판이론에 있어서의 전쟁담론 / 임채광(대전신대)

　　지금까지의 방향도 그러했지만, 앞으로도 학술대회를 통해 기획된 동서비교철학의 두 주제(사회 문제, 철학 이론 문제)를 더욱 내실 있게 다루는 일은 '동서의 철학을 대놓고 아우르는 독보적 고유성'이라는 《동서철학연구》의 발전 가능성을 실현하는 주요 사안이될 것이다. 전자를 통해 철학의 사회 실천적 책임 다하고, 후자를 통해 학회 고유의 학술적 성취를 배가할 수 있을 것이기 때문이다. 사실 그 두 양상의 사안은 하나로 수렴된다. 시의적 문제에 대한 해소 방안을 동서의 논리로 모색하고, 또 이 모색의 이론적 토대 차원에서 철학적 인식의 차이를 종합하는 비교철학의 이론적 작업은, 당연한 말이지만, 동서철학 연구자들이 궤를 같이할 수 있는 작업이다. 그러나 중요한 것은 (그것이 자유 주제든 지정 주제든) 하나의 주제에 대한 동서철학 연구자들의 단순한 각자 접근이 아니라 철학적 세부 주제, 논점, 접근 방법 등의 차이와 종합에 이르는 내용을 비교철학의 논리로써 다루며 그것의 철학적 성과에 기초한 실천적 대안을 생산해 낼 때, 《동서철학연구》의 정체성이 보다 단단히 존립할 수

34　한국동서철학회(2016), pp.11~108.

있는 사실이다. 이를 위해서는 하나의 주제에 대한 단순한 각자 접근 방식을 지양하는 것도 필요하지만, 더 중요한 것은 비교철학적 주제를 취할 때조차 '표면적 유사성'에서 주제로 확산하는 논리를 지양할 수 있도록 학회 차원에서 구성하는 주제 기획과 연구자 섭외다. 동서비교철학을 통한 '긍정적 로컬리티'의 차이성 모색이라는 것도 사실은 그러한 기획하에 주제화될 때 비로소 가능한 일이 될 것이다. 이런 점에서 최근(2018년 6월)에 기획 운영된 학술대회 '동양은 어떻게 서양을 계몽했는가?'는, 적어도 예비 논의 단계에서, 적지 않은 대안을 시사한다(아래 〈표 3-4〉).

표 3-4. 2018년 6월 학술대회 논제[35]

Session ① 서양인의 동양관(觀) 해부	18세기 프랑스 계몽철학자들의 중국 / 김중현(한국외대)
	독일 선교사의 노자 도덕경 번역과 유럽전파에 관하여 / 안문영(충남대)
	기독교는 서양의 종교인가? / 권영우(한국외대)
	『중국인의 자연신학론』에 나타난 라이프니츠의 실천적 관심과 해석의 문제 / 박배형(서울대)
	일본의 판화가 서구 인상주의에 미친 영향 / 김종대(한국외대)
	초기 근대 서구지식인의 동아시아상과 지식체계 / 전홍석(원광대)
	Influence of Eastern Culture: Connection between Art and Qi Gong practice / Anne-Sophie Hueber (France)
Session ② 동서양의 문화-사상적 대화 모색	서양철학에 영향 미친 성리학 및 도학道學 / 박정진
	아라베스크 양식의 서양 전파 과정 / 노희직(한국외대)
	What is a Relational Virtue? / 엄성우(연세대)
	동서양의 문화적 정체성과 대화 가능성 / 이근세(국민대)
	동양과 서양의 생산양식 구성은 어떻게 이루어 졌나? / 양해림(충남대)
	동양의 근대와 서양의 근대- 데카르트의 철학을 넘어서 / 양선진(충남대)
	우리/그들, 동서양의 야만적 이분법 제고 / 박치완(한국외대)

---

35 한국동서철학회(2018), pp.1~130.

발표 논문들은 대체로 각각의 주제를 통해 오리엔탈리즘을 직간접적으로 논박하는 한편, 동양과 서양의 이분 구도를 통해 조성된 우열의 관계를 허물며 동양의 고유성 복구를 기반으로 한 양자의 수평적 교류를 지향한다. 그 논의들이 이전의 것들에 비해 돋보이는 것은, 오리엔탈리즘에 대한 반성을 넘어 동양의 자리에서 서양의 철학적 사유를, 혹은 서양의 자리에서 동양의 철학적 사유를 검토하는 가운데 철학의 긍정적 로컬리티에 짝하는 토포스의 '장소place'성을 취할 방향을 보다 선명하게 제시하고 있기 때문이다. 여기에는 무엇보다도 텍스트의 개념과 논리에 머무르지 않고 정치, 경제, 도덕, 종교, 문화, 언어, 세계관, 체험 스타일, 표현 태도와 같은 "삶의 형식 forms of life",[36] 그 경험의 장場과 분리 불가한 것들을 매개로 비교의 관점을 진전시킨 관점의 적극성이 있다. 실제로 용어 개념과 논리 구조, 인간관, 세계관 등에서의 상호 유사성, 차별성과 같은 비교철학의 기본 요소들에 대한 분석적 논의만으로는 로컬리티와 연관된 토포스의 장소성을 제대로 말할 수 없다. 우리 지역의 《동서철학연구》, 나아가 모든 학술지가 지향·유도해야 할 '토포스의 철학'이 요하는 보다 중요한 사안은 구체적 삶의 세계인 '경험의 지평'에서 이루어지는 긍정적 로컬리티의 경험성이다.

　그런 의미에서, 위의 발표 논문 중 중국 유가철학의 이理 개념을 자신의 실체(모나드)론으로 해석함으로써 오리엔탈리즘을 넘어 동서 문명의 평화적 소통과 공영에 기여하려 했던 서양의 철학자 라이

36　이에 대해선 Gier(1981), p.178 이하 참조.

프니츠에 대한 비판을 담은 〈『중국인의 자연신학론』에 나타난 라이프니츠의 실천적 관심과 해석의 문제〉는 철학 연구의 긍정적 로컬리티에 대한 중요한 사안을 가리킨다. 이 페이퍼는 '기독교 또는 자신의 형이상학적-신학적 입장과 유가철학 간의 유사성'을 규명하는 라이프니츠의 논증이 지닌 문제점을 이렇게 지적한다. "첫째, 그가 아무리 기독교적 신과 유가철학의 이理 개념을 일치시키려 해도 양자의 근본적 차이가 사라지지 않는다. 기독교적 신에 대해 성경이 제시하는 숱한 내용을 이理 개념으로는 감당할 수 없다. 둘째, 근원적, 절대적 모나드로서의 신과 이理 개념을 일치시키고자 해도 이理 개념은 모나드 형이상학을 전제하지 않는다. 셋째, 라이프니츠의 예정조화설이 말하는 조화나 질서가 이理 개념과 일정부분 유사한 부분이 있지만 이理 개념을 창조주로서의 신과 일치시키고 동시에 모나드들의 창조라는 전제 위에서 성립된 그의 예정조화 개념과 일치시키는 것은 무리한 시도일 수밖에 없다."[37] 이 비판적 견해에서 지적된 라이프니츠의 오류는 일차적으로 자신의 형이상학(신학)적 입장과 유가철학에 대한 비교의 장을 장소의 지평이 아니라 보편적 이성과 진리라는 서구 관념의 고원에서 보려했던 데 있을 것이다. 무엇보다 이미 하나의 배타적 공리에 간힘으로써 자신의 로컬리티를 초월한 태도는 사실은 처음부터 이理론의 로컬리티와 단절해 있다. 그러므로 라이프니츠의 오류에 대한 현재의 분석이 오리엔탈리즘의 문제 해소를 겨냥하는 것이라면, 우리가 더 주의력을 집중해야

---

37   박배형(2018), p.54.

할 사안은 이理 개념에 대한 비교 논리의 환원적 오류가 아니라, 유가의 이理론과 라이프니치의 모나드론이 각자 뿌리내리고 있는 (그래서 결국은 그 두 철학을 가능하게 했던) 경험의 지평들, 즉 고유한 시간과 공간 빛는 장소의 의미라 했던 그 로컬리티일 것이다. 라이프니츠의 환적적 오류는 자신과 유가의 철학 모두의 내부에, 적어도 흔적의 형태로 '철학의 말'들 아래에 들어 있을 로컬리티의 초월에서 비롯한다.

따라서 유가의 이理론과 라이프니츠의 모나드론 내부에 존재하는 그 흔적을 읽을 수 있다면, 우리는 라이프니츠의 견해에 달리 접근할 수도 있을 것이다. 이 문제와 연관해 한 평자는 이렇게 말한 바 있다. "라이프니츠가 『중국의 자연신학론』에서 궁극적으로 추구하였던 것은 자신의 모나드적 철학체계의 보편타당성이다. 정신적 실체 혹은 신 관념을 이理의 개념 속에서 찾는 그의 해석을 신학적 사유체계와 다른 차원에서 접근하는 것은 가능할까? 우리가 그의 실체를 인격적 신으로 해석한다면 라이프니츠의 판단은 분명 오류이고 서구 중심적(신학적)이다. 그러나 그의 모나드를 '관계적 개념'으로 이해한다면 그의 이理 이해에 다른 관점을 도출한 가능성이 있다. […] 실체가 아닌 관계성을 인정할 때 라이프니츠의 예정조화개념이 보다 용이하게 납득되고 또 그것이 유가철학의 자리에서 이理 개념과 만나는 지점을 찾을 수 있다."[38] 모나드의 관계성이 "초자연적인 작용인이 없는 내재적 목적인"을 뜻하는 것이라면, 그리고 거

---

38   박상환(2018), pp.55~56.

기에서 어떤 식으로든 '경험의 지평'의 시간과 공간, 그 로컬리티의 의미를 일정 부분이나마 읽어 낼 수 있는 것이라면, 유가철학에 대한 라이프니츠의 생각과 관련한 우리의 비교철학적 이해는 보다 생산적일 수 있을 것이다. 나아가 유가철학의 이理를 전용하며 펼친 라이프니츠 철학의 의미도 재생산될 수 있을 것이다. 이는 동서비교철학, 나아가 가능한 철학의 모든 태도에서 각 철학 주관이 처한 경험 지평의 중요성을 뜻한다. 동서비교철학에 대한 《동서철학연구》의 각별한 관심이 의미 있는 것도 그 관심이 동서비교철학에 그치지 않고 철학 연구 자체에서 로컬리티의 중요성을 환기할 수 있기 때문이다. 물론, 이때의 로컬리티는 '경험의 지평'에 천착할 때 가능한 것이라는 점에서, 텍스트를 읽거나 사물에 직접 접하는 '나'의 삶이 이루어지는 장소라면 그곳이 어디이든 (지금 우리 지역만 아니라 한국, 나아가 세계의 모든 지역 어디이든) 포착 가능한 것이다.

5. 로컬리티와 예술과 인문학(2)

철학의 '긍정적 로컬리티'를 취하는 수고의 정당성은 동서비교철학의 경우에만 국한되는 것이 아니다. 동양철학자 간의 혹은 서양철학자 간의 사상에 대한 역사적 시대적 비교 연구를 포함해 동양철학이나 서양철학이 각각 포괄하는 제반 주제에 대한 연구 모두에 해당한다. 따라서 중요한 것은 동서비교철학뿐 아니라 철학 자체가 우선 경험의 세계 속에 철학의 관점을 들여놓아야 한다는 사실, 예컨대 서양철학의 관점에서 말하자면 마치 "헤겔의 경험 개념Hegels Begriff der Erfahrung"에 녹아 있는 장소의 세계로, 혹은 철학적 관념의 근저를 관통하는 "지각의 깊이creux de la perception"로 회귀해야 한다는[39] 사실이다.

　동서비교철학은 그러한 수고의 의의를 가리키는 하나의 단면이다. 예컨대 '비판·창조적' 이해의 수용이나 심지어 일차적 이해의 수용의 경우에서처럼 비교의 목적이 없을 때도, 우리에게 중요한 것은 '나'의 경험 지평과 '내가 읽는 철학 텍스트'의 경험 지평이 교차하는 자리에서 생성될 새로운 전망의 철학이기에 그러하다. 만일 그렇지 않다면, 결국에는 텍스트의 공리에 나의 경험이 재단되거나 철학 텍스트 속에 있는 경험의 내용을 읽지 못하는 비생산성이 야기된다. 설령 기존의 철학 텍스트 읽기 없이 철학이 가능한 것이라 해도, 우선 '나'의 경험에 임하는 태도 정립이 중요하기는 마찬가지다. 흡사 "지리학적 기호언어의 추상"의 세계에서 실제의 숲과 강과 들판으로 되돌아가는 것처럼[40] 경험의 지평으로 회귀한 시간과 공간에서 '보편의, 그러나 사실은 배타적인, 공리 이전에 이미 의미로서 생성된 구체의 진리와 가치'를 부단히 드러내는 것이 '긍정적 로컬리티'의 차이성을 얻는 것이라면, 동서비교철학뿐 아니라 모든 철학의 태도는 그 차이성을 말할 수 있는 관점을 우선 선취해야 한다.

　장소에서 유래하되 그 후방에서 성립하는 자연과학과 달리, 경험 지평의 일선에서 장소의 의미를 철학과 진리의 의미로 공유한다

39　Heidegger(1977), pp.115~208; Merleau-Ponty(1960), pp.58~104. 이러한 것은 '긍정적 로컬리티'의 복구가 현상학적 생활세계의 초월론적 경험의 세계로 회귀하는 것과 같은 일임을 확인해 준다. 굳이 말하자면 하이데거에게 그 세계는 "거기Da", 메를로퐁티에게는 "살chair"이 된다(Heidegger, 1972, p.41 이하; Merleau-Ponty, 1964. pp.238~239).

40　Meleau-Ponty(1945). p.iii.

는 점에서 예술 또한 본래가 장소의 학문이다. 그리고 이러한 이유로 '긍정적 로컬리티'는 예술에서도 진정성의 척도로 취해질 수 있다. 물론 그 진정성을 위해서는 철학의 경우가 그러했듯이 '부정적 로컬리티(주변성)' 극복이 우선 해소되어야 할 것이다. 여기에서도 문제는 근대적 구도의 동일화 논리에 따른 중앙 편입이 아니라 '후진성' 내지 '선진성 결여'의 문제들, 이를테면 '해석의 비非엄밀성', '논지의 피상성 및 자의적 주관성', '주제의 진부성' 등 철학에서 나타날 수 있는 주변성처럼 인문학과 예술에 나타날 수 있는 주변성을 극복하는 데 있을 것이다. 지금까지 이 글은 학술지《동서철학연구》를 통해 우리 지역의 철학 연구가 '부정적 로컬리티'의 문제를 어떻게 풀어 왔고, '긍정적 로컬리티'의 문제를 어떻게 대응해야 할 것인지에 대해 논급했다. 예술과 인문학의 로컬리티를 그와 동일한 정도의 방법으로 이야기하기 위해서는 우리 지역의 인문학과 예술의 현황을 검토할 수 있는 별도의 자료, 예컨대《동서철학연구》에 상응하는 자료에 대한 분석과 설명이 있어야 할 것이지만, 이는 이후 과제로 두고 여기에서는 철학 연구에 대한 앞 논의의 연장 수준에서 그 대상을 인문학과 예술이 취해야 할 '긍정적 로컬리티'로 제한해 간단히 논급할 것이다.

〈표 3-4〉에 언급했던 학술대회에서 프랑스의 서양화가 위베르는 우리 지역의 예술(서양화)이 취할 긍정적 로컬리티에 관한 하나의 사례로 읽힐 수 있는 발표문〈동양문화의 영향: 예술과 기공 수행의 접촉Influence of Eastern Culture: Connection between Art and Qi Gong practice〉을 통해 이렇게 말했다. "만일 우리가 생각으로 그림을 그린다면 우

리는 거기에 있는 어떤 것을 그리는 것이 아니라 거기에 있는 어떤 것에 대한 생각한 것을 그리게 된다. 우리가 무엇인지에 대한 생각과 우리가 무엇인지는 다르다."[41] 진리의 미학 수준에서 "거기에 있는 어떤 것"에 대한 화가의 열망이 반영된 말이다. 몸(누드)을 수채화로 그리는 이 서양화가에게[42] 그 열망은 특히 마음과 연결된 몸의 진정한 의미를 생각이 아닌 경험의 지평에서 체득한 로컬리티를 통해 취함으로써 현실화된다. 몸에 대한 동양화와 서양화의 표현 방식을 함께 놓고 보는 비교예술론을 넘어 그 열망을 실현케 한 것은 '기공氣功 수행'이었다.

실제로 그는 '생각 혹은 뇌'로써 고안해낸 '지적intellectual 개념'이 아니라 '아이들의 공놀이만큼이나 명료한obvious 체험'으로 접하게 된 기공의 의미를 통해 비로소 접하게 된 몸의 로컬리티가 어떻게 자신의 수채화 작업에 깊이 영향을 끼쳤는지에 대해 이렇게 말한다. "기공을 수행함으로써 나는 지속되지 않는 무언가에 형상을 부여하려는 나의 태도가 서구의 관념에 메어 있다는 것을 알게 되었으며, 중국인들이 형상의 상태를 표현하는 대신에 '사이에 있는 것'을 표현하는 일을 더 중시한다는 사실을 깨달았다. […] 기공의 수행은 몸과 마음을 감정과 생각으로부터 정화시키며, 몸과 마음의 내부와 외부가 다시 연결될 수 있도록 도와준다. 이때 외부는 신체의

---

41 Hueber(2018), pp.66~72. 이 논문은 긍정적 의미에서의 로컬리티 모색에서 동서비교철학이라는 남다른 가능성을 갖는 《동서철학연구》의 특성을 발행 주체인 한국동서철학회의 학술대회를 통해 보여 주었다는 점에서 고무적이다.

42 서양에서 누드는 회화사를 통해 매우 중요하고 고상한 주제였다. 그리고 그것은 오늘날에도 여전히 화가들에게 끝없는 영감의 근원이다(Hueber, 2018, p.68).

외형뿐만 아니라 외부 세계, 자연과 타자를 포함한다."[43] 이 말은 우선 서양의 서양화가가 동양의 로컬리티를 통해 인간의 몸에 대한 서양화의 표현 지평을 누드화 너머로 확장, 그곳에서 "주변의 모든 것들과 흡사 물속에서 비누가 풀어지듯 섞이는melting 몸"[44]으로 확장한 사례로 읽힐 수 있다. 하지만 회화의 이 로컬리티는, 예컨대 후설이니 메를로퐁티의 현상학적 관점을 고려하면, 서양의 장소에서도 동양의 기공 수행이 아닌 마음과의 단절을 극복하는 존재론적 몸의 체험을 통해서도 충분히 표현 가능할 것이다. 서양화가가 서양의 로컬리티를 통해 서양화의 지평을 확장하는 일도 가능하며, 사실은 그것이 더 일반적이다. 요컨대 로컬리티란 화가 자신의 삶이 이루어지는 장소 내지 경험 지평의 의미라는 점을 고려하면, 중요한 것은 그곳이 어디든 서양화의 역사를 통해 화가의 관념("지적 개념")으로 인해 묻혀버린 '몸의 로컬리티'를 드러내는 일의 미학적 당위성이다.

따라서 서양 밖의 지역(중국)에서 체험한 장소의 로컬리티를 통해 서양화의 지평을 확대하는 서양화가 위베르의 근원적 원리 모색[45]

---

43 "Through the practice of Qi Gong, I have understood that giving a shape to something that does not last is related to my western frame of mind. [⋯] I feel that, Chinese people instead of representing a state of a shape are more focus on representing the *in between*. [⋯] practicing Qi Gong cleans my body and my mind from emotions and thought. Qi Gong practice helps me reconnecting the inside and out side part of the body and the mind. Here, the outside is not only the outside shape of the body but also the outside world, the nature and others(Hueber, 2018, pp.71~72)."

44 Hueber, 2018, p.72.

45 이 모색의 요체는 중국이라는 경험의 지평에서 화가가 자신의 관념을 넘어 취한 몸의 로컬리티다. 이에 대해 화가는 다음과 같이 썼다(Hueber, 2018, pp.69~71). "중국인들에게 몸은 마음과 생기는 하나의 통일체로 깊게 연관되어 있다. 이에 비해 서양 문화의 인간관과 양립하는 서양 의학에서 우리는 우리가 보는 것만을 믿는다. 의사는 해부를 통해

이 가능하듯 다음 일련의 사태 또한 가능하다. 즉, 서양화가가 동양(중국, 한국 등)의 혹은 서양(프랑스, 이태리 등)의 장소topos를 통해 서양화의 로컬리티를 구현할 수 있듯이, 동양화가 역시 서양(프랑스, 이태리 등)의 혹은 동양(중국, 한국 등)의 장소를 통해(좀 더 좁혀 이야기하면 우리 지역의 화가가 우리 지역의 장소를 통해) 동양화 혹은 한국화의 로컬리티를 구현할 수 있다. 이 경우라면 화가가 동양인인지 서양인인지는 중요하지 않다. 그것은 별개의 사안인데, 이는 로컬리티가 현재의 '삶의 장소' 내지 '경험의 지평'에서 성립하는 의미의 차이성에 다름 아니기 때문이다. 지금 중요한 것은 동양(서양)의 로컬리티 통해 서양화(동양화)의 표현이 가능하다는 사실, 그래서 서양화이면 서양화인 대로 동양화이면 동양화인 대로 혹은 한국화이면 한국화인 대로 회화는 동양이나 서양의 어떤 지역에서든 '장소' 혹은 '경험의 지평'의 의미로서 생성되는 화가의 로컬리티를 담아낼 수 있고, 또 그래야 한다는 사실이다. 이러한 사실은 다른 가능한 경우는 차치하더라도 무엇보다 마치 한국에서 서양철학 하기와 서양에서 한국철학 하기의 경우가 그러하듯이, 한국의 서양화

뼈 신경 혈관 등으로 몸의 도식을 그려 낸다. 자오선이 보이지 않듯이 기 역시 보이지 않는다. 때문에 많은 서양의 합리적 사상가는 볼 수 없거나 입증할 수 없는 것을 존재하지 않는 것으로 여긴다. 하지만 중국인들에게 중요한 것은 해부학적인 것이 아니라 안팎으로 순환하는 에너지의 흐름이다. 그들의 회화에서 재현된 것은 몸의 단순한 형태뿐 아니라 기 순환의 일부로서의 몸이다. […] 레오나르도 다빈치가 인간의 몸을 재현하기 위해 형태론에 입각한 과학적 방법을 취한 이후 그것은 인간의 몸을 이해하는 유럽인의 코드가 되었다. 그러나 예컨대 바위나 구름의 형태는 신비스러운 것이다. 그것들은 매시간 변한다. 중국의 화가들은 바위의 기를 표현할 수 있는 혹은 구름의 정신을 그려낼 수 있는, 달리 말하자면 자연의 법칙을 이해하며 그것의 본질(사물의 비가시적 측면)을 포착해 낼 우아한 방식을 찾아냈다."

와 동양화 혹은 유럽의 서양화와 동양화 모두에서 회화의 진정성이 성립 가능한 이유가 된다. 그것들은 결국 회화의 본질적 장소, '경험의 지평'에서 수렴된다. 하지만 이 말은 회화의 어떤 공리를 뜻하는 것이 아니라, 그가 동양인이든 서양인이든 서양화가 혹은 동양화가가 자신의 표현 방식과 수단, 스타일 등의 정체를 굳이 동양 혹은 서양의 것으로 바꿀 필요가 없음을 뜻한다.

그러니까, 이를테면 프랑스의 화가 위베르가 "몸의 기 순환을 알았던 까닭에 굳이 누드를 회화로 재현할 필요가 없었던 중국의 화가들처럼, 나는 '몸의 외형outside shape'을 그릴 이유를 더 이상 갖지 않게 되었다. 기공 수행을 통해 마음속에 있는 기를 느끼기 시작했을 때 나는 마음과 분리된 몸의 외형을 그리는 작업을 중단하고, 대신에 '몸과 의식의 경계'나 잠드는 순간과 의식 사이의 '미묘한 선 the subtle line'을 그리게 되었다"[46]라고 말했을 때, 이 말은 화가가 자신의 정체성을 서양화가에서 동양화가로 바꾸는 사태와 무관하다. 그것은 외려 서양화가가 '기공 수행'으로 체험한 동양(중국)의, 그러나 자기 삶이 처했던 장소의 로컬리티를 담아내며 서양화의 언어(색채, 빛, 선, 형태, 재료, 구도 등)를 달리 취하는 표현의 변형을 통해 회화의 새 국면을 펼칠 수 있게 되었음을 기록한 말로 읽힌다. 기공 수행을 통해 우리의 내부와 외부를 잇는 몸의 로컬리티를 체득하고 그것의 형상을 자신의 스타일로 구현했던 한 서양화가의 이 말은 우리 한국에서, 아니 우리 지역에서의 예술 창작이 어떻게 표현의 진정성

---

46   Hueber(2018), pp.69~71.

을 확보할 수 있는지를 선명히 가리킨다.

로컬리티의 차이성이 진정성의 척도이기는 정치·경제학, 사회학, 심리학, 역사학, 문학 등 제반 인문학 영역에서도 마찬가지일 것인데, 예컨대 역사 연구(역사학)의 경우를 갖고 말하자면 지나간 어떤 '사실fact'의 로컬리티와 나의 삶이 이루어지는 로컬리티가 사료(포괄적 의미에서의 언어) 해석의 차원에서 수렴될 때 역사의 진실에 더 가까이 갈 수 있을 것이기 때문이다. 특히 우리의 현대가 로컬리티의 장소성을 압도하는 "비非-장소"[47]로 포위되어 있다는 점을 감안할 때, 인문학적 연구나 담론은 어느 때보다도 경험의 지평으로서의 장소의 구체성에 임해 사료를 읽는 (사유 주관 혹은 연구 주관인) '나'의 태도를 요한다. 피씨방, 대형 마트 등 슈퍼 모던 사회의 삶이 이루어지는 '비-장소'에 몰입된 '나'에게 이해된 역사는 구체의 본질과 단절할 것이기 때문이다. 심지어 역사를 허구로 대체하는 비-장소의 기만적 조작은 역사에 대한 과거의 관념적 재단에 더해 역사 연구에서 로컬리티의 차이성을 지향해야 할 이유의 정당성을 반증한다. 역사의 사실에 대한 그 조작과 재단 모두는 '경험의 지평으로서의 장소'의 의미로서 취해질 로컬리티로써 해소 가능하다. 우리 지역의 역사 연구가, 정확히 말하자면 우리 지역의 역사 연구도 역사의 진실에 닿기 위해서 '역사의 로컬리티'를 지향해야 하는 것이라면, 그 이유는 분명 "사료로부터 통일되고 일관된 의미를 찾아내는 것이 아니라 사료의 정치적 지배 담론에 저항하고, 억압된 것들의 흐

---

[47] 슈퍼 모던 사회의 장소로서 고유한 인간 관계성이 증발된 장소. 이에 대해서는 Augé(2009) 참조.

릿한 목소리에 귀를 기울이며"[48] 아래로부터의 역사를 재건해 가는, 그리고 그럼으로써 역사의 진실로 육박하는 데 있을 것이다.

그러나 그럴 수 있기 위해선 무엇보다도 '비-장소' 이전의 장소에서, 그러니까 로컬리티를 반성하기 이전에 '이미 사회적 주체로서 늘 행동하고 사유하며 느끼는' 원초적 실존의 경험을 통해 우리 인간이 어떻게 역사를 형성해 가는지를 먼저 인식할 수 있어야 한다. 그럴 때, 역사 연구는 거시적 해석의 틀에 따른 연역의 논리가 훼손한 역사를 되살리는 '해체적 복원'과, 그 연역의 논리가 누락한 역사를 발굴하는 '구성적 생산' 모두에서 새로운 성취를 이룰 수 있을 것이다.[49] 문제는 구체의 인식 방법이다. 우리 지역뿐 아니라 사실은 다른 모든 곳에서의 역사 연구 주체에게 주어질, 그러나 예술의 로컬리티에 대한 화가 위베르의 미학적 해명에서처럼 해석학적 논리를 통해 충분히 해소 가능할 이 문제를 우리는 이렇게 쓸 수 있다. 즉, "오랫동안 방법론적으로도, 그리고 사료 상에 있어서도 거의 접근 불가능한 영역으로 간주되어왔던 역사의 내지(內地)"[50] 그 역사의 로컬리티가 어떻게 '나'의 인식을 통해 서술될 수 있는가?

긍정적 로컬리티는 "기공 수행"과 "장소의 존재론적 체험"이 그러하듯, 인문학과 예술의 자리에서 보면 진정성의 무차별적 기준이 된다는 점에서 환원성의 문제를 지닌 듯 보인다. 그리고 이러한 생각은, 예술과 인문학이 로컬리티로써 진정성을 취할 수 있다는 사실

---

48   안병직 외(1999), p.15.

49   송석랑(2011), pp.20~22.

50   송석랑(2011), pp.20~22.

과 함께 로컬리티가 그것들의 진정성을 담보해 주는 리얼리티의 역할을 한다는 사실을 고려하면, 언뜻 타당해 보인다. 그러나 이 환원성은 삶의 장소, 그 시간과 공간이 의미를 빚는 '경험의 지평'에 걸려 있다는 점에서 철학 혹은 철학적 비평이나 인식 방법론의 단계, 즉 개별성을 위한 존재론적 원리의 차원에 그친다. 때문에 거기에는 구체의 차이성을 거부하는 어떤 형이상학적 환원의 기미도 없다. 긍정적 로컬리티에는 오히려 객관적 '공리maxim'의 보편성을 거부하는 상대적 차이성이 있다. 하지만 그럼에도 각자의 삶의 장소('경험의 지평')에서 얻을 수 있는 이질의 보편성, 달리 말하면, 개별적이지만 상호주관성을 통해 모두의 공감으로 확산하는 까닭에 그것은 절대적 객관성을 상대적 상호주관성으로 대체하는 발생적 보편성, 즉 '경험의 지평'이라는 '삶의 형식'에서 조우할 보편성을 띤다. 철학과 인문학과 예술의 로컬리티는 기존의 철학과 인문학과 예술에서 누락된 의미, 즉 일단의 공리에 억압된 것의 의미를 부단히 드러낼 때 가능하다. 이때 나타날 수 있는 표현 방식 및 스타일의 고유성과 다양함은 학문과 예술, 인문학의 지역별 구분(동양과 서양 혹은 한국과 프랑스 등) 및 학제적 구분(철학과 인문학과 예술 등)으로 나타나며, 이들을 통해 드러나는 숱한 '장소의 의미(로컬리티)'가 다양한 표현의 주체들에게서 포착 가능하다. 그리고 그 장소에 천착된 것인 한 그 주체들에게 표현된 의미들은 상호주관성의 시간을 경유, 새로운 보편으로 생성될 수 있다. 그러므로 중요한 것은 우리가 처한 삶의 장소, 그 '경험의 지평'이다.

6. 에필로그

긍정적 의미의 로컬리티(차이성) 문제가 가려지고 부정적 의미에서의 로컬리티(후진성) 문제가 제기되었던 까닭에 대해 한 논자는 이렇게 말한다. "근대가 성립하는 과정을 통해 사회적 공동체의 전통과 관련된 장소(토포스)가 주변으로 밀려나고, 이후 장소의 지배로부터 벗어나 인간적인 주의주의主意主義와 논리주의가 결부된 보편주의적인 방법이 중심 원리가 된다."[51] 학의 모든 영역에서도 그러하겠지만 무엇보다 현대의 철학과 인문학, 예술의 뚜렷한 경향이 이 부정적 로컬리티 극복과 긍정적 로컬리티의 해방에 몰려 있다는 사실을 고려하면, 그것들 과제는 '부정적 로컬리티'의 극복에서 끝나는 것은 아니다. 그것의 주변성에 함축된 후진성 극복도 극복이지만, 이후의 '긍정적 로컬리티'를 모색하는 일도 그 이상 중요하다. 더욱이 '부정적 로컬리티'의 후진성을 걸러낼 필터링 시스템의 정착과 작동을 고려하면,[52] 현대가 요하는 철학, 예술, 인문학의 탈근대적 진정성은 사실상 그 모색의 성취 정도에 달려 있을 것이다.

'긍정적 로컬리티'의 구체로 논급되는 차이성이 '나'의 공간뿐 아니라 시간을 아우르는 '장소의 의미'를 가리킨다는 점에서, 달리 말하자면 단순한 지리적 위치가 아니라 연구자 혹은 예술인 각자의 시간과 공간이 열리는 사회적 삶의 장소를 가리킨다는 점에서, '긍정

---

51 유지로(2012), p.146, 내용 재구성.

52 그럼에도 여전히 그 후진성으로부터 자유롭지 못한 연구자 혹은 창작자가 있다면, 우선은 개인 차원에서의 노력이 필요할 것이지만, 지역 사회의 학회지나 '연구·창작' 그룹의 '이론·작품' 활동은 개인 차원의 노력에 대한 의미 있는 보완이 될 것이다.

적 로컬리티'의 모색을 위한 논리는 중앙과 지역을 막론하고 '거기에' 거주하는 이들 모두에게 무차별적이다. 따라서 지금 논의의 사안이 우리 지역의 인문학과 예술, 철학에 있는 것이라면, 우선은 그것들(인문학과 예술, 철학)의 고유한 로컬리티가 무엇인지에 관심을 쏟는 일이 순서일 것이다. 물론 굳이 소란을 피우지 않더라도 그 당위에 주목하며 '긍정적 로컬리티'의 차이성을 모색하는 연구자 혹은 예술가가 증가할 것이라는 점을 고려할 때, '긍정적 로컬리티'의 차이성은 개인의 역량을 통해 먼저 구현될 것이다. 하지만 적어도 그 구현의 폭과 깊이를 키울 계기를 제공할 수 있다는 점에서 연구자와 예술가의 개인적 역량 함양과 별도로 지역학술지 주도의 기획이나 지역의 연구 및 창작 주체들의 의견 교류 및 연대를 통한 '이론·작품' 활동은 '후진성' 극복의 경우에서처럼 여기에서도 매우 유효할 것이다.

〈인문학과 예술의 로컬리티〉
송석랑 저자 인터뷰

안녕하세요, 송석랑 선생님. 만나 뵙게 되어 반갑습니다. 우선 선생님의 전공과 주 연구 및 관심 분야, 그리고 현재 하시고 계신 일을 여쭈어보고 싶습니다.

서양철학을 전공했고, 현재 재직 중인 목원대학교에서 철학 및 미학 관련 강의를 하고 있습니다. 주 연구 및 관심 분야는 하이데거와 메를로퐁티 같은 철학자들의 실존현상학 및 그에 연관된 현대철학의 이슈들입니다. 최근엔 철학적 형식을 벗어난 글쓰기를 위해 사고의 체질을 변경하려 애쓰는 중입니다.

이 책은 대전지역의 인문·예술에 대한 저변 확대를 목적으로 다양한 분야의 전문가들이 모여 결성한 '대전인문예술포럼'(이하 '대인포럼')의 첫 결과물입니다. 그간 대인포럼에 참여하시면서 느끼신 좋았던 점과 아쉬웠던 점을 한 가지씩 말씀해 주시면 감사하겠습니다.

이미 오래전부터 각 지역 사회에서 문화 인프라의 필요성이 제기되고, 실제로 그러한 요구에 따른 실천이 구체화되고 있습니다. 우리 대전 지역도 그러한데, 특히 예술의 영역을 중심으로 삶의 현장에서 시민과 호흡하는 프로그램 운영이 눈에 띄게 증가되어 지역발전에 적지 않은 기여를 하고 있습니다. 그러나 예술과 함께 지역 사회의 문화 인프라 구축에 중요한 역할을 할 수 있는 인문학의 경우, 그에 대한 구체의 움직임은 보이지 않는 상황이었습니다. 대인포럼에 참여하는 시간이 기꺼웠던 것은 무엇보다도 이 상황의 문제에 공감하며 지역 사회 고유의 문화 인프라 구축에 대한 인문학의 역할을 예술의 그것과 함께 놓고 고민하는 사람들의 열정을 확인할 수 있었기 때문입니다. 아직 시민과 함께하는 단계로 뻗지 못하고 있는 점은 아쉽지만, 조급할 이유는 없다고 생각합니다. 모임의 내실을 더 다진 후 좋은 프로그램을 기획해 실행한다면 이 부분도 잘 해결될 수 있을 것이기 때문입니다.

인문학과 예술이라는 주제로 대인포럼에 참여하시면서 기대하셨던, 혹은 생각하셨던 인문학과 예술에 대한 가치가 있으셨을 텐데요, 선생님이 생각하시는 인문·예술의 성격과 정신, 그리고 앞으로의 비전이 무엇인지 여쭤봐도 될까요?

우리 대인포럼의 주요 지향점 중 하나가 지역 사회의 고유한 문화 인프라 구축에 있는 것이라면, 인문학이든 예술이든 결국은 세계로 통하게 될 우리 지역 고유의 로컬리티에 먼저 관심을 쏟는 일이 무엇보다도 중요할 것으로 생각됩니다. 물론 세기의 트렌드에 민감한 젊은 예술가 혹은 인문학 연구자들이 그 당위성에 주목하며 지역 고유의 로컬리티를 '모색·반영'하는 사태가 증가할 것이라는 점을 고려하면, 굳이 대놓고 소란을 피우지 않더라도 그 모색과 반영은 개인 역량의 차원에서 먼저 구현될 수도 있을 것입니다. 하지만 그 구현의 폭과 깊이를 함께 배가할 계기를 제공할 수 있다는 점에서, 지역의 인문학 연구자들과 예술가들의 개인적 역량 제고의 문제와는 별도로 그들이 함께 모여 생각과 의견을 체계적으로 교류하는 활동은 매우 유효할 것입니다. 우리 대인포럼이 그러한 역할을 수행할 역량을 착실히 키우고, 이를 바탕으로 글로벌리티와 내통할 지역 문화 인프라 구축에 기여하는 모임이 되었으면 합니다.

네, 잘 알겠습니다. 그럼 본격적으로 선생님이 책에 쓰신 내용에 대해 여쭤어보도록 하겠습니다. 먼저, 선생님이 글에서 강조하고 싶으신 부분을 다시 한번 간략하게 설명해 주시고, 왜 그 주제가 중요한지 말씀해 주시면 감사하겠습니다.

이 책에 실린 〈인문학과 예술의 로컬리티〉에서 제가 이야기하고자 했던 것도 결국은 '세계적인 것'으로 통할 우리 지역 고유의 문화 인프라 구축을 위해 인문학과 예술이 우선 취해야 할 로컬리티의 개념과 의의, 그리고 이 의의를 살리기 위해 필요한 인문학과 예술의 태도였습니다. 글의 특성상 다소 추상적인 면이 없지 않지만, 이 글은 적어도 우리 대인포럼의 정체성에 정립에 필요한 메시지를 함축하고 있다는 점에서 나름의 중요성을 가질 것입니다.

송석랑

서양철학(실존현상학)을 전공했으며 한국동서철학회 회장(2020)을 역임했다. 현재 목원대학교 스톡스대학 창의교양학부 교수로 재직 중이다. 최근에 지은 주요 저서와 번역서, 논문으로 《현상학: 시적 감각의 지성》(한국외국어대학교 출판부, 2012), 《정신과학 입문》(지식을 만드는 지식, 2015), 〈토포스의 해석학: 현상학과 예술〉(2017), 〈환경 윤리의 환원성 제거를 위한 자연개념: 메를로퐁티의 현상학적 관점에서〉(2020), 〈진리의 정치성에 대한 현상학적 해명〉(2021), 〈반(Anti)-폭력의 아포리아와 전쟁의 현상학〉(2021) 등이 있다.

제2부

회화론

인간의 욕망이 담긴 신선도神仙圖: 김홍도의 '신선도'로 살펴보기

송미숙

1. 들어가며

　동서고금 구분 없이 인류는 늙지 않고 영원히 사는 삶을 꿈꾸었다. 이러한 불로장생不老長生에 대한 바람은 유교 이념 국가인 조선에서도 예외 없이 추구되었다. 조선에서 오복인 수壽, 부富, 강녕康寧, 유호덕攸好德, 고종명考終命 중 수명을 첫째로 여긴 것은 장수에 대한 욕구가 얼마나 강했는지를 보여 주는 증거일 것이다. 이러한 불로장생에 관한 욕망은 현실성을 추구한 유교보다는 초월적 존재인 신선을 신앙 대상으로 내세운 도교가 더욱 적절한 매체였기에, 조선에서 유교와 도교의 습합이 묵인된 것은 어쩌면 당연한 순리였는지도 모르겠다. 도교적 신선사상은 불로장생에 대한 염원과 관념 체계를 추구하는 데 소용되었고, 사상의 확산을 위해 신선은 구체적인 형상으로 활발하게 제작되어 사회 깊숙이 파고들었다. 도교에서 파생된 만큼 초기 신선도는 종교적 색채가 짙은 신성함이 강조된 형태로 제작되지만, 차츰 종교적 측면보다는 실용적인 용도로 신선도에 대한 인식이 변화하면서 감상이나 길상적인 측면이 부각된 이미지로 변모한다.

인간의 욕망을 실현시킬 수 있는 이상적 인물로서의 신선은 시대적 상황에 따라서도 다양하게 전개되었다. 예컨대 고구려 시기에는 신선을 하늘과 땅을 연결하는 매개자로 여겨 학을 타고 하늘을 나는 모습의 신선을 선호했음을 고분벽화를 통해 확인할 수 있다. 그리고 조선 시대에는 중국에 선종을 전파한 '달마'를 신선 대상으로 그리거나, 삼국지의 '관우'를 재물의 신선으로 추앙한 경우도 있는 등, 시대적 상황에 따라 신선 대상은 다양하게 선택되고 형상화되기에 이른다. 특히 흥미로운 부분은 조선 초기 신선을 직접적으로 표현하기보다 유유자적하는 선비의 삶이 곧 신선이라는 은유적인 표현으로서 선비를 그린 그림을 신선도처럼 열망의 대상으로 여긴 점이다. 이를테면 강희안姜希顔(1418~1465)의 〈고사관수高士觀水〉나 이경윤李慶胤(1545~1611)의 〈고사탁족高士濯足〉 등은, 선비가 탁족을 하거나 경치 좋은 곳에서 한가롭게 술을 마시고 풍류를 즐기는 것 등은 선비들이 추구했던 자연에서의 유유자적을 표현한 것으로서 신선 사상을 모티브로 그려진 그림이라고 할 수 있다.

이처럼 오랜 기간 다양한 형태로 신선이 그려졌지만 신선도가 본격적으로 유행한 것은 18세기부터이다. 유행의 배경엔 정치·경제적 이유가 내재되어 있다. 주지하듯이 영·정조 시기의 정치적 안정과 경제적 부흥은 사회 전반에 큰 반향을 일으켰고, 이는 예술에도 영향을 끼쳐 신선도를 포함한 회화 공급과 소비의 확산을 가져왔다.

또 다른 합리적 추측도 할 수 있다. 정조는 세종 시기를 타깃으로 태평성대를 추구한 왕이었다. 그는 이상적인 정치를 위해 왕권과 신권의 균형과 협력이라는 방법을 선택한다. 정조는 기존 정치 기득권의 협력을 얻어 내기 위해 다양한 방법을 동원했는데, 국왕의 직속 기관인 '차비대령화원差備待令畵員'을 동원하여 다양한 이미지의 회화를 생산하고 배포한 것도 이에 해당한다. 그의 집권 시기 사대부들의 현실적 욕망인 불로장생과 입신양명에 부합하는 '신선도神仙圖', '책가도冊架圖', '요지연도瑤池宴圖',[1] '곽분양행락도郭汾陽行樂圖'[2] 등이 활발히 제작, 분포, 유행된 점은 결코 우연이 아니라 정조의 정치적 의도가 가미된 결과인 것이다.

미술사적 측면에서 야심 찬 정조의 정치적 전략과 행보의 중심에는 차비대령화원이었던 단원檀園 김홍도金弘道(1745~1806?)가 있다. 김홍도는 정조의 정치적 조력자로서 평생 정조의 삶과 궤도를 함께했으며, 정조의 정치적 의도로 생산된 '신선도', '책가도' 등의 제작에 깊이 관여했던 화가다. 특히 '신선도'에 관해서는 타의 추종을 불허한다. 김홍도의 작품 중 국보(제139호)로 지정된 유일한 작품도 〈군선群仙〉(1776) 즉 신선도로, 그의 자연스럽고 거침없는 붓

1 　요지연도는 다수의 신선이 등장하는 군선도다. 장수는 물론 부귀영화 등 인간이 추구하는 모든 욕망이 내재되어 있다. 그림 구성은 서왕모가 주체한 연회 장면과 그 모임에 참석하기 위해 바다를 건너오는 군선의 장면을 결합한 형태이다. 다채롭고 화려한 채색이 특징으로, 중국에서 전래된 이후 19~20세기에 집중되어 제작된 장르이다.

2 　당나라의 곽분양은 본인도 85세까지 장수하며 높은 관직에 있었고 아들 8명, 사위 7명 모두 높은 벼슬에 올라 부귀영화를 대표하는 인물이다. 정조대 발행된 《경도잡지京都雜誌》에 혼례 시 곽분양행락도가 사용되었다는 기록이 있는데, 단순히 장식적 기능 외에 곽분양의 삶처럼 번창과 장수를 바라는 대중의 소망이 그에 담겨 있었음을 짐작할 수 있다.

그림 4-1. 작자 미상, 〈요지연도〉 8폭 병풍, 비단에 채색, 각 115.5×42.8cm, 19세기, 국립중앙박물관 소장

놀림은 바람에 나부끼는 자유로운 신선의 모습을 그리기에 안성맞춤이었다. 그래서인지 김홍도의 신선도는 가벼운 습작부터 국보인 삼성미술관 리움 소장의 〈군선〉과 같은 대작까지 모두 최상의 퀄리티를 보여 준다. 이 글에서는 불로장생의 욕망과 욕구가 어떻게 표현되었는지, 김홍도의 신선도를 중심으로 면밀하게 살펴보도록 하겠다.

2. 조선 후기에 나타난 사회상: 불로장생의 추구, 신선사상의 유행

신선도가 하나의 독립된 회화 장르로 구분된 것은 중국 북송北宋의 휘종徽宗(1082~1135) 시기로, 당시 발간된 회화 이론서인《선화화보宣和畫譜》에 처음 나타난다. 우리나라의 경우엔 고려 시대에 독립된 장르로 처음 등장한 것이 기록에 남아 있으나, 본격적으로 그려지기 시작한 것은 조선 중기에 와서이고, 크게 유행하게 된 것은 조선 후기에 이르러서다. 그렇다면 왜 조선 중기에 신선 그림이 활발히 그려지게 된 것일까?

주지하듯이 도교는 우리나라에서 종교로서 크게 발달하지 못하였다. 고려에서 조선 중기에 이르는 동안 제천 행사를 주관하는 등 국가 행사를 일부 담당한다거나 민간 신앙과 결합하여 소극적으로 신봉되는 등 명맥만을 유지하는 정도였으며, 유교나 불교에 비해 그 사회적 영향력은 미약했다. 그러던 차에 임진왜란을 전후하여 사회가 불안정해지자 도교의 신선사상이 수면에 부각되기 시작한다. 임진왜란과 병자호란의 폐해로 유교적 이념이 흔들리면서 현세구복現世求福과 불로장생을 추구하는 신선사상이 대중의 마음을 끌며 유행하게 된 것이다. 허무맹랑하지만 거리낌 없이 종횡무진하는 신선 이야기는 민간 설화뿐 아니라 지식층의 문학 작품에도 중요 소재로 등장하였으며, 불로장생하며 신통방통한 능력을 발휘하는 신선 그리고 신선이 사는 세상은 민중이 지향하는 이상 사회의 모델로 작용한다.

현세구복과 불로장생에의 열망은 조선 왕실도 예외가 아니었다. 예를 들어 숙종의 시문詩文에 중국고사도와 신선도를 거론한 내용이 수록되어 있는가 하면, 서왕모의 연회 장면을 그린 〈요지연도〉가 왕실 행사나 궁궐 장식용으로 활용되었다는 기록도 남아 있다. 또한 정조 재위 시기 차비대령화원 정기 시험인 녹취재祿取材에서 신선도가 포함된 고사도석도故事道釋圖가 상당수 출제되기도 했다. 이 같은 사실들은 신선도의 유행에 왕실의 지지와 선도가 있었음을 시사하고, 신선도의 확산과 확대에 중요한 역할을 했음을 보여 준다.

3. 신선도의 유행을 이끌었던 김홍도

신선도 유행에 견인차 역할을 담당한 인물은 김홍도로 그는 조선적 신선도를 창의한 화가였다. 《단원풍속도첩檀園風俗圖帖》 풍속화의 경우처럼 불필요한 배경은 생략했으며, 강한 선묘와 즉흥적인 필치로 문인화적 느낌을 살렸다. 거기에 풍속화에서 보였던 해학적인 표정을 신선의 얼굴에 삽입하여 친근한 느낌이 도는 신선도를 탄생시켰다.

이러한 김홍도의 신선도는 선대부터 축적된 성과에 기인한 것이다. 김홍도 이전부터 신선도는 적지 않게 제작되었는데, 주도적 인물로는 윤두서尹斗緒(1668~1715), 윤덕희尹德熙(1685~1776), 이인

그림 4-2. 윤덕희, 〈하마선인蝦蟆仙人〉, 종이에 먹, 75.2×49.3cm, 18세기, 국립중앙박물관 소장

그림 4-3. 심사정, 〈하마선인도蝦蟆仙人圖〉, 비단에 수묵담채, 22.9×15.7cm, 18세기, 간송미술관 소장

〈하마선인〉은 부富를 상징하는 세 발 달린 두꺼비와 신선 유해섬이 등장하는 작품이다.

상李麟祥(1710~1760), 심사정沈師正(1707~1769) 등이 있다. 모두 문인화가들이다. 이들은 중국에서 전래된 화보畫譜나《신선전神仙傳》등의 문헌에 기록된 신선의 형상과 구도, 기법을 수용해 신선도를 제작하였다. 담백하고 소박한 필치로 남종문인화법, 지두화법, 서양화법을 수용하고, 화보의 새로운 도상을 차용하면서 사대부 취향의 신선도를 제작했던 것이다. 이렇게 문인화가들이 이끈 '신선도'는 길상적 기능과 목적 외에도 은일隱逸과 탈속의 이상 세계를 표출한 매개체이기도 했다. 사대부들은 자신을 성찰하고 경계하는 선비 정신을 표현하는 데 유유자적하는 신선 이미지를 차용했다. 신선도의 인물을 통해 자신의 이상과 지향을 표출하고 현실적인 갈등과 제약을 해소하고자 한 것이다. 이처럼 신선도는 18세기 초까지 문인화가들을 중심으로 성장하게 된다.

18세기 중반 드디어 김홍도가 등장한다. 그는 앞선 문인화가들의 자양분을 흡수하여 새롭고 신선한 신선도를 창조해 내었다. 화풍의 새로움뿐 아니라 표현 기법 및 화면 구성 등에서도 독특한 면모를 선보였다. 일반적으로 신선도는 여러 버전의《신선전》에 나오는 공통된 내용을 벗어나지 않는 도상적 보편성을 지니고 있었다. 다시 말해 인물들은 그들이 지닌 상징적 지물과 외모의 특징으로써 대부분 도상을 구분할 수 있었다는 것이다. 그러나 김홍도의 신선도는 조금 다르다. 물론 신선도의 교본인《신선전》,《열선전列仙傳》,《홍씨선불기종洪氏仙佛奇踪》,《삼재도회三才図絵》등을 참고하였지만, 그는 천편일률적으로 신선을 묘사하기보다는 주관적인 생각을 담아 인물을 표현하는 데 심혈을 기울였다.

그가 한참 활동하던 시기는 문인화가들의 신선도 제작이 눈에 띄게 줄어들고 직업 화가나 화원 화가들에 의해 신선도가 대량으로 제작되던 시기였다. 김홍도를 위시한 화원 화가들의 활약이 두드러졌고, 신선도의 종류도 폭이 넓어지며 다양한 형태의 신선도가 생산되었다. 이런 현상의 발현은 경제, 문화적 성장으로 신선도에 대한 민중의 관심이 높아진 것과 그에 따른 수요가 급증한 것이 원인이었다. 따라서 여가로 신선도를 그리던 문인들보다는 직업 화가인 화원 화가들의 빠른 작업 형태가 폭주하는 수요에 대처하는 데 용이했을 것이 불을 보듯 뻔하다. 수요 폭증으로 빚어진 대량 제작은 결과적으로 신선도 제작의 주체가 문인에서 화원으로 교체되는 상황을 가져온 것이다.

4. 김홍도의 전기 신선도: 율동감과 생동감이 넘치는 1776년 작 〈군선〉

김홍도의 신선도는 다양한 형식으로 제작되었는데, 현재도 많이 남아 있는 편이다. 특히 복수의 신선이 한 화면에 등장하는 군선도는 김홍도 신선도의 특징이자 특장이다. 그 이전에 국내에서 그려진 신선도는 단독상이나 두세 명의 인물을 그리는 것이 보편적이었다. 각각의 신선은 초인적인 능력으로 장생불사하는 존재라 한 명이나 두세 명이면 충분히 구원자적 상징성이 드러나기 때문이다. 그러나 김홍도는 길상적인 면과 시각적인 면을 극대화하기 위해 다수의 신선을 한 화면에 넣는 방식을 택하였고, 이러한 군선도는 이후 일반적인 형식으로 고착화되기에 이른다.

김홍도가 그림 소재로 선호했던 신선은 갈홍葛洪의 《신선전》 등의 문헌에 기록된 500여 명의 신선 중에서 종리권鍾離權, 여동빈呂洞賓, 장과로張果老, 조국구曹國舅, 이철괴李鐵拐, 남채화藍采和, 한상자韓湘子, 하선고何仙姑 등을 묶어 부르는 팔선八仙과 노자老子, 동방삭東方朔, 수성노인壽星老人 등으로 압축할 수 있다.

그의 군선도는 인물이 적게는 두세 명, 많게는 수십 명까지 정해진 틀이 없이 자유로운 형식으로 구성되어 있다. 각각의 신선은 개인이 가진 특정적 특징 외에도 조합을 통해 새로운 상징성을 갖는다. 또한 구조적인 면에서 수십 명의 신선이 등장하는 경우 다수의 인물을 어지럽지 않고 조화롭게 구성하는 방편으로서 신선도를 병풍으로 제작한 것도 특징이랄 수 있다.

군선도에 그려진 인물 구성과 형식은 비교적 다양하고 자유로웠지만, 배경은 주로 생략되거나 간략한 산수를 첨가하기도 했다. 군선도는 단독으로 그리는 신선도에 비해 배경 묘사보다는 인물에 비중을 크게 둔다. 또한 수묵으로 그려지거나 담채로 그린 경우가 많은 편이다.

삼성미술관 리움이 소장한 1776년 작 〈군선群仙〉은 8폭 병풍으로 제작되었으며, 김홍도의 전기(1764~1784) 작품에 속한다. 굵은 선으로 그려 낸 인물의 옷자락에는 자신감 넘치는 개성적인 화법이 묻어난다. 국립중앙박물관이 소장한 〈남극성南極星〉(1782)과 함께 전기의 대표적 신선도로 꼽히는 대작이다. 더군다나 〈군선〉은 김홍도의 수많은 작품에서 제작 연도가 표기된 가장 이른 시기의 작품으로서도 중요성을 띤다. 화원 초기 화풍을 짐작게 하는 개성적인 필력이 여과 없이 펼쳐져 있기도 하다.

그림 4-4. 김홍도, 〈군선〉, 132.8×575.8㎝, 종이에 담채, 1776, 삼성미술관 리움 소장

〈군선〉은 정조 재위 첫해인 1776년 봄에 제작되었다. 그림 왼쪽 아래 표기된 '병신춘사사능丙申春寫士能'이란 낙관으로 알 수 있는데, 당시 김홍도는 나이 32세의 혈기 왕성한 시기였다. 아직 필력에 숙성이 안 돼서일까, 전체적인 필치는 다소 경직된 느낌이다. 정조가 막 즉위한 엄중한 시기라 날 선 신중함이 있었을지도 모르겠다. 한 편으론 혈기 왕성했던 시기답게 강하고 힘 있는 선의 느낌도 여과 없이 표현되었다. 바람에 휘날리는 의습선을 굵은 선으로 과감하게 일필휘지하고 있고, 필선의 꺾임이나 굵기 변화도 심한 편이다. 이것은 김홍도 초기 작품의 중요한 특징으로, 〈군선〉은 김홍도의 초기 면모를 상세하게 알려 주는 지침서 역할을 한다.

〈군선〉의 모티프는 서왕모의 연회를 묘사한 〈요지연도瑤池宴圖〉에서 잔치 참석을 위해 바다를 건너고 있는 신선들로 〈요지연도〉의 도상을 분리해서 그린 것이다. 김홍도는 이런 '해상군선도海上群仙圖'류의 작품을 여러 점 제작한 것으로 문헌에 기록되어 있지만, 현재 전해지는 작품은 〈군선〉과 국립중앙박물관 소장의 전칭작 〈해상군선〉 8폭 병풍뿐이다. 본래 그림 주제가 바다를 건너는 신선들이라서 '해상군선도'로 불리기도 하는데, 배경으로 물결치는 파도를 그려 넣는 것이 특징이다. 그런데 〈군선〉은 물결치는 파도는 생략된 채 명확하지 않은 배경을 하고 있어 미완성의 느낌을 풍긴다. 구도와 구성도 시선을 중앙에 집중시키며 간결하다. 다만 그림이 밋밋하지 않게 인물과 인물 사이 강약의 율동감을 주어 화면에 변화를 추구하고 있다.

〈군선〉이 지닌 조형적 단순함과는 다르게 인물들의 안면은 정교하고 세밀하다. 채색도 꽤나 효과적으로 사용됐다. 모자라거나 지나치지 않게 사용한 엷은 담채의 황색, 청색, 주홍색 등은 화면에 생기를 부여하는 데 큰 몫을 담당한다. 그래서일까 신선들은 정적인 느낌과 동적인 느낌을 동시에 지니고 있고, 정지된 화면인데도 율동감과 생동감이 차고 넘친다.

〈군선〉에는 총 19명의 인물이 등장한다. 인물들은 세 개의 섹션으로 나뉘어 있고, 오른쪽에서 왼쪽으로 이동하는 운동성을 보인다. 대체로 신선은 신앙의 대상으로서 실용적인 용도로 그려졌기에, 그림 속 신선들의 신분은 용모나 지물로 추측 가능한 것이 일반적이다. 하지만 김홍도의 신선들은 정체성이 명확하지 않은 경우가 많다. 그가 《신선전》의 문헌 내용에 의지하지 않고 주관적 해석으로 신선을 그려 인물의 정체성에 모호한 측면이 생겼다. 이 또한 김홍도의 신선도가 지닌 특성으로 여겨지는 부분이다.

〈군선〉의 맨 오른쪽 섹션은 신선과 시중을 드는 선동仙童을 합해 10명으로 구성되어 있다. 외뿔소를 탄 인물은 노자, 천도복숭아를 두 손으로 들고 있는 신선은 동방삭, 두루마리에 붓을 들고 있는 신선은 문창제군文昌帝君이다. 문창제군은 학문의 신으로 조선 시대에 과거 시험을 앞둔 사대부들 사이에서 특별히 선호되었던 신선이었다. 동방삭 뒤쪽에 있는 화양건을 쓴 신선은 여동빈, 민머리에 강인한 인상을 풍기는 신선은 종리권으로 추측되지만 그들의 지물인 칼과 파초선이 보이지 않아 확단하긴 어렵다. 오른쪽 끝에는 술에 취한 채 호리병을 들여다보는 신선 이철괴를 배치되어 있다.

가운데 두 번째 섹션은 6명으로 구성되었다. 박쥐를 동반하고 하루에도 수만 리를 간다는 흰 당나귀를 거꾸로 탄 채 책을 보고 있는 장과로, 그 뒤쪽 죽은 사람도 살린다는 딱따기를 머리 위로 치고 있는 조국구, 연주하면 꽃이 피고 술이 솟는다는 어고간자魚鼓簡子를 어깨에 걸친 신선 한상자가 등장한다. 신선들을 중심으로 세 명의 선동을 묘사하여 그림에 무게감과 균형감을 부여하였다.

그림의 맨 왼쪽 섹션은 세 명의 인물로 이루어져 있다. 연꽃이 든 바구니를 매고 있는 신선 그리고 괭이와 약초 바구니를 든 신선 등 두 명의 여선이 등장한다. 소라를 들여다보는 인물은 여선들을 시중드는 선동이다. 두 여선은 자연스럽게 대화하듯 걷고 있는 모양새다.

연꽃 바구니를 맨 하선고는 당나라 사람으로, 태어날 때 이마에 여섯 개의 긴 털이 있었다고 한다. 열네댓 살 때 꿈속에 선인이 나타나 운모분雲母粉을 먹으면 몸이 가벼워져 죽지 않는다는 가르침을 받고 신선이 되었다는 인물이다. 인물의 특징은 대체로 복숭아가 든 바구니 혹은 연꽃이나 봉우리를 든 젊고 아름다운 여성으로 묘사된다.

그 옆에 자리한 신선은 마고麻姑로 여겨지지만, 학자에 따라 신선 남채화로 해석하기도 한다. 남채화는 본래 남자 신선으로 때때로 여성의 모습으로 표현되는데, 용모가 아름다워 일반적으로 꽃의 신선으로 불린다.

마고는 조선에서 인지도가 꽤나 높은 신선이었다. 마고의 도상적 특징은 젊고 아름다운 모습에 영지나 약초를 캐기 위한 긴 괭이나 복숭아를 들고 있으며, 개를 동반하기도 한다. 조선에서는 생일 축하 선물로 신선도를 주는 풍습이 있었는데, 남자에게는 장수의 신선 수성노인을, 여자에게는 마고를 그린 그림을 선물했을 정도로 대중에게 친근한 신선이다.

서술한 것처럼 〈군선〉에 등장하는 신선들은 조선에서 선호했던 팔선을 중심으로 동방삭, 문창제군, 마고(또는 남채화)가 보태진 구성이다. 김홍도는 신선들을 문헌의 도상적 특징에 기초하여 표현하고 있지만, 조금은 다른 양식 즉, 신선을 일반인처럼 그려 이질적이지 않고 자연스러운 맛을 살리고 있는 점도 특이하다. 이를테면 중국에서 신선을 인간과의 다른 면을 강조하려 기괴하게 그리는 것과는 전혀 다른 도상 해석이다.

한편 화면에 펼쳐진 세 개 섹션 사이의 빈 공간은 시각적인 리듬감과 구성의 묘미를 살리는 요소가 된다. 세 개의 덩어리로 나눠진 화면은 조화로운 짜임새를 선보이는데, 리드미컬한 구성미와 조화로우면서도 현세 속 인물과 같은 실재감과 생동감을 보여 준다. 신선들은 밀접하고 유기적으로 서로 겹쳐 뭉쳐 있는 형상으로, 세 개의 섹션은 그 자체가 독립적이면서 하나의 무리로 통합되어 있다.

〈군선〉은 현재 세 개의 족자로 떼어져 있지만, 본래 병풍으로 제작된 그림이다. 대폭의 그림은 대부분 주문 제작한 것으로, 농묵을 이용한 굵은 선이 힘차면서도 느린 듯 꺾임이 심한 화풍을 선보이며

장엄하고 화려한 분위기를 풍긴다. 김홍도는 이러한 품격을 효과적
으로 드러낼 줄 알았다. 신선들의 얼굴 묘사도 세필로 섬세하게 묘
사하고 있으며 표정 또한 다채롭다. 채색은 담채를 주로 사용하여
고아하고 단아하지만, 장식적인 느낌도 놓치지 않았다.

또한 앞서 거론했듯이 김홍도는 신선의 다양성을 꾀했다. 그는 중
국의 '신선도'들을 참조했지만 신선의 외형이나 지물은 혼용해서 그
렸다. 아울러 신선도 모본을 미리 만들어 놓고 이를 이용하여 구성
과 구도를 달리하며 다양하게 제작한 것으로 추측된다. 화원 화가로
서 주문 제작이 많았을 것을 감안한다면, 이 점은 수요와 목적이 다
른 계층을 충족하기 위한 영리한 선택이었을 것이다. 〈군선〉은 이런
정황이 잘 드러나는 작품이다. 똑같지는 않지만 형태상 유사한 신선
들이 국립중앙박물관이 소장한 〈해상군선海上群仙〉에서도 나타나기
때문이다. 어찌됐건 〈군선〉은 기본에 충실하면서도 격식이 없는 자
유분방함과 호방함이 유려하게 발휘된 작품임은 부연이 필요 없다.

그림 4-5. 전傳 김홍도, 〈해상군선〉, 비단에 색, 각 150.3×51.5cm, 연도 미상, 국립중앙박물관 소장

5. 김홍도의 후기 신선도:
문인화적인 정취를 드러낸 〈해산선학〉(1798)

김홍도 후기(1785~1806)의 신선도는 〈군선〉(1776) 등의 전기 화풍과는 다른 양상을 보인다. 1783년 안기찰방과 1791년 연풍현 감 등 지방관의 역임으로 표암豹菴 강세황姜世晃(1713~1791)을 비롯한 문인들과 활발히 교유했던 것이 원인으로 여겨진다. 그들과의 교류로 문학적 소양이 높아진 것이 화풍에 영향을 미친 것이다. 이 때 문인지 후기 신선도는 여유 있는 필법과 공간감이 느껴지는 여백, 한국적 시정이 넘치는 문인화풍으로 제작되었고, 크기도 문인의 그림처럼 작은 크기로 변모한다. 신선과 함께 산수가 배경으로 그려지기 시작하며 문인 취향 감상화로서의 신선도가 제작된다. 이런 이유로 전기에서 분출되던 힘과 웅장함을 후기의 신선도에서는 더 이상 찾아보기 어려워졌다. 화풍과 성격에 많은 변화가 생긴 것이다.

이런 양상의 신선도 가운데 제작 시기를 알 수 있는 작품으로는 간송미술관이 소장한 《단원산수일품첩檀園山水逸品帖》의 〈검선관란劍仙觀瀾〉(1796)과 〈금화편양金華鞭羊〉(1796), 개인 소장의 〈해산선학海山仙鶴〉(1798) 그리고 국립중앙박물관 소장의 〈지장기마知章騎馬〉(1804) 등이 있다. 그중에서 〈검선관란〉과 〈해산선학〉은 팔선 중 한 명인 여동빈이 주인공이다. 김홍도는 후기에 특히 여동빈을 선호했던 것으로 파악되는데, 여동빈이 지닌 문인적 상징성 때문일 것이다.

여동빈은 당나라 사람으로 본명은 암巖, 자는 동빈, 호는 순양자純陽子 또는 회도인回道人이다. 그는 문인으로 화산에 은거하던 중 팔선의 우두머리 종리권을 만나 불사의 비결과 검술을 배워 신선이 되었다. 득도한 후에는 여러 지방을 떠돌아다니면서 검으로 사람에게 해악을 끼치는 정령을 제압하여 사람들을 도왔다고 한다. 칼은 그를 묘사할 때 빠지지 않고 등장하는 지물로 인간의 탐욕과 애욕 그리고 번뇌를 끊게 해준다는 상징물이다. 세속적 욕망의 근절과 벽사의 의미를 지녔다고 생각한 사대부들이 애호하면서, 신선 여동빈은 김홍도뿐 아니라 다른 화가들도 반복 제작한 중요한 아이템이었다.

그림 4-6. 김홍도, 〈금화편양〉, 종이에 담채, 30.5×23.2㎝, 1796, 간송미술관 소장. '금화산에서 양을 치다'라는 뜻의 제목으로, 《신선전》에 수록된 황초평을 소재로 한 신선도이다.

그림 4-7. 김홍도, 〈해산선학〉, 지본담채, 30.5×23.2cm, 1798, 개인 소장

〈해산선학〉에서 여동빈은 중앙에 솟은 산과 나무, 바다를 배경으로 학과 함께 단독으로 그려졌다. 그림 왼쪽 상단에는 그가 지었다고 전하는 자작시를 적어 놓았는데, 이는 신선의 정체성을 알려 주는 단초다.

바다 위 솟은 산에 올라 술 취해 춤추고 노래 부르며
醉舞高歌海上山
하늘의 표주박에 이슬 받아 금단을 빚네
天吹仙露結金丹
밤 깊어 학 날아간 가을 하늘은 파랗고
夜深鶴透秋空碧

만 리에서 불어오는 서풍은 한 자루 칼을 서늘케 하네
萬里西風一劍寒

〈해산선학〉은 산수가 크게 부각되면서 인물이 산수 속의 일부가
되었고, 도가적인 분위기가 연출되었다. 그림의 제시題詩는 거침없
는 필체로 써내려가 문인화적인 정취를 드러냈다. 짙고 옅은 필선을
이용하여 유려하게 표현되었는데, 특히 짧은 필선으로 암벽의 바윗
결을 공교하게 묘사한 점은 직업 화가였던 김홍도의 습성을 부지불
식간에 드러내는 부분이다. 물기 가득한 먹을 여러 번 터치해서 얻
어진 형태감 때문에 앞으로 돌출된 듯한 착시 효과가 나타나며 공간
감을 제대로 보여 주고 있다. 그는 층층이 쌓인 암벽의 표면을 효과
적으로 표현하기 위해 변형된 ㄱ 형태의 절대준을 혼합하였으며 결
과적으로 입체적인 느낌이 역력하게 표현된 것이다. 그림을 집중시
키는 사선 구도 양 끝에 그려 넣은 나무 군락은 관람자의 시선을 분
산시켜 작은 그림인데도 꽉 찬 듯한 밀도감을 준다. 치밀하면서도
섬세한 후기의 특징적 필법이 암벽과 나뭇가지의 표현에서 여실히
드러난다고 볼 수 있다.

〈해산선학〉과 같은 주제인 〈검선관란〉에서도 신선(여동빈)이 돋
보이는 간략하고 설득력 있는 화면 구성을 볼 수 있다. 바위, 나무
그리고 옷 주름을 보면 기법의 자유분방함을 쉽게 감지할 수 있는
데, 문인들의 남종화법을 자기 스타일로 변형해 필력을 가감 없이
드러낸 것이다. 신선을 산수와 적절히 융화함으로써 시적 화면을 형
성하는 후기의 특징이 잘 나타난다고 할 수 있다.

그림 4-8. 김홍도, 〈검선관란劍仙觀瀾〉, 지본담채, 30.5×23.2cm, 1796, 간송미술관 소장

6. 김홍도의 말기 신선도:
신선의 탈속한 분위기를 풍기는 〈지장기마〉(1804)

국립중앙박물관이 소장한 〈지장기마〉(1804)는 김홍도 말년의 문기가 고스란히 느껴지는 작품으로, 느슨한 필선은 탈속한 분위기를 풍긴다. 당나라의 유명한 시인이자 서예가인 하지장賀知章(659~744)이 술에 취해 말을 타는 모습을 물기 없는 간략한 필치로 그린 그림이다. 당나라 시인 두보杜甫(712~770)는 수도 장안에서 술을 잘 마셔서 신선이라 불리던 8인을 소재로 〈음중팔선가飮中八仙歌〉라는 시를 지었는데, 중국뿐 아니라 조선의 애주가들이 즐겨 읊으며 풍류를 즐길 때 인용했던 유명한 시다. 김홍도는 그림 오른쪽

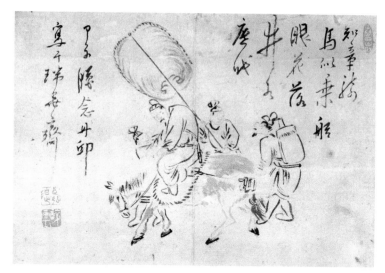

그림 4-9. 김홍도, 〈지장기마〉, 지본담채, 25.8×35.9cm, 1804, 국립중앙박물관 소장

상단에 〈음중팔선가〉의 첫 구를 적고, 왼쪽에는 1804년 동료 화원 화가 박유성朴維城(1745~?)의 집인 서묵재瑞墨齋에서 그림을 그렸다고 일필휘지의 행초서체로 써놓고 있다.

> 술 취한 하지장의 말 탄 모습은 마치 배를 탄 듯하구나
> 知章騎馬似乘船
> 눈앞이 몽롱해 우물에 빠져도 그냥 잠이 들었네
> 眼花落井水底眠
> 갑자년 동지 후 납일에 서묵재에서 단구 그리다
> 甲子臘念丹丘寫于瑞墨齋

술에 취해 적은 듯 흘려 쓴 글씨는 술에 취해 말을 타고 가는 하지장을 은유적으로 표현하고 있다. 앞서 보았던 〈해산선학〉과 마찬가지로 시가 주는 분위기로 인해 문인화적 아우라를 풍기는 점은 분명해 보인다. 또한 장소, 일시, 그려 준 사람의 이름을 낙관한 것은 문인화 형식을 선명히 부각하는 행위이다. 이처럼 두 차례에 걸친 지방관 시절에 습득한 문인화적인 요소들이 그림에 면밀하게 표현된 것은 김홍도의 후기 신선도가 지닌 중요한 요소라 할 수 있다.

정리해 보면, 김홍도의 전기와 후기 신선도의 구별점은 첫째, 전기에는 힘차면서도 경직된 선을 주로 사용했다면 후기에는 구불구불한 선으로 보다 부드러우면서 느슨한 느낌이 풍부하게 나타난다. 둘째, 신선들의 인물 묘사에서 나타나던 전기의 세밀함이 후기 신선도에서는 보이지 않는다. 셋째, 다양한 색채와 장식적인 효과를 표출했던 대작의 병풍 형식이 후기엔 화첩 형식의 소품으로 바뀌었다는 점이다. 넷째, 소재 면에서 전기에는 다양한 신선을, 후기에는 여동빈이나 노자 등의 신선을 단독으로 제작했다는 것도 다른 점이다.

이러한 시기별 변화 양상은 김홍도가 전기에는 신선도 제작에 직업 화가로서의 역량을 유감없이 펼쳤지만, 후기로 가면서 문인 취향의 소략하고 소탈한 신선도로 관심이 이행한 것임을 의미하기도 한다.

7. 마치며

조선에서 신선도는 임진왜란과 병자호란 이후 사회적 혼란에 따른 불안감이 팽배한 가운데 본격적으로 등장했다. 이후 18세기에 접어들면서 정조의 문화 정책으로 수요가 확산되었고, 그 중심에 김홍도가 있었다. 인간의 불로불사, 불로장생에 대한 욕망으로 탄생한 신선도는 사실 한국 회화사에서 비중 있던 장르는 아니었다. 말하자면 비주류였던 신선도가 김홍도에 의해 당당한 회화 반열로 상향 조정된 셈이다. 그는 불로불사와 부귀영화에 대한 대중의 염원에 부응해 다수의 신선도를 제작하며 유행을 선도했다. 불세출의 화가가 지닌 회화 기량 위에 무병장수와 안녕을 바라는 인간의 욕망과 욕구가 맞물려 투영된 결과였다.

김홍도의 전기 신선도는 1776년 작 〈군선〉처럼 병풍 형식의 대작과 자신감이 넘치는 굵고 힘 있는 필선이 특징이라고 할 수 있다. 그에 반해 후기는 높아진 문인 의식의 반영으로 시詩, 서書, 화畵를 한 화면에 담는 남종문인화풍으로 천착하는 현상을 보였다.

신선도의 격을 만드는 것이 뛰어난 필치와 예술성에만 있는 것은 아니다. 김홍도는 인간의 원초적 욕망과 선비들의 유유자적한 풍류를 결합하며 신선이 주는 이질적인 숭고함을 버렸다. 악기를 불거나 책을 읽고, 당나귀나 소를 거꾸로 타고 다니는 신선들의 행위는 억압적 제도를 벗어난 자유로움의 상징이다. 또한 그의 신선들은 중국의 기괴한 신선과는 다른 친근한 용모로, 한적한 곳에서 은일한 삶을 누렸던 조선의 선비들과 모습이 닮아 있다. 이런 현상은 말년으로 갈수록 심화되어, 후기에는 신선을 보통의 선비와 다를 바 없는 평범하고 자유로운 모습으로 재현했다.

아마도 김홍도는 세속적 욕망인 권력과 재물, 명예와 명성보다는 평범한 삶과 자유가 인간이 지향해야 할 가치 있는 삶이라고 신선도를 통해 표방하고 싶었던 것은 아니었을까.

〈인간의 욕망이 담긴 신선도: 김홍도의 '신선도'로 살펴보기〉
송미숙 저자 인터뷰

안녕하세요, 송미숙 선생님. 만나 뵙게 되어 반갑습니다. 우선 선생님의 전공과 주 연구 및 관심 분야, 그리고 현재 하시고 계신 일을 여쭈어보고 싶습니다.

저는 한국 미술사 연구자로 세부 전공은 근대회화사이며, 근대 채색화가 김은호 연구로 박사학위를 받았습니다. 주요 연구는 19~20세기 전통 회화나, 근래엔 충청지역의 근현대 미술가에 대한 기록에 관심을 두고 연구 분야의 스펙트럼을 넓히는 중입니다. 현재 세종미술연구소 대표로 강의, 저술, 비평 그리고 문화재청, 국가 브랜드 웹진 등 각종 매체에 미술 관련 글을 기고하고 있으며, 충청남도 미술품 심의위원으로 활동하고 있습니다.

이 책은 대전지역의 인문·예술에 대한 저변 확대를 목적으로 다양한 분야의 전문가들이 모여 결성한 '대전인문예술포럼'(이하 '대인포럼')의 첫 결과물입니다. 그간 대인포럼에 참여하시면서 느끼신 좋았던 점과 아쉬웠던 점을 한 가지씩 말씀해 주시면 감사하겠습니다.

대인포럼을 통해 다양한 전공자와 교유하고 토론하면서 학문적 관심사와 연구의 간극을 넓힌 것은 개인적으로 큰 행운이라 여기고 있습니다. 다만 역으로 전공이 달라 구체적이고 깊은 내용의 주제 토론이 어려운 점과 인문학의 다양성에 균형을 맞춘 포용은 조금 아쉬운 부분으로, 대인포럼이 지속적으로 고민해야 할 문제로 생각합니다.

인문학과 예술이라는 주제로 대인포럼에 참여하시면서 기대하셨던, 혹은 생각하셨던 인문학과 예술에 대한 가치가 있으셨을 텐데요, 선생님이 생각하시는 인문·예술의 성격과 정신, 그리고 앞으로의 비전이 무엇인지 여쭤봐도 될까요?

인문학과 예술은 인간을 탐구하는 학문이자 문화 양식입니다. 특히 예술은 인문학이라는 자양분을 필요로 하죠. 이를테면 서양화를 읽기 위해서는 그리스 신화와 서양사를 알아야 하고, 동양화를 읽기 위해서는 동양철학과 동양사를 살펴야 합니다. 이렇듯 예술을 연구하는 미술사는 인문학적인 사유나 지식을 기반으로 개별 작가의 작업과 특정 시대의 예술 흐름을 분석하거나, 새로운 예술 화두를 제시하는 학문입니다. 인문학과 예술은 같은 것을 바라보는 동지인 셈이죠. 인문학과 예술이 자기 영역에 치우쳐 현학적이고 형식적인 오류에 빠지지 않기 위해서는 상호 보완의 조우가 반드시 필요합니다. 물론 이러한 학문적 융합은 연구자 각자의 다각적인 고민이 뒷받침되어야 긍정적 의미의 비전도 있는 것으로, 이 쉽고도 어려운 문제는 앞으로 우리가 함께 풀어야 할 과제일 것입니다.

네, 잘 알겠습니다. 그럼 본격적으로 선생님이 책에 쓰신 내용에 대해 여쭈어보도록 하겠습니다. 먼저, 선생님이 글에서 강조하고 싶으신 부분을 다시 한번 간략하게 설명해 주시고, 왜 그 주제가 중요한지 말씀해 주시면 감사하겠습니다.

조선 후기 성행한 신선도는 다른 명칭으로는 도석인물화, 내용은 인간의 소망과 욕망을 담은 그림을 말합니다. 조선인에게 신선도는 액운을 막고 경사를 바라는 부적 같은 역할을 했습니다. 인간이 정신적 육체적 한계를 느낄 때 종교에 의지하듯이, 임진왜란 이후 조선인들은 신선도를 통해 전쟁의 피폐와 아픔을 이겨냈습니다. 사실 신선도는 미술사적 입장에서는 도상의 획일화, 주제의 편협성 등으로 인해 연구가 심층적으로 이루어지고 있지 않은 분야입니다. 저는 이 글에서 김홍도의 신선도를 중심으로 화풍의 변화와 상징을 다뤘지만, 앞으로 중국과 일본의 동아시아 비교 연구를 통해 연계성과 구별점을 종교, 정치, 경제와 연결한다면 학문적 담론이 풍부해질 것으로 기대하고 있습니다. 그리고 논외이지만 신선도는 코로나19를 겪는 현시대의 치유 차원에도 상응되는 그림으로, 500여 년 전 유행한 신선도의 물리적 시간을 무색하게 하는 대중적 힘이 있는 그림이기도 합니다.

송미숙

한국 근대 채색화가 김은호와 채색화 그룹 후소회에 관한 논문을 발표하며 〈이당 김
은호의 회화세계 연구〉로 명지대에서 박사학위를 받았다. 주요 연구 분야는 한국 근대
회화와 조선 말기 채색화로 근래에는 지역 미술 아카이브 연구에 주력하고 있다. 저서
로는《윤두서, 사실적인 묘사로 영혼까지 그린 화가》(다림, 2020),《김홍도, 조선의 숨
결을 그린 화가》(다림, 2020),《장승업, 그림에 담은 자유와 풍류》(다림, 2019),《청소
년을 위한 우리 미술 블로그》(아트북스, 2018),《도기자기 우리도자기》(대교, 2007) 등
이 있다. 현재 세종미술연구소 대표로 강의, 저술, 비평 등 다양한 미술 분야에서 활동
하고 있다.

현대 채색화의 공간 표현 속 동시대적 의미

허나영

1. 들어가는 글

전 세계는 서로 긴밀하게 연결되어 있다. 과학이나 각종 인문학 논의를 굳이 끌어오지 않더라도, 코로나 팬데믹, BTS, 후쿠시마 원전 문제 등 세계가 하나라는 것은 피부로 느낄 수 있다. 이러한 시대에 최근 한국 미술계에서 다시 주목받기 시작한 한국 채색화는 한국과 세계 속에서 어떠한 의미가 있을 수 있을까. 단순히 새롭게 조명된 전통 한국화의 한 장르 정도로만 의미가 있다고 볼 수도 있을 것이다. 하지만 한국 현대 채색화는 그저 전통의 계승이 아닌 동시대의 미술로서 함께할 수 있으며 그럴 만한 가치를 가질 수 있음을 살펴보고자 한다.

21세기에 들어서면서, 미술 현장에서는 이전과 다른 새로운 경향을 지칭하는 용어가 필요했다. 이전 세기에 중심이 되었던 모더니즘 Modernism 논의와는 미술계가 확연히 달라졌기 때문이다. 미국의 비평가 클레멘트 그린버그Clement Greenberg를 비롯한 형식주의 비평가들은 평면성을 회화의 장르적 특성으로 강조하고, 이를 드러내는 추상 회화를 아방가르드Avant-Garde 정신이 드러나는 예술로 평가하였다. 그리고 철학적 메시지를 담거나 문학적 수사 등 타 장르의 특성을 드러내는 예술에 대한 가치를 폄하하고, 특히 대중에게 익숙한 이미지를 활용하는 예술을 '키치Kitsch'라 평가 절하했다.[1] 그린버그는 이러한 모더니즘 회화의 시작을 인상주의 화가 마네Eduard Manet로 보았고, 입체주의 작가 파블로 피카소Pablo Picasso를 거쳐 잭슨 폴록Jackson Pollock으로 대표되는 추상표현주의에서 모더니즘 회화가 완성되었다고 보았다. 이를 통해 미술계는 미국과 유럽의 추상 회화라는 주류와 그렇지 않은 비주류로 나누어지게 되었다.

미술에 있어서 모더니즘이 언제 등장했는지, 모더니티의 범주를 어디까지 보는지는 이론가마다 조금씩 다른 지점을 가지고 있다. 하지만 모더니즘은 서구 문화 그리고 백인 남성 중심적이라는 비판을 받는다. 모더니즘 예술에서 여성과 제3의 성 그리고 타 인종과 아시아와 아프리카의 문화 등은 철저히 타자로서 소외되었기 때문이다. 또한 매체를 기준으로 한 장르 구분을 통해 '예술 지상주의L'art pour l'art'를 지향함으로써, 다른 예술과의 교류나 역사·사회적인 배경, 나아가 예술가 자신도 예술 작품에서 배제되었다.

비록 순수예술을 지향한 모더니즘이 세계 미술의 중심으로 급부상하였지만, 이러한 억압을 극복하고자 하는 움직임 역시 있었다.

---

1   Greenberg(2000).

이와 같이 모더니즘의 반대급부로 형성된 예술을 포스트모더니즘 Post-Modernism으로 일컬어 왔다.[2] 하지만 그 명칭부터가 모더니즘을 기반으로 한 것이기에,[3] 포스트모더니즘 역시 새로운 세기가 시작된 현재는 새로운 명칭으로의 대체가 요구되어 왔다. 즉 해체주의 철학에 영향을 받아 순수예술에 대한 견고한 구조를 쌓았던 모더니즘에 대한 반동의 미술을 포스트모더니즘으로 일컬어 왔지만, 이 역시 모더니즘과 같이 서구 중심으로 바라보는 세계화라는 관점에서 크게 벗어나지 못했으며, 예술의 아방가르드적 흐름만을 주목한다는 점에서 넓게 보면 여전히 모더니티를 가지고 있었다. 이에 새로운 시대의 미술을 '동시대 미술Contemporary art'이라 일컫게 된다.

'동시대 미술'의 기본적 의미는 공간을 초월하여 같은 시대를 공유하고 있는 미술이다. 이는 과거 모더니즘에서 미술계를 이끌어 가는 아방가르드적 미술의 특성을 설정하고 이를 따르는 것과 달리, 시대성을 함께 공유하는 다양한 지역과 문화의 예술을 아우르는 것이다.[4] 이러한 동시대 미술의 특성 중 주목할 점은 다중성, 혼종, 비주류에 대한 관점 전환이다. 다시 말해 중심이 되는 하나의 특성을

---

2   포스트모더니즘의 등장과 현상은 크레이그 오웬스Crag Owens, 리오타르Jean-Francois. Lyotard 등을 통해 논의가 이루어졌으며, 한국에서는 1980년대 말부터 1990년대에 활발히 논의되었다. Lyotard(1979); 오웬스(1999); 고충환(2001), pp.246~259 참조.

3   포스트모더니즘의 'Post'의 의미를 '이후'로 볼 경우 모더니즘 정신을 계승하는 것이 되며 '반대'로 볼 경우 모더니즘에 대항하는 경향으로 해석된다. 박천남(2006) 참조.

4   2000년대에 들어서면서 이전에 포스트모더니즘으로 일컬어지던 논의 대부분을 동시대 미술로 편입하였다. 대표적으로 테리 스미스Terry Smith와 피터 오스본Peter Osborn 등이 있다. 이들은 포스트모던 아트는 일종의 징후일 뿐 구체적인 양식 개념이 드러나지 않는다고 보았다. 그러한 점에서 대체할 용어로 동시대 미술을 제시하였다. 김기수(2017), pp.54~55 참조.

향해 그 외의 것들이 따르는 것이 아니라, 다양한 문화와 여러 장르가 각자의 개별성singularity을 인정하고 이해하며 함께하는 것이다. 이러한 결합 방식은 모두가 하나의 용광로 속에서 녹는 것이 아니라, 각자의 개성에서 드러나는 이질성을 서로 포용하는 것이다.[5] 이 속에서 서로의 특이성을 인정하고 공유하며 함께 소통하는 미술은 모두 개별 가치를 얻게 된다. 이러한 관점에서 오늘날 우리의 미술의 한국적 특성을 찾을 필요성이 제기된다.

이 글은 이미 새로운 시기로 접어든 현대 미술의 흐름에서 한국적 특성을 어떻게 도출해 볼 수 있을지를 한국 채색화를 중심으로 살펴보고자 한다. 한국 채색화는 수묵화와 함께 한국화의 범주에 들어간다.[6] 채색화는 역사 속에서 고구려 고분벽화나 신라의 〈천마도〉까지 거슬러 올라갈 수 있고, 고려의 탱화나 조선 시대 궁중장식화, 민화와 같이 오랜 전통을 가지고 있다. 그렇지만 근현대 미술사에 있어 한국 채색화는 수묵을 중심으로 한국화의 흐름을 세우려는 분위기 속에서 전통의 맥을 잃었으며, 한국 미술계에서 큰 역할을 하지 못했다. 1980년대부터서야 한국적인 문화를 찾고자 하는 사회적 분위기에 맞추어 채색화를 새롭게 주목하기 시작하였고, 최근 민화 열풍과 함께 한국 채색화를 작업하는 현대 작가의 수가 늘어나며 그 층위 또한 다양해졌다.

이 시점에서 한국 현대 채색화가 가지는 위치와 그 특성을 진단

---

5   이숙경(2013) 참조.

6   채색화彩色畵란 색이 있는 그림이라는 말로 실상 넓은 의미에서 '그림'을 의미한다. 하지만 동북아시아에서는 그간 수묵화水墨畵의 위상이 컸기 때문에, 이외의 색채가 들어간 회화를 채색화라 부른다. 최열(2001), p.8 참조.

할 필요가 제기된다. 각 문화와 예술의 개별성에 가치를 두고 이질적인 혼종의 성격을 지닌 동시대 미술로서 한국 현대 채색화가 가지는 의미를 아래서 고찰해 보고자 한다. 그리고 한국 현대 채색화의 다층적인 특성 중에서 특히 평면의 화면 속에 구현되는 공간 표현을 주목하여, 그 속에서 내재한 한국적 특성과 이를 기반으로 한 동시대 미술로서의 가능성을 살펴보고자 한다. 이를 위해 먼저 한국 현대 미술에서 드러나는 한국적 특성에 대한 의미가 시대에 따라 어떻게 변해 왔으며, 동시대 미술 속에서는 이를 어떻게 해석할 수 있을지 생각해 볼 것이다.

2. 한국 현대 미술에서 드러나는 한국적 특성

한국 현대 미술의 한국적 특성을 정의 내리는 것은 쉬운 일이 아니다. 그 범위와 대상을 하나로 묶기가 쉽지 않기 때문이다. 지역적으로 대한민국만을 논의하자면 해외에서 활동 중인 작가들이 지닌 한국적 특성은 설명하기 어려우며, 한국인을 중심으로 한다면 한국적인 소재나 정신을 작품에 반영하는 외국인의 작업은 한국적이지 않다는 것인지 등도 역시 문제이다. 그리고 '한국적인 정신'이라는 추상적 개념으로만 묶고자 한다면, 과연 이러한 정신이 어떻게 한국 미술에서 구체적으로 표현되느냐에 대한 문제가 다시 남는다. 그래서 이 글에서는 '한국성'을 정의하기보다는, 시대의 흐름 속에서 각 사회가 이루었던 한국적인 특성에 대한 합의에 대해 알아보면서 우리가 현재 생각하는 한국적인 것은 무엇인지를 생각해 보고자 한다.

한국의 현대 미술은 1900년대 처음 서양화가 도입되고 일제에 의하여 새로운 동양화 개념이 형성되면서 시작되었다. 그 후 100여 년의 시간 동안 한국성은 그 역사적 흐름과 함께 결을 달리해 왔다. 조선의 땅과 백성의 삶을 그림으로 표현하고자 하는 근대적 정체성의 발현은 서구식 근대화가 이루어지기 이전인 조선 후기에 시작되었다.[7] 그 대표적인 예로 들 수 있는 것은 우리의 금강산을 그린 겸재 정선과 백성의 삶을 그려 낸 단원 김홍도의 예술이다. 그러나 일제 강점기를 맞으면서 모든 사회 전반에서 서구식 근대화가 일어났고, 우리의 서화書畵 역시 큰 변혁을 맞았다. 서예와 그림을 별개의 장르로 구분하고 동도서기東道西器 개념을 바탕으로 새로운 동양화를 배우는 교육 기관인 경성서화미술원[8]이 설립되었다. 무엇보다 도화서가 폐지되고 전문 예술인의 개념이 형성되면서, 화가로서 직업을 얻기 위해서는 일본 총독부 주관의 조선미술전람회朝鮮美術展覽會(이하 '선전')에 입선해야 했다.

선전은 일제의 지배 이념을 간접적으로 드러내는 데 효과적인 수단이었다. 특히 '향토색鄕土色'이 드러나는 작품들을 높이 평가했는데, 이는 조선을 이국적이고 순수한 곳이라는 이상으로 포장하면서 그 이면에는 비문명화되고 쇠락한 곳이라는 왜곡된 제국주의적 시

---

7 이태호(1999), pp.12~36 참조.

8 1911년 문인화가 윤영기가 세운 경성서화미술원은 당대 대가인 안중식, 조석진, 김응원 등을 교수로 초빙한 강습소로, 당시 상류층 서화 애호가들의 모임이자 이왕가와 함께 이완용이 회장으로 있었던 서화미술회의 후원 아래 운영되었다. 경성서화미술원 출신인 김은호, 이상범, 노수현 등은 이후 한국 근대 동양 화단에서 큰 역할을 하였다. 오광수(2000), pp.32~33; 홍선표(2010), pp.106~115 참조.

각을 간접적으로 드러낸다.[9] 또한 선전에서 '서양화'와 함께 '동양
화'부를 개설함으로써 중국의 영향에서 독립되고 서양화와 대칭되
는 새로운 미술 개념을 형성하고자 하였다. 일제의 근대식 교육을
통하여 '미술美術'이라 함은 서양화를 의미하는 것이 되었고, 서양
화가뿐 아니라 동양 화가 역시 서양화의 관점을 본받아 '순수예술'
을 지향하게 되었다. 이 과정에서 조선의 미술인들은 중국 기원의
서화를 타자화하고, 세계 근대 문명의 보편주의를 우리의 미술에 내
면화한 '민족 회화'라는 개념을 형성하였다.[10]

이렇듯 일제에 의한 근대화를 통해 우리의 미술을 동양의 미술로
보던 관점은 해방 이후에도 지속되었다. 다만 일본의 흔적을 삭제한
새로운 민족 미술을 정립하고자 하였다. 이에 1970년대에 미술 이
론가이자 화가인 청강 김영기는 '한국화'라는 명칭을 제안했다. 중
국의 '국화國畵'와 일본의 '일본화'처럼 민족의 독자적 주체성을 표
시하는 '한국화'라는 명칭을 사용하자고 제안한 것이다.[11] 동양화라
는 명칭이 일제의 잔재로 여겨지며 '민족중흥'과 '자주독립'을 강조
하던 1970년대의 사회 분위기 속에서 이는 파급력을 가졌다. 사실
현재까지도 동양화와 한국화라는 명칭은 혼용하여 사용되고 있지
만, 한국만의 회화를 명칭에서부터 설정하려는 것은 곧 한국적 특성

---

9   일본의 제국주의적 관점인 향토색이 드러나는 대표적 작품으로는 김기창의 〈가을〉
    (1934), 이인성의 〈가을, 어느날〉(1934)과 〈경주산곡에서〉(1935), 윤효중의 〈현명〉(1942)
    등으로, 당시 선전을 통해 유명해진 작가들의 작품이다. 홍선표(2009), pp.215~232; 조은
    정(2001), pp.27~73 참조.
10   김경연(2019), pp.39-48 참조.
11   김경연(2019) 참조.

을 가진 그림을 구분하려는 시도였다고 할 수 있다. 이일(1997)에 따르면 이 시기부터 "현대미술에 관한 한 '한국'이라는 머리글이 강조"되었고,[12] 한국 미술의 과제가 현대화에서 한국성의 구축으로 옮겨 가기 시작했다. 그래서 이 당시 한국 화단에서 주류를 이루었던 한국의 단색화에 요청된 것은 '본질적으로 동양적인 발상'이었다. 당시 한국 미술계는 한국적인 것을 동양적인 것으로 보고 있었음을 알 수 있다.[13] 하지만 여기서 말하는 '동양적인 것'이란 서양의 관점에서 본 '오리엔탈리즘Orientalism'적 시각을 기반으로 한 것이다. 즉 서양의 입장에서 타자화한 동양성을 한국 작가들은 스스로 내면화한 것이다. 이러한 맥락에서, 한국 미술이 세계의 보편적 미술에 편승하기 위해서는 서구의 관점에서 이국적인 동양성을 담아내야 한다고 여겼다. 이에 강조된 것이 무위자연無爲自然이나 문인의 정신 등 동양적 관념이었다. 그리고 수묵이야말로 동양의 정신을 드러낸다는 입장으로서 한국 화단에 수묵화 운동이 일어나기도 하였다.[14] 이 운동을 함께한 작가들은 서양의 추상표현주의가 유화 물감이나 페인트로 정신세계를 표현하듯, 동양에서 사용하는 먹과 한지의 물성을 통하여 보편적 정신세계를 표현하고자 하였다.

이렇듯 순수하고 보편적인 미술을 지향했던 단색화 회화와 수묵화 운동은 한국 미술계에 큰 영향을 미쳤다. 하지만 한편으로는 반대급부로서 형상을 등장시키거나 사회적 메시지를 드러내고자 하

---

12 이일(1977), p.200; 김경연(2019), p.34 재인용.

13 김경연(2019), p.34~35.

14 1960년대 서세옥, 민경갑 등을 중심으로 한 묵림회가 있었으며, 1980년대에는 송석창, 오창석, 김호석 작가 등에 의한 수묵화 운동이 있었다. 오광수(2007), pp.227~232 참조.

는 민중 미술이 형성되었으며, 한국화에서는 채색화가 다시 주목받기 시작하였다. 주로 1980년대부터 이루어진 이러한 분위기는 1990년대 들어 폭발적으로 다양한 문화와 예술이 형성되면서 또 다른 국면을 맞게 된다.

당시 1988년 서울올림픽이 한국에서 개최되었고, 1989년에는 베를린 장벽이 붕괴하였으며, 1991년에는 소비에트 연방이 해체되었다. 현재까지도 분단국가인 우리에게 이러한 연쇄적인 변화의 바람은 큰 영향을 미쳤으며, 비단 우리뿐 아니라 세계 질서가 변화하는 계기가 되었다. 정치적 이데올로기에 의한 냉전 체제가 아닌, 경제력을 바탕으로 한 신자유주의가 전 세계의 기본 질서로 자리 잡았다.[15] 이에 테리 스미스Terry Smith를 비롯한 미술 이론가들은 1989년 이후의 미술을 동시대 미술로 보고 있다.[16]

이 시기 이후 한국 미술 역시 국제적인 미술 현장과 연결되는 길이 확대되었고, 1995년에는 광주비엔날레를 열면서 한국 미술과 세계 미술 간의 연결이 더욱 원활해졌다. 그리고 한국이라는 로컬local과 세계Global와의 관계를 어떻게 설정하는 것이 좋을지에 대한 담론이 한국 미술계 내에서도 활발히 이루어졌다.[17] 이러한 분위기는 비단 한국뿐 아니라 세계 곳곳에서 일어났으며, 서구 주류 시스템에서 벗어난 대안으로서 작용하고 있다.

실상 모더니즘적 관점의 미술계에서는 서구 미술이 이루어 낸 아

---

15 이숙경(2013), p.26.
16 김기수(2017) 참조.
17 박천남(2006) 참조.

방가르드나 원본성originality 등의 개념과 함께 비서구 미술은 이를 항구적으로 뒤늦게 따라갈 수밖에 없다는 인식이 기반에 자리하고 있었다.[18] 한국에서도 1960년대 앵포르멜과 1970년대 단색화, 1980년대와 2000년대 극사실 회화까지 서구 미술에 얼마만큼 영향을 받았는지, 혹은 차별성을 가지는지에 대한 논의가 계속되었다. 또한 한국 미술계에는 서구의 모더니즘이 아직 발현되지 않았기에, 아직은 세계 미술계에 편승할 수 없다는 주장도 있었다. 서구 미술을 보편 미술로 보고, 서구에서 바라보는 동양적인 것을 한국 미술로 내재화하여 세계에서 평가받고자 하였다. 하지만 세계 각국에서 이루어진 비엔날레에서는 각 지역의 로컬 문제나 예술가 개인의 시각을 예술을 통해 선보이며, 이러한 다층적인 이야기가 모두 같은 가치로서 논의되고 공론화되었다. 그런 점에서 한국 미술의 '한국성' 역시 국가나 민족성 등을 기반으로 한 민족-국가nation-state의 패러다임이 아닌, 동시대에 각 지역에서 이루어지는 다양한 사건과 이야기를 다루는 시간 특정적time-specific 예술의 관점에서 살펴보아야 할 것이다.[19]

이러한 분위기 속에서 동시대 미술이 지닌 동시대성contemporaneity은 한국적인 것과 현대적인 것의 혼종으로부터 이루어진다. 그리고 여기서 말하는 한국적인 것은 민족성을 의미하는 것이라기보다는, 모더니즘에서 말하는 독창성creativity과 원본성에 대비되는 '특이성'의 관점이다. 다시 말해 한국 작가들이 지닌 독특한 문화적 전통 혹은 맥락을 한국적인 특성으로 보고, 그것이 현대의 가치와 결합하여

---

18   이숙경(2013), p.77.

19   김복기(2013). p.204 참조.

나타나는 혼종성hybridity을 가질 수 있다는 관점에서 보는 것이다.[20] 한국 현대 채색화는 동시대성을 가지고 있으며, 현대 미술의 범주로 자리매김할 수 있고, 새로운 비평적 담론 역시 형성할 수 있다고 생각한다.

예술의 개별성을 인정할 수 있는 만큼, 각 장르 그리고 작품과 작가에 따라 드러나는 한국적 특성은 다를 것이다. 그러한 점에서 본 글에서는 한국 현대 채색화에서 드러나는 공간 표현의 특이점에 주목하고, 그 공간 표현과 한국의 전통적 표현 사이의 연관성을 밝히고자 한다. 그리고 이를 통해 한국 현대 채색화가 동시대 미술로서 위치를 지킬 수 있음을 논해 보고자 한다.

3. 한국 현대 채색화의 공간 표현이 지닌 특성 및 전통과의 유사성

한국 현대 채색화는 전통 채색화의 방식을 그대로 계승하거나 현대적으로 재해석하여 변용한 것을 의미한다. 그래서 유화나 수채화 등 서구에서 유입된 매체를 기반으로 한 작품과 다르게, 한국 현대 채색화는 한국적 예술 전통을 기반으로 한다. 전통 채색화는 수묵화 혹은 수묵담채화와는 색채의 사용에서 차이를 가지는 것으로, 민화, 궁중장식화, 기명절지화나 인물화 등 채색이 중심이 되는 회화를 말한다. 수묵화와 다르게 채색화는 주로 장식적 목적이나 민간의 바

---

20 이숙경(2013), p.79.

람을 담은 상징적 의미를 지닌 소재를 활용했다. 이 중 최근 몇 년간 민화가 다시 주목받으면서 조선 후기 민화의 소재나 형식 등을 차용하거나 변형하기도 하고, 궁중장식화인 〈일월오악도〉, 궁중과 민가에서 즐긴 〈책가도〉 등의 그림을 반영한 작품이 등장하기도 하였다. 또한 소재는 현대화하면서도 한국 전통 채색화의 기법을 계승 혹은 부분적으로 활용한 작품도 늘어나고 있다. 그러나 과거의 것을 그대로 모사하거나 수동적으로 받아들이기만 한다면 그것은 전통의 계승과 다르지 않을 것이다. 이에 현대 작가들은 보다 적극적으로 지금의 시각에서 전통 채색화를 받아들이고 변용하고 있다.[21]

전통 채색화를 현대적으로 변용하는 방식은 작가나 작품마다 다양하게 이루어진다. 전통 회화에서 보이는 상징적 기물이나 형상을 차용하거나, 오방색과 같은 색 혹은 반복되는 줄무늬나 사물을 묘사하는 형식 등을 따와서 작품에 반영하기도 한다. 전통 채색화의 스펙트럼이 다양한 만큼 현대적 변용 방식 역시 단순화하기 힘들다. 그중 본 글에서는 '공간 표현' 방식에 주목해 보고자 한다.

이질적인 사물들을 회화 공간에서 결합하여 표현하는 한국 현대 채색화가 많다. 이러한 결합 방식은 일상적이거나 합리적 설명이 가능하지 않다. 그래서 현실적이지 않은 공간, 즉 '초현실적인 화면'이 구성된다. 이를 20세기 중반 프랑스에서 시작하여 형성된 초현실주의Surréalisme의 영향으로 설명하기도 한다.[22] 실제 서양화에서는 유럽

---

21 허나영(2019), pp.11~34 참조.
22 오세권(2012) 참조.

그림 5-1. 곽수연, 〈십이지신과 색동 산수〉, 장지에 채색, 130.3×162.2cm, 2016

그림 5-2. 안성민, 〈안이 바깥보다 넓다〉, 한지에 채색, 175×129cm, 2018

의 초현실주의에 영향을 받은 작가들이 있었다.[23] 하지만 한국 현대 채색화에서 평면 위 공간이 결합하는 방식은 초현실주의 회화에서 보이는 방식과 상이한 특성을 지니고 있다. 오히려 그 연원은 한국 전통 채색화에서 찾을 수 있을 것이다.

가령 청록산수화에서 보이는 방식으로 하얀 구름을 형상들 사이에 배치하여 설명되지 않는 연결 부분을 생략하기도 한다(〈그림 5-1〉 참조). 또한 산수화에서 보이는 다시점多視點 방식을 적용하기도 하고, 고구려 고분벽화에서부터 등장하는 역원근법逆遠近法을 적극적으로 활용하기도 한다(〈그림 5-2〉 참조). 이렇듯 한국 현대 채색화 속 공간은 전통에서 영향을 받은 것으로 보이지만, 결론을 내리기에 앞서 서양의 초현실주의적 공간과 어떤 차이가 있는지, 그리

---

23 박혜성(2020) 참조.

고 전통 채색화 속 공간과는 어떠한 유사점을 지니고 있는지 직접
비교해 보자.

3.1. 초현실주의 회화와의 비교

초현실주의 회화는 세계대전 시기 프랑스에서 시작되었다. 이는
기존 예술에 있어서 기대되는 원칙이나 방식들을 과감히 해체하고
자 한 다다이즘Dadaism의 영향을 기반으로 형성되었다. 특히 시인이
자 평론가인 앙드레 브르통André Breton이 프로이드Sigmund Freud의 영
향을 받아 무의식inconscient이 드러나는 예술적 표현을 강조하면서,
이를 위한 다양한 시각예술 기법이 형성되었다. 그래서 예술가들은
무의식에 따른 오토마티즘automatism에 따라 새로운 예술 세계를 구
현했다. 이 과정에서 시각예술에서는 다양한 기법들이 등장했고, 그
중 회화에 있어서 화면을 구성하는 방식으로서 서로 다른 맥락에 있
는 일상의 사물들을 조합하는 아상블라주assemblage와 탈맥락화된 사
물들이 서로 이질적인 방식으로 결합하는 데페이즈망dépaysement이
있다.[24] 이를 통해 결과적으로 현실을 넘어선 '초현실적 공간'이 형
성된다.

그런데 초현실주의 회화 속 공간은 분명 현실에서는 존재하지 않

---

24 앙드레 브르통은 초현실주의 미술을 대표하는 작품으로 미로Joan Miro와 에른스트Max
Ernst의 작품을 꼽았다. 이처럼 브르통은 미로로 대표되는 추상적인 회화와 에른스트로
대표되는 구상적인 회화를 모두 초현실주의로 보았다. 그중 후자의 경우 삼차원적 공간
속에 고전적인 방식으로 사물을 묘사하여 배치하였다는 점에서 아상블라주와 데페이즈
망 기법이 잘 드러난다. 관련한 작가로는 살바도르 달리Salvador Dalí, 데 키리코Giorgio de
Chirico, 마그리트René Magritte 등이 있다. Breton(2002); 박혜성(2020) 참조.

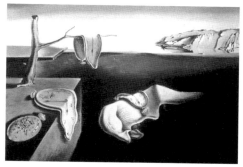

그림 5-3. 살바도르 달리, 〈기억의 지속〉, 캔버스에
유채, 24×33cm, 1931, MoMA

그림 5-4. 데 키리코, 〈듀
오〉, 캔버스에 유채, 81.9×59
cm, 1914~15, MoMA

는다. 달리Salvador Dali의 〈기억의 지속〉(〈그림 5-3〉)에서처럼 멀리 호
수가 있는 황량한 사막 가운데 탁자가 있고 그 위에 녹아내리는 시
계가 있는 모습은 합리적 설명이 불가능하다. 또한 데 키리코Giorgio
de Chirico가 표현하고 있는 공간(〈그림 5-4〉) 역시 인간의 형상인 듯
하나 기계의 부품 혹은 인형과도 같이 보이는 두 형상이 멀리 분홍
색 성이 보이는 풍경 속에 위치한 모습 역시 낯선 감정을 불러일으
킨다. 이렇듯 초현실주의 회화는 작가가 자의적으로 형상을 이질적
으로 배치하여 합리적인 설명이 불가능하다.

　데페이즈망과 아상블라주 방식은 한국 현대 채색화에서도 드러
난다.[25] 곽수연은 십이지신十二支神의 동물들을 색동 무늬의 산과 전
통적인 줄무늬 파도로 표현된 물이 있는 공간에 같이 배치한다(〈그
림 5-1〉 참조). 십이지신 동물의 경우 호랑이는 전통 민화에서 본

25　오세권(2012) 참조.

듯한 모습인 반면, 개는 현대의 반려동물 중 하나인 불도그의 모습
이다. 이렇듯 각 요소는 서로 함께 있는 것을 합리적으로 설명하기
힘들다. 또한 안성민의 작품(〈그림 5-2〉) 역시 하단에는 전통적인
물의 표현이 되어 있고, 그 위쪽에는 역원근법으로 표현된 서가에 이
금산수泥金山水가 표현된 모습이다. 작가의 자의적인 선택과 비합리
적인 조합이라는 점에서, 유럽 초현실주의에서 보이는 데페이즈망
과 아상블라주로 설명할 수 있을 것이다. 그러나 결과적으로 구성된
화면의 공간 표현은 상이하다.

초현실주의 회화 속 공간은 하나의 소실점消失點을 향한 선원근
법을 중심으로 하고 있다. 르네상스 시기 완성된 선원근법은 수학을
기반으로 한 합리적인 공간 표현 방식으로, 비록 회화 화면 속 형상
들의 선택과 배치는 비합리적이라 할지라도 이들이 놓인 공간은 논
리적 설명이 가능하다. 하지만 한국 현대 채색화 속 공간은 이러한
선원근법으로는 설명이 불가능하다. 전통 산수화의 공간 구성 원리
인 삼원법三遠法이나 다시점을 표현하기 위해 구름(〈그림 5-1〉)이나
여백을 활용하거나, 더 많은 기물이나 상징물을 표현하기 위한 역원
근법(〈그림 5-2〉)을 사용하는 등, 다양한 방식으로 화면을 구성하고
있다. 현대 회화인 만큼 작가들이 선원근법을 활용하지 못해서가 아
니라, 의도적으로 합리적 공간 표현 대신 전통에서 빌려 온 방식으
로 화면을 구성하고 있다고 볼 수 있다. 그렇다면 이들은 실제 전통
채색화와는 어떠한 점에서 유사하거나 혹은 다른지를 비교해 보자.

3.2. 전통 채색화와의 연관성

전통 채색화의 범주는 상당히 넓다. 소재의 면에서 청록산수에서
부터 초충도草蟲圖까지 다양하며, 이를 향유하고 소비한 계층에 따라
궁중장식화에서 민화까지 그 폭도 넓다. 그러한 만큼 쓰임과 표현하
고자 하는 바에 따라 공간의 구성 방식 역시 다양하다. 청록산수화
의 경우 수묵산수화와 같이 고원高遠, 심원深遠, 평원平遠의 삼원법이
한 화면에 구현된다. 그리고 궁중장식화 중 책가도의 경우 서양식
원근법과 음영법을 통해 공간을 구성했지만,[26] 민화에서는 역원근법
과 다시점을 기본으로 하고 있다(〈그림 5-5〉, 〈그림 5-6〉 참조).

역원근법의 경우 고구려 고분벽화에서부터 드러나는 방식으로
조선 왕실 의궤에도 나타날 만큼 방대하게 사용된 방식이다. 이는
서양식 원근법이 나타내는 환영적 공간이 아닌, 의궤에 담기는 다양
한 정보뿐 아니라 화가가 화폭에 담고자 하는 것들을 보다 용이하게
표현할 수 있는 방식이다. 특히 사대부나 민간에서 소비된 책가도는

그림 5-5. 저자 미상, 〈책가도 6폭병풍〉, 지본채색, 각 69.3×35.4cm, 19세기, 일본 고려미술관

---

26   조선 말기로 가면서 청을 통해 서양식 화법이 들어오자, 궁중이나 사대부가에서 소비한
　　 책가도는 서양식 원근법을 사용하기도 하였다. 한세현(2018) 참조.

그림 5-6. 저자 미상, 〈책거리 문자도〉, 지본채색, 41×117cm, 연도 미상, 홍익대학교박물관

책이 꽂힌 선반인 책가에 책과 기물이 놓여 있는 특성상 여러 구역으로 나누어져 있는데, 구역별로 다른 원근법과 시점이 드러나는 다시점이 두드러진다. 또한 문자나 산수, 동물 등 전혀 상관없는 것들이 함께 표현되어 있을 때도 있다(〈그림 5-6〉 참조).

전통 회화의 화면 구성 방식은 현실 세계에 대한 객관적인 묘사를 위해서라기보다는 그림을 통하여 또 다른 상징 세계를 제시하거나 이야기, 즉 서사를 보여 주고자 함이다. 이는 아름다운 풍경이나 인물의 사실적 재현representation을 하고자 환영illusion의 방식을 제시한 서양의 미술[27]과 달리 한국의 회화는 '소상팔경瀟湘八景'과 같은 이상적인 산수를 표현하거나, 겸재 정선이 〈금강산도金剛山圖〉에서[28] 금강산의 정기를 보이고자 한 것처럼 실재하는 경치를 표현함에서도 그 정신적인 면을 함께 담아내고자 그 형태나 구성의 왜곡에 개의치 않았다. 오히려 실제의 모습을 그대로 답습만 하는 것을 속된 그림으로 보았다.[29] 현대 채색화 역시 전통 회화에서 보이는 여백을 활용한 삼원법, 역원근법, 다시점 등의 화면 구성 방식을 적극적

---

27 곰브리치(2003) 참조.

28 이태호(1999), pp.42~106, 136~202 참조.

29 유홍준(1998), pp.239~252 참조.

으로 활용하고 있다. 하지만 전통 채색화가 작품의 향유자가 원하는 특정한 메시지를 표현하거나 작품의 사용 목적에 따라 다양한 구성 방식을 취하였다면, 현대 채색화의 이러한 공간 표현은 현시대에서 또 다른 의미를 지닐 것이다.

3.3. 한국 현대 채색화 속 공간 표현의 의미

현대 채색화 속 공간 표현은 다시 말해 서양식 합리적 원근법에 기반하지 않으며, 대상을 객관적으로 탐구하려 한 입체주의적 시각을 취하지도 않는다. 그보다는 전통 채색화에서 보이는 다양한 공간 표현 방식을 사용하고 있다. 과거 서구 중심적 사고에서는 이러한 공간 배치를 과학적 원근법을 알지 못한 덜 발달된 결과 혹은 덜 성숙한 미술의 결과로 평가 절하할 수도 있었을 것이다. 그렇지만 조선에도 깊은 영향을 준 중국화가 곽희郭熙가 삼원법을 통해 그림을 그릴 때의 계절, 시간, 분위기 등을 마치 경험한 것처럼 그려야 한다고 한 화론에서처럼,[30] 동양의 회화는 사실을 그대로 모사하는 것이 아니라 그 너머의 것을 함께 표현해야 한다. 이렇듯 보이는 것 이상을 그리기 위하여 작가가 자의적으로 공간을 배치하는 것은 자연스러운 일이었다. 그래서 그림에 담긴 형상들의 관계가 회화 공간 속에서 사실적으로 설명될 필요가 없었다. 단지 그림 속의 메시지를 분명

---

30 곽희는 북송대의 화원화가로 그의 이론을 아들 곽사가 편집한 《임천고치林泉高致》는 널리 읽혔다. 또한 곽희의 그림 17점을 세종의 아들 안평대군이 소장하고 있었다는 기록을 보아, 곽희의 화풍과 화론이 조선에 깊은 영향을 주었을 것으로 추정한다. 한정희 외 (2009), pp.144~145 참조.

히 하고, 그리는 이와 감상하는 이가 모두 보기에 좋은 배치를 했다.

더불어 동양 회화에서는 형상과 배경의 관계가 언제나 주와 부가 되는 것이 아니다. 서양의 전통에서는 삼차원의 공간을 평면에 표현하기 위하여 형상을 먼저, 그 다음 그 외의 공간을 어떻게 표현하는지에 대한 고려가 필요했다. 하지만 동양 회화에서는 배경에 해당하는 여백 역시 형상과 마찬가지로 그림의 요소였다. 여백은 강이 되기도 하고 구름이나 하늘이 되기도 한다. 그것이 구체적으로 무엇인지에 대한 설명과 묘사는 중요하지 않다. 한국 전통 회화와의 연결점을 가지고 있는 현대 채색화도 배경은 또 다른 시각적 표현 요소이다.

이렇듯 현대 채색화는 상징적 의미를 지닌 전통 회화의 형상들을 차용appropriation하듯이,[31] 공간 표현 역시 가져왔다. 1990년대에 대중적 이미지의 팝아트가 인기를 얻으면서, 전통적 형상의 차용은 대중과 소통이 용이한 단순한 이미지를 표현하는 방식으로 수용되기도 하였다.[32] 부귀를 상징하는 모란, 출세를 상징하는 잉어 혹은 장수를 의미하는 십장생 등을 외형적으로만 닮은 색이나 형만 가져오는 경

---

31 '전유'라고도 번역하는 '차용'은 오웬스가 포스트모던 미술의 징후로 본 것으로, 대중문화를 비롯한 일상의 이미지나 형식을 빌려와 예술 작품에 적용하는 것을 의미한다. 이 과정에서 이미지가 가진 본래의 맥락context은 탈각되고, 작품 속에서 새로운 맥락을 갖는 효과를 낳는다. 이 과정에서 차용된 이미지는 알레고리적 방식으로 의미가 해석된다. 오웬스(1999) 참조.

32 이렇듯 아시아권에서 1990년대부터 2000년대에 들어오면서 인기를 얻게 되는 팝아트를 '네오팝'이라 한다. 이는 애니메이션과 게임 등을 어린 시절 즐겼던 작가들이, 주변이었던 자신의 문화가 이제는 중심 문화가 될 수 있다는 가치관을 가지고 형성한 것이다. 하지만 앤디 워홀식의 형식적인 팝이라기보다는 대중문화적 이미지를 통하여 내용적인 면을 강화하고자 하는 경향이 있다. 김복기(2013), pp.214~215 참조.

우도 있었다.[33] 특히 모사模寫를 기반으로 한 생활 민화의 경우 이러한 특성이 두드러진다. 하지만 최근 민화의 특성을 재해석하여 현대적으로 변용하고자 하는 창작 민화가 늘어나고 있다.[34] 창작 민화 작가들이 전통 민화의 요소를 선택하고 변용하는 기저에 깔린 의도는 개인적 서사를 표현하고자 하는 것이다.[35] 그렇지만 그 이야기들이 전통 회화에서처럼 관습적으로 정해진 상징적 의미로 만들어지는 것은 아니다. 전통의 의미를 조금 가져올 수는 있지만, 거기에는 작가가 부여한 새로운 의미가 덧붙여진다.

개인적으로 경험한 장소의 이미지를 결합하는 권인경의 작품들은 기억의 산수화이다(〈그림 5-7〉). 권인경은 자신이 방문했거나 거주했던 공간에 대한 기억의 파편을 결합하여 푸른 화면 속에 우뚝 속은 산과 같이 표현하였다. 그래서 기억의 파편은 각기 다른 시점으로 표현된 이미지들인 다시점을 기반으로 한다. 이

그림 5-7. 권인경, 〈저장된 파라다이스 1〉, 한지에 고서 콜라주 수묵채색, 160×130cm, 2013

공간은 실제로는 존재하지 않으며, 작가의 머릿속에만 존재한다. 하

---

33 조은정(2014), p.57 참조.

34 민화 관련 정기 간행물인 《월간민화》의 조사에 따르면 2000년대 초반부터 민화 인구가 급격하게 증가하였고, 2010년을 전후한 시기에 폭발적으로 증가하였다. 유정서(2017), pp.79~80; 정병모(2019a), pp.42~43 참조.

35 정병모(2019a), pp.35~57 참조.

그림 5-8. 김신혜, 〈울릉도〉, 장지에 채색, 130×130cm, 2015

지만 어색해 보이거나 잘못된 표현으로 느껴지지 않는다. 동시에 누구든 유사한 장소에 대한 경험이나 기억이 있다면 공유될 수 있는 공간이기도 하다. 이렇듯 권인경이 개인적인 경험 이미지의 파편으로 화면을 구성했다면, 김신혜는 산수의 표현으로 소비 사회 속 인공적 이미지를 표현한다. 다양한 종류의 라벨에 그려진 풍경은 대부분 실재하지 않는 공간이다. 울릉도처럼 실제 장소가 있다 하더라도(〈그림 5-8〉), 상품용 이미지로 쓰기 위하여 인공적인 이상화가 이루어졌기 때문이다. 즉 실재보다 더 실재 같은 가상 실재이다. 김신혜는 병의 라벨 속 풍경을 회화 화면으로 확대하여, 소비 사회에 맞춰 이상화되어 버린 자연을 이야기하고자 한다. 빈 여백 속에 묘사된 울릉도의 모습은 그것이 라벨에 그려져 있던 병과 오버랩되고 있다. 이러한 공간 배치 역시 여백을 적극 활용할 수 있는 한국화의 방식을 따르고 있기에 가능하다.

　이와 같이 전통 회화의 형식과 기법 등을 적절히 활용하여 메시지를 드러내는 두 작품을 대표적으로 살펴보았다. 이외에도 많은 현대 채색화가들은 그 경중의 차이가 있을지 몰라도 전통 회화의 방식을 통하여 자신의 서사를 표현하고 있다. 그러한 방식 중 하나가 공간 표현인 것이다. 물론 공간 표현만으로 어떤 작품이 한국적이라고 볼 수는 없다. 하지만 작가 대부분이 서양식 원근법으로 화면을 구성하는 방식을 교육받고 있음에도, 전통 회화에서 보이는 공간 표현을 통해 형상을 배치하고 메시지를 드러내고 있다. 이는 작가들이 한국인으로서 체화된 문화를 회화에 반영하였기 때문이다. 다시 말해 이는 계산된 것이라기보다는 작가 내면에 체화된 문화적 배경을 기반으로 한 자의적인 표현이다. 그렇기에 한국 현대 채색화는 한국적 특이성을 가지고 있다고 할 수 있다. 그리고 한국적 특이성이 시대적 정신과 함께 결합된다면 동시대 미술로 일컬을 수 있다. 이는 한국 채색화를 그저 전통을 따르거나 변용하는 것이 아닌, 동시대를 함께 이끌어 가는 미술로 볼 수 있는 근거가 될 것이다.

4. 동시대 미술로서 한국 현대 채색화의 한계와 지향점

현시대의 시각예술은 다양하고 복합적인 매체로 제작되고 있다. 그렇기에 유화, 수채화, 수묵화 등 매체로 회화의 장르를 구분하는 것은 과거에 비해 큰 의미를 갖지 않는다. 그럼에도 여전히 각 매체를 사용하면서 형성되는 독특한 미감과 의미가 있다. 유화 물감과 탄력이 적은 붓으로는 수묵의 선이 주는 농담과 기운생동을 나타낼 수 없다는 등의 단순한 비교에서도 이런 점은 드러난다. 그렇기에 이 시대의 작가들은 오히려 자신의 메시지를 드러내기 위하여 매체를 선택한다고 볼 수 있다. 한국화가로서 수묵만을 사용하거나, 서양화가이기 때문에 유화만을 그려야 하는 것이 아니다. 오히려 매체의 선택은 작가가 표현하고자 하는 바를 설명하는 중요한 요소가 된다. 그러한 점에서 한국 현대 채색화를 주목해 보았고, 그중 공간 표현에서 드러나는, 전통 회화에서부터 연유하는 한국적인 특성을 찾아보았다. 또한 전통적 공간 표현을 바탕으로 작가들이 자신만의 현대적 메시지를 담고 있다는 점 역시 살펴보았다. 이렇듯 한국 문화를 아는 사람이라면 이해할 수 있는 한국적 표현이 현대 사회의 문제와 혼종을 이루었다는 점에서, 한국 현대 채색화는 충분히 동시대성을 가진다고 볼 수 있다.

하지만 여전히 전통의 고답적으로 답습하거나 전통 채색화의 장식적 성향이 강조되는 경우가 적지 않다. 또한 상징성을 기반으로 한 서사는 있지만 현대적 개념을 지니거나 강한 비판성을 띠는 경우도 적다. 이러한 표면적인 답습은 그저 한국 문화에 대한 옹호로만 비칠 수 있다. 하지만 이렇듯 민족주의적으로 우리의 것이 무엇인지 그 원류에만 천착하고 그것이 가장 가치 있다는 시각을 갖게 된다면, 이 시대에서 쇠퇴하게 될 것이다. 그보다는 한국적 특성을 표현하되, 그것을 다양한 방식으로 변용하고 여러 맥락에 적용할 수 있는 방향으로 나아가야 할 것이다.

또한 현대 채색화 중 가장 큰 시장 규모와 향유층을 가진 분야는 민화이다. 민화는 조선 후기 경제가 활성화되면서 일반 서민들이 소비하고 무명의 화가들이 그린 그림을 지칭하는 말이다. 다만 당시에는 민화라는 표현으로 이를 따로 지칭하진 않았고, 더 폭넓게 '속화'라 불렀다.[36] 이러한 민화는 앞서 언급한 바와 같이 최근 대중적인 저변이 확대되면서 생활 미술인들이 늘어났고, 이들을 통한 민화

---

36 민화라는 명칭은 일본 민속학자 야나기 무네요시가 지칭한 말이며, 이후 궁중회화나 사대부들이 즐기던 문인화와 구별되는 그림들을 칭한다. 최근 관련한 연구가 늘어나고 있다. 고연희(2017) 참조.

에 대한 향유와 소비 역시 늘어났다. 하지만 그저 전통의 것을 반복하고 이를 찬양하는 민족주의적 시각일 뿐이라는 우려도 있다. 이에 대해 민화학자 정병모는 이러한 현상이 '미술의 대중화'라는 측면에서 고무적이라는 점을 말하면서, 민화에 대한 대중의 관심은 시각예술에 대한 저변이 확대되는 것이라는 점을 강조한다. 또한 이러한 기반이 있었기에 '창작 민화', 즉 한국적 특성을 기반으로 현시대에 맞게 창작되는 예술 작품 역시 증가하였다는 점에 주목해야 한다고 말한다.[37]

이러한 민화계의 논의를 살펴본다면, 이제는 그저 한국적인 것이 최고라고 맹목적으로 믿어야만 하는 시기가 아니다. 오히려 한국 문화에 대한 민족적 시각을 극복하고 이 시대에 의미를 지닐 수 있는 예술로 변용할 때, 그것은 진정한 동시대 미술로서 가치를 지닐 수 있을 것이다. 그렇기에 전통 채색화의 방식을 미적 표현 수단으로 삼고, 이 시대를 살아가는 한 사람으로서 예술가가 표현하려는 메시지를 담아낼 필요가 있을 것이다. 더 나아가 전통 회화를 기반으로 하는 방식이 일종의 담론의 장을 형성하면서,[38] 전통 회화에 대한 메타적 시각을 가지고 우리의 문화적 근원을 다시 한번 고찰할 수 있는 계기가 되길 기대한다.

---

37   정병모(2019b), pp.213~214 참조.
38   조은정(2014), p.59 참조.

5. 나가는 글

코로나 팬데믹으로 세계 인류가 몸살을 앓고 있는 지금, 우리는 처음 겪는 상황에 당황하면서도 그 이후의 세계를 상상하고 전망한다. 많은 이가 공통으로 이야기하는 것은 서구 중심의 오리엔탈리즘의 종언과 함께, 이제 제3의 국가라 칭해졌던 지역의 말에도 모두 귀를 기울여야 하는 시대가 도래했다는 것이다. 이전에 많은 학자가 이미 언급한 바 있지만 실천되진 않았던, 다양한 가치의 추구는 이제 그저 테제가 아니라 실천 과제가 되었다. 시각예술 역시 다르지 않다.

어딘가의 선진적인 미술 세계가 있음을 전제하고, 선진 미술이라는 허상을 뒤따르려는 것은 이제 무용하다. 그리고 외부에서 바라보고 평가하는 시선을 기준으로 한국적인 것을 설정하는 것 역시 의미가 없다. 우리 내부에 체화되지 않은 채 외부의 시선으로 본 한국성으로 역할극을 하는 것은 우리다운 것이 아니며, 동시대 미술에서 요청되는 것이라 볼 수도 없다. 그보다는 한국인으로서 우리의 문화를 자연스럽게 작품에 녹이는 것이야말로 한국적일 것이다. 거기에 더하여 이 시대를 살아가는 사람으로서 지금 이야기해야 할 메시지를 한국적인 표현을 통해 담는다면, 동시대인들에게 충분히 소통 가능한 예술이 될 것이다.

한국 문화에 기반을 둔 한국 현대 채색화는 그 역사와 사용되는 기법, 화면에 담기는 형상들과 그 속에 담긴 의미, 그리고 공간 표현까지 다양한 방식으로 한국 문화만의 로컬리티를 갖고 있다. 하지만 본 글에서는 한국 현대 채색화가 가진 한국적인 특성은 오히려 이

시대에 많은 이에게 정체성을 드러낼 수 있고, 소통할 수 있는 중요한 매개가 된다는 점을 살펴보았다. 그리고 그 가능성은 최근 전 세계적으로 인기를 얻고 있는 K-Pop이나 〈기생충〉 등의 영화, 조선 시대를 배경으로 한 드라마 〈킹덤〉, 그리고 코로나19 상황에서 찬사를 받고 있는 우리만의 생활 습관 등에서도 볼 수 있다. 이는 아방가르드 정신을 가진 선지가가 이끈 것이 아니며, 그저 우리가 갖고 있던 것을 조금 더 소통되는 메시지와 내용으로 전달했을 뿐이다. 이러한 예시들처럼 한국 현대 채색화도 동시대 미술에 있어서 중요한 의미를 지닌다. 물론 시대적 인식을 갖고 있음을 담보로 하고 말이다.

〈현대 채색화의 공간 표현 속 동시대적 의미〉
허나영 저자 인터뷰

안녕하세요, 허나영 선생님. 만나 뵙게 되어 반갑습니다. 우선 선생님의 전공과 주 연구 및 관심 분야, 그리고 현재 하시고 계신 일을 여쭈어보고 싶습니다.

안녕하세요. 저는 홍익대학교 예술학과를 졸업하고 미술 비평으로 예술학 박사를 취득하였습니다. 석사 논문은 형태심리학을 기반으로 한 현대 미술을 분석하였고, 박사 논문에서는 그레마스의 '정념의 기호학'에 기반한 제자 퐁타니유의 '빛의 기호학'을 중심으로 한국 근대 미술의 대표 작가인 이중섭의 〈소〉 연작을 분석하였습니다. 이후 한국의 현대 미술에 관심을 가지고 연구를 진행 중이며, 최근에는 한국 현대 채색화를 중심으로 연구하고 있습니다. 이를 바탕으로 2019년 관련 심포지엄을 기획 및 개최하고 현대 채색화 관련 단행본을 공동 저술하였습니다.

이 책은 대전지역의 인문·예술에 대한 저변 확대를 목적으로 다양한 분야의 전문가들이 모여 결성한 '대전인문예술포럼'(이하 '대인포럼')의 첫 결과물입니다. 그간 대인포럼에 참여하시면서 느끼신 좋았던 점과 아쉬웠던 점을 한 가지씩 말씀해 주시면 감사하겠습니다.

대전의 뛰어난 인문, 예술적 역량을 가진 선생님들과 함께한다는 점에서 너무나 영광입니다. 또한 제가 활동하고 있는 미술 외의 영역에 대한 학문적인 이야기를 들을 수 있어서, 많이 배우고 새롭게 도전하는 자극이 됩니다. 앞으로 더 의미 있는 활동을 함께 할 수 있기를 기대합니다.

인문학과 예술이라는 주제로 대인포럼에 참여하시면서 기대하셨던, 혹은 생각하셨던 인문학과 예술에 대한 가치가 있으셨을 텐데요, 선생님이 생각하시는 인문·예술의 성격과 정신, 그리고 앞으로의 비전이 무엇인지 여쭤봐도 될까요?

제가 기대했던 바는 두 가지 측면입니다. 첫 번째, 쉽게 듣거나 물어볼 수 없는 전문적인 지식을 전공 선생님들께 직접 들어볼 수 있고 궁금했던 점에 대해서 여쭐 수 있다는 점입니다. 그리고 두 번째는 함께 융합하여 생산적인 의미를 도출할 수 있다는 점입니다. 그래서 열정적이고 인문학적 소양이 높으신 선생님들과 함께 더욱 성장하며, 멋진 일을 함께해 보고 싶습니다.

네, 잘 알겠습니다. 그럼 본격적으로 선생님이 책에 쓰신 내용에 대해 여쭈어보도록 하겠습니다. 먼저, 선생님이 글에서 강조하고 싶으신 부분을 다시 한번 간략하게 설명해주시고, 왜 그 주제가 중요한지 말씀해주시면 감사하겠습니다.

최근 K-Pop, 한국 영화와 드라마 등 대중문화와 함께 전통 문화에 대한 관심도 높아지고 있습니다. 이와 함께 미술계에서도 민화에 관한 관심이 높아지고 전통 채색화가 다시 주목받고 있습니다. 그렇지만 많은 작가가 작품과 전시를 통해 왕성하게 활동하고 있는 것에 비해서 관련한 비평과 연구 활동은 미비한 상황입니다.

이에 연구자는 현대 채색화를 연구해 오고 있습니다. 그중에서도 이번 연구는 한국 현대 채색화를 전통의 계승이라는 관점이 아니라 동시대 미술의 측면에서 바라보고자 했습니다. 하지만 현대 채색화의 폭넓은 특성을 모두 다루기에는 지면 및 연구의 한계가 있기 때문에, 본 글에서는 '공간 표현'에 주목하고 현대 채색화가 가지는 동시대성을 알아보았습니다.

이에 현대 채색화 작가들은 전통적 공간 표현을 바탕으로 하여 자신만의 현대적 메시지를 담고 있다는 점을 분석하였습니다. 그리고 한국 문화를 이해하고 아는 사람이라면 이해할 수 있는 한국적 표현이 현대 사회의 문제와 혼종을 이루었다는 점에서, 한국 현대 채색화는 충분히 동시대성을 가진다는 점을 알아보았습니다.

이번 총서가 미술 전문가들을 위한 논문집이 아니기 때문에, 본 글은 미술 전문가만이 알 수 있기보다는 어느 정도 인문학적 지식을 기반에 둔 비전공자라면 읽을 수 있도록 그 내용과 표현을 사용하였습니다. 그동안 진행해 오고 있는 현대 채색화 논의를 바탕으로, 추후 더욱 다양한 관점에서 현대 채색화의 동시대적 특성을 분석할 계획을 갖고 있습니다.

허나영

현재 한국연구재단 인문학술연구교수, 목원대학교 조형예술연구소 책임연구원이다. 홍익대학교 예술학과를 졸업하고 동 대학원에서 미술학 박사를 취득했으며, 홍익대학교, 서울시립대학교, 서울디지털대학교 등에서 강의하였다. '시각예술기획 인'의 대표로 전시나 심포지엄 기획 및 연구 용역 등 다양한 미술 활동도 하고 있다. 부산문화회관과 화성문예아카데미 등에서 대중 강의를 하고 있으며, 그 밖에 다수의 도서관과 국립현대미술관, KBS〈TV 미술관〉등에서 강연한 바 있다. 한국 현대미술에 관심을 두고 다수의 논문과 평문을 쓰고 있으며, 저서로는《다시 쓰는 착한 미술사》(타인의 사유, 2021),《모네-빛과 색으로 이룬 회화의 혁명》(아르떼, 2019),《색으로 그린 그림》(가가북스, 2019),《이야기로 엮은 서양미술사》(산하, 2018),《이중섭, 떠돌이 소의 꿈》(아르떼, 2016),《그림이 된 여인》(은행나무, 2016),《키워드로 보는 현대미술》(미진사, 2011),《화가 VS 화가》(은행나무, 2010) 등이 있다.

제3부

문학론

메타픽션 소설 쓰기의 치유적 기능

이명미

1. 문학, 인간이 부르짖는 마음의 소리

문학을 통해서 우리는 무엇을 얻고자 하는 것일까? 흔히 문학의 본래적 기능은 쾌락과 교훈이라고 한다. 이는 문학을 통해서 재미와 감동을 얻을 뿐만 아니라 인생의 지표로 삼을 만한 메시지를 찾을 수 있다는 의미이다. 다시 말해 문학이라는 장르는 정서적 즐거움과 미적 쾌감을 얻거나, 삶을 어떻게 살아야 하는가에 대해 간접적으로 체득할 수 있는 장이라고 할 수 있다. 쾌락과 교훈 이 두 가지를 모두 얻는 것이 바로 문학의 치유적 기능이다.[1]

가이 미쇼Guy Michaud(1879~1955)는 문학을 "인간이 가장 감동적인 목소리로 부르짖는 육체의 소리"라고 정의한다.[2] 문학에 대한

---

1   정운채(2007), p.268.

2   미쇼(2013).

일반적 정의는 상징과 은유의 언어 표현 방식을 통해 감정과 사고, 의지를 표현하는 심리적이고 정신적인 행위의 산물이라고 한다. 그렇다면 문학을 정신이 아닌 육체의 소리라고 하는 가이 미쇼의 견해는 어떤 의미일까? 인간이 자신의 존재를 현상적으로 증명할 수 있는 것은 육체의 현현이다. 그렇다면 이러한 정의는 문학이 다른 예술 장르보다도 실존의 의미를 설명하기에 가장 적합한 장르라고 말하고 있는 것은 아닐까? 다시 말해 정신적인 부분에 덧붙여 육체를 언급한 것은 문학을 창조하고 감상하는 과정에서 얻는 일련의 과정이 정신과 육체를 모두 포함한다는 것이다. 즉 인간을 내적, 외적으로 치유할 수 있는 것이 문학임을 강조한 것으로 보아야 한다.

그렇다면 문학이 이러한 치유적 기능을 가질 수밖에 없는 이유는 무엇일까? 프로이트Sigmund Freud(1856~1939)는 인간의 정신세계에서 무의식의 중요성을 말한다.[3] 즉 억압된 욕망이 무의식에 내재되어 있다가 신경증으로 나타나기도 하고, 이것이 승화되어 문학과 같은 예술이 탄생하기도 한다는 것이다. 이는 문학을 창작하고 읽는 행위는 인간의 내면에 있는 무의식이 현상으로 드러난 것이며, 문학이라는 장르를 통해 무의식을 알아차리는 과정이 가능하다고 본 것이다. 인간의 내면에 있는 무의식을 억압하기보다는 문학이라는 장치로 드러내는 과정을 통해 내면의 불안을 치유할 수 있다고 한다면, 문학은 그 무엇보다도 훌륭한 치유적 도구가 될 수 있다.

---

3   프로이트(2015).

칼 구스타프 융Carl Gustav Jung(1875~1961) 역시 무의식은 자기실현의 원초적 조건으로서 가능성을 향한 에너지가 저장되어 있으며, 인간 의식을 새롭게 변화시키는 창조의 샘이라고 한다. 문학은 인간의 창조적 에너지를 발현할 수 있는 영역이며 에너지의 원동력을 얻을 수 있는 공간이다. 따라서 문학을 통해 무의식이 의식화되는 자기실현을 경험할 수 있다면, 인간은 더욱 창조적으로 기능할 것이다.

인간에게는 과거의 경험보다 지금, 여기의 삶이 더 중요하다. 현재 자신이 고민하는 문제에 대해 과거의 어느 순간에 멈추어 원인을 찾는 것은 문제 해결에 도움이 되지 않는다. 게슈탈트 심리학에서는 자신의 삶을 하나하나 구조적으로 접근하기보다는 전체적으로 조망할 수 있는 안목이 필요하다고 본다. 자신이 현재 느끼고 있는 것이 무엇인지를 객관적으로 바라보고 성찰하는 과정을 통해 문제를 인식하고 알아차리는 과정이 필요하다는 것이다. 문학은 삶을 전체적으로 조망할 수 있도록 도움을 주는 장르이다. 또한 문학의 보편성을 통해 자신이 고민하는 문제가 다른 사람들도 겪는 문제일 수 있다는 위로를 받기도 한다. 문학이 인간의 마음과 육체의 소리를 언어라는 장치를 통해 표현하는 것이라면, 그것은 현존하는 인간의 목소리임이 분명하다. 그리고 이제 그 소리가 구체적으로 인간의 마음에 어떤 울림을 주는지, 어떻게 인간을 움직이게 하는지에 관심을 기울여야 한다.

2. 글쓰기, 자기 이해와 성찰을 통한 성장

인간은 근본적으로 자기를 추구하려는 본능적 충동을 지니고 있다. 융은 자기self의 개념을 자아와 구별되는 것으로 "의식과 무의식을 포함하는 전체의 중심"이라고 한다.[4] 인지적인 입장에서의 자기는 내가 나 자신을 표상하고 그것을 개념화한 것이며, 이러한 개념과 개념이 논리적으로 연결된 하나의 체계로 해석한다.

삶을 살다 보면 예기치 않은 문제 상황이 무수히 발생한다. 우리는 이러한 문제에 부딪혔을 때 그 원인을 자신의 내부에서 찾기보다는 타인이나 외부 현상에서 찾을 때가 많다. 물론 이러한 외적 요인에 대한 분석도 필요하다. 그러나 이렇게 타자화하는 것만으로는 문제를 해결할 수 없다. 문제의 출발이 '나'로부터 시작된 것은 아닌지에 대한 자각이 필요하고, 이를 위해서는 자기 이해와 자기 통찰을 해야 한다.

게슈탈트 심리 치료에서는 문제에 대한 자기 자각의 필요성을 강조하면서 행위자와 관찰자로서의 역할이 우리 안에서 분열될 수 있어야 이러한 자각이 가능하다고 주장한다. 분열이 이루어졌을 때 우리는 자신을 객관적으로 바라보게 된다. 즉 분열은 자신을 객관화하는 과정이며, 객관적이라는 것은 가장 훌륭한 의미의 주관이라는 역설적 의미를 내포한다.

또한 인간은 끊임없이 변화하는 유기체이며 기능적인 자율성과 자기 결정력이 있다. 따라서 자신이 지닌 고유의 본성 또한 변화할

---

4   이부영(2007), p.13.

수 있으며, 더 나아가 행동을 조절하고 통제할 수 있는 능력이 있다는 것을 전제로 끊임없는 자기 발견을 노력해야 한다. 이러한 과정을 통해 자신이 어떠한 비합리적 신념을 가지고 있는지, 그것이 정서와 행동 전반에 어떠한 영향을 끼치고 있는지 스스로 객관화할 수 있어야 한다. 이러한 객관화하기를 효과적으로 할 수 있는 방법이 바로 글쓰기이다.[5]

글쓰기 치료Writing Therapy에 대한 관심 역시 이러한 맥락에서 시작되었다. 글쓰기가 갖는 효과는 글을 쓰는 과정을 통해 자신의 경험을 새로운 시각으로 이해하고 통합하여 자기 성찰을 얻는 것이다. 이는 글쓰기를 통해 자신의 감정을 표현하고 통제함으로써 자기 조절이 가능하다는 것을 의미한다.[6]

특히 글쓰기가 지닌 '특별한 치료적 기능'은 자신의 문제를 스스로 해결한다는 것이다. 글쓰기는 장소의 상황이나 상대방의 반응에 좌우되지 않으며, 자신이 쓴 내용을 몇 번씩 되풀이해서 읽고 고치면서 제대로 반성하고 음미할 수 있다. 또한 거리를 두고 내면을 바라봄으로써 자신을 스스로 변화하고 성장하는 주체적인 자세로 바뀔 수 있게 한다. 이렇게 자신의 문제를 재발견하려는 습관은 자기 치유는 물론 성장에도 도움을 준다.

---

5   이명미(2015), pp.405~406.

6   페니베이커(2007).

3. 메타픽션, 자아 탐색을 통한 자기 치유

글쓰기 치료에서는 자신의 정서를 억압하지 않고 표현하는 것이 치료적 효과를 얻을 수 있다고 본다. 그러나 직접적으로 상처를 직면하는 것은 오히려 심리적 거부감을 유발하여 부정적인 결과를 낳을 수 있다. 특히 자기 정서를 표현하는 것에 익숙하지 않은 우리 사회에서는 부정적 정서를 직접 표현하도록 강요당하는 것은 부담이 될 수 있다. 이에 문학 치료라는 개념이 대두되면서 문학의 상징성이 주는 간접적 치유 방식의 효용성이 거론되었다.

자기 서사를 소설로 창작하는 것은 상처에 대한 간접적인 고백을 가능하게 하며, 한풀이를 통한 자기 비우기와 같은 심리적 카타르시스 과정을 거칠 수 있다. 또한 참여자가 자기 내면을 거울처럼 바라볼 수 있도록 하여 자신을 이해하고, 억압된 감정을 소산시켜 그 감정에 거리를 두어 통합에 이르도록 할 수 있다. 실제로 그린버그Greenberg의 연구에 따르면,[7] 자신이 경험한 트라우마에 대해 리얼하게 묘사한 집단과 이를 상상(허구)해서 쓴 집단 간 차이를 비교한 결과 두 집단 모두 의사 방문 횟수가 현저히 감소하는 결과를 보였다. 이는 허구적 글쓰기를 통해 자신의 가짜 감정을 드러내는 것도 치료 효과가 있음을 의미한다. 픽션은 우리가 살고 있는 세계의 대안이므로, 문맥 속에서 허구적인 진술들이 오히려 진실이 될 수 있기 때문이다.

그러나 자신의 서사를 소설로 재구성하는 것은 그 세계의 담론

---

7   Greenberg, Wortman & Stone(1996), pp.588~602.

안에서 재현된다는 한계와 너무 개방적이라는 문제를 안고 있다. 이로 인해 발생할 수 있는 심리적 부담이 오히려 치료에 방해 요소로 작용할 수 있다. 이러한 한계를 극복하기 위해서는 자신이 쓴 글이 글쓰기를 통해 탄생한 형상물이며 언어적 구성물임을 의식하고, 언어로 재현되는 상황에 대해 의구심을 갖는 '재현에 대한 자의식'이 필요하다. 메타픽션의 "언어의 재현 능력에 대한 불신과 창작행위에 대한 자의식 드러내기 또 허구와 현실 사이의 긴밀한 지시 관계에 대한 회의"[8] 등과 같은 특징은 자기 서사에 대한 끊임없는 거리두기를 통해 객관적 통찰이 가능하도록 한다.

여기에서 메타 개념은 곧 글쓰기 행위에 대한 자의식과 반추 현상을 의미하며, 자의적인 언어체계와 그것이 지시하고 있는 세계와의 관계를 알아보기 위해 요구되는 것이다. 픽션에서 메타라는 용어는 "픽션 내부와 외부 세계 사이의 관련성을 탐색하기 위해 필요"하므로,[9] 메타픽션은 '소설 쓰기에 대한 소설'이라고 볼 수 있다. 이를 토대로 메타픽션의 개념을 정리하면 "허구와 현실 관계에 의문을 제기하기 위해 인공물로서의 위상을 의식적이고 체계적으로 드러내는 허구적인 글쓰기로, 픽션을 창작함과 동시에 그 픽션의 창작과정에 대해 진술하는 소설 양식"이다.[10]

메타픽션 글쓰기는 객관적 사실에 대한 무조건적 반대와 재현에 대한 포기가 아니라 재현 가능성에 대한 엄밀한 탐색 과정으로 연결

---

8   워프(1989), p.20.
9   워프(1989), p.7.
10   김성진(2007), p.151.

될 수 있는 글쓰기이다. 이러한 메타픽션의 탐색 과정은 자신의 경험을 서술하는 과정에서 정확한 이해와 통찰을 얻어 통합에 이르는 글쓰기 치료의 메커니즘과 유사하다. 그러므로 메타픽션은 자신의 상처를 치유하고 성장해 나갈 수 있도록 돕는 기제로, 글쓰기 치료에 적합한 기법으로 활용될 수 있다.

근대 이후 문학의 형식은 리얼리즘, 모더니즘, 포스트모더니즘의 형식으로 발전했다. 포스트모더니즘은 기존의 리얼리즘의 재현에 대한 불확실성과 모더니즘 소설이 보여 주는 한계에 대한 도전으로 등장하였으며, 주로 형식과 기법에 집중한다. 리얼리즘 소설 형식은 연대기적 서술 방식이나 전지적 시점과 같은 전통적인 소설 기법으로 구성되어 있다. 이러한 리얼리즘 문학은 대상과 상황을 객관적으로 기술하는 것을 목적으로 한다. 이에 반해 모더니즘 소설은 객관성을 배격하면서 비연대기적 방법을 선택하거나 서술자의 내적인 측면에 집중한다. 이것은 작가의 무의식이나 잠재의식이 지닌 중요성을 강조하는 것으로, 주로 '의식의 흐름'이나 '내면 독백'이라는 형식을 통해 서술된다.

포스트모더니즘 소설은 작가나 텍스트에 집중하는 리얼리즘이나 모더니즘과는 다르게 작품을 창작하는 행위 자체에 주목한다. 이는 소설의 허구성이 재현하고자 하는 실재와 거리가 있다는 것을 인식하는 자의식적인 측면을 전제하고 있다. 특히 메타픽션은 미국의 비평가 윌리엄 개스가 제안한 것으로 포스트모더니즘 문학을 대표한다. 메타픽션은 작품이 허구의 산물에 지나지 않는다는 사실을 보여 주기 위해 텍스트를 만드는 과정에 주목하는 자기 반영성을 내포한다.[11] 이는 하이젠베르크가 말한 불확정성의 원리를 근거로 '관찰자(나)는 항상 대상을 변화시키기 때문에 세계를 온전히 묘사하는 것이 불가능하다'라는 인식에서 출발한다. 소설은 실제 삶의 모습을 재현하거나 표상한 작품이 아니라 어디까지나 작가가 언어 매체를 사용하여 만들어 낸 허구 세계라는 사실을 자각하는 것이다. 즉 "작품이 언어적 구성물이라는 사실을 상기시킴으로써 객관적이고 보편타당성 있는 현실세계와는 거리가 멀다"라는[12] 것을 인식하고, 의도성을 갖고 이를 드러내는 것이 메타픽션이다. 언어로 지시된 것들이 사실 자체가 될 수 없다는 언어의 재현적 특징은 바로 글쓰기 치료에서 주목해야 하는 부분이다.

자기를 표현하는 글쓰기는 치료적 측면에서 세 가지 원리를 바탕으로 작동한다.[13] 첫째, 고백Confession의 원리다. 인간은 자신의 감정을 인식하고 경험과 사건을 적극적으로 털어놓음으로써 자기 이해Self-understanding에 도달할 수 있다. 이러한 고백을 위해서는 기억된 경험을 재생해야 한다. 이 과정에서 기억은 항상 새롭게 재생산되는데, 과거의 사건을 현재의 시점에서 그대로 재현하는 것은 불가능하기 때문이다. 기억은 회상하는 시점의 개인이 가진 욕구나 분위기 등 여러 요소의 영향을 받아 새롭게 구성됨으로써 원래의 체험에서 멀어진다. 원래의 기억에 사후 설명을 동반한 이차, 삼차의 회상 과정이 덧붙여진 픽션이라고 할 수 있다. 자신이 진술한 삶이 이러

---

11   워프(1989), p.16.
12   김욱동(2008), p.107.
13   정기철(2012), pp.27~28.

한 기억의 왜곡에서 비롯되었을지도 모른다는 자각은, 현실과 허구에 대해 끊임없이 자의식을 갖고 경계하는 메타픽션을 통해 이를 고백해야 하는 근거가 된다.

글쓰기는 직면Confront을 통해 상처에 정면으로 맞섬으로써 극복할 힘을 갖도록 하는 것이다. 그러나 직면은 상처를 키워 부정적 감정을 강화할 수도 있다는 양면성을 지니고 있다. 물론 상처를 억제하거나 회피하는 것은 좋은 해결 방안이 될 수 없다. 따라서 이를 간접적으로 직면하고 재구성함으로써 보완할 수 있는 기제로 소설과 같은 문학을 활용할 수 있다.

메타픽션 글쓰기는 허구와 현실의 관계에 의문을 제기하면서 글쓰기의 주체인 자신의 위상을 드러내는 창작적인 글쓰기 방법이다. 이러한 글쓰기 방식은 사실성과 가상성 모두를 창조적으로 파괴함으로써 글쓰기 주체를 보다 다각적이고 다층적으로 드러낼 수 있다. 다시 말해 현실 세계와 소설 세계의 거리를 인지하고, 쓰는 행위를 내용적인 측면과 분리함으로써 삶과 픽션 사이의 의심스러운 관계를 탐색할 수 있다. 즉 '서술되는 나', '서술하는 나', 그리고 '소설 쓰기(자기 서사)에 대해 자각하고 기술하는 나'를 분리함으로써 객관적으로 들여다보기가 가능하다. 이는 자기 서사를 서술하는 과정에서 현재의 나(서술하는 나)가 과거의 나(서술되는 나), 즉 기억 속의 나를 통해 새로운 자아로 나아가는 '나'의 자아 탐색 과정을 보여 주는 것이라고 할 수 있다.

이를 그림으로 나타내면 〈그림 6-1〉과 같다.

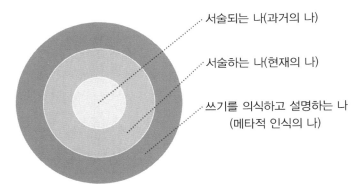

서술되는 나(과거의 나)

서술하는 나(현재의 나)

쓰기를 의식하고 설명하는 나
(메타적 인식의 나)

그림 6-1. 메타픽션 자아 탐색 과정

　쓰기를 의식하고 설명하는 '나'는 메타적 인식의 나로서 자신의 글쓰기 과정을 드러내고, 쓰기 방식을 비평하면서 텍스트 밖의 세계가 지닌 허구성을 폭로한다. 이러한 자아 탐색 과정은 자신의 상처를 극복하고 관계를 회복하여 동화Assimilation로 나아갈 수 있게 한다. 이는 작품을 읽는 독자에게도 자신이 살아가는 현실을 부정하게 하는 대신, 소설 세계의 의미와 가치가 어떻게 구성되고 변화될 수 있는가를 인식하게 한다.[14] 메타픽션을 치료 기법으로 활용할 경우 서술자와 작가, 독자는 모두 하나이다. 그렇다면 삶의 과정에서 능동적이고 적극적으로 생산하는 주체가 될 수 있음을 응시하는 수용적인 면에서의 치료 효과도 있다고 할 수 있다.

14　워프(1989), p.54.

4. 메타픽션, 서술 방법의 치유적 기능

포스트모더니즘 문학에서 핵심적으로 떠오른 지배 요소는 상호 텍스트성, 장르 확산이나 장르 붕괴, 자기 반영성과 메타픽션, 그리고 대중문화에 관한 관심이다.[15] 상호 텍스트성은 "작가가 신이 아니라 다만 언어라는 원자재를 사용하여 제품을 만들어 내는 생산자"라는[16] 입장에서 텍스트와 텍스트가 서로 상호 관계를 맺고 있음을 전제로 한다. 여기서 말하는 상호 텍스트성은 타인과 자신의 텍스트를 모두 의미하는 것이지만, 글쓰기 치료의 관점에서 보는 상호 텍스트성은 자기 작품과의 끊임없는 대화를 통한 상호 텍스트성을 의미한다.

한편, 장르 확산이나 붕괴 요소는 상상적 산물인 허구의 세계와 일상적인 생활에서 일어나는 객관적 사실의 세계 사이에 명확한 경계선을 긋기가 어렵다는 것에 바탕을 둔다. 소설과 시, 소설과 희곡은 물론 소설과 자서전, 소설과 전기, 소설과 심리학 등과 같이 문학 이외의 장르를 파괴하여 부분과의 경계를 허무는 등, 다양한 장르로 확산할 수 있는 가능성을 제시한다. 메타픽션의 가장 큰 특징인 자기 반영성 역시 실재 세계의 재현에 대한 자의식과 더불어 자신의 창작물에 대한 끊임없는 자각으로 설명된다. 후기 자본주의 사회에서 대두된 여러 대중문화는 이러한 요소들에 관심을 두면서, 그 내용이나 형식적인 측면에 이를 반영하는 현상이 나타나고 있다.

---

15   김욱동(2008), p.61.

16   김욱동(2008), p.72.

이러한 특징에 기반하여 메타픽션은 다양한 방법으로 서술된다. 이는 모더니즘 문학의 특징인 형식 파괴의 계보를 잇는 것으로도 볼 수 있다. 이 글에서는 메타픽션의 서술 방법 중 치료적 효과가 있다고 판단되는 기법을 중심으로 소개하고자 한다. 우선 다층위의 플롯을 구성해 회귀하는 이야기 속 이야기 구조 형식이다. 이는 실재란 확정적이지 않으며 절대적이고 영원한 진리는 없다는 포스트모더니즘의 관념에서 출발한 것이며, 이 세계 자체도 하나의 인위적 허구이고, 고정불변하는 것이 아니라 무수한 형태로 새롭게 구성되고 변형될 수 있다는 메타픽션의 기본 개념에 근거를 두고 있다. 또한 재현해 놓은 실재가 하나로 존재하는 것이 아니라 복수로 존재할 수 있다는 것을 의미한다.

이러한 소설의 서술 방법을 흔히 액자식 구성이라고 일컫는다. 액자 소설은 액자라는 물리적인 공간의 분리를 통해 액자 외부 이야기와 내부 이야기로 구성되어 있다. 실제 메타픽션 소설 양식은 이러한 액자 소설 형식으로 구성되는 경우가 많다. 액자 구조 양식에 따라 글쓰기 치료 참여자는 자신의 이야기를 생산하는 서술자가 된다. 액자 내부 이야기에 대한 편집과 재구성은 물론 내부 이야기를 중개하기도 한다. 또한 내부 이야기에 대한 수용자로서 이야기를 발견하고 끊임없는 의문을 던지면서 대답의 단서를 얻기도 한다. 이러한 액자 소설 형식의 위계성과 일련의 과정은 액자 서술자와 내부 인물 사이의 거리를 확보함으로써 이들을 '대상화'할 수 있다. 따라서 다양한 층위를 구성할 수 있는 액자 소설의 위계적 관계야말로 글쓰기 치료에 적확한 기법이다.

또 다른 기법으로는 다양한 장르 변용이나 삽입 등을 사용하는 방식이 있다. 소설에서 시로, 소설에서 희곡으로, 소설에서 비문학적 장르로의 다양한 변용 기법은 기존의 틀을 깨는 과정이다. 이렇게 변용되는 과정에서 각 장르가 갖는 특성이 치료적 효과에 영향을 준다. 흔히 문학 치료에서는 시 치료, 희곡 치료, 저널 치료 등 다양한 장르의 치료적 효과에 대해 논한다. 장르를 넘어서 각 분야의 치료적 요인이 지닌 장점을 복합적으로 활용할 수 있다는 측면에서 권할 만한 기법이다.

다음으로는 인위적 개입을 드러내기 위해 독자들을 이야기 등장인물로 극화해 직접 말을 건네는 방법이 있다. 이는 서술자가 직접 등장하여 작품에 대한 자기 반영성과 자의식을 보여 주는 것으로, 실재 세계의 재현과 허구의 해체를 시도한다. 작가가 등장하거나, 내용에 따라선 예술가나 전문가가 등장하여 독자에게 끊임없이 말을 걸며 능동적인 참여자 역할을 부여한다. 이를 치료적으로 접근한다면, 서술자를 상담자나 치료자로 설정하고 내담자(독자)에게 말을 걸어 자신의 기억에 대해 의심하도록 하는 것이다. 서술자는 담론을 기술할 뿐만 아니라 등장인물로 설정되기도 하고, 인물이 틀 속에서 이뤄지는 활동에 대한 전반적인 논평 등을 시도하기도 한다. 자기 치료를 목적으로 하는 글쓰기는 작가와 서술자, 독자가 하나임을 전제로 한다. 이때 서술자를 치료자로 설정할 경우 상담 이론에 대한 지식이 필요하며, 치료적으로 접근해야 한다.

다음으로 서술형 어미를 현재형으로 재구성하는 기법이다. 액자 외부 이야기를 현재형으로 제시하는 일련의 과정은 과거에 확신했던 것을 의심하고 지금이 현실임을 인식하기 시작하는 과정이다. 과거가 지나간 것이 아니라 살아 있는 현재로 인식되고 그것을 되살리려는 과정을 통해 현재와 과거가 연속선상에 서게 됨으로써 동일한 공간 속에서 연결된다. 이로써 새롭게 현실이 되고 진실이 되는 상처에 대해 이야기의 객관성을 확보하려는 시도이다.

또 하나의 기법으로는 액자 외부 이야기를 서술하면서 괄호 넣기나 밑줄 긋기를 활용하는 방법이다. 이는 서술자가 문득 알게 된 사실을 발견함으로써 자신의 부정적 상황이 왜곡되지 않았는지 자세히 들여다보려는 의지를 갖는 것이다. 그러한 알아차림을 의도적으로 드러내어 참여자 자신에게 말을 거는 행위라고 볼 수 있다.

다음 서술 방법은 주술이나 환상과 같은 비합리적인 서사를 사용하는 방법이다. 즉 환상성을 활용하는 방법으로 이 역시 경험적 현실에 대한 의심과 실재 세계의 재현에 대한 불확실성을 토대로 한다. 논리적으로 양립할 수 없거나 도덕적으로 수용할 수 없는 상황은 불안을 야기한다. 이를 환상적 상황이나 꿈을 통해 재현하는 방식을 도입할 수 있다. 인간의 무의식에 관심을 갖고 현실의 모순과 허위를 폭로함으로써 치료적 효과를 볼 수 있다는 점에서 이 기법이 제시될 수 있다.

다음으로 메타픽션의 서술 방법으로 많이 사용되고 있는 패러디이다. 패러디는 과거의 작품을 의도적으로 모방하면서, 평가를 동반한 재해석을 통해 작품을 새롭게 만들어 내는 것을 의미한다. 패러디는 전통적 소설 문법의 자동화된 관습을 깨트리면서 새로운 의미를 만들어 내는 역할을 한다. 과거의 파괴와 현재의 창조라는 아이러니한 과정을 통해 기존의 원본이 지닌 아우라와 유일성을 파괴하고 새로운 가치와 현실 인식을 만들어 낸다. 참여자들은 자신이 쓴 두 텍스트 간의 차이에 주목하면서 재 읽기를 수행한다. 그리고 자신이 쓴 텍스트를 모방하고 패러디하는 과정에서 자신이 생각했던 실재 세계의 현상이 변화할 수 있다는 점을 스스로 자각하는 과정을 겪게 된다.

5. 메타픽션, 소설 쓰기의 치유 사례

메타픽션 소설 쓰기를 통해 치료적 효과를 얻기 위해서는 단계적으로 접근하는 것이 필요하다. 따라서 다양한 서술 방법을 바탕으로 글쓰기 치료에 적용할 단계적 기법을 구안하여 총 네 단계로 구성하였다. 첫 번째 단계는 자신의 부정적 정서나 트라우마에 관한 내용을 기술하는 것이다. 부정적인 것은 주로 기분이나 정서로 체화되어 있는 경우가 많다. 그러므로 기억 속에 남아 있는 정서를 불러일으키도록 구체적 상황에 대한 질문을 유도하는 것도 하나의 방법이다. 자신이 겪은 일 중에서 부정적 경험을 떠올린 후 현재 느끼는 감정을 알아본다. 일인칭 서사 쓰기를 통해 자신의 이야기를 털어놓는 과정에서 치료적 효과를 볼 수 있다.

다음 단계에서는 1단계에서 털어놓은 부정적 상황을 소설로 완성한다. 이때 사용하는 소설의 서사 전략은 시간 순서에 의한 연대기적 방식과 전지적 시점의 전통적 서술 방식을 취하도록 한다. 1단계에서 일인칭 시점으로 풀어놓은 저널 쓰기에 가까운 서사를 다양한 인물의 시점과 구성을 통해 극화하고 픽션으로 재구성한다. 이 과정에서 허구적인 인물을 통해 과장하기도 하고, 1단계에서 표현하지 못했던 극단적인 표현도 가능하게 할 수 있다. 이는 카타르시스를 경험할 수 있는 장이 된다. 이때 참여자에게는 일인칭 시점의 소설로 완성해도 상관은 없으나 소설의 기본적인 형식에 부합해야 한다는 점을 안내한다. 소설을 쓰는 과정에서 치료적 효과를 얻을 수 있다는 것은 문학의 유희성이라는 관점으로도 설명할 수 있다. 자신의 부정적 상황이나 트라우마에 대한 내러티브가 반복된다는 점에서 문학이 가지는 유희성, 그로 인한 치료 속성을 연결 지을수 있다. 놀이와 픽션의 공통점은 메시지로서의 기호들과 문맥 사이의 관계를 조작해 하나의 대안적 세계를 구성한다는 것이다. 언어의 다양한 조합과 순열의 재배치라는 유희를 통해 내담자는 상황과 거리를 만듦과 동시에 이를 조절할 수 있다. 그러므로 소설을 쓰는 단계에서도 치료적 효과를 얻을 수 있는 것이다. 이때 자신의 부정적인 상황이 소설 속에 드러나야 하며, 이를 액자 내부 이야기로 구성해야 한다는 점을 안내한다.

세 번째 단계에서는 메타픽션의 개념을 설명한 후 다양한 형식의 기법을 제안한다. 세부적으로 ① 다양한 장르 변용이나 삽입, ② 독자를 이야기 등장인물로 극화해 직접 말을 건네는 방법, ③ 서술형 어미를 현재형으로 재구성하는 기법, ④ 괄호 넣기나 밑줄 긋기를 활용하는 방식, ⑤ 환상(꿈)과 같은 비합리적인 서사를 사용하는 방법, ⑥ 패러디 등의 기법을 액자 외부 이야기로 구성하도록 한다.

마지막 단계로 소설을 썼을 때와 메타픽션을 완성한 후 자신이 기억한 부정적 상황이 어떻게 변화되었는지 관찰하고 그 느낌을 적어 보도록 한다. 변화가 있든 없든 자신의 느낌을 정확하게 표현하도록 해야 한다. 1단계의 자기 서사 쓰기 → 2단계 트라우마를 포함한 소설 완성 → 3단계 메타픽션 글쓰기 치료 기법 → 4단계 변화에 대한 느낌 기술하기가 하나의 단계적 구성으로 이루어져야 한다. 전체를 조망하면서 이러한 쓰기 과정을 통해 자신에게 어떤 변화가 있었는지 의식하는 것으로 마지막 단계가 종결된다.

전반적인 과정에서 상담자(치료자)가 기억해야 할 것은 개입을 최대한 줄여야 한다는 것이다. 글쓰기 치료는 자기 치유에 활용할 수 있는 효과적인 수단이다. 그러므로 소설을 창작하고 메타픽션으로 완성하는 과정에서 참여자가 변화를 스스로 자각할 수 있어야, 메타픽션을 치료에 활용하는 의미가 있다. 또한 이러한 과정은 자신의 부정적 상황이나 트라우마에서 벗어나 건강한 심리적 상태를 유지하는 데 최종 목적이 있음을 전제로 해야 한다. 그러므로 소설의 미적·예술적 평가보다 치료적 효과에 더 중점을 두어야 한다.

이를 토대로 하여 다양한 서술 방법 중 장르의 변용을 통해 치료적 효과를 볼 수 있었던 사례를 제시한다.

5.1. 참여자 정보 및 호소 문제

① 이름: 전○○
② 나이: 26세
③ 성별: 남자
④ 직업: 대학 4학년생

⑤ 호소 문제: 가족만 생각하면 가슴이 답답하고 세상에 혼자 놓인 듯한 느낌이 든다. 절대 내색하지 않지만 가끔 외로움을 느낀다. 이러한 감정의 원인이 무엇인지 알고 싶다.

- 인지: 항상 적당한 거리를 유지해야만 관계가 지속된다.
- 정서: 답답함, 외로움
- 행동: 혼자 있는 시간이 많고 가족들(특히 아버지와 형제들)과 함께 있는 것을 꺼린다.

5.2. 부정적 상황에 대한 기술

어머니의 재혼으로 맨 위의 동복형과 둘째, 셋째 이복형이 있고 내담자는 막내로 자랐다. 독특한 가정 환경으로 인해 결코 하나가 될 수 없는 형제들과 미묘한 갈등을 겪어 왔다. 고등학교를 자퇴하고 검정고시로 대학에 들어갔고, 지금도 가족을 그다지 좋아하지 않으며 의무감만 있을 뿐이다. 특히 갈등을 반복하는 형제들과의 관계는 참여자의 영원한 숙제로 남겨져 있다.

어머니와 아버지에게 트러블이 생기면 대부분 형 때문이었습니다. 형이 사고를 치거나 그러진 않았는데 아버지는 형을 받아들이지 못했다는 생각이 듭니다. 여전히 그것으로 두 분의 관계는 썩 좋지 않습니다. 형은 얼마간 본가에서 살다가 나갔습니다. 제가 어렸을 때 형에게 맞았던 기억이 납니다. 형을 좋아하지 않았습니다. 그러다가 형에 대한 생각은 커서 바뀝니다. 그런 것들을 받아들이고 그렇게 되긴 했는데… 그러니까 그냥 형

은 좋은 성격의 사람은 아닌 것 같습니다. 형의 지금 가정에서
도, 뭐랄까 외톨이인 느낌이 강하다고 해야 하나. 지금의 위치
에서 저는 형을 동정하기도 합니다. 형이 막 주체적으로 이것저
것 하는데 가정에서는 뭔가 받아들여지지 않는 느낌.

둘째 형과 셋째 형은 나중에 대전에 올라와서 함께 살았다고
하는데 저의 기억에는 없습니다. 한 다섯 살 무렵 이 둘이 다시
창원으로 내려갔다고 했습니다. 둘째 형은 지금 안 좋은 일을
하고 있는 것으로 알고 있습니다. 건달 같은 거. 자세히는 모르
는데 그렇다고 합니다. 저는 커서 간헐적으로 형들과 통화를 하
곤 하는데 그냥 딱 적당한 거리를 유지하고 있는 것 같습니다.
어쨌든 둘째 형은 그렇게 되었습니다. 대전에 올라와 잠시 살았
을 때도 사고 같은 것을 많이 쳐서 소년원 같은 곳도 다녀오고.

5.3. 트라우마를 포함한 소설 완성

그러나 나는 언제나 내 나름의 객관적 거리를 유지한다

퇴근 후 집으로 돌아왔다. 집에 와선 TV를 틀었고 맥주 한 캔
을 따 마셨다. 욕조로 들어가 샤워했다. 샤워 후에 나와 핸드폰
을 확인했는데 부재중 전화 한 통과 메시지가 떠 있었다. 형이
었다. 형과 나는 소원한 관계로 지낸 지 오래였지만 개선의 의
지는 어느 쪽에서도 없었다. 아니 무엇보다 개선해야 할 만한
사건도 없었다. 혈연이라는 이유로 누가 먼저 공연히 연락이라
도 한다 치자면 그쪽도 내 쪽도 딱히 할 말 없기는 마찬가지였
고 그래서 우리는 때때로 형식적인 안부를 주고받는 게 전부였
다. 때론 그게 어디냐는 생각이 들기도 했다. 다른 사람들을 보

면 남처럼 지내는 경우가 허다했고 그런 사람들하고 비교해봤을 땐 우리는 비교적 알맞은 거리를 유지하고 있는 편이었으니까. 형은 짧고 군더더기 없는 명확한 내용의 용건만을 메시지에 남겨 놓았는데 나는 그때 문득 형의 그런 단호함이 더 가까워질 수도 있었을 법한 우리 관계의 지지부진함을 일으키는 거라고 생각했다. 그렇다면 내가 애절했느냐, 그건 아니었다. 그러니까 누가 먼저라고 할 것 없이 그렇게 된 것 같다. 누가 시키지도 않았는데 그렇게 된 것 같다.

위 내용은 참여자가 쓴 소설의 발단 부분이다. 소설 제목에서도 볼 수 있듯이 참여자는 가족에게 객관적 거리감을 유지하고 있는 상태다. 가족은 타인과는 다른 공동체다. 친밀감이 형성되지 않은 상태에서 거리감을 유지하는 가족 관계는 문제가 있다. 그러므로 서로 같은 공간 안에서 공유할 수 있는 삶의 과정이 필요하다. 참여자는 이러한 과정을 생략한 채 거리감만 유지하고 있는 소원한 관계로 인해 본인이 스트레스를 받고 있음을 드러냈다. 소설의 내러티브는 외삼촌의 부고를 듣고 창원으로 내려가 형수와 함께 장례식장으로 향하는 과정에서 형수가 겪는 내면의 갈등을 일인칭 관찰자 시점으로 서술하는 내용이다. 서술자는 형의 이기적이고 편협한 성격으로 인해 형수가 방황하고 고민하는 과정을 보여 줌으로써, 형과 서술자(참여자)의 소원한 관계가 자신이 아닌 형으로 인해 발생하고 있음을 극화했다. 소설 내용에서는 동복형과 이복형들을 한 명의 형으로 압축해서 설정하였다. 이들을 소설 속에 한 인물로 설정함으로써 재혼 가정이라는 환경에서 결코 하나가 될 수 없었던 형들에 대한 복잡한 심리를 복합적으로 투사하고 있는 것이다.

5.4. 소설을 시로 변용하여 개입하기

여름

형은 지난여름에 관해 말한다 여름은 덥고 여름 가끔 비가 내리는 날이 있고 여름은 여름으로 가득 차 있어 나는 형이 말하는 여름에 관해 생각하면서 여름을 떠올린다 내가 지금 막 떠올리고 있는 여름은 형이 말하는 여름 내가 그냥 떠올려 본 여름 같은 게 아니라 형이 말하는 여름 두 여름은 조금은 다른 여름

무더운 여름 같은 게 아니라 형이 말하는 여름 비 내리는 여름 같은 게 아니라 형이 말하는 여름 올 여름은 너무 더워서 모기가 없었다 그런 게 아니라 형이 말하는 여름 형이 말하는 여름은 형이 말하는 여름이고 형이 말하는 여름은 내가 무심코 떠올리는 그런 여름날들이 아니고 형의 여름은 지금 형이 말하고 있는 여름 그리고 형이 지금 말하고 있는 여름은 아름답다

형의 여름을 떠올리면서 나는 슬퍼지고 형의 여름을 떠올리면서 나는 조금의 형이 되고 나는 어쩌면 형의 여름이 되고 여름은 가끔 비가 내리는 날 그런 여름을 지나온 기억이 있다 형이 말하는 여름이 내가 불쑥 펴뜨려놓은 페이지 같은 여름이 된다면

다음 페이지, 그 다음 페이지 여름을 지나면서 이제는 내가 말하는 여름이 되고 내가 말하는 여름 속에 또 다른 여름, 여름들.

참여자는 1단계 자기 서사에서 여름이라는 계절에 대해 자신이 태어난 계절임을 밝히고 있다. 자신이 태어난 계절을 시 제목으로 설정하고 화자가 끊임없이 여름을 외치는 것은 참여자가 자신의 존재를 형에게 알리고 싶은 목소리라고 할 수 있다. 1연과 2연에서 형과 내가 생각했던 여름이 다르다고 하지만, 2연 마지막 행에서는 형이 말하는 여름이 아름답다고 느낀다. 3연에서 형과 나의 교차가 이루어지면서 결국 형이 말하는 여름이 내가 말하는 여름이라는 것을 깨닫는다. 여름을 자신과 형의 공통사로 설정하고 보니 객관적 거리감을 유지했다고 생각했던 형에게 영향을 받고 있었다는 것을 깨닫는다. 함축적인 시 쓰기를 통해 형을 이해하고 받아들여야 한다는 것을 정리하고 있는 모습을 볼 수 있다.

시는 상징성과 아우라를 통해 통찰을 이룰 수 있는 치료적 효과가 있다. 소설로 펼쳐 놓았던 이야기를 함축적인 시어로 표현함으로써 참여자는 자신과 형과의 관계를 정리할 힘을 얻은 것이다.

5.5. 변화에 대한 느낌 기술하기

여름을 일종의 형과 나의 공통사로 생각하기로 했습니다. 그러니까 우리의 이해관계가 조금 다르다는 것을 생각하기로 했습니다. 이해하기로 했습니다. 형을 어떤 롤모델로 생각하기로 했습니다. 반두라의 사회적 인지이론을 조금 가져왔습니다. 그리고 이 시를 어떤 반응이라고 생각하기로 했습니다. 반두라의 사회적 인지 학습모델에 따르면 반응은 인지적 과정에 따른 것이라고 나와 있습니다. 그래서 저는 이 시를 그 과정에 두고 싶었습니다. 그리고 형을 롤 모델로 둔다면 그러한 관찰 학습의 과정에서 본시를 재현과정으로 두고 싶습니다. 영화《죽은 시인의 사회》에서 에단 호크가 일어나서 〈캡틴, 오 마이 캡틴〉하듯이. 그런 마음으로 이 시를 썼습니다.

시를 쓰는 것이 치료적 효과가 있음은 이미 시 치료를 연구하는 분야에서 입증되고 있는 부분이다. 소설로 쓴 내용을 시로 변용하는 과정에서 서술자가 화자가 되어 자신의 상황을 통찰하는 효과가 극대화될 수 있다. 참여자는 시를 쓰면서 형을 관찰하고, 이를 하나의 재현 과정으로 파악하면서 형을 인지 학습 모델로 설정하여 문제를 극복하는 지혜를 터득하였다. 자신의 문제를 스스로 치료하는 치료자적인 역할도 수행한 것이다.

6. 메타픽션, 창작을 넘어 나를 살리는 글쓰기

문학은 인간의 마음과 육체의 소리를 언어라는 장치로 표현한 것이며, 현존하는 인간의 목소리이다. 현대인들은 기존 사회나 지배 문화의 질서와 규칙에 순응하기보다 새로운 가치와 삶의 모습을 발견하고자 하는 욕망이 있다. 문학계에서는 이러한 움직임의 결과가 포스트모더니즘 소설과 메타픽션으로 나타났고, 이를 통해 '이야기하기에 대한 이야기', '소설 쓰기에 대한 소설'을 통해 존재론적 가치를 고민하고 있다. 존재에 대한 메타픽션의 이러한 탐구 방식을 현대인들의 병리적 현상을 해결할 수 있는 기제로 활용하는 것은 문학의 새로운 길을 모색한다는 측면에서도 의미가 있다.

　메타픽션은 허구와 현실의 관계에 의문을 제기하고 창작의 과정에 대해 진술하는 소설 양식이다. 소설이 실제 삶의 모습을 재현하거나 표상한 작품이 아니라, 어디까지나 작가가 언어 매체를 사용하여 허구 세계를 만들어 내고 있다는 사실을 자각하는 것이다. 즉 작품이 언어적 구성물이라는 사실을 상기함으로써 그것이 객관적이고 보편 타당성 있는 현실 세계와는 거리가 멀다는 것을 인식하고, 의도성을 갖고 이를 드러내는 것이 메타픽션이다. 언어로 지시된 것들이 사실 자체가 될 수 없다는 언어의 재현적 특징은 글쓰기 치료에서 주목해야 하는 부분이다. 삶에 대한 기억은 개인이 가진 욕구에 따라 새롭게 구성된다. 그러므로 실제 체험과 멀어지는 경향이 있다. 메타픽션을 통해 자신의 삶을 고백해야 하는 이유는 이렇듯 자신이 진술한 삶이 왜곡되었을지 모른다는 자각에서 출발한다.

　물론 메타픽션 글쓰기가 객관적 사실에 대한 무조건적 반대와 재현에 대한 포기는 아니다. 메타픽션은 재현 가능성에 대한 엄밀한 탐색 과정으로 연결될 수 있는 글쓰기이다. 즉 허구와 현실에 의문을 제기하면서 재현 가능성에 대한 엄밀한 탐색으로 연결되는 글쓰기이다. 이는 글쓰기 주체의 다각적이고 다층적인 면을 드러내도록 도와 준다.

　그러므로 메타픽션은 자신의 경험 진술을 통해 이해와 통찰 그리고 통합에 이르는 글쓰기 치료 기법으로 활용될 수 있다. 메타픽션을 치료적 측면에서 접근하는 것은 글쓰기 주체자의 자발성과 독립성을 보다 자유롭게 펼칠 수 있도록 하여 궁극적으로는 자기를 이해하고 통찰함으로써 더 나은 삶을 유지, 증진할 수 있도록 하는 자기 치유를 가능하게 한다.

더불어 메타픽션 소설 쓰기는 창작 영역에서도 전통적인 리얼리즘 기법을 탈피하여 다양한 각도로 글쓰기에 접근하는 서술 기법으로서 활용될 수 있다. 그럼에도 메타픽션의 치료적 효용성에 더 가치를 둔다면 '창작을 넘어 나를 살리는 글쓰기'가 될 것이다.

〈메타픽션 소설 쓰기의 치유적 기능〉
이명미 저자 인터뷰

안녕하세요, 이명미 선생님. 만나 뵙게 되어 반갑습니다. 우선 선생님의 전
공과 주 연구 및 관심 분야, 그리고 현재 하시고 계신 일을 여쭈어보고 싶습
니다.

> 네, 반갑습니다. 제 전공은 글쓰기 교육 & 독서 교육에서 출발했
> 습니다. 이 전공을 단순한 교육적 차원에서 좀 더 확장 심화하여,
> 최근에 주로 관심을 갖고 연구하고 있는 분야는 문학 치료와 상
> 담입니다. 수용적 측면의 독서 치료와 표현적 측면의 글쓰기 치료
> 에 관심을 갖고 꾸준히 연구하고 있습니다. 앞으로 문학 치료 영
> 역에서 디지털 매체를 활용할 가능성을 염두에 두고 VR, 즉 가상
> 체험을 활용한 문학 치료에 관한 연구도 진행하고 있습니다.
> 　현재는 한남대학교 탈메이지 교양교육대학 강의 전담 교수이면
> 서 국어국문창작학과 학생들의 문학 심리와 치료 분야 전공 수업
> 을 담당하고 있습니다.

이 책은 대전지역의 인문·예술에 대한 저변 확대를 목적으로 다양한 분야의
전문가들이 모여 결성한 '대전인문예술포럼'(이하 '대인포럼')의 첫 결과물
입니다. 그간 대인포럼에 참여하시면서 느끼신 좋았던 점과 아쉬웠던 점을
한 가지씩 말씀해 주시면 감사하겠습니다.

네, 우선 좋았던 점은 다른 회원들도 마찬가지일 거라고 생각이 드는데요. 제 전공 분야가 아닌 철학이나 미술, 문학과 같은 예술 분야에 대한 지식을 좀 더 확장할 수 있었다는 것입니다. 특히 철학 분야도 동양철학, 서양철학 등 다양한 분야의 사상가들을 들여다볼 수 있었고요. 미술 분야 역시 알지 못했던 서양, 동양미술의 미학적 가치를 알게 된 점이 매우 좋았습니다. 더 나아가 자신의 주전공을 다른 예술 분야나 인문 분야에 접목하려는 여러 회원의 발표를 들으면서, 이 시대가 추구하는 통섭과 융합 학문의 필요성과 그 노력을 알게 되었다는 점이 더욱 좋았던 것 같습니다. 발표로 끝나지 않고 이어진 모임에서 화기애애한 분위기와 함께 회원 여러분들의 다양한 의견을 듣고 좀 더 사고를 심화시킬 수 있었던 것도 의미 있는 시간이었던 것 같습니다.

다만 좀 아쉬운 점은, 자유로운 토론 방식도 좋긴 하지만 포럼 방식의 형식을 다듬어 좀 더 체계적인 발표와 토론이 될 수 있도록 하는 것이, 다양한 의견 교환이라는 측면에서 필요하지 않을까 하는 생각을 해봅니다.

인문학과 예술이라는 주제로 대인포럼에 참여하시면서 기대하셨던, 혹은 생각하셨던 인문학과 예술에 대한 가치가 있으셨을 텐데요, 선생님이 생각하시는 인문·예술의 성격과 정신, 그리고 앞으로의 비전이 무엇인지 여쭤봐도 될까요?

글쎄요. 아직 지식이 많이 부족하고 많이 배워야 하는 입장이라 이러한 질문은 저에게 조금 어려운데요. 인문 예술의 성격과 정신은 한마디로 말해서 인간을 알고 인간의 삶을 들여다보고, 인간이 좀 더 의미와 가치 있는 삶을 살기 위해 도와주는 학문이 되어야 하지 않을까 하는 생각이 듭니다. 어떤 학문이든지 마찬가지겠지만 인문·예술 분야는 효용성이나 실용적인 면을 추구하기보다는 좀 더 인간을 탐구하고 인간 정신에 도움이 되는 그런 학문이 되어야 한다고 생각합니다.

그런 측면에서 제가 전공하는 치료 분야에 인문학 정신을 기반으로 다양한 예술을 도입한 치료 기법을 개발하는 것이 앞으로 제가 하고 싶은 공부입니다. 문학은 물론 미술이나 음악, 무용 등 다양한 분야가 이미 치료에 활용되고 있고, 그에 대한 연구도 꾸준히 지속되고 있습니다. 저도 문학과 글쓰기를 중심으로 좀 더 깊이 있는 상담 기법을 활용하여 좀 더 체계적인 문학 치료 더 나아가 예술 치료 기법을 구안하고 개발해 나가고자 합니다.

네, 잘 알겠습니다. 그럼 본격적으로 선생님이 책에 쓰신 내용에 대해 여쭈어보도록 하겠습니다. 먼저, 선생님이 글에서 강조하고 싶으신 부분을 다시 한번 간략하게 설명해주시고, 왜 그 주제가 중요한지 말씀해주시면 감사하겠습니다.

인간은 행복한 삶을 지향합니다. 그로 인해 살아가면서 부딪치는 문제에 대해 자기 방어를 할 수 있는 심리적 메커니즘이 형성되어 있습니다. 그럼에도 불구하고 다원화된 현대인의 삶은 스스로의 마음 범위를 벗어나는 상황이 항상 존재합니다.

문학은 오랜 세월 인간의 삶을 구현하고 마음의 소리를 전달해 왔습니다. 작품 속 인물이나 화자와 자신을 동일시하여 치열한 삶을 직면하고 극복하는 경험은 새로운 삶으로 나아가는 힘의 원천이 되기도 합니다. 그렇게 문학은 인간의 마음을 보듬고 위로해 주면서 곁에 머물고 있는, 인간에 의해 창작된 예술입니다. 특히 문학의 상징과 은유적인 표현은 최고의 정신적 행위를 요구합니다. 인간의 상처를 극복하고 치유하는 과정 역시 이러한 정신적 행위와 의지가 매우 중요하다고 할 수 있습니다. 그러므로 문학을 읽고 창작하는 과정은 최고의 치유적 도구가 될 것입니다.

이 글은 문학 장르 중에서 메타픽션이라는 자의식적 소설 쓰기를 통해, 자신의 서사를 직면하고 메타적으로 들여다보는 방법을 제시하고 있습니다. 자신의 핍진한 삶이 픽션일 수 있다는 가정과 그를 객관적으로 바라보는 시선은 상처를 극복하는 것은 물론 삶을 성찰할 수 있도록 도와줄 것입니다.

현재 2021년 세계를 강타한 코로나 팬데믹 상황은 인간의 삶에 많은 변화를 가져왔습니다. 특히 '코로나 블루', '코로나 레드', '코로나 블랙'이라는 신조어가 말해주듯이 정신 건강에 심각한 적신호를 알리고 있습니다. 본 연구는 마음 방역이 필요한 현대인들이 스스로를 치유하는 도구의 하나로서 활용할 수 있는 기법을 구안하는 데 그 목적이 있습니다. 이 글은 문학 상담 기법 특히 글쓰기 치료 분야의 기초 작업으로, 향후 지속적인 기법을 개발하고 체계화하는 토대가 될 것입니다.

이명미

한남대학교 탈메이지교양교육대학 강의 전담 교수로 재직 중이다. 〈MBTI 성격유형별 글쓰기 전략〉으로 한남대학교에서 박사학위를 받았다. 글쓰기와 독서 교육의 영역을 확장하여 심리와 문학 치료에 관심을 갖고 이를 융합할 수 있는 연구를 지속하고 있다. 주요 논문으로는 문학작품 속 인물을 분석한 〈융의 분석심리학적 관점에서 본 소설 『은교』에 나타난 자기실현〉(2017), 〈김려령의 『너를 봤어』에 나타난 죽음 본능〉(2018)과 문학과 치료를 접목한 〈메타픽션을 활용한 글쓰기치료 기법 연구〉(2020) 등이 있다. 저서로는 《목요일 9시 당신이 내 이름을 부릅니다》(2019, 공저)가 있다.

60년대 한국 소설과 허무주의, 무거운 우울의 가능성

1. 서론

로컬리티는 공간적 특수성을 이야기하는 것이다. 하지만 공간과 시간은 서로 얽혀 있으며, 로컬리티의 특수성 역시 보편성과 얽혀 시공간을 가로질러 사방으로 나아간다. 한 시대에 대한 시간적 고찰은 그 공간적 특수성과 보편성을 넘어서는 시대적 고찰이자 반시대적 고찰이다. 따라서 여기서는 김승옥의 소설을 기초로 60년대라는 시간적 로컬리티를 통해 지금에 대해 고민하고자 한다.

김승옥의 소설을 읽는 것은 힘겹고 버거운 일이며 문자의 불편함을 실감하는 일이다. 그 이유는 그의 소설이 전달하고자 하는 내용이 어려워서가 아니라 그의 작품들이 던져 주는 무기력한 허무주의의 냄새 때문이다. 김승옥의 텍스트는 말 그대로 언어가 지니는 무거운 우울이다.[1]

---

1   김현(1991), p.210.

무진의 그 틉틉한 안개 속에서 끝나지 않을 부끄러움으로 고뇌하는 사내에게서, 그리고 1964년 서울이라는 허무의 공간 속에 던져진 세 인물에게서, 우리는 외면하고 싶은 실의와 체념을 경험하게 된다. 그리고 그 실의와 체념은 전쟁의 상흔이 가시지 않은 60년대라는 시대적 상황을 대변하고 있다. 그러나 김승옥에 의해서 잔잔하지만 피가 흐르듯 전해져 오는 무거운 우울의 양상은 단순한 실의와 체념이 아니다. 오히려 실의와 체념의 극한이며 그 완성인 것이다. 허무의 순간, 가장 비극적인 순간을 정면으로 직시함으로써 완성되는 순수한 무無의 지향이다. 김현의 표현대로라면 '반성파탄재조정'의 악순환을 계속하지 않으면 안 된다는 것이고, 니체식으로 표현하자면 '최대의 무게'에 대한 긍정인 것이다.

지독하면서 처절한 60년대라는 그 허무의 공간을 통해 김승옥은 새로운 가능성을 제시하고 있다. 60년대 상황 인식에 기반한 기괴한 염세주의적 독백을 통해 그는 비극의 가능성을 나타낸다.

> 언제부터인가 나에게 '60년대 작가'라는 별칭이 붙어다니는데 아닌게 아니라 이제보니 이 카테고리야말로 60년대 상황인식이라는 걸 깨닫게 되는 것이다. 60년대를 고려하지 않는다면 내가 써낸 소설들은 한낱 지독한 염세주의자의 기괴한 독백일 수밖에 없을 것이다. 60년대라는 조명을 받음으로써 비로소 소설들은 일상적인 모습으로 동작하는 것이다. 내가 '60년대 작가'임을 스스로도 인정하지 않을 수 없었다.[2]

---

2   김승옥(1995), p.7.

김승옥 스스로 이야기하듯 60년대라는 시대적 상황을 통해 전달하는 지독한 염세주의적 독백은 단순한 허무주의의 전달이나 무기력한 괴로움의 외침이 아니다. 김승옥은 허무의 상황, 즉 모든 가치가 무기력하게 무너지는 상황 속에서 새로운 가능성을 찾고 있다. 역설적이게도 김승옥이라는 이 철저한 니힐리스트는 긍정을 이야기하고 있다. 이러한 긍정은 독자들에게 새로운 가능성을 제시한다. 우리가 중요하게 생각해 오던 존재 방식이 무너진 상황에서, 그 존재 방식들의 완전한 무너짐이 바로 허무의 무기력을 극복할 수 있는 유일한 방법이라고 알려 주고 있는 것이다.

김승옥의 소설이 반영하는 당대의 일상성과 덧없음 그리고 그 의미 없는 언어들은 시간적 거리를 갖는 독자에게 하나의 대안이 될 수 있다.[3] 그가 제시한 60년대 삶의 모습과 시대에 만연한 가치 전도의 현상은 우리에게 새로운 시각을 제공한다. 지금 우리는 알지 못한 것으로 변해 버린 자신에 대한 절망적 불안감 속에서 자유롭지 못하다. 이 불안감은 무진의 눅눅한 안개처럼 지금도 시대와 우리 주변을 맴돌고 있다. 이러한 불안감을 벗어던지기 위해서라도 김승옥이 제시한 60년대의 저 염세적인 현실을 다시 보아야 한다.

2. 1960년대, 또 다른 니힐리즘의 기록

무기력한 허무주의를 내세우며 삶의 덧없음을 이야기하는 것

---

3   신형기(2008), p.203.

은 문학에서는 일반적인 소재라 할 수 있다. 한국 문학에서도 이러한 소재는 우울한 시대적 상황과 연결되어 빈번히 등장한다. 이미 식민지 시대의 모더니스트들은 매혹과 반발, 열광과 환멸이 교차하는 정신적 무질서를 증언했으며, 손창섭으로 대표되는 50년대 작가들은 너무나도 무기력한 인간, 그리고 그 인간이 감수해야 하는 모멸과 절망을 묘사했다. 하지만 60년대로 들어오면서 이러한 허무의 양상은 다른 모습을 보이기 시작한다. 50년대 작가들이 만든 주인공들은 대부분 자신의 상황을 무의지적으로 수락해 버린다. 손창섭의 《비오는 날》에 실린 여러 단편에 자주 등장하는 이런 인물들은 그 의식의 수동성을 극명히 하기 위해, 병을 앓거나, 군대에 갔거나, 돈이 없거나 하는 상황 설정을 배당받는다.[4] 하지만 김승옥으로 대표되는 60년대 소설의 주인공들은 자신의 상황을 수동적으로만 받아들이지 않는다. 절망적인 상황에 던져졌다는 것은 50년대의 분위기와 같지만, 김승옥 소설의 주인공들은 그 상황을 뚜렷이 인식하면서 무너져 내리고 있는 것이다. 다시 말해 이들은 절망과 허무의 상황, 가치의 무너짐을 정면으로 직시하며 그 무너짐의 완성을 통해 스스로를 더욱 무너져 내리게 만든다. 그렇다면 이들이 어떻게 자신의 상황을 인식하며 절망하고 환멸을 느끼는지 김승옥의 소설로 들어가 보자.

〈건(乾)〉에서의 '나'는 죽어 있는 빨치산의 시체 앞에서 이데올로기의 숭고함은커녕 시대가 던진 가공할 폭력조차 경험하지 못한다.

---

4 김현(1991), p.383.

사람들이 그토록 이야기하던 '빨치산'이나 '빨갱이'에게서 '나'는 아무것도 발견하지 못한 것이다. 다만 그 시체에게서 "영락없이 만취되어 길가에 쓰러진 한 거지의 꼬락서니"만을 발견한 '나'에게 빨치산은 세계 돌팔매질을 해도 되는 하찮은 일상인에 불과했다.[5] 그 대단하다던 빨치산의 시체를 본다면 무언가 새로운 것을 경험할 것 같았지만 '나'는 그 시체에게서 허무를 경험할 뿐이다. 그리고 이러한 실망감은 빨치산의 습격으로 남해로의 무전여행이 취소된 형들의 욕망을 충족시키는 음모에 가담하게 만든다. '나'와 친했던 윤희 누나를 겁탈하려는 형들의 음모에 적극 가담하게 된 것이다. 이로써 '나'의 허무와 타락 그리고 자학은 완성된다.

> 아아, 모든 것이 항상 그렇지 않았더냐. 하나를 따르기 위해서 다른 여러 개 위에 먹칠을 해 버리려 할 때, 그것이 옳고 그르고를 따지기보다 훨씬 앞서 맛보는 섭섭함. 하기야 그것이 '자라난다'는 것인지도 모른다. 미영아, 내게 응원을 보내라. 형들의 음모에 가담한다는 건 아주 간단한 일이다. 미영아, 내게 응원을 보내라. 그건 뭐 간단한 일이다. 마치 시체를 파묻듯이 그것 아주 간단한 일이다. 뭐 난 잘 해낼 것이다.
>
> 〈건(乾)〉

어떤 죽음이든 그것에는 심오한 의미가 있을 것 같았다. 더구나 그는 빨치산이 아닌가? 그의 죽음에는 어떤 비장함이나 처절함, 아

---

5   김미현(2012), p.383.

니면 최소한 주검이 주는 끔찍함이라도 있어야 했다. 하지만 '나'는 그의 죽음에서 아무것도 발견하지 못한다. 이러한 허무는 결국 '나'가 가지고 있던 도덕적 상상력이나 윤리적 세계관을 무의미하게 만들었다. 죽음조차 의미가 없는데 그 어느 규범적 요소가 가치를 가질 수 있다는 말인가. 하지만 아직도 윤희 누나를 겁탈하는 음모에 가담하는 것은 겁이 난다. 그래도 '나'는 해야 한다. 왜냐하면 이 허무함을 완성시켜야 하기 때문이다. 허무함을 완성하는 것, 그것이 바로 '자라난다'는 것이다. 결국 성장은 자기기만이며 환멸과 무너짐의 체험이다.

인간이 얼마만큼 자기기만을 감수하고 있느냐에 대한 김승옥의 이 침통한 진술은 〈무진기행〉에서 더욱 극명히 나타난다.[6] 〈무진기행〉은 실의에 빠져 살아가던 청년이 서울로 상경했다가 돈 많은 과부와 결혼하여 출세한 뒤 고향에 잠시 들렀다가 여선생과 정사를 벌이고 다시 상경한다는 내용을 담고 있다. 주인공 윤희중은 안개만이 유일한 명물인 무진에 왔지만 그가 느끼는 것은 과거의 외면하고픈 기억과 유행가, 술집 여자의 자살 그리고 배반과 무책임뿐이다.

희중에게 무진은 비열함과 자기기만으로 점철된 청춘의 편린이다. 전쟁 중 집 안 다락방에 숨어 징집을 피해 있으면서 〈이 몸이 죽어서 나라가 산다면〉을 부르며 전장으로 나아가는 사람들을 보고 끝없는 비참함을 경험한 비열의 기억인 것이다. 이웃집 청년이 전쟁터에서 죽었다는 소식을 전하며 이렇게 숨어 있는 것이 얼마나 현명

---

6   김현(1991), p.386.

한 선택인지를 강조하는 어머니의 말속에서 그의 비참함과 천박함은 더욱 깊어진다. 하지만 이 천박함의 대가는 일견 명확한 듯 보였다. 희중은 사회적 지위를 보장해 주는 과부와 장인을 만났으며 이로 인해 무진에서 가장 출세한 사람이 되었다. 무책임과 비열한 자신과의 타협안은 희중에게 많은 것을 가져다주었던 것이다. 그리고 쓰린 과거가 되살아나는 안개의 공간에서 희중은 인숙을 만나게 된다. 성악을 전공하여 〈목포의 눈물〉을 노래하는 여선생에게서 희중은 "유행가가 내용으로 하는 청승맞음과는 다른 좀 더 무자비한 청승맞음"을 느끼게 된다. 또한 그녀의 노래에는 "머리를 풀어헤친 광녀의 냉소가 스며 있었고, 무엇보다도 시체가 썩어가는 무진의 그 냄새가 스며" 있었다. 그리고 자기 자신이 싫어질 때가 있다는 그녀에게서 희중은 괴로웠던 과거의 자신을 발견하고, 그녀와 정사를 맺고 그녀를 위한 여러 가지 약속을 하게 된다.

하지만 희중은 곧 서울로 급히 올라오라는 아내의 전보를 받고 무진을 떠나게 된다. 희중에게 무진을 떠난다는 것은 또다시 무책임을 긍정하는 것이며, 다시 자신과의 타협이 필요한 일이다. 자신의 모습과 닮은 사랑의 대상을 버리고 현실의 논리를 따른다는 가치의 전도가 필요한 일인 것이다.[7] 그래서 희중은 다시 비열한 타협안을 작성한다. 자기 스스로를 기만하고 합리화하기 위한 타협안이다. 그리고 자신을 위로하듯 그녀에게 편지를 쓰고 이내 찢어 버린다. 부끄럽다. 하지만 서울에서 희중의 삶은 이 부끄러움을 곧 보상해 줄

---

7   설혜경(2015), p.339.

것이다.

> 한 번만 마지막으로, 이 무진을, 안개를, 외롭게 미쳐가는 것을,
> 유행가를, 술집 여자의 자살을, 배반을, 무책임을 긍정하기로
> 하자. 마지막으로 한 번만이다... 덜컹거리며 달리는 버스 속에
> 서 나는, 어디쯤에선가, 길가에 세워진 하얀 팻말을 보았다. 거
> 기에는 선명한 글씨로 〈당신은 무진을 떠나고 있습니다. 안녕
> 히 가십시오〉라고 씌어 있다. 나는 심한 부끄러움을 느꼈다.
>
> 〈무진기행〉

타협안을 만들었지만, 그것이 얼마나 환멸스러운지는 스스로가
가장 잘 알고 있다. 따라서 부끄러움은 피할 수 없다. 그리고 이 부
끄러움은 미쳐 가는 것을, 술집 여자의 자살을 그리고 이 안개를 이
해하고 그것을 넘어서지 않는 한 끝나지 않을 것이다. 희중은 이렇
게 치열한 허무의 끝자락에 놓여 있다. 상황을 극복하기 위해 그것
을 수락함으로써 자기 세계를 갖게 되는 사람이 내보여 주는 이러한
태도의 희극은 〈생명연습〉에서부터 시종일관되는 작가의 제재이기
도 한데, 바로 이 점 때문에 그의 소설은 계속 독자의 가슴을 찌르고
할퀸다.[8]

'자기 세계'라면 그것을 가지고 있는 사람을 몇 명 나는 알고 있
는 셈이다. '자기 세계'라면 분명히 남의 세계와는 다른 것으로

---

8 김현(1991), p.388.

서 마치 함락시킬 수 없는 성곽과도 같은 것이 아닌가 생각한다. 그 성곽에서 대기는 연초록빛에 함뿍 물들어 아른 대고 그 사이로 장미꽃이 만발한 정원이 있으리라고 나는 상상을 불러일으켜보는 것이지만 웬일인지 내가 알고 있는 사람들 중에서 '자기 세계'를 가졌다고 하는 이들은 모두가 그 성곽에서도 특히 지하실을 차지하고 사는 모양이었다. 그 지하실에는 곰팡이와 거미줄이 쉴새없이 자라나고 있었는데 그것이 내게는 모두 그들이 가진 귀한 재산처럼 생각된다.

〈생명연습〉

김승옥은 '자기 세계'를 갖는다는 것은 비열함을 긍정하는 것이며 환멸을 수용하는 것이라고 말한다. 더러운 곰팡이와 거미줄을 쌓아 가며 '어쩔 수 없음'으로 스스로를 위로하는 것, 그것은 살아 있는 모든 것이 해야 하는 생명의 연습이다. 그에게 성장은 환멸의 체험이며 그 고통스러운 체험을 반복하는 것이 바로 생명인 것이다. 생명을 가진 것들은 모두 푸르른 대기와 장밋빛이 비추는 위로와 평안이 아닌 눅눅하고 불결한 지하실을 가지고 있다. 그 비밀의 왕국 속에서 사람들은 자학과 죄의식 속에서 살아가지만, 동시에 윤리나 도덕 등 세상의 모든 규범과 가치로부터 자유롭다. 이러한 비밀의 왕국 속에서 선교사는 자위 행위를 하고 어머니는 아버지를 닮은 여러 남자를 전전한다. 그리고 형은 그러한 어머니를 죽이고자 하고 만화가는 직선을 자를 대고 그렸다고 괴로워하며, 은사인 한 교수는 사랑하는 여자의 육체를 범해 버림으로써 오히려 그 여자를 떠날 명분을 마련한다. 이처럼 김승옥에게 60년대를 살아가는 사람들은 그것이 상처이든 아니면 감추고 싶은 기억이나 억지스러운 자기 합리화이든 자기 세계라는 지하실에서 스스로를 기만하며 허무의 공간을 주유하는 존재들이다.

60년대를 억척스럽게 살아 내고 있는 사람들은 자기만의 곰팡이 핀 지하실을 가지고 있다. 그곳이 창신동 빈민가의 쪽방이든 아니면 고급 양옥 주택의 병실같이 하얀 방이든 사람들은 지하실을 가지고 있는 것이다. '철편', '현기증', '살의' 그리고 '회오'와 '사랑'까지 모두 가지는 결코 건강하지만은 않은 모습이다.[9] 따라서 "창신동에 사는 사람들은 모두 개새끼들이외다"라는 빈민가 쪽방의 낙서도 비단 창신동이라는 공간만을 의미하는 것이 아니다. 〈역사〉의 주인공인 '나'는 소위 창신동으로 대변되는 빈민가와 고급 주택가에서의 생활을 모두 경험한다. '나'는 무질서하고 퇴폐적이며 게으른 "개새끼"들이 사는 창신동 하숙집에서 "규칙적인 생활 제일주의"와 "정식正式의 생활"을 영위하는 양옥으로 하숙을 옮겼을 때 문화적 충격을 받게 된다.[10] 처음에는 양옥집의 생활을 동경하게 되었으나 도시 상류층의 생활도 빈껍데기뿐임을 알게 되면서 "빈민가에서 파견된 척후"가 되어 양옥집 사람들에게 복수를 한다. 하지만 이러한 일도 아무런 의미가 없다. 빈민가의 삶이든 양옥집의 삶이든 어떤 것이 옳은 것도 틀린 것도 아니다. 명증한 것은 단 하나, 모두 고통스럽다는 사실뿐이다.

---

9   유홍주(2010), p.219.
10   김미현(2012), p.391.

"어느 쪽이 틀려 있었을까요?"

"글쎄요."

라고 나는 대답하며 생각했다. 나로서는 얼른 믿어지지 않는 얘기이다. 첫째, 그런 생활이 있을 것 같지 않고, 있다고 해도 어느 쪽이 반드시 틀렸다고 말할 수도 없고, 오히려 두 쪽 다 잔혹할 뿐이라는 점에서 똑같고, 어느 쪽이 틀렸다고 해도 그것은 그 젊은이가 이질적인 사실을 한눈에 동시에 보아 버리려는 데서 생긴 무리(無理)이겠지라고.

"내가 틀려 있었을까요?"

라고 그 젊은이는 다시 내게 물었다.

"글쎄요."

〈역사(力士)〉

사람들은 자신만의 지하실을 가지고 어떤 것이 옳은 것이지 무엇이 잘못된 것인지 알 수 없는 곳에서 살아간다. 어떠한 가치도 작동하지 않는 곳에서 다만 잔혹할 뿐이다. 무진의 안개 속이든 빨치산의 시체를 바라보는 눈동자 속이든 그리고 서울에서 학교에 다니는 대학생의 기억 속이든, 60년대를 살아가는 사람들에게 세상은 환멸과 허무로 점철된 잔인한 곳이었고 살아 있는 모든 것에게 세상을 살아 낸다는 것은 슬픈 일이었다.

이처럼 60년대를 대표하는 김승옥은 허무의 상황에 던져진 수동적인 인물들을 묘사하는 50년대 작가들과 달리, 독자들로 하여금 불편한 이야기들을 정면으로 직시하게 하며 그것을 인식하게 한다.[11] 김승옥이 그리는 인물은 항상 괴로워하고, 기만하고, 악을 쓰고, 울고, 고민한다. 그들은 전부 뭐가 뭔지 잘 모르겠다는 그런 생각만을 하고 있다. 나는 어떻게 살아야 할 것인가? 김승옥의 인물들은 항상 이런 질문을 내뱉지만 아무도 대답을 하지 못한다. 그의 주인공들은 좌절된 인간들이다.[12] 하지만 이들은 질서가 없고 가치 판단의 기준이 없으며 신이 없는 상황을 똑똑히 보고 있으며, 그것을 뚜렷이 봄으로써 허무를 받아들이고 있다.

그렇다면 김승옥은 이 지독한 염세주의적 세계관을 왜 우리에게 보여 주는 것인가. 그의 소설은 왜 자꾸 그 치근치근하고, 음울하고, 후텁지근한 분위기 속으로 독자들을 밀어붙이는 것인가. 그 이유를 알기 위해서 1964년 겨울, 서울의 모습을 보아야 할 것 같다.

3. 모든 것의 배후에는 '무無'가 있다

1964년 겨울, 서울에 밤이 찾아오면 포장마차들이 하나둘 등장하고, 오뎅과 구운 참새 등을 안주로 팔며 카바이드 불이 바람에 흔

11 　김현은 55년의 작가와 65년의 작가가 분명한 연결고리를 가지고 있지만 명백히 구분되는 특징도 가지고 있다고 주장한다(김현, 1991, p.258). "연대기적으로 본다면 장용학이 49년에, 손창섭이 52년에, 그리고 선우휘, 송병수, 하근찬, 김동립이 57년에, 최인훈이 59년에 그리고 3년 뒤인 62년에 김승옥이, 64년엔 홍성원이 문단에 데뷔하고 있다. 이러한 사실은 소위 '전후문학인협회'에 가입하고 있었던 55년대 작가들과 제3세대라는 괴이하고도 선동적인 어휘로 불리어지고 있는 작가들 사이가 그렇게 심하게 단절되어 있지 않고 계속되어 있는 듯한 느낌을 우리에게 주고 있다. 그럼에도 불구하고 나에게는 55년대의 작가들과 65년대의 작가들을 가르는 게 상당히 편리한 것처럼 생각된다."

12 　김현(1991), p.263.

들리는 허름한 곳으로 사람들이 모여든다. 김승옥의 소설 〈서울 1964년 겨울〉은 이 포장마차에서 만난 세 인물로부터 이야기를 시작한다. 이 세 사람이란 "나(김)와 도수 높은 안경을 낀 안이라는 대학원 학생과 정체는 알 수 없지만 요컨대 가난뱅이라는 것만은 분명하여 그의 정체를 꼭 알고 싶다는 생각은 조금도 나지 않는 서른대여섯 살짜리 사내"이다. 그리고 이 세 사람은 각각 김승옥적 인물의 세 패턴을 나타낸다.[13] 부잣집 장남이며 '김'에게는 상상이 되지 않는 전공을 가진 대학원생 '안'과 육군사관학교에 지원했지만 뜻을 이루지 못하고 군대에 갔다가 성병에 한 번 걸려본 적이 있는 평범한 공무원인 '김' 그리고 가난뱅이, 이들은 김승옥이 바라보는 60년대 군상들을 대표하고 있다.[14] 또한 이들은 현재 처절한 허무의 상황에 놓여 있다. 가야 할 곳도, 지켜야 할 것도 없는 사람들이며 남영동 미용 학원에 불이 났을 때, 불이 붙은 미용 학원 간판의 글자들을 하나하나 찬찬히 응시하는 사람들이다.

하지만 이들이 허무와 환멸을 대처하는 방법은 각각 다르다. 가난뱅이 사내는 아내의 시신을 병원에 팔고 끝내 자살을 선택하는 사람으로 아내라는 유일한 가치가 무너지자 그 가치를 그리워하며 결국 무너져 내린 인물이다. 김승옥이 보기에 60년대 허무의 시대를 살아가는 사람들이 가진 한 가지 선택지는 더 이상 존재하지 않는 가치를 그리워하며 화살의 방향을 스스로에게 향하고 자학하며 스스로 무너져 내리는 것이다.

---

13   김현(1991), p.388.
14   송준호(2006), p.196.

그리고 여기 또 다른 선택지가 있다. '안'이라는 사람은 모든 것이 결국 무의미하다는 것을 알고 그것을 수락하며 살아가는 인물이다. 의미 없는 것에 의미를 두고 무가치한 것들에 가치를 두며 그저 순간을 살아가는 인물인 것이다. 자기만이 본 것을 자기만이 소유한 것이라 믿고 그저 허무를 받아들여 그것을 삶의 방식으로 수락한다.

　"서대문 버스 정거장에는 사람이 서른두 명 있는데 그 중 여자가 열일곱 명이었고, 어린애는 다섯 명 젊은이는 스물한 명 노인이 여섯 명입니다."
　"그건 언제 일이지요?"
　"오늘 저녁 7시 15분 현재입니다."
　"아." 하고 나는 잠깐 절망적인 기분이었다가 그 반작용인 듯 굉장히 기분이 좋아져서 털어놓기 시작했다.
　"단성사 옆 골목의 첫 번째 쓰레기통에는 초콜릿 포장지가 두 장 있습니다."
　"그건 언제?"
　"지난 14일 저녁 9시 현재입니다."
　"적십자병원 정문 앞에 있는 호두나무의 가지 하나는 부러져 있습니다."
　"을지로 3가에 있는 간판 없는 한 술집에는 미자라는 이름을 가진 색시가 다섯 명 있는데 그 집에 들어온 순서대로 큰 미자, 둘째 미자, 셋째 미자, 넷째 미자, 막내 미자라고들 합니다."
　"그렇지만 그건 다른 사람들도 알고 있겠군요. 그 술집에 들어가 본 사람은 꼭 김 형 하나뿐이 아닐 테니까요."

"아 참, 그렇군요. 난 미처 그걸 생각하지 못했는데. 난 그 중에서 큰 미자와 하루저녁 같이 잤는데 그 여자는 다음 날 아침, 일수로 물건을 파는 여자가 왔을 때 내게 팬티 하나를 사 주었습니다. 그런데 그 여자가 저금통으로 사용하고 있는 한 되들이 빈 술병에는 돈이 110원 들어 있었습니다."

"그건 얘기가 됩니다. 그 사실은 완전히 김 형의 소유입니다."

〈서울 1964년 겨울〉

'안'에게 확실하고 정당한 것은 존재하지 않는다. 다만 찰나에 의미를 부여하고 그 의미가 가치를 상실하게 된다는 것을 이해하며 그것을 받아들이는 인물이다. 애써 자신을 위로하고 억지로 가치를 세우기 위한 자기기만을 시도하지 않으며, 그저 허무와 공허 그리고 세상의 환멸을 받아들이며 살아간다. 따라서 '안'이라는 인물은 인생에 확신을 가지고 산 일이 없기에 절망하지도 기뻐하지도 않는다. 허무를 담담하게 체험할 뿐이며 순간적인 삶을 이끌어 간다. 이와 달리 '김'은 허무한 삶에 적극적으로 대처하는 인물이다. 물론 그의 방법에서 허무에 대항하거나 새로운 가치를 만들려는 시도는 찾아볼 수 없다. 그는 가치 없는 것에 스스로 가치를 부여하고 스스로 위안하는 자기기만을 시도하며 60년대를 살아 낸다. 무진에서 부끄러움에 괴로워하던 희중과 삶의 양식이 유사한 것이다. 날기도 하지만 내 손에 잡힐 수 있는 '파리'를 사랑한다며 무가치에 가치를 포장하면서 살아가는 기만의 인물이다.

"안 형, 파리를 사랑하십니까?"

"아니요, 아직까진……" 그가 말했다. "김 형은 파리를 사랑하세요?"

"예."라고 나는 대답했다. "날 수 있으니까요. 아닙니다. 날 수 있는 것으로서 동시에 내 손에 붙잡힐 수 있는 것이니까요. 날 수 있는 것으로서 손안에 잡아 본 적이 있으세요?"

〈서울 1964년 겨울〉

60년대라는 시대적 상황에서 '김'이 가치를 부여할 수 있는 선택지는 결국 파리였다. 가치가 없다는 것을 알면서도 그는 파리에 가치를 부여하며 사랑하게 된다. 그렇게라도 하지 않으면 그는 견딜 수 없었을 것이다. 의미 없는 것에 의미를 부여하는 자기기만의 방식이 그가 자신이 던져진 시대에서 살아가는 방식이다. 의미 있는 세계가 그 의미를 잃고 의미 없다고 생각된 것들이 의식의 조작을 통해 의미 있게 되는 것의 즐거움, 그 즐거움은 그러나 자족적인 유희의 즐거움이 아니라 장식적인 즐거움이다.[15] 이러한 자기기만의 방식은 가난뱅이 사내의 죽음을 대처하는 자세에서도 잘 나타난다. '김'은 가난뱅이 사내를 혼자 놓아두면 그가 죽으리라는 것을 알고 있었다. 그가 사내의 죽음에 대한 소식을 들었을 때, '역시……'라고 대답하는 것에서 잘 나타난다. 솔직히 그의 죽음은 모두가 짐작하고 있는 것이었다. 하지만 '김'은 그 사내가 죽으리라는 것을 짐작도 못했다고 자신을 위로하며 그의 죽음으로부터도 빠르게 도망간다. 죽으리라는 것을 알고 있었지만 확신하지 못했기 때문에 결국 자신은 몰랐던 것이라며 그렇게 스스로를 기만한다.

---

15   김현(1993), p.121.

이처럼 김승옥은 허무의 시대를 살아가는 세 가지 방식을 우리에게 보여 준다. 무너져 내리거나 익숙해지거나 혹은 자신을 기만하거나 하는 것이 당대를 살아가는 방식이라는 것이다. 하지만 김승옥은 독자로 하여금 이 세 가지 선택지 중 하나를 택하라고 말하지 않는다. 이러한 삶의 방식을 통해 그는 결국 모든 것의 배후에는 '무無'가 있다는 사실을 깨닫게 한다. 김승옥이 보기에 모든 가치의 근원은 결국 아무것도 아닌 것이다. 그것이 더러운 것이든 깨끗한 것이든 그 근원은 결국 아무것도 아닌 것이다. 모든 것의 배후에 무가 있다는 것은 〈염소는 힘이 세다〉에서도 잘 나타난다.

"너 왜 그러니?" 누나의 입에서 자장면 냄새가 풍겨 나왔다. "더러워."하고 나는 말했다. "더러워, 저리 가!" 누나가 내 양쪽 어깨를 자기의 두 손으로 아플 만큼 눌러 쥐었다. "아무것도 아냐. 나도 취직할 수 있을 뿐인걸." 누나의 목소리는 떨리고 있었다.
〈염소는 힘이 세다〉

〈염소는 힘이 세다〉에서 '누나'는 자신을 겁탈한 남자를 증오하면서도 그가 내민 호의를 받아들이고 그에게 고맙다고 이야기할 수밖에 없다. 그리고 이러한 누나의 행동은 '아무것도 아닌 것'이다. 그리고 '나'도 그것을 더럽다고 생각하지만 곧 아무것도 아니라는 것을 인정하지 않을 수 없다. 왜냐하면 그 더러운 것이 곧 누나를 버스 회사에 취직하게 해주었기 때문이다. 아픈 엄마는 "살기란 힘든 거란다"라고 말한다. 그리고 "더러워"라는 '나'의 말에 누나는 "아무것도 아냐"라고 대답한다. 누나의 말이 맞았다. 살기 힘든 곳에서 더러운 것이든 깨끗한 것이든 그러한 가치들은 결국 아무것도 아닌 것이었다.

이렇게 김승옥은 모든 것이 아무것도 아닌 것이란 사실을 독자들에게 반복적으로 보여 준다. 하지만 그가 이 지독한 니힐리즘적 사유를 보여 주는 것은 우리를 염세주의적 세계관에 던져 넣기 위한 것은 아니다. 김승옥은 60년대의 상황 인식을 통해 새로운 가능성을 만들려고 시도하는 것이다. 그리고 그 새로운 가능성은 결국 아무것도 아닌 것, 즉 '무'로부터 시작한다. '무'와 김승옥이 제시한 저 무거운 우울은 모든 가치의 무너짐이지만, 이와 동시에 모든 것의 배후로서 새로운 가치의 가능성이다. 가치란 우리가 중요한 것으로 평가하는 것, 긴요한 것, '궁극적으로 문제가 되는 것'을 의미한다.[16] 그리고 '중요하다'는 것은 가치가 가치로서 존재하는 방식이다. 따라서 가치들이 무가치해지는 것은 가치들이 중요하지 않게 되었다는 것을 의미하며, 이는 곧 사람들이 중요하게 생각해 오던 존재 방식들이 무너졌다는 것을 의미한다.[17] 존재 방식이 무너져 내리는 상황에서 김승옥이 택한 방식은 존재 방식들의 완전한 무너짐이며, 파탄의 완성으로 인한 새로운 가능성과 질서의 추구였다. 새로운 질서의 토대를 만들기 위해서 김승옥이 택한 것은 다른 가치들의 완전한 무너짐이고, 그것은 무너져 가는 가치의 모습을 뚜렷이 봄으로써 시작한다. 여기서 김승옥의 말을 들어보자.

---

16 하이데거(1996), p.55.
17 박성진(2013), p.287.

흔히 우리는 이런 얘기를 듣고 있습니다. 지금 우리나라엔 질서가 없다, 가치 판단의 기준이 없다, 신이 없다. 그런 의견들은 사실 옳은 것 같고, 그것이 아무리 현대 전 세계의 특징이라고 할지라도 무서운 현상입니다. 본능밖에 가진 것이 없기 때문에 얼마든지 잔인해질 수 있는 원시인은 몇 만 년 전에만 있을 수 있는 게 아니기 때문입니다. 작가로서의 저는, 가령 우리의 다음 세대 또는 나중의 우리가 그것을 파괴하는 재미를 맛보게 하기 위해서라도 우선 질서를 만들 필요를 절감합니다.

제가 생각하고 있는 질서는, 인간이 잔인해지지 않는, 타인의 고통을 자기도 느낄 수 있는 환경을 가리킵니다. 그런 환경을 만드는 데 방해가 되는 것들을 저는 저의 적으로 생각하고 있습니다. 사람들의 눈짓 저편에, 가슴 저편에 또는 조직의 회칠한 대문짝 저편에 숨어 있는 적들을 하나하나 끄집어 내어 그의 모습을 뚜렷이 봄으로써 저는 적으로부터 항복을 받고자 합니다. 그것을 저는 앞으로도 얼마 동안은 저의 작품으로 삼고 싶습니다. 여기서 '세상의 허술함'이 저를 도울 것입니다.[18]

이처럼 김승옥은 60년대라는 허무의 공간에서 새로운 질서를 만들고자 하였고 그것의 토대를 구축하고자 하였다. 그의 허무주의는 적극적이며 순수한 무의 지향이다. 김승옥이 인간의 내면에 있는 적들로부터 받고자 했던 항복은 결국 자기기만을 위해 만들어 낸 가치들의 항복이기 때문이다. 그리고 이러한 김승옥의 시도는 19세기 근대가 만들어 놓은 최고의 가치들이 무가치하게 되어 목표가 결여

18   김현(1993), pp.260~261.

된 시대, 즉 '왜'라는 물음에 대한 답이 결여된 시대에 니체가 분투했던 작업과 유사성을 보인다. 니체의 이론을 통해 김승옥의 시도를 다시 살펴보자.

4. 허무의 완성을 통한 허무의 극복

김승옥은 모순에 대한 예민한 반응을 통해 60년대라는 혼란한 삶의 모습 그 자체를 우리에게 제시하고 있다. 가치의 무너짐, 음습한 자기 세계의 구축, 기만과 허무의 익숙함 등 60년대가 간직한 환멸의 모습들을 차분한 어조로 독자들에게 전달하고 있다. 그가 절망하거나 분노하지 않고 더군다나 판단하지도 않으며 이러한 사실들을 우리에게 전달하는 이유는 '허무'라는 그 무거운 우울의 가능성을 보았기 때문이다. 가치들이 작동하지 않는 공간을 느끼며, 절망의 익숙함이 생명의 연습이 되는 가장 비극적 순간에 그는 새로운 가능성을 보았던 것이다. 김승옥 스스로도 자신의 60년대 상황 인식이 '지독한 염세주의자의 기괴한 독백'만은 아니라고 말하고 있다. 그의 상황 인식은 니힐리즘의 완성을 통한 니힐리즘의 극복이었던 것이다.

그런데 이렇게 허무의 상황을 단순한 비관주의pessimism로 인식하는 것이 아니라 새로운 가능성으로 전환하고자 하는 그의 시도는 니체가 제시한 '적극적 허무주의active nihilism'[19]와 그 맥락을 공유하고

---

19   Pangle(1983), p.66.

있다. 기존의 '허무주의nihilism'는 좌절과 무기력 그리고 통용되는 가치들에 대한 거부를 의미했다. 하지만 니체에게 '허무주의'는 말 그대로 순수한 '무'의 지향이며 환멸의 상황을 정면으로 직시함으로써 발생하는 새로운 토대의 구축이었다.[20]

니체는 "신은 죽었다"라고 주장하며, 그리스도적 가치의 붕괴와 플라톤적 합리주의의 몰락으로 인해 근대의 기획에 의해 만들어진 그동안의 절대적 가치들이 그 기능을 상실했다고 선언한다. 인식 준거의 기준과 행위의 원인이 모두 가치를 상실하여 더 이상 중요하지 않게 되었으며, 그동안 믿었던 절대적 가치들이 그리고 진리라고 생각했던 믿음들이 거품처럼 사라졌다는 것이다.[21] 니체는 이러한 상황들이 사람들로 하여금 니힐리즘에 직면하게 할 것이라는 사실을 잘 알고 있었다. 그리고 그는 허무의 순간을 '우주론적 가치들의 붕괴'라는 제목으로 묘사하며 어떤 사태가 벌어졌는지를 설명한다.

근본적으로 어떠한 사태가 일어났는가? '목적'의 개념으로도 '통일'이라는 개념으로도 '진리'라는 개념으로도 현실의 총체적 성격이 해석되어서는 안 된다는 사실을 깨달을 때 가치상실감은 대두된다. 현실을 통해서 어떠한 목적도 달성되거나 도달되지 않으며 사건들의 다양성 안에는 어떠한 포괄적인 통일도 존재하지 않고, 현실은 '참된' 것이 아니라 거짓된 것이며 사람들

---

20   Woolfolk(1990), p.105. 니힐리즘을 니체의 방식으로 플라톤적 사유나 기독교적 가치관의 무너짐이 아니라 새로운 가능성의 토대로 보는 것은 Heidegger(1982), Camus(1956), Goudsblom(1980), Warren(1988) 등에 잘 나타난다.
21   박성진(2013), p.285.

은 참된 세계를 신봉할 어떠한 근거도 전혀 갖지 못한다. 단적으로 말해서 우리가 세계에 하나의 가치를 투입하기 위해 사용한 '목적', '통일', '존재'라는 범주들은 우리에게서 박탈되는 것이며, 이제 세계는 무가치하게 나타난다.[22]

니체에 따르면, 근대의 기획이 제시한 가치들이 그 의미를 상실하였을 때, 인류는 '목적'을 비롯한 인식의 틀 자체를 상실하게 된다. 그렇다면 선과 악 그리고 '좋음'과 '나쁨' 등의 판단을 할 수 없으며, 이는 행위와 규칙의 근거를 마련할 수 없는 상황으로 이어진다. 하지만 이러한 사태는 니체에게 기회였다. 왜냐하면 니체에게 아무런 가치가 없다는 것은 곧 새로운 가치가 자라날 수 있는 토양을 의미했기 때문이다. 따라서 그는 근대라는 역사를 극복하기 위한 작업으로 니힐리즘을 더욱 가속화한다. "진리가 가상보다도 더 가치가 있다는 것은 일종의 도덕적인 선입관 이상의 것이 아니다"라고 선언하며,[23] 새로운 가치를 위한 토대를 마련하기 시작한 것이다.

새로운 가치를 위해 니체는 소극적 니힐리즘을 적극적인 니힐리즘으로, 즉 허무 자체를 긍정으로 것으로 전환해야 했다. 허무의 긍정 그리고 '무'로부터의 가능성을 기획해야 했던 것이다. 따라서 니체는 가치들이 붕괴되는 순간에 나타나는 고통을 긍정하고 허무의 공간을 순수한 무無의 공간으로 전환하라고 말한다. 순수한 무의 지향을 통해 허무의 공간을 새로운 가능성의 공간으로 전환하라는 것

---

22 하이데거(1996), p.80.
23 Nietzsche(1907), pp.48~50.

이다. 역설적이게도 니체에게 '무에 대한 의지will to nothingness'는 니힐리즘을 극복할 수 있는 니힐리즘에 대한 '저항 의지counter-will'였다.[24] 하지만 이러한 역설적 의지는 단순하게 이루어지는 것이 아니다. 니체에 따르면, '무에 대한 의지'가 허무의 공간을 가능성의 공간으로 전환하는 저항 의지가 되기 위해서는 우선 가장 비극적인 순간에 대한 긍정이 필요하다. 존재자 전체가 지향하던 이제까지의 모든 목표가 붕괴되고 말았다는 것을 인정하고 긍정해야 하는 것이다. 이러한 인정이 삶 전체에 대한 긍정으로 이어진다면, '니힐리즘'이란 용어는 단지 이제까지의 가치들의 무화와 파괴 그리고 존재자 전체가 허망하고 인간 역사는 더 이상 전망을 갖지 못한다는 사실을 지적하는 수동적인 니힐리즘의 의미를 떨쳐 버리게 된다.[25]

니힐리즘이 가치의 무너짐이 아니라 새로운 가치를 위한 가치의 해방을 의미하는 적극적 의지로 기능한다는 것은 결국 〈서울 1964 겨울〉의 세 인물이나 〈무진기행〉의 윤희중이 겪는 고통들, 즉 허무로 인한 무너져 내림이나 자기기만 등의 온갖 더러움을 '긍정'한다는 것이다. 여기서 말하는 '긍정'이란 가치 없음, 즉 새로운 가치가 구축될 수 있는 토대와 그 반복에 대한 긍정이다. 허무의 반복에 대한 긍정. 니체는 이러한 긍정이 최대의 무게를 감당하는 것이라고 말한다. 무의 긍정과 그것에 대한 의지는 인간이 자신의 두 어깨로 견딜 수 있는 최대의 무게이다.

---

24   Lauter(1999), p.47.
25   하이데거(1996), p.27.

최대의 무게(The heaviest weight) - 어느 날 낮, 혹은 어느 날 밤에 악령이 너의 가장 깊은 고독 속으로 살며시 찾아들어 이렇게 말한다면 그대는 어떻게 하겠는가 : "네가 지금 살고 있고, 살아왔던 이 삶을 너는 다시 한번 살아야만 하고, 또 무수히 반복해서 살아야만 할 것이다; 그리고 새로운 것이란 없을 것이지만 모든 고통, 모든 쾌락, 모든 사상과 탄식, 네 삶에서 이루 말할 수 없이 크고 작은 모든 것들이 네게 다시 찾아올 것이다. 모든 것이 같은 차례와 순서로 - 나무들 사이의 이 거미와 달빛, 그리고 이 순간과 바로 나 자신도. 현존재의 영원한 모래시계가 거듭해서 뒤집혀 세워지고 - 티끌 중의 티끌인 너도 모래시계와 더불어 그렇게 될 것이다!" - 그대는 땅에 몸을 내던지며, 그렇게 말하는 악령에게 이렇게 대답하는 엄청난 순간을 경험한 적이 있는가? : "너는 신이로다. 나는 이보다 더 신성한 이야기를 들어보지 못했노라!" 그러한 생각이 그대를 지배하게 되면, 그것은 지금의 그대를 변화시킬 것이며, 아마도 분쇄시킬 것이다. "너는 이 삶을 다시 한번, 그리고 무수히 반복해서 다시 살기를 원하는가?"라는 질문은 모든 경우에 최대의 무게로 그대의 행위 위에 얹힐 것이다! 이 최종적이고 영원한 확인과 봉인 외에는 더 이상 아무것도 요구하지 않기 위해서는, 어떻게 그대 자신과 그대의 삶을 만들어나가야만 하는가?[26]

니체는 자신이 살아온 삶을 그대로 다시 살아야 한다는 것이 최대의 무게를 감당하는 것이라고 말한다. 같은 삶이 무한히 반복되는

---

26   Nietzsche(2001), pp.194~195. aph. 341; 번역문은 니체(2005), pp.314~315 참조.

것을 긍정하는 '영원회귀'의 사유[27]는 삶 전체를 긍정하게 하고 허무
의 반복을 긍정하게 한다. 니체의 '영원회귀'의 사유는 새로운 존재
방식을 위해 기존의 존재 방식들로 하여금 그 힘을 상실하게 하고
이를 인정하게 한다. 이렇게 삶 전체에 대한 긍정을 통해 최고 가치
의 무너짐을 긍정하는 것은 니체에게서는 영원회귀의 사유이고, 김
승옥의 언어로는 '생명연습'이다.

니체가 당대의 허무주의를 극복하기 위해 니힐리즘을 가속화하
고 '영원회귀'의 사유를 제안했던 것은 무의미로 점철된 시대에 대
한 저항이었다.[28] 마찬가지로 김승옥 역시 니체가 그러했던 것처럼
시대에 저항하기 위해 60년대라는 생명 실습장에서 허무의 순간을
직시하게 하며 생명연습을 시키는 것이다. 눅눅한 안개 같은 그의
속삭임 속에는 생명이 있었고, 생명의 피에로가 연출하는 괴상적은
마임들이 있었다. 그리고 그는 그곳에서 스스로의 생명들을 훈련시
키고 있었던 것이다.[29]

5. 결론: 60년대를 넘어서기 위하여

김승옥은 60년대라는 가버린 시공간 속에서 계속 살아오고 있었

---

27 '같은 것의 영원회귀Die Ewige Wiederkehr des Gleichen'라는 니체의 사유는 인간과 시
    간에 대한 사유를 통해서 가장 비극적인 순간을 긍정하는 것이다. 니체 자신도 '영원
    회귀'의 사유를 "인간과 시간의 6천 피트 저편"이라는 말로 표현했다. 그리고 이 사
    유는 《차라투스트라는 이렇게 말했다》에 가장 집약적으로 표현되어 있다고 설명했다.
    Nietzsche(1979), p.99 참조.

28 Löwith(1954), p.273.

29 채영주(1995), p.331.

다. 그는 자신이 그토록 깊이 참여하고 재현했던 60년대라는 공간에서 벗어날 기미를 보이지 않았다. 하지만 그는 종교에 의지하면서 그 공간을 결국 빠져나오고 말았다.[30] '신'에게 모든 가치를 투영하며 그는 그가 그토록 찾고자 했던 질서를 찾았던 것이다. 하지만 김승옥의 독자들은 아직 60년대라는 공간에서 자신의 삶을 치열하게 살아 내고 있다. 수없이 생명연습을 반복하며, 가치가 작동하지 않은 공간에서 눅눅하고 침침한 자기 세계를 구축하며 자신을 합리화하고 있는 것이다. 지금 여기는 물리적 시간이 어떠하건 아직 60년대이다. 사람들은 아직 김승옥이 표현한 그대로 회의와 절망에 슬픔을 반죽하고 있다.

하지만 가치가 작동하지 않는 니힐리즘의 시대에도 60년대가 그러했던 것처럼 가능성은 남아 있다. 젊은 시절의 김승옥이 제시한 방식은 우리에게 새로운 가능성을 시사하고 있는 것이다. 니체가 근대의 기획을, 신의 죽음과 최고의 가치들이 무가치하게 된 상황을 극복하기 위해서 허무의 사실들을 똑바로 직시하고 그 허무를 완성하려고 했던 것처럼, 젊은 김승옥은 무진의 안개를, 외롭게 미쳐 가는 것을, 유행가를, 술집 여자의 자살을, 배반을, 무책임을 똑똑히 쳐다보라고 말한다. 가치의 일반적 니힐리즘 속에서 질서나 테제 혹은 전통이 없다면, 먼저 그 '없음'을 인식하고 '없음'을 완성해야 한다. 수단이 목적이 된 공간에서 그 수단이 질서나 가치가 아니며 목

---

30 김승옥은 1981년 4월 종교적 계시를 받는 극적 체험을 한 후 성경 공부와 수도 생활을 시작하였다. 이후 김승옥은 60년대 자신의 단편들을 무신론과 불가지론의 방황 속에서 혼란의 한가운데 쓰인 것이라 평하기도 하였다.

적 그 자체가 없다는 것을 인식해야 하는 것이다. 그리고 아무런 목적도 남겨 놓지 말아야 한다. 김승옥과 니체가 제시한 '적극적 니힐리즘'이라는 가치는 허무주의의 공간에서 새로운 가능성을 제시하고 있는 것이다.

60년대라는 상황 인식을 통해 김승옥의 소설들은 인간에 대한 총체적 관점을 제시한다. 그의 소설은 어느 이론이나 개인이 인간의 한 측면만을 붙잡고 씨름함으로써 인간을 피상적으로, 그리고 단편적으로 파악할지도 모른다는 단점을 막고, 인간을 총체적으로 보게 한다.[31] 이러한 총체적 관점은 이론이나 사유 체계가 제시한 어떠한 가치도 제대로 작동하지 않다는 사실을 알게 한다. 또한 그는 인간이 인간에 대해서 치열하게 고민했던 것을 탁월하게 요약하며 아직도 우리는 60년대를 살고 있다고 말한다. 하지만 이와 동시에 60년대를 벗어날 수 있는 방안도 제시한다. 60년대를 넘어서기 위해선 각자의 무진으로 돌아가 자기 세계를 정면으로 보아야 한다는 것이다. 책임도 무책임도 없는 안개만이 유일한 명물인 도시에서 무진의 쓸쓸함을 다시 살아 내야 한다.

---

31   김현(1991), p.165.

〈60년대 한국 소설과 허무주의, 무거운 우울의 가능성〉
박성진 저자 인터뷰

안녕하세요, 박성진 선생님. 만나 뵙게 되어 반갑습니다. 우선 선생님의 전공과 주 연구 및 관심 분야, 그리고 현재 하시고 계신 일을 여쭈어보고 싶습니다.

안녕하십니까, 저는 광주교육대학교 윤리교육과에서 사회·정치 철학을 담당하고 있는 박성진입니다. 제 전공은 정치철학이고 현재는 '위기 시대의 정치철학'이라는 주제를 고민하고 있습니다.

이 책은 대전지역의 인문·예술에 대한 저변 확대를 목적으로 다양한 분야의 전문가들이 모여 결성한 '대전인문예술포럼'(이하 '대인포럼')의 첫 결과물입니다. 그간 대인포럼에 참여하시면서 느끼신 좋았던 점과 아쉬웠던 점을 한 가지씩 말씀해 주시면 감사하겠습니다.

포럼에 참가하면서 가장 좋았던 점은 많은 학문 분과의 선생님들과 교류할 수 있었다는 것입니다. 다른 분과 전공자 선생님들의 발표를 들으면서 지식을 확장할 수 있었고, 다른 관점에서 사유할 방법을 배울 수 있었던 것이 가장 좋았습니다. 그리고 딱히 아쉬운 점은 없었습니다.

인문학과 예술이라는 주제로 대인포럼에 참여하시면서 기대하셨던, 혹은 생각하셨던 인문학과 예술에 대한 가치가 있으셨을 텐데요, 선생님이 생각하시는 인문·예술의 성격과 정신, 그리고 앞으로의 비전이 무엇인지 여쭤봐도 될까요?

제가 요즘 관심이 있는 것은 한국적 미의식을 가지고 한국의 현대 민중 예술을 어떻게 해석해야 하는가 하는 문제입니다. 기존에는 서양의 미학적 관점만을 가지고 한국의 예술을 분석해 왔는데, 이제는 우리의 미의식을 가지고 우리의 예술을 해석해야 한다고 생각합니다. 이러한 주제를 선생님과 함께 공유하고 토론했으면 좋겠습니다.

네, 잘 알겠습니다. 그럼 본격적으로 선생님이 책에 쓰신 내용에 대해 여쭤어보도록 하겠습니다. 먼저, 선생님이 글에서 강조하고 싶으신 부분을 다시 한번 간략하게 설명해주시고, 왜 그 주제가 중요한지 말씀해주시면 감사하겠습니다.

제가 쓴 논문의 내용은 김승옥의 소설을 통해 1960년의 시대정신을 고찰하는 것입니다. 허무주의의 시대를 정면으로 직시하고자 했던 김승옥을 통해 오늘날의 모습을 보고자 했습니다. 60년대에 만연했던, 가치가 작동하지 않는 허무주의의 시대는 지금도 계속되고 있으며 앞으로도 한참을 지속할 것 같습니다. 허무주의를 극복하고 싶다면 정면으로 허무주의를 보아야 합니다. 바로 이것이 제가 60년대의 허무주의에 주목한 이유입니다.

박성진

광주교육대학교 윤리교육과 교수로 재직 중이다. 정치철학을 전공하였으며 성균관대학교에서 〈새로운 자유주의의 재해석〉으로 박사학위를 받았다. 인하대, 성균관대, 한남대, 청주대 등에서 강의했고 영남대학교 학술연구교수를 지냈다. 현재 언어에 포획된 정치철학의 한계를 인식하고 이에 대해 고민하고 있다. 그리고 기술과 결합된 하이브리드적 성격을 지니며 수많은 위기에 직면한 새로운 정치적 존재, 즉 '포스트데모스Post-demos'에 대해 천착하여 연구를 진행 중이다. 대표적인 연구로 〈The liberal acceptance of Hegel: The Acceptance and Transformation of Hegelian Philosophy in 19th Century Britain〉(2018), 〈포스트데모스(Postdemos): 새로운 정치적 주체의 가능성〉(2017) 등이 있다.

제4부

인성론

'인성'과 삶, 문화, 교육 간의 의미 고찰:
'문질빈빈' 인성 고찰을 통한 교육인류학적 함의 탐색

김상철

'인성人性'에 대해 상당히 많은 논의가 있어 왔음에도 불구하고 그것이 우리 삶에서, 우리 땅에서, 우리 역사에서, 그리고 우리 문화에서 어떤 의미로 우리에게 새겨져 왔는지에 대한 고찰은 부족했다. 그리고 인성교육에 대한 필요성도 늘 강조되어 왔으나, 이 또한 개념에 대한 혼재와 방법의 다양성이 오히려 우리 인성교육의 의미에 대한 혼란을 가중해 왔다. 따라서 이 글에서는 '인성'의 개념과 의미를 우리의 삶과 문화, 그리고 교육과의 관계 속에서 '문질빈빈文質彬彬'의 고찰을 통해 살피고, 그 교육인류학적 함의를 탐색해 보고자 한다. 교육인류학을 통한 이러한 학문적 접근은 교수자와 학습자에 대한 인성과 교육, 그리고 문화 간의 관계를 탐색하는 데 있어 충분한 시론試論적 가치가 있으며, 학문적 기초를 제공해 줄 수 있을 것으로 기대된다.

1. 서론

서울의 한 사설 학원은 대학 입시를 대비하여 인성 면접의 대응 요령을 가르쳐 주는 대가로 70만 원을 요구한다. 아무도 학생을 착하게 변화시킬 수는 없지만, 학생이 착해 보이게 할 수는 있다고 학원 담당자는 장담한다. 한 사립대는 수시 모집 학생부 전형에서 인성과 관련한 네 개 항목을 별도 평가해 반영하기로 했으며, 다른 대학들도 인성 면접을 강화하는 추세이다. 인성을 점수로 평가하는 것이 가능하지 않고, 평가하는 순간 교육부의 인성교육 강화와 대입 반영 확대에 대한 취지는 사라지며, 사교육 시장만 키울 것이란 우려의 목소리가 높아지고 있다.[1]

그동안 우리 사회에서는 다양한 형태의 인성교육이 시도되었다. 그럼에도 불구하고 가시적인 성과는 거두지 못하고 있으며, 인성교육에 대한 여러 가지 문제점이 지적되고 있다(강선보 외, 2008; 최준환 외, 2009; 서덕희, 2012; 현주, 2012). 지금까지 지적되어 온 인성교육의 문제점으로는 단편적이고 일시적인 시행을 비롯하여, 특정 덕목에 치중된 경향성, 학교 폭력과 같은 문제 해결을 위한 대증 요법적 처방, 학생들의 흥미와 동기를 유발하지 못하는 지식 전달 위주의 교육 실시, 입시 위주 교육으로 인한 인성교육을 실시할 여유의 부재, 그리고 교육 전반의 책임보다는 도덕과 교육의 문제로 취급하는 경향성 등이 열거된다(박균열 외, 2015). 하지만 이들보다 더욱 근본적인 문제는 인성의 의미에 관한 본질적인 고찰

---

1   김광현(2015.05.25.).

이 부재한다는 것이다. 즉 이제까지의 인성교육은 인성에 대한 참된 의미를 교육하는 시도와는 거리가 먼 데다가, 인성의 의미에 대한 본질적인 고찰 없이 너무나 성급하게 그에 대해 접근하고 있다는 것이다.

'인성人性'이란 무엇인가? 먼저 인성의 '인人'을 중심으로 살펴보면, 인성은 말 그대로 사람의 성性 혹은 인간의 성性이다. '사람의 성'이 개별적 존재로서의 사람 개체에 대한 성을 지칭한다고 본다면, '인간의 성'은 서로 관계를 맺는 사회적 존재로서의 사람에 대한 성을 의미한다고 볼 수 있다. 물론 사람의 의미도 사회적 존재를 내포한다고 볼 수 있으며 사람과 인간은 순우리말과 한자어의 차이라고 인식할 수도 있겠지만, 다수의 용례를 통해 그 의미를 살펴보면 사람과 인간은 개별적 존재와 사회적 존재로 구분 가능하다(안인희 외, 1996; 정명환, 2006; 강태욱 외, 2009; 김진수, 2013; 신승환, 2014). 개별적 존재로서의 사람이 어떤 성을 가지고 있다면, 그에 대한 가치 판단은 불필요할 뿐만 아니라 그 자체가 보편적인 사람의 성으로 정의 내려질 수 있을 것이다. 하지만 사람은 사회적 존재로서 사람과 사람 간의 삶을 살 수밖에 없는 존재이므로 인간으로서의 허울을 벗어 버릴 수 없다. 그렇다면 인간은 사람과 사람 간의 존재로서 어떤 성을 가지고 있느냐에 따라 가치 판단이 가능해지며, 그러한 가치 판단은 사회 구성원으로서의 사람에게 매우 중요한 요소이자 판단 기준이 된다. 즉 어떤 사람에 대한 판단은 사람의 성이 아닌 인간의 성을 통해 내려질 수 있으며, 인간의 성은 사람이 관계 맺음을 통해 살아가기 위한 결정적인 동인動因이자 정체성으로서 그 사람의 개별적 특수성을 확인할 수 있게 해준다.

인간의 '성性'은 남성과 여성을 구분한다거나 육체적 관계를 지칭할 때도 사용되나, 여기에서 성은 그런 의미가 아닌, 본성이나 본바탕 혹은 성향을 의미한다고 볼 수 있다.[2] 즉 인간의 본성이 '인성'인 것이다. 그렇다면 인간의 본성은 무엇인가? 인간이 사회적 존재로서 사람과 사람 간의 관계 맺음을 통해 사회생활을 하게 만드는 동인을 인간의 본성이라고 간주해 본다면, 인간의 본성은 사람마다 다양할 뿐만 아니라, 본성에 대한 정의도 관점에 따라 다를 수 있다. 그리고 이러한 차이는 인간에 대한 판단 기준을 더욱 모호하게 만든다. 예를 들어 인간의 본성을 인간의 성격 혹은 인간의 개성으로 각각 차이를 두고 그 가치를 판단한다면, 인간의 본성에 대한 정의의 차이에서 오는 이질감을 경험할 수 있다. 이는 그것을 판단하는 사람에 따라 달라질 때도 있는데, 예를 들어 어떤 문화권에서 사는 사람인지, 어떤 교육을 받은 사람인지, 대상과 얼마나 친밀한 관계인지 등에 따라 인간의 본성에 대한 판단은 지극히 주관적이거나 상대적일 수 있다.

그렇다면 인성은 문화와 매우 밀접한 관계를 맺고 있으며, 이러한 문화는 우리의 인성에 대한 본질을 규정하고 있을 것이다. 인성은 우리 삶의 있는 그대로의 모습을 투영하며 그로부터 영향을 받겠지만, 우리의 문화 안에서 생성되고 진화되는 과정에 교육이 작용함

---

2   한국문화인류학회의 《낯선 곳에서 나를 만나다》(2006)의 세 번째 이야기인 〈문화와 인성〉에서, 중용을 미덕으로 삼는 주니족과 난폭함을 지향하는 야노마모 남자들의 인성을 비교함으로써 '인성'의 의미가 문화인류학적 관점에서는 '인간의 성향'을 지칭하고 있음을 알 수 있다.

으로써 인성의 본질적 의미에 더욱 근접할 수 있게 된다. 이러한 인성의 본질을 궁구하기 위해 이 글에서는 문질빈빈文質彬彬적 접근을 시도해 보고자 한다. 문질빈빈에서 "질質은 '있는 그대로'의 본래 바탕, 존재, 현상 등으로 파악되며, 문文은 세계와 문화가 규정하고 구성하는 무늬, 존재자, 현상의 이름 등으로 파악된다. 그리고 문질빈빈은 사람, 사물, 사태의 본질을 직관하기 위해서 문과 질 사이를 넘나드는 구성해체재구성의 과정으로 이해된다. 즉 구성물인 텍스트를 당연한 것으로 덥석 받아들이지 않고, 그것을 생성한 배경인 콘텍스트로 되돌아가서 더 나은 구성을 모색하는 변증법적 대화의 과정이 곧 문질빈빈이다."[3]

아래서는 〈그림 8-1〉과 같이 먼저 문질빈빈을 통해 인성에 대한 '삶의 질적인 부분'과 '문화 및 교육의 문적인 부분'을 고찰하고, 서로가 관계를 맺으며 상호 작용하는 가운데 인성에 대한 의미를 해체 및 구성해 보고자 한다. 또한 질적質的 특성인 '있는 그대로'를 통해 인성의 본질을 규명해 보고, 문적文的 특성인 세계와 문화가 규정하는 인성의 의미를 살펴볼 것이며, 인성과 교육의 관계적 의미를 통해 교육인류학적 함의를 구하고자 한다. 이를 위해 우리 문화의 범주 내에서 인성과 인성교육을 다룬 문헌 연구를 통해 의미를 탐색해 보고, 우리의 전통문화에 스며 있는 인성론을 중심으로 고찰을 시도해 보고자 한다. 일반적으로 인성을 논할 때 우리는 우리의 생활 세계에서 경험하고 사유하는 경향이 있으며, 이는 지금, 현재, 여기에

---

3   조용환(2012a), pp.6~15.

살고 있는 우리가 삶과 문화, 그리고 교육의 영향을 '받아왔고 받고 있는 중have been ing'임을 '있는 그대로' 드러내게 된다. 이렇게 있는 그대로 드러내는 것에 대한 연원을 다양한 관점과 원인을 통해 고찰해 볼 수 있겠지만, 이 글에서는 이 땅에 존재하는 우리의 인성에 대한 보편적인 인식 가운데, 우리 문화의 인성론을 중심으로 궁구해 보고자 한다.

따라서 이 글의 목적은 인성이란 무엇인지를 고찰하고 그것이 삶, 문화, 교육과 어떤 관계를 형성하고 있는지 밝히는 데 있으며, 나아가 인성과 교육의 관계적 의미 고찰을 통해 그 교육인류학적 함의를 모색해 보는 것이다.

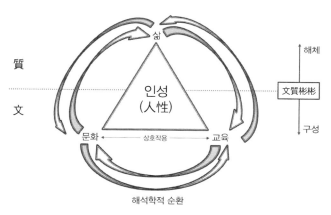

그림 8-1. '인성'에 관한 문질빈빈적 접근

2. 문질빈빈을 통한 '인성' 고찰

2.1. 문적文的 고찰

인성에 대한 문적 고찰

인간의 본성을 인성이라 규정해 본다면, 이를 문적으로 개념화, 범주화, 이론화한 문헌을 통해 인성을 텍스트로서 규명해 보고, 인성에 관한 텍스트가 출현하게 된 배경, 바탕, 맥락으로서의 콘텍스트를 질적으로 분석해 보고자 한다. 그리고 문으로 규명하여 구성된 것을 해체하여 질적 바탕으로 재구성하는 작업을 시도해 보고자 한다. 먼저 인성에 대한 의미를 문적으로 살펴보도록 하겠다.

인성에 대한 사전적 정의를 살펴보면, 사람의 성품, 또는 각 개인이 가지는 사고와 태도 및 행동 특성이라는 것을 확인할 수 있으며, 이는 학자에 따라 다양하게 정의되고 있다. 인성에 대하여 문용린(1995)은 인간의 성격으로, 조난심(1997)과 손봉호(1994)는 인격으로, 남궁달화(1999)와 조난심 외(2004)는 인간의 성품으로, 그리고 이근철(1996)은 전인성으로 풀이해 왔다. 인성의 의미를 어떤 용어로 표현하더라도, 그 안에는 우리 인간이 추구해야 하는 인간다운 면모와 자질, 성질과 성품, 그리고 덕성이라는 뜻이 어느 정도 포함되어 있다.[4] 이와 같이 연구자마다 다르게 다양하게 정의되는 인성에 대한 개념을 정리하면 〈표 8-1〉과 같다.[5]

---

4 정창우(2015), p.69.
5 한국교육개발원(2014), pp.3~4; 박균열, 김순남, 주영효 외(2015), p.27 재구성.

표 8-1. 연구자별 인성의 개념

구분 연구자	인성의 개념
황응연(1995)	환경에 대응함으로써 나타나게 되는 행동 및 태도, 동기, 경향성, 인생 과정들의 총합. 사람들에게 있어 시간과 상황에 걸쳐 지속되는 독특한 구조이며, 인성은 어떠한 경험을 하느냐에 따라 크게 변화될 수 있다는 의미 포함
이근철(1996)	좁게는 도덕성, 사회성, 정서(감정) 등을 의미하고, 넓게는 지·덕·체 또는 지·정·의를 골고루 갖춘 전인성
한국교육학회(1998)	인성은 사람의 바탕이 어떠하며 사람된 모습이 어떠한지를 말하는 개념으로, 사람의 마음과 사람됨이라는 두 가지 요소로 구성
남궁달화(1999)	인간의 성품으로 성품은 인간의 성질과 품격으로 구성됨. 여기서 성질은 마음의 바탕이고, 품격은 사람됨의 바탕
조난심 외(2004)	사람이 태어나면서 가지고 있는 성격이나 특질의 개념이 아니라, 의도적인 교육이나 학습에 의해 습득하거나 변화가 가능한 인간의 성품
조연순(2007)	자신의 내면적 요구와 사회 환경적 필요를 지혜롭게 잘 조화시킴으로써 세상에 유익함을 미치는 인간의 특성
강선보 외(2008)	인간이 도달해야 하는 이상적인 인간다운 성품, 인간 본연의 모습
현주 외(2009)	보다 긍정적이고 건전한 개인의 삶과 사회적 삶을 위한 심리적·행동적 특성
문용린(2010)	신뢰롭고 협동적인 인간관계를 맺으면서 만족스럽고 행복한 삶을 사는 생활태도와 품성
서지영 외(2010)	인간의 품성, 인간의 됨됨이, 인격 등과 같이 바람직한 의미를 포함하는 도덕적 가치가 포함되며 후천적으로 교육에 의해 길러질 수 있는 인간으로서 갖추어야 할 인격적 특성
박성미, 허승희(2012)	인간이 개인적으로 갖추어야 할 바람직한 심성과 사회적으로 갖추어야 할 가치 있는 인격 및 행동 특성
교육과학기술부2012)	더불어 살아갈 수 있는 품성과 역량으로 도덕성, 사회성, 감성
현주 외(2014)	긍정적이고 건강한 개인의 삶과 사회 구성원으로서의 삶을 살아가기 위해 갖추어야 할 바람직한 특질과 역량

인성에 대한 다양한 개념은 어떠한 것이 인성의 본질적 의미에 가까운 것인지를 규명하는 데에 있다.[6] 인성의 정의에서 중요한 쟁점은 성격personality과 인성character이라는 용어의 학문적 배경과 가치 지향성에서 찾아볼 수 있다. 성격은 심리학 연구에서 주로 사용되었으며 개인의 특성을 가치 중립적으로 기술하는 데 치중한 반면에, 인성은 도덕철학과 교육학 연구에서 통용되었으며 인간 사람됨, 본성, 인격, 인품, 성품 등 인간으로서 갖추어야 할 가치 규범에 관심을 집중하였다.[7] 따라서 인성은 인간다운 성품 혹은 덕virtues의 개념으로 볼 수 있으며, 덕은 이러한 성품의 좋은 상태를 가리킨다. 덕에는 도덕적 덕, 시민적 덕, 그리고 지적 덕 등이 포함되어 있다. 도덕적 덕은 정직, 절제, 배려, 예의와 같이 주로 자기 자신 및 타인과의 관계에서 필요하며, 시민적 덕은 준법, 규칙 준수, 사회적 책임, 인권존중과 같이 공동체에서 책임과 의무를 이행하기 위해 필요하고, 지적 덕은 실천적 지혜로서 도덕적 덕과 시민적 덕을 위한 토대로서 필요하다.[8]

인성 개념 가운데 덕 외에 핵심 역량 또한 함께 고려할 필요가 있다. 양정실 외(2013)는 인성의 개념을 핵심 역량과 연계하여 다음과 같이 논의했다. "학교 인성교육에서 가장 필요한 도덕성과 시민윤리는 미래 사회에서 기본적으로 갖추어야 할 도덕적 역량, 사회적역량, 감성적 역량으로 간주하고 있다. 역량의 관점에서 볼 때 학교

---

6   조난심, 문용린, 김현수 외(2004), p.9.
7   현주, 장명림, 정광희 외(2014), p.18.
8   정창우(2015), pp.70~71.

인성교육에서 가치 덕목에만 머무르지 않고, 일상생활에서 실천해 낼 수 있는 역량에까지 연계되어야 함을 강조하고 있으며, 그동안 아는 것과 행동하는 것이 서로 불일치하는 인성교육의 문제점을 해소하는 데 기여할 것으로 기대한다."[9] 또한 정창우 외(2013)는 역량의 가치 중립성에 유의하여 인성 역량을 제한할 필요가 있다고 다음과 같이 주장했다. "일반적으로 핵심 역량은 최고 성과자가 대체로 성공적인 수행을 통해 탁월한 성과를 거둘 때 가치를 인정받게 된다. 그래서 핵심인성역량은 여러 가지 능력 중에서 바람직한 인성의 측면과 직접 연결되면서 인성 함양에 기본적, 보편적, 필수적인 능력이라는 의미가 내포되어야 한다."[10] 이러한 핵심 인성 역량은 바람직하고 합리적인 행동을 실천하는 데 필요한 동기를 부여함으로써 성공적인 윤리적 수행을 가능하게 하고, 행위의 일관성 및 안정성을 유지하게 한다. 따라서 상술한 논의를 종합해 본다면, 인성의 개념에는 우리 인간에게 필수적으로 요구되는 인간다운 성품이나 덕의 의미가 포함되어 있을 뿐만 아니라 핵심 인성 역량의 의미도 아울러 내포되어 있음을 알 수 있다.[11] 즉 인성은 인간의 덕성을 근간으로 하는 개념이며, 이는 현대 사회를 살아가는 데에 필요한 핵심 역량이라는 점을 확인할 수 있다.

---

9   양정실, 조난심, 박소영 외(2013), pp.15~16.

10   정창우, 손경원, 김남준(2013), p.11.

11   정창우(2015), p.72; 박균열, 김순남, 주영효 외(2015), p.29.

인성교육에 대한 문적 고찰

인성교육이라는 말을 공식적으로 처음 사용한 것은 1995년 신교육 체제 수립을 위하여 실천 위주의 인성교육 강화를 제안했던 교육개혁위원회의 교육 개혁 방안이었다.[12] 이 방안에서는 인성을 도덕성, 사회성, 정서 등을 포함하는 넓은 의미로 규정하고, 학교급별로 학생의 발달 수준에 맞도록 체계화된 실천 중심의 인성교육을 정규교과 전체에 포함하여 실시할 것을 제안하고 있다.[13] 즉 인성은 바람직한 개인으로서뿐만 아니라 사회 구성원으로서 다 함께 잘 살아가는 데 필요한 품성과 역량이며, 인성교육은 이러한 품성과 역량을 길러주는 교육이라 할 수 있다. 연구자별로 이러한 인성교육에 대한 개념은 다양하며, 이를 살펴보면 〈표 8-2〉와 같다.

표 8-2. 연구자별 인성교육의 개념

구분 연구자	인성교육의 개념
교육학용어 사전(1994)	인성 지도 혹은 성격 지도의 의미로서 생활 지도의 한 영역
이형득(1995)	인간으로서 갖추어야 할 바람직한 특성 혹은 인성을 발달시키도록 돕는 작용
김헌수 외(1996)	인간의 성격 또는 사람됨의 정서, 정의적 특성을 강조하는 교육으로서 주로 덕성 함양에 중점을 두는 교육
문용린(1997)	인간의 정서와 감정에 대한 통제 능력 등의 내적 능력을 가르치고 키울 수 있도록 돕는 교육
조난심 외(1997)	유교의 교육적 전통에서 추구해 온 보편적인 교양을 갖춘 인간의 모습을 실현하도록 돕는 교육

---

12   박균열, 김순남, 주영효 외(2015), p.29.
13   교육개혁위원회(1995), pp.46~49.

연구자 \ 구분	인성교육의 개념
한국교육학회(1998)	기존의 인지적으로 편중된 교육 상황에서는 별로 다루지 않은 정의적인 측면 및 인간의 본성과 관련한 것으로, 학습자로 하여금 건강한 전인적인 민주 시민으로 성장하고 생태적인 본성을 실현함으로써 보다 풍부하고 자유로운 삶을 살 수 있도록 하기 위한 교육적 경험을 제공해 주는 것
남궁달화(1999)	마음의 발달을 도모하고, 자아실현을 가능하게 하며, 더불어 살기 위해 알아야 할 것을 가르치는 것
신차균(2000)	사회적으로 바람직한 행위 규범을 내면화함으로써 인간으로서 갖추어야 할 최소한도의 품성을 형성하는 교육
정기철(2001)	지·덕·육의 균형 있는 발전은 물론, 사회의 총체적인 도덕성 위기를 극복할 수 있는 교육
유병열(2006)	사람다운 사람으로서 덕성, 품성 등을 갖춘 도덕적 인간을 기르기 위한 교육적 노력
현용수(2008)	도덕적 인격을 형성하는 내면적 성품, 성질 혹은 성격 및 강한 의지를 계발하고 이를 외면적 착한 행실로 나타나게 하는 교육
현주 외(2009)	사람들로 하여금 가족, 친구, 이웃, 지역 사회, 국가의 일원으로 함께 살고 일하도록 하는 데 도움을 주는 사고와 행동의 습관을 가르치는 것
차성현(2012)	학교, 가정, 지역 사회, 직장, 글로벌 사회에서 성공적인 삶을 사는데 필요한 인성 차원(사회성, 감성, 도덕성)과 핵심 역량을 기르는 것
현주 외(2013)	사람들이 가족, 친구, 이웃, 지역 사회, 국가의 일원으로 함께 살아가고 일하는 데 도움을 주는 바람직한 사고와 행동의 습관화를 위한 일련의 교육
정창우 외(2013)	개인의 내면을 바르고 건전하게 가꾸는 데 필요한 인간다운 성품과 역량(개인적 차원) 및 타인, 공동체, 자연과 더불어 살아가는 데 필요한 인간다운 성품과 역량을 포함하는 것
인성교육진흥법(2015)	자신의 내면을 바르고 건전하게 가꾸고 타인, 공동체, 자연과 더불어 살아가는 데 필요한 인간다운 성품과 역량을 기르는 것

인성교육에 대한 개념 정의는 시기별로 변하고 있음을 알 수 있다. 초기에는 성격과 덕목을 중점적으로 다루다가, 시대와 문화의 변화에 따라 성품과 역량에 관한 논의로 이동했다.[14] 인성 개념 또한 고정 불변한 것이 아니며, 시대와 문화에 따라 논의되는 점이 변함을 알 수 있다. 살펴보았듯이, 인성은 인간다운 덕성과 핵심 역량임을 전제로 한다면, 인성교육은 인간다운 덕성과 핵심 역량을 갖춘 인간이 될 수 있도록 도와주는 활동이다. 이와 관련하여 최근에는 시대와 문화의 변화를 통해 새롭게 조명되고 있는 인성 개념을 바탕으로 학교 현장에서 인성교육을 시도하고 있다(강선보 외, 2008; 엄상현 외, 2014; 차성현, 2012; 천세영 외, 2012). 더 나아가 새롭게 변모된 인성교육 개념은 과거와 현재, 그리고 미래를 고려한 개념으로 거듭나며, 타인과 더불어 조화롭게 사는 사회성과 감성 능력까지 포함할 수 있다.[15] 이러한 인성교육 개념을 학교 현장의 교육 과정에 온전히 반영하여 실시한다는 것은 쉬운 일이 아닐 것이다. 인성교육을 하나의 교과목으로 규정하여 교육 과정에 반영하기 위해선 충분한 논의가 필요하며, 과목별로 구성된 교육 과정의 특성으로 인해 인성교육을 다른 교과목에서 다루는 것 또한 상당한 문제가 제기될 수 있기 때문이다. 게다가 교수자의 역량과 사명감에 따라 인성교육은 다른 양상을 보일 수 있으므로, 인성교육의 방법에 대한 문제는 현재까지도 풀어야 할 과제로 남아 있다. 그렇지만 인성교육을 실시해야 할 필요성은 충분하며 시대적 요청에 의해 인성교육진흥법도

---

14 차경명(2013), p.35.
15 차성현(2012), p.16; 박균열, 김순남, 주영효 외(2015), p.31.

제정되었기에, 우리는 인성교육을 어떻게 해야 할지 진지하게 성찰할 필요가 있다. 따라서 무엇보다도 인성교육의 방법과 시기, 그리고 환경(가정, 학교 등)에 대한 고민이 선결되어야 할 것이다. 이는 뒤에서 상세하게 살펴보도록 하겠다.

2.2. 질적質的 고찰

인성에 대한 질적 고찰

인성에 대한 의미를 질적으로 살펴보자면, 우리는 흔히 인성을 논할 때 그 사람의 됨됨이에 대해 흔히 언급한다.[16] 사람의 됨됨이는 사람으로서 지닌 품성이나 인격을 지칭한다. 즉 사람의 됨됨이는 인성의 다른 말로 볼 수 있다. 사람의 됨됨이에 대해 언급할 때는 그 사람의 개성이나 성격과 같은 개인적인 특성이 아닌, 그 사람이 타인에게 어떤 언행을 보이는지가 관건으로 작용한다. 즉 타인에게 자신의 됨됨이를 보임으로써 자신의 인성에 대한 가치를 증명하게 되는 것이다. 이처럼 인성은 자기만의 독특한 성격과는 거리가 있으며, 타인과의 관계를 통해 드러나는 성질로 볼 수 있다.

그렇다면 인성의 본질은 무엇인가? 인성을 규명하기에 앞서, 본질의 의미에 관해 먼저 살펴볼 필요가 있다. 본질이란 무엇을 무엇답게 만드는 핵심적인 성질이며, 선험적이고 추상적인 형식 논리로 규정할 수 있는 실재가 아니다. 즉 사람, 사물, 사태의 본질은 구체적인 경험과 체험 속에서 다양한 변형태variation를 부단히 관찰하고 성

---

16 서지영, 남명호, 김소영 외(2010), p.11.

찰함으로써 그 존재의 핵심적인 성질을 찾고 또 찾아가는 잠정적 과정을 통해서 얻게 되는 무엇이며, '쓰임'이 아닌 '다움'을 묻는 것이다.[17] 사실 학원에서 인성에 대한 '쓰임'을 교육한다거나, 학교에서 인성을 학교 폭력 문제에 대한 대증 요법적 처방의 방식으로, 단순히 그에 대한 활용책으로써 접근한 것은 인성의 '다움'이 아닌, '쓰임'에 치중한 처사로 볼 수 있다. 이러한 '쓰임'에 대한 기능주의적인 접근은 인성교육이 실패한 원인으로 지목될 수 있기에, 인성의 본질을 규명해 봄으로써 그에 대한 대안을 탐색해 보는 것이 필요하다.

따라서 인성의 '쓰임'이 아닌, '다움'은 어떤 것이며, 사람의 인성 다움을 어떻게 정의 내릴 수 있는 것인지 살펴보도록 하겠다. 인성은 사물이나 동물과는 구분되는 인간의 성질에 관한 규정이다. 인성은 사람마다 다양하고, 인성에 대한 정의도 관점에 따라 다르기에 인성에 대한 판단 기준은 모호할 수밖에 없다. 예를 들어 어떤 문화권에서 사는 사람인지, 어떤 교육을 받은 사람인지, 대상과 얼마나 친밀한 관계인지 등에 따라 인성에 관한 판단은 지극히 주관적이거나 상대적일 수 있다.

그렇다면 '인성다운 인성'은 무엇인가? 인성이 인성답다는 의미는 인성의 본질이 잘 구현된 상태를 의미한다. 인성의 본질을 논하기 위해서는 인성의 선천적 측면과 후천적 측면을 모두 살펴볼 필요가 있다.[18] 인성의 선천적인 측면은 맹자가 주장한 성선설에 기반하여 모든 인간은 선한 본성을 타고난다는 주장을 예로 들 수 있다.

---

17   조용환(2012b), p.7.

18   서지영, 남명호, 김소영 외(2010), p.11~14.

맹자가 말하였다. 사람은 누구나 다른 사람을 차마 해치지 못하는 마음을 가지고 있다. [⋯] 사람이 다른 사람을 차마 해치지 못하는 마음을 가지고 있다고 하는 바는, 지금 어떤 사람이 젖먹이 어린아이가 엉금엉금 기어가다가 우물 속으로 떨어지려는 것을 보았을 때, 사람이라면 놀랍고 측은한 마음이 들 것이며, 이는 그 아이의 부모와 사귀려고 하는 까닭이 아니요, 마을의 친구들에게 칭찬을 듣기 위함도 아니요, [⋯] 이것으로 볼 때 측은한 마음이 없으면 인간이 아니다. 수오하는 마음이 없으면 인간이 아니다. 사양하는 마음이 없으면 인간이 아니다. 시비하는 마음이 없으면 인간이 아니다. 측은한 마음은 인仁의 단서다. 수오하는 마음은 의義의 단서다. 사양하는 마음은 예禮의 단서다. 시비하는 마음은 지知의 단서다. 인간에게 이 사단四端이 있음은 사지를 갖고 있는 것과 같다.[19]

죽음이 뭔지 모르는 젖먹이 어린아이가 엉금엉금 기어 우물 속으로 빠지려는 것, 유자입정孺子入井의 순간에 어떠한 고려도 없이 순간적으로, 찰나적으로 그 아이를 구하게 된다는 것은, 내면에 잠재되어 있으나 확실히 인식하지 못했던 도덕 본성이 의식의 전면에 드러나 우리의 전 행위를 주재하게 된다는 것이다. 그리고 바로 그러한 순간에 인간은 도덕적 존재임을 스스로 자각하며, 따라서 인간의 본

---

19 《孟子》,〈公孫丑〉, "孟子曰人皆有不忍人之心⋯ 所以謂人皆有不忍人之心者, 今人乍見孺子將入於井, 皆有怵惕惻隱之心, 非所以內交於孺子之父母也, 非所以要譽於鄕黨朋友也, 非惡其聲而然也. 由是觀之, 無惻隱之心, 非人也; 無羞惡之心, 非人也; 無辭讓之心, 非人也; 無是非之心, 非人也. 惻隱之心, 仁之端也; 羞惡之心, 義之端也; 辭讓之心, 禮之端也; 是非之心, 智之端也. 人之有是四端也, 猶其有四體也."

성은 선함을 맹자는 주장한다. 이는 곧 타고난 선한 본성이 인성이며, 이러한 인성이 악하게 변질되지 않도록 끊임없이 수양하는 것이 유가 철학에서 궁극적으로 지향하는 바다.

인성의 후천적인 측면은 《서경書經》의 '습여성성習與性成'에 관한 고사를 통해 살펴볼 수 있다.[20] 습여성성이란 습관이 쌓이면 본성이 된다는 뜻으로, 후천적인 습관이 오랜 시간에 걸쳐 누적되면 그것이 그 사람의 성품이나 본성으로 고착함을 의미한다. 중국 고대 상나라에서 탕왕의 손자인 태갑이 부덕한 행동을 보이자 별궁을 만들어 그를 가두어 버리고, 이윤이 3년간 국정을 섭정하게 된다. 이때 태갑을 비판하여 한 말이 습여성성이라는 사자성어로, 이후 태갑이 자신의 부덕을 사과하자 이윤은 권력을 돌려주었다고 한다. 이에 관한 원문은 다음과 같다.

> 왕이 (태도를) 바꾸지 못하자, 이윤이 말하기를, "이처럼 의롭지 못한 것은 습관이 본성처럼 되어버렸기 때문이로다. 나는 하늘의 뜻을 따르지 않는 자와는 친할 수 없다" 하고는 (탕왕의 무덤이 있는 곳의) 집에 살게 하여 선왕의 훈계를 매우 가까이 접하여 세상을 혼미하게 하지 못하게 하였다. 왕이 동궁으로 가서 고생하면서 진실한 덕을 이루어 내었다.[21]

상기 고사는 인간의 후천적 습관으로 인해 인성이 변할 수 있음

---

20 《書經》,〈太甲上〉, "王未克變. 伊尹曰茲乃不義. 習與性成. 予弗狎于弗順, 營于桐宮, 密邇先王其訓, 無俾世迷. 王徂桐宮居憂, 克終允德."

21 이기동(2007).

을 시사한다. 이때 인성은 인간의 선천적으로 선한 본성을 지칭하나, 후천적인 요인으로 인해 인간의 '선천적인 본성'에 대한 의미보다는 천성[22]이나 성격[23] 혹은 인품, 습성 등으로 해석될 수 있다. 다시 말해 선천적인 본성이 후천적인 본성으로 풀이되는 경우로, 이러한 후천적인 본성은 선천적인 본성과는 다른 이질적인 성질을 내포하고 있음을 알 수 있다. 이런 성질로 인해 후천적인 본성은 선천적인 본성과는 구분하여 사용하는 것이 적절할 것이며, 본래적 성질로서의 본성은 선천성에 부합하므로, 후천적인 본성은 본성이라는 용어보다는 인성이라고 지칭하는 것이 합당할 것으로 보인다. 따라서 인성의 개념을 후천적인 본성으로 국한할 수도 있지만, 선천적인 본성 또한 인성 개념에 포괄될 수 있으므로 그 양자 중 하나만을 인성으로 지칭하기보다는 양자 모두를 총칭하여 인성이라 할 수 있을 것이다.

사람이 선천적으로 타고난 본성이 모두 선하다면, 사람의 인성은 모두 선하므로 인성에 대한 논의는 매우 단순 명확해진다. 하지만 인간은 후천적인 요인으로 인해 매우 다양한 양상을 보이며, 이를 통해 인간의 인성에는 도덕적으로 선한 본성과 관련한 요소 외에 또 다른 요소가 있음을 추론해 볼 수 있다. 이는 바로 위에서 언급한 후천적 인성으로서, 인간이 외부 환경에 의해 본성이 변할 수 있음을 시사한다. 즉 습여성성의 고사를 통해서도 살펴보았듯이 인성은 습

---

22 성백효(1998)는 '性'을 천성으로 보았는데, '습여성성'을 "습관習慣이 천성天性과 더불어 이루어졌기 때문이다."라고 풀이하였다.

23 김학주(2012)는 '性'을 성격으로 보았는데, '습여성성'을 "습성이 되어 성격이 되었다."고 풀이하였다.

관에 의해 종속되고 지배될 수 있으므로, 인성은 인간에 따라 규정할 수 없을 정도로 다양할 수밖에 없다.

인간의 본성은 외부 환경에 의해 피동적으로 영향을 받고 변모했을 수도 있지만, 스스로 능동적으로 의지를 갖고 변화해 나갔을 수도 있다. 피동적으로 변모된 경우가 바로 습여성성의 경우이지만, 능동적으로 변화해 갈 수 있다면, 인성을 더 나은 방향으로 바꿀 수 있을 것이다. 그렇다면 인성을 더 나은 방향으로 능동적으로 개선할 방법은 무엇인가? 이는 바로 교육으로 가능할 것이다. 새로운 무엇을 깨닫고 배우며 자신의 것으로 만드는 전유appropriation 과정을[24] 통해 인간은 인성을 더 나은 방향으로 개선해 나갈 수 있을 것이며, 인성의 본질에 더욱 가까이 접근해 갈 수 있을 것이다.

인성교육에 대한 질적 고찰

좋은 인성을 우리는 반드시 갖춰야 하는 것인지, 그러한 인성을 갖추기 위해 어떻게 해야 할지 고찰해 볼 필요가 있다. 인간은 더불어 살아가는 존재이므로 혼자서는 살 수 없다는 것은 주지의 사실이다. 만약 혼자서 살아갈 수 있다면 인성에 대해 논의하는 것은 무의미한 일일지도 모른다. 하지만 그렇지 않기에 인간은 인성에 대해 고민할 수밖에 없다. 사람들은 자신의 인성이 어느 정도인지에 대해서, 혹은 자신의 인성이 타인과 더불어 조화롭게 기능하는지에 대해서 주로 고민하게 된다. 이는 결국 인간이 타인과 함께 살아갈 수밖

---

24   조용환(2012b), p.32.

에 없다는 사회적 존재로서의 존재론적인 고민이자, 타인과 함께 살기 위해 반드시 인성이 필요하다는 갈망으로 볼 수 있다. 그렇다면 대다수 인간은 좋은 인성을 갖추는 것이 더불어 살아가는 데 좋음을 자각하고 있을 것이다. 다만 그것을 알고는 있어도 좋은 인성을 갖추기 위해 모두가 노력하지는 않는다. 왜냐하면 모든 사람이 좋은 인성을 갖추기 위해 노력했다면, 우리가 현재 목도하는 사회의 많은 문제가 지금보다는 덜 발생했을 것이기 때문이다. 사람들이 좋은 인성을 갖추기 위해서는 노력이 필요하며, 이는 교육을 통해 접근해 볼 수 있다. 그리고 이것은 우리의 미래가 현재보다 '더 나은' 상태로 변하기 위해서 교육의 역할을 중요하게 인식할 필요가 있음을 시사한다. 따라서 우리가 좋은 인성을 통해 작금의 사회 문제를 해결할 수 있는 활로를 모색하고 더 나은 미래를 만들어 가기 위해서는 '더 나은 인간'이 요청될 수밖에 없으며, 인성교육을 통해 그 방법을 모색해 볼 수 있을 것이다.[25]

인성은 '더 나은 인간'이 갖추어야 할 기본적인 품성이다. 진정한 인성교육은 학습자에게 인성이 무엇인지를 알게 하고 인성의 본질을 깨닫게 함으로써 그러한 인성을 배양하여 '더 나은 인간'이 될 수 있도록 교육하는 것을 의미한다. 그렇다면 '더 나은 인간'이라는 개념은 '불온한 것'[26]과 대치되는 존재로 상정해 볼 수 있을 것이

---

25 정창우(2016), p.198.

26 이해할 수 없기에 내가 알지 못하는 무언가가 있다고 생각할 수밖에 없는 것, 어디로 갈지, 어떤 식으로 행동할지 예측하기 어려운 그 알 수 없는 잠재성이 불온함의 강도와 상관관계가 있다. 즉 예측 불가능성의 불온함은 있던 대상이 소멸하는 데서 비롯하는 감정적 반응으로서의 불안을 동반한다. 그리고 인간이 자랑스러운 통념 속에서 그어 놓

다. '더 나은 인간'이라는 것은 매우 상대적인 개념으로, 이는 '더 나은 인간'에 비해 '덜 나은 인간'이 존재함을 전제하고 있다. 그렇다면 '덜 나은 인간'은 인성이 부족하거나, 결여되어 있거나, 혹은 없는 인간으로 보아야 하는지 살펴볼 필요가 있다.

'덜 나은 인간'은 '더 나은 인간'에 비해 항상 부족하다. 그렇다고 '덜 나은 인간'이 항상 '덜 나은 인간'으로 정체되어 있거나, 주홍글씨에 낙인찍힌 사람처럼 '더 나은 인간'으로 나아가지 못하는 것은 아니다. 그리고 '덜 나은 인간'은 '더 나은 인간'이 될 수 있는 잠재태를 가지고 있는 반면, '더 나은 인간'은 오히려 정체되어 있을 수도 있다. 물론 '더 나은 인간' 자체가 이미 흠잡을 데 없는 인성을 가진 인간이라고 한다면 무리가 없겠지만, 그러한 '더 나은 인간' 또한 상대적이며, 인간으로서 하강과 침몰을 경험하는 상황을 배제할 수 없다. 그렇기에 인간은 '덜 나은 인간'으로서의 정체성이 더욱 두드러진다.

그렇다면 '더 나은 인간'은 모든 인간이 지향해야 할 표준이자 기준으로서의 이상을 의미하며, '덜 나은 인간'은 모든 인간의 현실태로서 '더 나은 인간'을 지향할 수밖에 없는 숙명을 안고 있다고 볼 수 있다. 하지만 인간은 자신의 인성이 '덜 나은 인간'이 아닌 '더 나은 인간'이라고 자부하며, 그에 대한 우위를 자신하게 됨으로써 내가 아닌 타자로서의 '덜 나은 인간'을 상정하게 된다. '덜 나은 인간'

은 모든 경계를 지우며 밀고 들어오는 것, 그런 식으로 인간을 자신들이 속한 그 보잘 것없고 소소하며 비루한 세계로 끌어들이는 것은 모두 '불온한 것'이다. 이진경, 2011, pp.45~75 참조.

이 존재한다면, 자신이 '덜 나은 인간'이라고 생각하기보다는, 그 또한 '더 나은 인간'임을 자부하고 있을 수도 있다. 그렇다면 인간은 모두가 '더 나은 인간'이라고 생각할 수도, '덜 나은 인간'이라고 생각할 수도 있을 것이다.

인성에 관해 '더 나은 인간'의 존재에 대해 고찰해 본다면, '더 나은 인간'에 대한 이면에 '덜 나은 인간'이 상존함을 알 수 있다. 즉 동전의 양면처럼 '더 나은 인간'에 대한 불온한 것으로서 '덜 나은 인간'이 존재하고 있음을 염두에 둘 수밖에 없다. 하지만 '더 나은 인간'이 존재한다면 인성에 대한 논의와 인성교육의 필요성을 역설할 이유가 있을까? 인간이 불온함으로서, '덜 나은 인간'으로서 존재하고 있기에 인성에 대한 중요성이 부각되고 있으며, '더 나은 인간'을 지향해야 함을 목표로 설정하고 있는 것은 아닐까? 그렇다면 우리 인간은 모두가 '더 나은 인간'이라기보다는 '덜 나은 인간'으로서의 불온한 것들로 치부되어야만 하는 명제가 성립하게 된다.

인간이 '덜 나은 인간'으로 존재한다는 것은 불온한 인간에게 무언가가 필요함을 의미한다. '덜 나은 인간'에게 요청되는 것은 바로 교육으로서, 이는 '덜 나은 인간'이 '더 나은 인간'으로 나아가는 데 있어 필연적이다. 그리고 '더 나은 인간'이라고 할지라도 인간의 불온성으로 말미암아 교육이 수반될 수밖에 없으며, 따라서 '평생에 걸친 노력의 과정'으로서의 교육 개념(조용환, 1997)과 인간이 궤를 함께함을 확인할 수 있다. 따라서 인간의 인성은 '덜 나은 인간'과 '더 나은 인간' 간의 차이와 구분으로 인해 발생하게 되는 불온한 존재를 타자화하는 대신, 교육을 통해 내재화함으로써 불온한 것에 대한 불안을 불식해 나가야 할 것이다.

인성은 교육을 수반해야 비로소 빛을 볼 수 있는 덕성이다. 교육을 수반하지 않으면 좋은 인성을 가지기는 어려울 것이다. 물론 가정과 같은 다른 환경적인 요인이 작용할 수도 있기에, 오직 교육의 방법만이 인성에 영향을 미친다고 볼 수는 없다. 다만 가정 교육과 같이 부모라 할지라도 교수자 역할을 함으로써 학습자에게 긍정적인 영향을 줄 수 있다면 훌륭한 교육으로 볼 수 있다. 특히 인성교육은 가정에서의 역할과 책임이 매우 중요하다. 최근 한국교육개발원이 성인 5,000명을 대상으로 실시한 '2020 교육여론조사'에 의하면, "학생들이 좋은 인성을 갖도록 하는 데 가장 많은 영향을 미치는 요인으로 전체 응답자의 과반 이상이 가정(52.4%)을 선택했다."[27] 이 사실은 우리에게 가정에서의 인성교육에 대한 경각심을 일깨운다. 인성교육은 교과 공부나 입시 공부가 아니기에 가정이나 학교에서는 이를 소홀히 하는 경향이 있다. 그래서 사회적으로 문제가 발생할 때마다 인성교육에 대한 필요성이 강조되고 있고, 이에 따라 최근의 인성교육진흥법도 제정되었다.

2.3. 삶과 문화, 교육에서의 '인성'에 대한 상호 작용

지금까지 살펴보았듯이 인성은 문적으로, 질적으로 우리 인간의 삶과 밀접한 관계를 맺고 있다. 그렇다면 삶 가운데서 인성은 우리에게 어떤 의미를 지닐까? 사람들과 더불어 살아가기 위해 반드시

---

27   임소현, 박병영, 황준성 외(2020), p.106.

갖추어야 할 무엇일까? 만약 갖추어야 한다면 본래 우리에게는 인성이 내재되어 있지 않거나, 아니면 교육을 통해 반드시 갖추어야 하는 것일까?

이러한 질문에 답변하기 위해서는 먼저 인성이 우리 모두에게 있는지부터 파악해 볼 필요가 있다. 인성은 인간이라면 누구나 가지고 있는 성질이다. 이는 단순히 인간의 성질, 즉 치타나 호랑이와 같은 동물의 성질과는 구분되는 성질로 규정해야 할 것이다. 인간의 성질은 보편적인 인간이 갖춘 성질과는 다른, 인간 됨됨이에 관한 성질이다. 그래서 인간의 본성을 논하려면 인간 됨됨이가 갖춰져 있는지를 논해야 하는 것이다. 다시 말해 모든 인간이 인간으로서의 보편적인 성질은 지니고 있지만, 인간의 본성을 지니고 있다고 확언할 수 있을지 회의해 볼 필요가 있다. 언론이 보도하는 흉악범들의 모습을 보면, 과연 저들은 인간의 본성을 가지고 있다고 볼 수 있을지 의구심이 드는 경우가 있기 때문이다. 결국 인성 혹은 됨됨이는 누구나 갖고 있다고 하기는 어려워 보인다. 물론 인성은 '있다', '없다'로 논하기보다는 주로 '좋다', '나쁘다'와 같이 가치론적으로 논하므로, 여기서도 인성을 '갖고 있다'란 '인성이 좋다'는 의미로 해석해야 할 것이다. 그리고 인성이 좋다는 의미는 곧 인성이 인간의 성질이 아닌 인간의 도덕적 본성을 의미하는 것으로 이해할 수 있다.

인성이 인간의 도덕적 본성이라면 인간은 그것을 선천적으로 갖추고 태어나는 것일까, 아니면 후천적으로 교육을 통해 학습해야 하는 것일까? 맹자는 인간이 선한 본성을 타고나는 것이라 했고, 순자는 인간이 원래 악하게 태어나므로 교육을 통해 이를 다스려야 한다고 인식했다. 고자告子는 '무선무악설無善無惡說'을 통해 인간의 본성이 선하지도 악하지도 않음을 주장하기도 했다.[28] 우리의 전통 철학인 유가철학의 주요 핵심은 하늘로부터 품부 받은 인간의 본성은 순선하지만, 기질로 인해 순선한 본성이 가려지거나 어두워질 수 있으므로 항시 경계하고 수양을 게을리하지 말아야 함을 요청한다. 이는 후천적인 영향이나 교육으로 인해 인간의 본성이 결정될 수 있음을 암시하며, 순자나 고자의 주장과 궤를 함께한다고 볼 수 있다. 즉 아무리 선천적으로 순선하게 태어나 좋은 인성을 가지고 있다고 하더라도, 결국 후천적인 노력 없이는 좋은 인성을 발휘할 수 없음을 의미한다.[29]

이러한 인성에 대한 관념은 우리의 문화 속에서 우리의 가치관을 형성하는 데 큰 영향을 미쳐 왔다. 그렇다면 우리 문화 속의 인성은

---

28 《孟子》,〈告子上〉, "告子曰: 性無善無不善也."
29 한국문화인류학회의 《낯선 곳에서 나를 만나다》(2006)에서 보편성을 불신하는 티브족(첫 번째 이야기), 반어적 표현을 통한 겸손의 미덕을 지향하는 부시맨(두 번째 이야기), 자유로운 성관계를 추구하는 카리브인(네 번째 이야기), 여성의 존엄성을 경시하는 인도인과 흑인을 지양하는 남미인(다섯 번째 이야기), 마다가스카르의 간접 화법을 지향하는 남성과 직접 화법을 사용하는 여성(여섯 번째 이야기), 빅맨과 추장의 리더로서의 자질(여덟 번째 이야기), 교장 선발 위원회의 폐쇄성과 보수성(열네 번째 이야기)을 통해, 문화가 결국은 그 사람의 인성을 결정짓는다는 것을 알 수 있다. 이는 인성이 선천적이라기보다는 후천적인 학습을 통해 형성되는 것임을 의미한다. 반면에 이러한 인성은 맹자가 주장한 성선설과 대치된다고 볼 수 있지만, 맹자는 인성을 인간의 도덕성에 중점을 두었고, 문화인류학에서는 인성을 환경과 문화에 영향을 받은 인간의 성향으로 규정한다는 차이가 있다. 다만 선천적으로 타고난 성품이 있다고 할지라도 해당 문화권에서 삶을 영위한다면 그것은 그 문화권의 인성으로 화할 가능성이 클 것이다. 그리고 보통 자신의 인성이 특별하다고 생각하지만, 곧 타자의 인성 또한 크게 다르지 않은 보편성이 있음을 같은 문화권 내 사람들은 알고 있다. 따라서 인간의 개별적인 특성은 미시적인 차원에서 뚜렷한 차이를 나타내지만, 동일한 문화권 내에서의 사람들이 지닌 공통적인 특성은 거시적인 차원에서 충분히 유사한 점을 보일 수 있다.

어떤 모습으로 형성되어 왔으며, 이러한 인성은 우리 삶과 교육에 어떤 영향을 미쳤는지 살펴볼 필요가 있다. 인성은 인간다운 성품을 의미하며, 인간다운 성품은 도덕성을 지칭한다. 그러한 도덕성은 오래전부터 우리의 전통문화로부터 전승해 왔으며, 다음의 사례를 통해 좀 더 구체적으로 접근해 보도록 하겠다.

> 섭공이 공자께 "우리 마을에 곧은 사람이 있습니다. 자기 아버지가 양을 훔쳤는데 아들이 그것을 증언했습니다"라고 하자 공자께서 "우리 마을의 곧은 사람은 이와 다릅니다. 아버지는 아들을 위하여 숨겨주고 아들은 아버지를 위하여 숨겨주는데 곧음(정직)은 그 안에 있습니다"라고 말씀하셨다.[30]

아버지가 자식을 숨겨 주는 것은 부성애이고 자식이 아버지를 숨겨 주는 것은 효도이기에, 이는 법을 초월하는 지고의 가치이다. 이런 가치를 구현할 수 있는 사람이라면 곧지 않으려야 곧지 않을 수 없다(류종목, 2011). 이러한 정직한 마음은 우리의 인성이 어떤 의미이며, 문화적 전통에서의 인성에 대한 정의가 무엇인지를 단적으로 보여 준다. 다시 말해 우리 문화에서 인성은 부모님께 효를 다하고 자식을 극진히 사랑하는, 즉 가정에서의 윤리적 덕목에 초점이 맞춰져 있음을 알 수 있다. 이는 곧 가정에서 온전한 인성을 갖춘 뒤에야 국가를 다스리고 세상을 경영하는 데 이를 수 있다는 유가철학

---

30 《論語》,〈子路〉, "葉公語孔子曰: 吾黨有直躬者, 其父攘羊, 而子證之. 孔子曰: 吾黨之直者 異於是. 父爲子隱, 子爲父隱, 直在其中矣."

의 근본 이념과 궤를 함께 한다. 이러한 인성에 대한 전통적 관념은 오늘날 우리의 관습에서 쉽게 찾아볼 수 있으며, 사회 질서 유지를 위한 법률에도 적용되고 있다.[31]

범인은닉죄 및 증인은닉, 도피죄에 있어 친족, 호주 또는 동거의 가족이 본인을 위하여 이러한 죄를 범한 때는 처벌하지 아니한다는 등의 규정은 가족에 의한 범죄에 대해 그 관계에 따르는 전통적 가치를 반영한 것으로 볼 수 있으며, 이는 효행 의무를 반영한 우리 법문화의 전통이라고 할 수 있다.[32] 이러한 법문화의 전통은 우리의 인성에 대한 기준과 의미를 일깨운다. 즉 법률상 아버지의 죄를 숨긴다고 해서 죄를 묻지 않는 것은 범죄를 저지른 아버지를 숨기고 싶어 하는 것이 아들로서의, 인간으로서의 본성이며, 그러한 인성이 온전히 발현될 때 그 사람의 마음은 정직하다고 평가받는다는 것을 의미한다. 이에 대해 모든 사람이 정직하다고 평가하는 것은 우리 사회에서 가정만큼은 결코 침해할 수 없는, 가장 기본이 되는 인간 본성의 발현지이자 시발점임을 방증하며, 법에서조차 인정하고 보

---

31 형법 제151조(범인은닉과 친족 간의 특례): ① 벌금 이상의 형에 해당하는 죄를 범한 자를 은닉 또는 도피하게 한 자는 3년 이하의 징역 또는 500만원 이하의 벌금에 처한다. ② 친족 또는 동거의 가족이 본인을 위하여 전항의 죄를 범한 때에는 처벌하지 아니한다. 형법 제155조(증거인멸 등과 친족 간의 특례): ① 타인의 형사사건 또는 징계사건에 관한 증거를 인멸, 은닉, 위조 또는 변조하거나 위조 또는 변조한 증거를 사용한 자는 5년 이하의 징역 또는 700만원 이하의 벌금에 처한다. ② 타인의 형사사건 또는 징계사건에 관한 증인을 은닉 또는 도피하게 한 자도 제1항의 형과 같다. ③ 피고인, 피의자 또는 징계혐의자를 모해할 목적으로 전2항의 죄를 범한 자는 10년 이하의 징역에 처한다. ④ 친족 또는 동거의 가족이 본인을 위하여 본조의 죄를 범한 때에는 처벌하지 아니한다.

32 독일의 형법에서도 우리와 유사한 규정을 찾아볼 수 있다. 이와 관련해서는 정현미 (2006) 참조.

호하는 성역이 가정임을 알 수 있다. 이처럼 법문화를 통해서도 확인할 수 있듯이 우리의 인성은 우리의 삶 가운데 가장 중요한 가치 중 하나로 자리매김하고 있다.

3. 인성과 교육의 관계를 통한 교육인류학적 함의

교육인류학의 관점에서 세 가지 지평으로 인성과 교육을 해석해 봄으로써 그 함의를 검토해 보고자 한다. 교육인류학이란 "문화와 교육의 관계, 그 상호 작용을 연구하는 학문"이며, "문화와 교육은 두 가지 서로 다른 '삶의 형식'으로서 부단히 영향을 주고받는다."[33] 문화는 교육의 목적, 내용, 방법, 제도, 여건뿐만 아니라, 학교에서의 수업, 평가, 생활 지도, 상담 등에 영향을 미친다. 이는 교육에 대한 관심이 문화에 대한 관심을 자연스럽게 수반할 수밖에 없음을 의미한다. 반면에 교육은 한 사회의 문화 혹은 문화적 전통을 계승하고 전달하고 소통하며 공유하기 위한 핵심 장치로서, 새로운 문화의 유입과 유출, 그리고 창출의 기능 또한 담당한다.[34] 이러한 문화와 교육의 상호 작용을 연구하는 학문인 교육인류학을 통해, ① 인성을 교육한다, ② 인성적으로 교육한다, ③ 인성 상황에서 교육한다는 세 가지 지평으로 인성과 교육의 관계를 논의해 보면 다음과 같다.[35]

---

33 조용환(2001a).

34 조용환(2012a), p.4, pp.9~10 참조.

35 조용환(2011)은 '다문화 교육'과 관련하여 '다문화'와 '교육'의 관계를 통해 그 함의를 살피고, ① '다문화를 교육한다', ② '다문화적으로 교육한다', ③ '다문화 상황에서 교육한다'라는 지평을 통해 교육인류학이 다문화 교육의 학문적 기초가 될 수 있는지를 규명

첫 번째 '인성을 교육한다'에서 인성은 교육의 내용이다. 인간의 인성을 교육의 내용으로 삼는다는 뜻이다. 그렇다면 인성을 어떻게 교육할 것인지에 대한 문제가 이어져야 한다. 그래서 두 번째 '인성적으로 교육한다'는 인성교육의 접근 방법에 대한 명제로 볼 수 있다. 인성이라는 내용을 통해 인성적으로 교육하는데, 그렇다면 이러한 인성교육을 언제, 어느 때, 어떤 상황에서 해야 하는지에 대한 물음이 뒤따른다. 이때 세 번째 '인성 상황에서 교육한다'로부터 인성 상황이 조성될 때 인성교육이 이루어져야 함을 추론해 볼 수 있다.

'인성을 교육한다'는 것은 인간의 인성을 교육할 필요성이 있다는 의미이자, 인간은 사람과 사람 사이에 존재하며 사람들과 더불어 살아가기 위해서는 인간으로서 마땅히 가지고 있어야 할 인성이 중요함을 의미하므로, 인성을 교육해야만 하는 당위성은 언제나 성립 가능한 명제로 볼 수 있다. 다만 인성을 반드시 교육해야만 하는 당위성이 강제성이 된다거나 흉내만 내게 되는 경우를 경계해야 할 것이다. 대학 입학 전형의 일환으로 인성교육을 보여 주기 위한 요령만을 습득하게 한다거나 강압에 의해 인성교육을 강제한다면, 이는 진정한 인성교육을 한다고 보기는 어렵다.

'인성적으로 교육한다'는 것은 인간의 인성을 어떻게 교육할지에 대한 접근 방법을 지칭하는 것으로서, 교수자의 인성과 크게 관련이 있다고 볼 수 있다. 교수자가 인성의 본질을 파악하고 이를 체화해 직접 실천하는 모습을 보여 준다면 인성교육의 효과가 상당할 것이

해 보고자 했다(조용환, 2011, pp.9~10). 이 글에서는 인성과 교육의 관계를 통한 교육 인류학적 함의를 검토해 보기 위해 조용환(2011)의 세 가지 지평을 활용하였다.

다. 하지만 교수자가 설사 그렇게 할 수 있을지라도, 학습자에게 그런 모습을 보여 주는 빈도와 시간이 부족하다면 그 또한 한계가 있게 된다. 따라서 학습자에게 보다 직접적인 방법을 통해 인성교육을 하는 것이 중요하다. 그래서 교수자는 인성교육을 실시하기 위해 자신의 인성부터 성찰하고, 이를 토대로 행동해야 한다는 선결 과제가 남는다. 나아가 교수자는 학습자에게 효과적인 인성교육 방법을 찾아 지도해야 한다.

'인성 상황에서 교육한다'는 것은 인성을 교육하기 위한 적절한 상황이 필요하다는 의미로서, 인성을 교육하는 때와 장소, 그리고 주변 환경을 고려해야 한다는 의미로 생각할 수 있다. 인성 상황은 교수자 주체가 누구인지에 따라 달라질 수 있다. 즉 가정에서는 부모가 되고, 학교에서는 교사가 된다. 그리고 가정과 학교라는 환경에서 언제 인성교육을 하는 것이 적절한지 충분히 고민할 필요가 있다. 때와 장소를 가리지 않고 언제, 어디서나 인성교육을 해야 한다고, 그렇게 하는 것이 당연하다고 생각할 수 있지만, 인성교육을 항상 의식하고 실시하는 것은 쉽지 않다. 게다가 인성을 교육하기 위해 '인성교육을 위한 교육'이나 '인성에 관한 교육'이 시행된다면, 이 또한 온전한 인성교육이라 할 수 없다.

그렇다면 '인성교육을 위한 교육'과 '인성에 관한 교육'은 무엇인지 살펴볼 필요가 있다. '인성교육을 위한 교육'은 말 그대로 교육을 위한 교육으로서, 예정된 계획 속에서 인성교육을 하나의 교과 교육과 같이 다루는 것이다. 인성교육이 인성의 참된 의미를 교육하기보다는 해야만 하기에 하는 교육으로 치부될 수 있음을 의미하며, 이를 경계하는 것은 인성교육을 위한 주요 과제가 될 것이다. 그리고 '인성에 관한 교육'은 인성 그 자체에 대한 교육으로서, 주로 인성 관련 학문 분야나 문헌을 통하는 문적인 방법을 지향한다고 볼 수 있다. 이는 교수자가 학습자의 인성을 배양하기 위한 인성교육이라 기보다는 단순히 학문적 논의로서 학습자들에게 인성을 교육한다는 것을 의미한다.

그럼 '인성교육을 위한 교육', '인성에 관한 교육'이 아닌, 진정한 인성교육은 어떻게 해야 할까? 진정한 인성교육은 학습자에게 인성이 무엇인지 알게 하고, 인성의 본질을 깨닫게 하며, 그럼으로써 인성을 배양하여 더 나은 인간이 될 수 있도록 교육하는 것을 의미한다. 그렇다면 진정한 인성교육은 학습자를 위한 교육이 되어야 한다. 물론 모든 교육은 학습자를 위한 교육으로 볼 수 있다. 다만 인성교육은 학습자의 지적 능력이 아닌 인성을 배양하기 위함이므로, 교수자의 사명감이 보다 더 강조될 필요가 있는 것이다. 상대적으로 인성교육에 대한 교수자의 사명감을 더욱 강조하는 이유는 인성이야말로 인간이 살아가는 데 가장 중요한 요소 중 하나이자, 사회적 인간으로서 지녀야 할 가장 중요한 덕목 중 하나로 작용해 왔기 때문이다.

따라서 학습자를 위한 교육은 '인성교육을 위한 교육', '인성에 관한 교육'이 아닌, '인성을 위한 교육'으로 풀이할 수 있다. 즉 인성교육은 학습자의 인성을 배양하기 위한 교육을 의미하며, 학습자의 인성 배양을 위해서 이루어져야 함을 의미한다. 즉 학습자의 인성이 보다 더 나아지길 바라는 마음으로 교육하며, 따라서 질적인 방법이 요청된다. 다시 말해 교과서적인 지식 전달을 위해서가 아니라 학습자의 인성이 나아지길 바라는 마음으로 교수자의 경험과 이야기를 진정성 있게 전달할 때, 학습자들은 감동하고 깨닫게 될 것이다. 이는 문적인 방법을 지향한 '인성에 관한 교육'과 대비됨으로써 그 차이를 분명히 한다.

다시 '인성 상황에서 교육한다'로 돌아가 보면, '인성 상황'은 '인성을 위한 상황'이며 '인성을 위한 상황'은 '학습자의 인성을 배양하기 위한 상황'으로 전개해 볼 수 있다. '학습자의 인성을 배양하기 위한 상황'은 학습자를 위하는 교수자의 지극한 심려가 수반되는 상황이다. 학습자를 위해, 학습자의 인성을 위해, 학습자의 인성 함양을 위해, 학습자에 대한 교수자의 심려와 정성이 필요하다. 이는 교수자에게 사명감이 없다면 불가능한 일이다. 그래서 교수자에게 인성교육은 다른 여타 교육에 비해 사명감이 더욱 요청된다. 교수자는 문적인 접근보다 질적인 접근을 우선시함으로써 진정으로 '인성 상황에서 교육함'을 실현할 수 있을 것이다.

따라서 인성교육은 ①보다는 ②와 ③에 더 무게를 둘 필요가 있다. 내용으로서의 인성교육은 중요하지만, 그것은 이미 인성교육에 대한 충분한 당위성을 담보하는 명제이기 때문에 ②와 ③에 비해서는 가볍게 여길 수 있다. 다만 이러한 당위성에 진정성이 더해져야 한다는 전제는 반드시 필요하다. ②와 ③은 인성교육의 방법과 상황에 대한 명제로서 인성교육을 위해 충분히 고려하고 검토할 필요가 있다. 인성교육의 이론적, 실제적 핵심에는 인성과 교육의 관계가 있고, 그 관계를 탐구해 봄으로써 교육인류학적 함의를 찾을 수 있을 것이다. 이는 '인성교육에 대한 교수자의 질적 접근'과 '질적 접근에 기초한 인성교육'을 시도할 수 있는, 교육인류학적 학문 풍토의 특징이 존재함으로써 가능할 것으로 사료된다.

4. 결론

이 글에서는 '인성'이란 무엇인지를 고찰하고 그것이 삶, 문화, 교육과 어떤 관계를 형성하고 있는지를 밝히고자 했다. 나아가 교육인류학이 인성교육의 학문적 기초가 될 수 있는지에 대한 가능성을 타진해 보고자 했다. 이를 위해 문질빈빈의 방법으로 교육인류학적 관점에서 인성을 고찰해 보고자 했고, 인성이란 무엇인지에 대해 통찰해 보았다. 또한 인성에 대한 개념을 구체적으로 살펴보았고, 문헌을 통해 문적인 내용을 탐색하였으며, 일반적인 인성에 대한 담론을 고찰해 봄으로써 인성의 본질과 삶 속에서의 의미를 질적으로 규명해 보았다. 이를 바탕으로 이 글의 고찰 결과를 정리해 보면 다음과 같다.

첫째, '인성'을 문적으로 고찰한 결과 그 속에는 인간다운 면모와 자질, 성질과 성품, 그리고 덕성의 의미가 내포되어 있었다. '인성교육'을 문적으로 고찰한 결과, 더불어 조화롭게 사는 능력과 같은 사회적 맥락을 고려한 윤리 의식이 학교 교육에서 필요함을 알 수 있었다. '인성'을 질적으로 고찰한 결과 인성의 본질인 '인성다움'을 통해 인성의 선천적인 측면과 후천적인 측면의 양면성을 살펴봄으로써 인성이 양자 모두를 총칭하는 개념임을 살펴보았고, 인성이 외부 환경에 의해 영향을 받는다면 교육을 통해 더 나은 방향으로 개선 가능성을 타진해 볼 수 있었다. '인성교육'을 질적으로 고찰한 결과, '덜 나은 인간'에서 '더 나은 인간'으로의 목표를 달성하기 위해 교육의 역할이 요청될 수밖에 없으며, 가정 및 학교 교육이 수반해야만 인성에 긍정적인 영향을 미칠 수 있음을 알 수 있었다.

둘째, 삶과 문화, 교육에서의 '인성'에 대한 상호 작용을 살펴본 결과, 인성에 대한 관념은 우리의 문화 속에서 우리의 가치관을 형성하는 데 큰 영향을 미쳐 왔으며, 그러한 인성은 인간다운 성품을 의미하고, 인간다운 성품은 도덕성을 지칭함을 알 수 있었다. 가족 간의 인간애에 대한 정직한 마음은 곧 바른 인성이며, 이러한 인성이 가정을 지키고 사회 질서 유지에까지 일조한다는 논리가 현대의 법문화 전통에도 영향을 미침으로써, 인성의 중요성이 우리 사회에서 인정되고 보호되어야 할 가치로서 여겨짐을 확인할 수 있었다.

셋째, 세 가지 지평을 통해 인성과 교육의 관계가 지닌 교육인류학적 함의를 검토한 결과 ① '인성을 교육한다'를 통해 더불어 살아가는 인간으로서 반드시 인성교육이 필요하다는 당위성을 확보할 수 있었고, ② '인성적으로 교육한다'를 통해 학습자의 인성교육을 위해서는 교수자의 인성부터 성찰하는 것이 선행될 필요가 있음을 알 수 있었으며, ③ '인성 상황에서 교육한다'를 통해 인성교육을 가정과 학교와 같은 장소에 한정 짓지 말고 언제, 어디서나 이루어질 수 있도록 노력해야 할 필요성을 살펴볼 수 있었다. 특히 '인성을 위한 교육'을 하기 위해서는 학습자를 위한 교육, 즉 교수자의 사명감을 바탕으로 학습자가 더 나은 인성을 함양하도록 만들기 위한 노력이 수반되어야 한다. 또한, 인성교육에 대한 당위성과 더불어 교수자의 학습자에 대한 진정성을 고려할 필요가 있다.

인류학의 관점과 방법을 계승한 교육인류학은 모든 교육 현장을 문화 교육과 교육 문화의 장으로 본다(조용환, 1997; 2001b; 2007; 2011). 이는 모든 교육과 교육의 모든 과정에 이미 문화가 작용하고 있고, 문화가 교육의 목적, 내용, 방법, 주체, 제도, 의미, 기능에 영향을 미치며, 문화의 모든 측면에 교육이 작용한다는 것을 의미한다. 한편으로는 교육이 문화의 형성, 전승, 공유, 발전, 쇠퇴에 두루 영향을 미친다고 볼 수 있으므로, 이 양자를 '교육의 문화적 과정'과 '문화의 교육적 과정'이라 표현할 수 있다(조용환, 1998; 2011). 이런 관점에서 인성과 교육을 살펴본다면 우리 문화에 내재한 인성의 함의는 교육에 영향을 미칠 것이므로, 우리 고유의 전통적인 인성에 대한 사유와 문화적 토양이 마련되고 정착되어 있음을 추론해 볼 수 있다. 이러한 문화적 토양에서 잉태된 인성은 교육에 영향을 미치고, 교육과의 관계를 통해 우리 삶의 양식과 형태를 구성한 것이다. 우리는 더 나은 삶을 추구하기 위해 교육의 작용이 필요했고, 교육은 우리의 거친 문화적 토양을 일구며 인성을 다듬어 나갔다. 그러한 지난한 시간과 과정을 통해 '더 나은 인간'과 '덜 나은 인간' 간의 차이가 분명해질 수 있었고, 더 나은 인간이 되기 위해 교육을 받아야만 한다는 당위를 우리는 시나브로 수용하게 되었다.

이러한 교육을 위해서는 우리의 삶과 문화 가운데서 교수자를 통해 배우고 때때로 익히며 농토의 고랑과 이랑을 갈아나가는 습관화가 필요하다. 우리를 둘러싸고 있는 모든 것이 인성을 품고 있는 문

화이기에, 인성교육을 할 수 있는 풍토는 이미 준비되어 있다. 다만
'인성적으로' 교육하고 '인성 상황에서' 교육하고자 한다면, 우리의
삶과 문화에 대한 온전한 이해를 바탕으로 교육자로서의 사명감을
지니고 교육에 임해야 할 것이다. 그것이야말로 인성과 교육의 관계
에 대한 의미를 찾아 우리 삶에 투영하고자 하는 교육인류학의 정언
명령적 과제가 될 것이기 때문이다. 따라서 교육인류학을 통한 학문
적 접근은 교수자와 학습자에 대한 인성과 교육, 그리고 문화 간의
관계를 탐색하는 데 충분한 시론試論적 가치가 있으며, 학문적 기초
를 제공해 주기에도 적절하다고 본다.

〈'인성'과 삶, 문화, 교육 간의 의미 고찰〉
김상철 저자 인터뷰

안녕하세요, 김상철 선생님. 만나 뵙게 되어 반갑습니다. 우선 선생님의 전공과 주 연구 및 관심 분야, 그리고 현재 하시고 계신 일을 여쭈어보고 싶습니다.

제 박사학위 전공은 교육행정학 및 고등교육학이며, 주 연구 및 관심 분야는 교육정책 및 교육철학입니다. 저는 학부 및 석사과정에서 철학(인성론, 윤리학, 도덕철학)을 전공하여 철학과 교육행정학의 학문 간 융합을 추구하고 있으며, 우리 교육 현장에서 요구되는 '미래 사회가 필요로 하는 인성 역량을 갖춘 민주시민 육성'에 관심을 갖고 있습니다. 현재 한국교육개발원에서 연구원으로 재직 중이며, 방송통신중고등학교 학교 밖 학습경험 인정 관련 교육정책 연구 및 사업을 추진 중에 있습니다.

이 책은 대전지역의 인문·예술에 대한 저변 확대를 목적으로 다양한 분야의 전문가들이 모여 결성한 '대전인문예술포럼'(이하 '대인포럼')의 첫 결과물입니다. 그간 대인포럼에 참여하시면서 느끼신 좋았던 점과 아쉬웠던 점을 한 가지씩 말씀해 주시면 감사하겠습니다.

최근까지 대인포럼은 대전을 중심으로 여러 지방의 인문, 사회, 예술, 문화 등의 전문가가 모여 각자 전문 분야의 연구 성과에 대한 향연의 장으로서 마련되었고, 지역과 학문의 경계를 허물고 융합해 왔습니다. 앞으로도 서로의 학문 분야를 존중하며 지역 사회에서 영향력 있는 학문 공동체로 거듭나길 기대합니다. 본 총서에 대인포럼에 참여한 모든 구성원의 연구가 담기지 못한 것이 아쉽지만, 향후 지속적인 출간을 통해 다양한 분야의 성과물을 지역 사회와 공유할 수 있을 것으로 전망합니다.

인문학과 예술이라는 주제로 대인포럼에 참여하시면서 기대하셨던, 혹은 생각하셨던 인문학과 예술에 대한 가치가 있으셨을 텐데요, 선생님이 생각하시는 인문·예술의 성격과 정신, 그리고 앞으로의 비전이 무엇인지 여쭤봐도 될까요?

인문학과 예술은 인간이 살아가면서 반드시 수반되어야만 하는 정신적 공기와 같다고 할 수 있을 것입니다. 다만 이러한 인문학과 예술이 일반 대중으로부터 멀어져 있거나, 거리감을 두게 된다면 외려 해당 학문은 침체되거나 외면받게 될 것입니다. 따라서 대인포럼의 성과도 구성원만의 공감과 만족에서 그치지 않고 지역 사회와 더불어 공유되어야만 진정으로 생명력 있는, 정신적 공기와 같은 가치를 인문학과 예술에 부여할 수 있을 것입니다. 이러한 취지의 일환으로 대인포럼 총서 또한 출간된 것이라 할 수 있습니다.

네, 잘 알겠습니다. 그럼 본격적으로 선생님이 책에 쓰신 내용에 대해 여쭤어보도록 하겠습니다. 먼저, 선생님이 글에서 강조하고 싶으신 부분을 다시 한번 간략하게 설명해주시고, 왜 그 주제가 중요한지 말씀해주시면 감사하겠습니다.

우리 사회에서는 최근 지위 고하를 막론하고 도덕적 해이로 인해 발생하는 사건, 사고가 비일비재합니다. 이는 신자유주의를 표방하며 인간의 정신적 가치를 훼손시키는 물질 만능주의와 자본주의로부터 말미암았다고 할 수 있겠지만, 한편으로는 우리에게 필요한 인성교육이 동시에 수반되지 못했음을 반증한다고 하겠습니다. 2011년부터 매년 실시된 한국교육개발원 대국민 교육여론조사에서 초중고 학생들에게 가장 강조되어야 할 교육으로 꼽혀온 인성교육은, 코로나19에 대처하듯이 우리 사회 전체가 경각심을 갖고 대응할 필요가 있습니다. 즉 인간으로서 인간다운 덕성을 바탕으로 타인과 더불어 살아가는 데 필요한 성품인 '인성'을 고양할 필요가 있으며, 이를 우리 문화에 내재한 인성 개념과 의미로부터 궁구해 보되, 현재의 우리에게 투영할 방안을 모색해 볼 필요가 있다고 생각했습니다. 이러한 문제의식을 바탕으로 이 글에서 교육인류학적 시론을 제시하게 되었습니다.

김상철

한국교육개발원 미래교육연구본부 연구원으로 재직 중이다. 고려대학교에서 《한국의 인성교육정책 변동과정 분석》으로 교육학 박사학위를 받았으며, 고려대 교육대학원에서 강의했다. 대외적으로 한국교육행정학회 미래학교연구위원, 한국교원교육학회 학술편찬위원, 안암교육학회 학술위원이자 대전인문예술포럼 학술이사로 활동 중이다. 관심 분야는 교육정책, 교육정치, 교육철학, 교육행정학 및 고등교육학 전반이며, 수년간 관련 연구에 매진하면서 〈Sustainable Development for the Open Secondary School Policy in Korea: The Approach of Historical Institutionalism〉(2021) 등의 학술 논문과 《한국의 대학평가》(2020), 《지금, 우리는 어떻게 살고 있나?》(2020)와 같은 저서를 집필한 바 있다. 학부 및 석사과정에서 철학(인성론, 윤리학, 도덕철학)을 전공한 저자는 철학과 교육행정학의 학문 간 융합을 지향하고 있으며, 현재 학습경험 인정 관련 교육정책 연구 및 사업을 추진하면서 이론, 실제, 연구의 조화를 꾀하고 있다.

율곡 인성론에 바탕 한 현대 인간상 고찰

서원혁

1. 들어가는 말

유가의 기본적인 인성론은 전통적으로 인간의 도덕성을 규명하고, 인간의 본성을 온전히 유지하며 도덕적 이상향을 추구하는 바탕을 제공하고자 한다. 유가가 중국을 중심으로 동양 사상의 주류를 이룰 수 있었던 이유 중 하나는 시대별로 사상에 기초한 이론이 역사와 결합했기 때문이며, 이러한 이론과 역사의 만남은 곧 인성론이 사회성을 가지면서 그 시대의 인간관을 반영했기에 가능했다고 볼 수 있다. 이 글은 율곡의 인성론을 연구하기에 앞서 전통적으로 유가가 궁극적으로 지향해 온 인성론에 입각한 인간관과 정체성을 인식하는 것으로부터 시작하며, 이어 그 현대적 의미를 모색함을 목적으로 한다.

유가의 인성론은 전통적으로 도덕의 문제와 밀접한 관계를 맺어왔으며, 시대별로 도덕성을 확립하는 데 기여하고자 노력했다. 이에 따라 각 시대의 도덕성은 선악의 문제와 연결되면서 인간을 보다 적극적으로 이해하는 데 긍정적인 영향을 주었다.

이런 입장에서 율곡 인성론 이전의 입장을 먼저 살펴보고자 한다. 공자, 맹자, 순자의 도덕 및 인성론을 먼저 살펴봄으로써 이들의 인간에 대한 심층적이고 적극적인 이해를 알아보고자 한다. 아울러 이들은 율곡의 인성론 연구에도 도움을 줄 것으로 기대된다. 결국 시대를 대표했던 선진 시대 선유들의 인성에 대한 의미와 도덕성을 기반으로 신유학으로 넘어와 전개되는 인성론을 살펴본 후 그 현대적 의미를 모색하는 단계로 나아가게 될 것이다. 이를 통해 오늘날 인성에 대한 다양한 논의 속에서 율곡의 인성론에 바탕 한 인간상을 탐구해 보고자 한다.

2. 선진 유학의 인성론

2.1. 공자

유가의 인성론은 《논어論語》의 "성은 서로 가깝고 습으로 인해 서로 멀어진다"라는[1] 구절이 화두처럼 읽힌다. 공자는 인성에 대해 직접적으로 언급한 적은 별로 없다. 그렇지만 그의 인仁 사상 속에서 인간의 본성에 관한 이야기를 찾아보려 한다. 공자는 안회에 대해 "안회는 그 마음이 인仁을 석 달이나 어기지 않았고 그 밖의 사람은

---

1 《論語》,〈陽貨〉, "性相近也 習相遠也."

하루나 한 달에 한 번은 인仁을 따른다"라고 말한다.[2] 인仁에 대한 해석은 다양하게 전개되지만, 이 부분에 대해 주자朱子의 주석은 '인자仁者는 심지덕心之德'이라 풀이하여 인仁을 마음의 덕, 즉 인간의 본성으로 설명하고 있다. 여기에서 알 수 있듯 공자는 인仁을 인간의 본성 혹은 도덕성으로 직접 간주하지는 않지만, 인간이 지켜야 할 본분임을 간접적으로 밝히고 있다. 이를 주자는 주석을 통해 마음의 덕이라는 본성이라 할 수 있다고 보고 있다.

인성관이 드러난 것으로는《논어》의 〈향당鄕黨〉 편에 나오는 다음과 같은 것도 있다. "마구간에 불이 났다고 하는데 공자가 조정에서 돌아와서 묻기를 사람이 다쳤느냐? 하고 말馬에 대해서는 묻지 않았다."[3] 당시 말이 매우 유용했을지도 모르지만, 인간을 먼저 살피는 모습에서 인격권에 대한 존중, 즉 인성관이 어느 정도 드러난다고 할 수 있겠다.

> 계강자가 공자에게 정치에 대해 물어 말하길 "도道가 없는 사람을 죽여 도道를 이끌어 나아간다면 어떠하겠습니까?" 하니 공자가 대답하여 말하길, "정치를 함에 있어서 어찌 살인을 사용하겠는가? 내가 선한 것으로 하고자 하면 백성들도 선하고자 할 것이다."[4]

---

2 《論語》,〈雍也〉, "回也 其心三月不違仁其餘則日月至焉而已矣."
3 《論語》,〈鄕黨〉, "廏焚, 子退朝, 曰, 傷人乎不問馬."
4 《論語》,〈顏淵〉, "季康子問政於孔子曰如殺無道以就有道何如孔子對曰子爲政焉用殺子欲善
  而民善矣."

여기에서 공자는 유가의 기본 도리인 도道보다도 인간의 생명을 더욱 중시하는 태도를 보인다. 아침에 도道를 깨달으면 저녁에 죽어도 좋다고 할 정도로 도에 대한 믿음이 강했던 공자지만, 인간의 생명을 도道보다 앞에 놓았다는 것을 볼 때 인간의 생명을 인격성으로 보았던 것으로 여겨진다. 인격의 상실은 결국 도道를 이룰 수 없게 되니 인격의 수호에 보다 중심을 두었던 것으로 볼 수 있다. 도道의 실현도 결국 선한 인격을 가진 인간만이 가능하다는 전제를 제시하는 것이라 할 수 있다.

> 군자가 세 가지 경계할 것이 있으니, 어린 시절에는 혈기가 정해지지 않았으므로 경계해야 할 것은 색色에 있고, 그 장년에 이르러서는 혈기가 사방으로 강해지므로 경계해야 하는 것이 다툼에 있으며, 그 늙음에 이르러서는 혈기가 이미 쇠약해지니 경계할 것은 이득에 있다.[5]

공자가 이상적 인간으로 제시하는 군자가 지켜야 할 세 가지 항목이다. 군자가 경계해야 할 것으로 먼저 젊은 시절에는 여색을, 장년에는 다툼을, 노년에는 탐욕을 각각 제시하고 있다. 이는 인간의 욕망을 절제하여 육체적 속성에서 벗어나 인격체로서 도덕적 인간이 되어야 함을 보여 준다. 즉 인간에게 있는 욕망을 절제하고 다스림으로써 인성을 완성하고, 이를 통해 군자가 되어야 함을 제시하고 있다.

---

5 《論語》, 〈季氏〉, "君子有三戒少之時血氣不定戒之在色及其壯也血氣方剛戒之在鬪及其老也血氣旣衰戒之在得."

비록 일관된 표현을 드러내지는 않지만, 이처럼 공자는 최소한 동물보다는 인간을, 육체적 인간보다는 정신적 인간을 중시하며, 인간 본연의 본분에 대해 말한다. 이런 것들은 모두 인간성에 기초한 인간 본성, 즉 인성에 대한 다양한 표현이라 할 수 있을 것이다.

2.2. 맹자

맹자는 선과 악이라는 일반론적 입장에서 인간의 본성과 관련해 선善의 측면을 바라본 인물로 평가될 수 있다. 그는 성선설을 주장하며 "인성은 선하여 물이 흐르는 것과 같으니 사람이 선하지 않은 것이 없고 물이 아래로 내려가지 않음이 없다"라고[6] 밝혔다. 맹자 인성론의 핵심은 본래적 성품이 선善하다는 것에 있다. 이를 그는 사심四心, 사단四端, 사덕四德 등을 통해 증명하고 있다.

> 사람이라면 차마 어쩌지 못하는 마음이 있다. 어린아이가 갑자기 우물에 들어가려는 것을 보고 근심하며 슬퍼하면서 측은히 여기는 마음이 있다. 이것은 어린아이의 부모와 사귐이 있어서 무엇인가 대가를 바라고 그러는 것이 아니며, 명예를 향당의 친구들에게 얻기 위함 또한 아니며, 그렇게 하지 않아 얻게 될 평판이 싫어서 그렇게 한 것도 아니다. 이러한 것으로 말미암아 보건대 측은한 마음이 없으면 사람이 아니며, 부끄러워하는 마음이 없으면 사람이 아니며, 사양하는 마음이 없으면 사람이 아

---

6 《孟子》,〈告子上〉, "人性之善也, 猶水之就下也, 人無有不善, 水無有不下."

니며, 옳고 그름의 마음이 없으면 사람이 아니다.[7]

위와 같이 인간은 본래적으로 '우물에 들어가려는 아이'를 보면 그 순간 안타깝고 측은한 마음이 동시에 일어난다. 이것은 무엇인가를 바라고 발동하는 것이 아니라 이런 모습을 보는 것과 동시에 바로 반응하는 것으로서, 인간의 본래적 본성으로 파악할 수 있다. 맹자는 이러한 네 가지 마음을 인간이 본래부터 가지고 있는 공통적 속성이라고 규정한다. 그리고 이러한 마음이 인간 본연의 마음과 연결되어 소통됨으로써 선善함을 가지게 된다고 본다. 즉 네 가지 마음이 드러남은 본디 인간의 선善한 본성이 발현됨을 의미한다.

네 가지 마음인 측은지심, 수오지심, 사양지심, 시비지심 등은 인, 의, 예, 지의 단서가 된다.[8] 맹자는 사단을 인간에게 있어 양팔과 양다리와 같은 것이라 하였다. 이와 같이 표현하면서 누구나 네 가지 마음을 회복하고 사단을 추구하여 온전한 선을 이루어야 한다고 주장했다.

맹자의 성선性善은 인간이라면 누구나 차마 어찌하지 못하는 마음不忍之心을 본래 갖고 있다는 전제하에 시작된다. 이러한 마음은 사단을 통해 드러나게 된다. 이를 통해 맹자의 인성론은 선善함의 도덕성에 기초하고 있음을 알 수 있다.

---

7 《孟子》, 〈公孫丑上〉, "所以謂人皆有不忍人之心者今人乍見孺子將入於井皆有怵惕惻隱之心非所以內交於孺子之父母也非所以要譽於鄕黨朋友也非惡其聲而然也由是觀之無惻隱之心非人也無羞惡之心非人也 無辭讓之心非人也無是非之心非人也."

8 《孟子》, 〈公孫丑上〉, "惻隱之心仁之端也羞惡之心義之端也辭讓之心禮之端也是非之心智之端也."

2.3. 순자

순자는 인간의 본성이 악하며 선한 것은 후천적인 노력에 의해서 가능하다고 하였다. "인간의 성은 악하고 그 선함이라는 것은 후천적인 것이다."[9] 이는 순자가 인성을 자연적, 생리적 측면에서 바라보며, 인간을 욕망덩어리로서 이해함을 말한다.

> 성性은 인간의 원시적 자질이며 인위는 예의 도덕을 융성케 하는 것이다. 성性이 없다면 곧 인위적 가공의 근원이 없는 것이며 인위가 없다면 곧 성性 스스로 완전해질 수 없는 것이다.[10]

윗글에서 순자는 성性을 원시적 자질로 보면서 선천적, 자연적, 생리적 본성으로 규정하는 반면, 인위는 후천적, 인위적, 도덕적 노력으로 제시하였다. 이는 두 가지로서 인간의 자연적 속성과 도덕적 노력을 구분하여 양자의 관계를 명확히 하고 있다. 결국에는 자연적 속성을 극복하고 도덕적 인위를 추구해야 한다고 보고 있다.

> 자연적 속성(性)이라는 것은 도덕적 노력의 시작을 불러오고 그 근원이 된다. 따라서 도덕적 노력으로 말미암아 자연적 속성(性)은 선善해질 수 있다.[11]

---

9 《荀子》,〈性惡〉, "人之性惡其善者僞也."
10 《荀子》,〈禮論〉, "性者本始材朴也僞者文禮隆盛也無性則僞之無所伽無僞則性不能自美."
11 《荀子》,〈性惡〉, "故聖人化性而起僞僞起而生禮義 禮義生而制法度,然則禮義法度者是聖人之所生也."

배가 고프면 먹으려고 하고 추우면 따뜻해지려 하고 힘들면 쉬고 싶고 이익을 좋아하고 손해를 싫어하는 것은 인간이 태어나면서부터 갖고 있는 것이다.[12]

순자는 인간의 본성을 자연 그대로 보았지만, 인위적 노력에 의해 발전할 수 있음을 분명히 하였다. 이런 점에서 그는 인간을 동물과 같은 단계의 생물학적 위치에 두지 않으며, 인간이 그 외의 다른 존재와는 다른 특별함을 가졌음을 인정하고 있다.

물과 불은 기가 있지만 생명이 없고, 초목은 생명은 있지만 지각이 없으며, 금수는 지각은 있지만 예의가 없다. 인간은 기가 있고 생명이 있으며 지각도 있고 예의 또한 있으므로 천하에서 가장 존귀한 존재가 된다.[13]

이렇듯 순자는 인간을 기氣, 생生, 지知, 의義 등의 속성을 지닌 특별한 존재로 여긴다. 이는 인간만이 가질 수 있는 도덕성에 대한 표현으로 받아들일 수 있을 것이다. 또한 이는 금수와 달리 노력에 의해 도덕적 인간이 될 수 있음을 주장하기 위한 전제를 제시해 준다. 성악설에 대한 가변성이 얼마든지 가능함을 역설한다.

오늘날 사람들은 악한 성性을 가졌으니 반드시 군사와 법도를

---

12 《荀子》, 〈非相〉, "飢而欲食 寒而欲暖勞而欲息好利而惡害是人之所生而有也."
13 《荀子》, 〈王制〉, "水火有氣而無生草木有生而無知禽獸有知而無義人有氣有生有知亦且有義故最爲天下貴也."

얻은 연후에야 바르게 될 수 있으며, 예의를 얻은 연후에야 바로 잡을 수 있다. 그러므로 성인은 성을 변화시킴에 있어 인위적이고 후천적인 노력을 기울인다.[14]

맹자는 성선설을, 순자는 성악설을 주장함으로써 서로 대립적인 관점을 유지하고 있으며, 이 글에서도 그러한 입장에서 기술되고 있다. 하지만 그 지향점에 있어서 이들은 하나로 귀결됨을 알 수 있다. 맹자는 착한 선을 지키기 위한 노력이 필요하다고 보고 순자는 비록 본성은 악하지만 선하도록 노력해야 한다고 하고 있다. 이는 인간 본성에 대해 선함을 지향한다는 공통점을 가지고 있다. 즉 인성론에 있어 선함을 추구하여 도덕성을 확보하려는 노력은 맹자나 순자에게 있어 반드시 필요한 요소라 할 수 있다.

3. 율곡의 인성론

3.1. 본연지성과 기질지성

율곡은 인성론에 있어 본연지성本然之性과 기질지성氣質之性을 다음과 같이 보고 있다.

본연지성과 기질지성은 두 가지 본성이 아닙니다. 기질이 위에 나아가 단순히 그 리만을 가리켜 본연지성이라 하고, 리와 기질

---

14 《荀子》,〈性惡〉, "今人之性惡必將待師法然後正得禮義然後治 聖人化性而起僞."

을 합쳐서 기질지성이라고 합니다.[15]

즉 둘은 따로 분리된 본성이 아니라 하나이고, 리理만을 포함하고 있으면 본연지성, 리理와 기氣를 합쳐 가지고 있으면 기질지성이라 한다.

특히 형질에 있어서 그 리理만 가리켜 본연지성이라고 하고, 리기를 합하여 이름하기를 기질지성이라고 할 뿐이다.[16]

형질상의 리理를 지적하면 본연지성이고 리理와 기氣를 합하여 지칭하면 기질지성이다. 본연지성과 기질지성은 형질상에서 말할 때 비로소 성립되는 본성 개념이므로 인간의 선후천의 관계를 갖고 있으며, 선천적으로는 보편성을, 후천적으로는 선악의 문제성을 함축하고 있다. 본연지성에 대해 율곡은 천지의 온전함을 인간이 본래 모습 그대로 안으로 품고 있는 것이라 한다. 본연지성은 개념만 독립성을 가질 수 있고 실제적인 의미에서는 기질지성과 분리될 수 없는 특성을 가진다.

주자는 "기질지성은 다만 이 본연지성性이 기질 중에 속해 있는 것으로서 저절로 한 개의 성이 된 것"이라고 말하지 않았던

---

15 《栗谷全書》卷19,〈聖學輯要 1〉, "本然之性氣質之性非二性也就氣質上單指其理曰本然之性合理與氣質而命之曰氣質之性."

16 《栗谷全書》卷10 書2,〈答成浩原〉, "特就氣質上單指其理曰本然之性合理氣而命之曰氣質之性耳."

가. 정명도도 말하기를 "성이 곧 기요, 기가 곧 성이니 생한 것
을 성이라고 한다"라고 했다. 이로 보면 기질지성과 본연지성
은 이성二性이 아니다.[17]

율곡은 본연지성을 기질을 겸하지 않은 오직 리理한 것으로 보면
서, 기氣에는 이르지 못한다고 한다.[18]

성性은 이와 기가 합한 것입니다. 이가 기 가운데에 있은 뒤에
야 성이 되니, 만약 형질形質 가운데 있지 않다면 마땅히 리理라
고 하여야 하고 성性이라고 해서는 안 됩니다. 다만 형질 가운
데에서 단순히 그 리理만을 가리켜 말하면 본연지성本然之性이
라고 하니, 본연지성에는 기氣를 뒤섞을 수 없습니다.[19]

이처럼 그는 본연지성을 기와 섞이지 않은 본래 선한 것으로 간
주하면서 기를 뒤섞을 수 없다고 말한다.

성性은 본래 선하나 기질에 구애되어 혹 흘러가 악이 되니, 악
을 성의 본연이 아니라고 말하는 것은 옳지만 성에 근본을 두

---

17 《栗谷全書》卷10 書2,〈答成浩原〉, "朱子不云乎氣質之性只是此性墮在氣質之中故隨氣質
而自爲一性 程子曰性則氣氣則性生之謂也以此觀之氣質之性 本然之性決非二性."

18 《栗谷全書》卷10 書2,〈答成浩原〉, "吳兄性有主理主氣之說雖以無害恐是病根藏于此中也
本然之性則專言理而不及乎氣矣."

19 《栗谷全書》卷10 書2,〈答成浩原〉, "性者理氣之合也蓋理在氣中然後爲性若不在形質之中
則當謂之理不當謂之性也但就形質中單指其理而言之則本然之性也本然之性不可雜以
氣也."

지 않았다고 말하는 것은 옳지 않습니다. 이것은 마치 물이 본래는 맑으나 진흙과 찌꺼기가 흐리게 하여 마침내 탁류濁流를 이루었을 경우, 탁함을 물의 본연이 아니라고 말하면 옳지만 물의 흐름이 아니라고 말하면 옳지 않은 것과 같습니다. 중인中人의 성性은 현賢과 불초不肖의 중간에 있으니, 이를 미루어 보면 알 수 있습니다.[20]

율곡은 본연지성을 맑은 물에 비유하며 선한 것으로 여기고, 진흙과 찌꺼기 등이 이를 흐리게 한다고 보았다. 반면 기질지성은 이와 기를 겸해서兼言氣 말하고 있어 그 안에 리理를 포함하고 있다包理在其中. 따라서 본연지성과 기질지성을 나누어 상대하는 이분법적 이성二性으로 나누어 보고 있지 않다.

결국 율곡은 본연지성이 맑은 물과 같이 선하다고 보며, 이와 기질지성을 둘로 양변하지 아니 하고 하나 속에 함께 잘 녹아 있는 것으로 보고 있다. 그러므로 기질의 치우침과 맑고 흐림, 순수함과 잡스러움 등에 의해 성인과 중인의 차이가 생기는바, 기질을 잘 다스리기만 하면 그 본성을 회복할 수 있다고 한다.

일반 사람도 그 본성은 성인과 똑같다. 비록 기질에는 맑고 흐림과 순수하고 뒤섞인 차이가 없을 수 없으나, 참답게 알고 실천하여 젖어 온 옛날의 구태의연한 모습을 버리고, 그 본성本性

20　《栗谷全書》卷10 書2,〈答成浩原〉, "性本善而氣質之拘或流而爲惡以惡爲非性之本然則可謂之不本於性不可也水之淸而泥滓之汨遂成濁流以濁爲非水之本然則可謂之非水之流則不可也中人之性在賢不肖之間推此而可知之矣."

을 되찾을 수 있다면, 털끝만큼도 더 보태지 않아도 온갖 선함을 다 갖출 수 있을 것이다. 그러니 일반 사람이라 해서 성인이 될 것을 스스로 기약하지 않을 수 있겠는가.[21]

인간 존재의 본래적 특성을 절대적으로 신뢰하고 그것의 보편성을 믿고 따르는 신념이야말로 중인이 성인이 되는 방법으로서의 수양에 있어 근본적인 전제이자 가능 근거가 되는 것이다.

율곡의 기질지성이 지닌 특징을 한마디로 요약하면 '기질지성포본연지성氣質之性包本然之性'이라 할 수 있다. 이는 하나의 기질지성 내에 본연지성을 포함하고 있다는 의미를 내포한다.

만일 본연지성과 기질지성을 양쪽 변두리로 나눈다면 이것을 알지 못하는 자는 혹 두 가지 성이 있는 줄 오해하지 않겠는가? 그리고 사단四端은 리理 위주라 함이 옳지마는 칠정七情은 리理와 기氣를 포함하여 말한 것이니 기氣를 위주로 한다고 하면 안된다.[22]

본연지성은 기질을 겸하지 아니하고 말한 것이지만 기질지성이 도리어 본연지성을 겸한다.[23]

---

21 《栗谷全書》卷27,〈擊蒙要訣〉, "皆衆人與聖人其本性則一也雖氣質不能無淸濁粹駁之異而苟能眞知實踐去其舊染而復其性初則不增毫末而萬善具足矣衆人豈可不以聖人自期乎."

22 《栗谷全書》卷10 書2,〈答成浩原〉, "本然之性與氣質之性分兩邊則不知者豈不以爲二性乎且四端謂之主理可也七情謂之主氣則不可也七情包理氣而言非主氣也."

23 《栗谷全書》卷9 書1,〈答成浩原〉, "本然之性則不兼氣質而言也氣質之性則却兼本然之性."

본연지성은 기질지성 속에서 순수한 리理만을 추상화해 말하는 것이고, 기질지성은 리기理氣를 합한 구체적인 특수자의 개별성을 인정하는 것이다. 이는 리理가 기질 가운데 있어야만 그 성性을 말할 수 있으며 성性을 이룰 수 있기 때문이다.

율곡은 '성리기지합性理氣之合'의 입장에서 기질지성을 중시하며, 이는 인간 본성의 선천적 결정보다는 변화성이 많은 소양에 초점을 맞추고 있음을 뜻한다.

> 인간은 음양의 바른 기氣를 받았으므로 그 성품은 비록 동일하지만, 그 형기를 받은 것은 두텁기도 하고 혹은 얇기도 하며 혹 맑기도 하고 탁하기도 하니 후하거나 박한 것은 길고 짧은 것이 나누어지는 것이요, 맑고 탁한 것은 선하고 악한 것이 나뉘는 바이다.[24]

기질지성은 인간의 형기적形氣的 측면을 강조한 것으로 기품氣稟의 '청탁편정淸濁偏正'의 수殊를 가능하게 하는 것이다. 즉 인간 본성의 동일성은 음양의 정기를 받음에 연유하고, 차별적 특성은 맑고 탁함이나 후하거나 박하거나 서로 상이相異함으로 나타난다. 이는 기질지성은 인욕의 다양성과 청탁淸濁, 후박厚薄 등으로 인해 발생하는, 각 인간이 지닌 매우 상이한 본성임을 말한다.

이것은 인간으로서 인간됨을 실현할 수 있는 것을 기질지성에서

---

24 《栗谷全書》拾遺 卷5, 〈壽天策〉, "惟人也受陰陽之正氣者也其性雖一而其形氣之稟或厚或薄或淸或濁焉厚薄者脩短之所以分也淸濁者善惡之所以殊也."

찾고자 하는 것이다. 기질지성이 변할 수 있음과 변하는 모습 등은 이것이 사실상 인간 본성에 있어 선악을 나누는 원천임을 뜻한다.

본연지성의 특징이자 그 한계성을 살펴보면, 인간은 천지의 정기를 받아 성품이 동일함으로 근본적 선성善性을 담보하는 보편적 본성을 가졌다. 하지만 이는 개별적 인격체로서의 인간에게는 영향을 미칠 실재성이 없는 추상적이고 관념적인 것으로 다가올 수밖에 없다.

율곡은 이런 본연지성에 있어 기질지성을 중점에 두고 있다. 기질지성의 특징은 무엇보다 다양한 형기에 따라 그 양상이 천차만별하여 헤아리기 어려울 정도라는 점이다. 이를 조절하는 것은 반드시 필요하며, 그 역할은 인간의 자기 의지로 귀결한다. 기질지성에 따라 발생하는 선과 악은 천지의 본성이 아니므로 인간의 자기 의지를 통해 조절되며, 그렇게 함으로써 인간은 본성을 찾아갈 수 있다.

율곡은 인간의 선을 인정하고 그 근거를 추론하는 과정에서 본연지성과 기질지성의 관계를 말하고 특징지으려 하고 있다. '기질지성포본연지성氣質之性包本然之性'은 기질지성의 선성善性에 주목한 까닭이다. 율곡이 이렇게 인간 본성의 기질지성을 주목한 것은 성선을 부정하거나 약화하려는 의도가 아닌, 현실적 존재로서의 인간됨의 문제를 해결하기 위해서이다.

율곡이 "선과 악은 나에게 있고 장수와 요사는 하늘에 있다"라고[25] 한 것에서도 알 수 있는 것처럼, 인성론에 있어 기질지성 개념은 인간 자신의 주체적인 도덕적 실천 문제와도 관련되어 있다. 이것은

---

25 《栗谷全書》拾遺 卷5,〈壽夭策〉, "善惡在己壽夭在天."

인간의 주체적 자각이 전제된 자율성의 가능성이 기질지성의 문제에 내포되어 있음을 알려 준다. 이는 기질지성을 본연지성과 분리하여 극복 대상으로 여기기보다는, 선과 악에 대한 인간의 자기 의지적 책임을 부여키 위한 것이다.[26] 율곡은 본연지성과 기질지성을 통해 인간을 주체적 도덕성을 갖춘 존재로 설정하고, 이를 실천해 나가는 존재로 바라보고 있다.

3.2. 사단칠정

한국 유학사에 있어 인간의 인성 문제를 가장 잘 드러낸 논변 중 하나로 퇴계 이황과 고봉 기대승 사이에서 벌어진 사칠 논변을 들 수 있다. 율곡은 "사단과 칠정은 바로 본연지성과 기질지성의 관계와 같습니다"라고 하여,[27] 인성론에 대한 문제를 사칠 논변으로 설명할 수 있다고 보았다. 율곡은 우계 성혼과 함께 퇴계의 사단칠정설에 대해 논변하면서, 본성에 있어 선악의 문제에 대한 자신의 의견을 피력한다.

사칠논변의 발단은 추만 정지운(1509~1561)이 《천명도설》에서 "사단은 리에서 발하고四端發於理 칠정은 기에서 발한다七情發於氣"라고 말한 것을 퇴계가 리기호발理氣互發의 입장에서 "사단은 리의 발이요四端理之發 칠정은 기의 발이다七情氣之發"라고 정정한 것이었다. '사단리지발四端理之發, 칠정기지발七情氣之發'은 퇴계의 일관된 원리

---

26 이영경(2007), pp.503~504 참조.
27 《栗谷全書》卷10 書2, 〈答成浩原〉, "四端七情正如本然之性氣質之性."

로, 리를 중시하는 관점에 입각해 말한 것이다.

> 기명언奇明彦이 퇴계와 사단칠정을 논한 편지를 보니, 퇴계는
> "사단은 리理에서 발하고 칠정은 기氣에서 발한다"라고 하였다.
> 명언은 "사단과 칠정은 원래 두 개의 정이 아니고 칠정 중의 리
> 理에서 발한 것이 사단이다" 하여 왕복한 편지가 만여 자였는데
> 서로 의견이 맞지 않았다. 내가 보기에는, 명언의 논리가 나의
> 의견에 일치한다. 대개 성에는 인, 의, 예, 지, 신이 있고, 정에는
> 희, 노, 애, 구, 애, 오, 욕이 있으니, 오상伍常 이외에 따로 성이
> 없고 칠정 이외에 다른 정이 없다. 칠정 가운데 인욕人欲이 섞이
> 지 않고 순수하게 천리에서 나온 것이 사단이다.[28]

율곡은 퇴계가 사단과 칠정을 나누어 이정二情으로 보는 것에 대
해 기대승이 주장하는 칠정 중 리理에서 발한다는 것에 더욱 수긍하
게 된다. 율곡은 이와 같이 사단과 칠정의 문제를 완전히 다른 이물
二物로 분리하는 것을 거부한다. 율곡은 사단과 칠정을 말할 때는 단
지 일정一情을 말한다. 그러므로 실제로 리理가 분리되어 있다고 보
지 않고 있다.

사단의 정은 청기를 타고 발하여 형기의 사사로움에 엄폐되지

---

28 《栗谷全書》卷14,〈論心性情〉, "覽奇明彦與退溪論四端七情書退溪則以爲四端發於理七情
發於氣明彦則以爲四端七情元非二情七情中之發於理者爲四端耳往復萬餘言終不相合余曰
明彦之論正合我意蓋性中有仁義禮智信情中有喜怒哀樂愛惡欲如斯而已伍常之外無他性七
情之外無他情七情中之不雜人欲粹然出於天理者是四端也."

않아서 본연지성을 직수하므로 리理를 주로 해서 말한 것이다.[29]

율곡은 사단의 본연지성이 바로 청기를 타서 형기의 잡박됨에 구애되지 아니함으로 리理의 온전함을 보유하고 있다고 말한다. 그러나 사단도 역시 정情인 이상 성性이 기氣를 타고 동動한 것일 뿐,[30] 결코 리가 발해서 형성된 것이 아니라고 한다.

그러므로 발하는 것은 기 외에는 없기에 사단이나 칠정은 모두 기에서 발한 것으로 퇴계가 사단이 안에서 나온 것內出이라고 한 것을 비판한다. 즉 안으로부터는 직접 나올 수 없고 반드시 '외부와의 접촉이 있어야 동動하는 것이며 이는 밖에서 온 물(外物)이다'라고 하여 칠정과 더불어 사단도 밖으로부터의 감응함이 있어야만 동한다고 강조하고 있다.

> 만약 외감하기를 기다리지 않고 안에서 스스로 발하는 것을 사단이라고 한다면 이것은 부가 없어도 효가 발하고 군이 없어도 충이 발하고 형이 없어도 경이 발한다는 것이니 이것이 어찌 인간의 참된 정이겠는가[31]

부父, 군君, 형兄의 존재가 있어야만 이들을 대상으로 반응하여 효

---

29 《栗谷全書》卷31,〈語錄〉, "四端之情乘淸氣而發不掩於形氣之私直遂本然之性故主於理而言也."

30 《栗谷全書》卷12,〈答安應休〉, "性之乘氣而動者乃爲情."

31 《栗谷全書》卷9 書1,〈答成浩原〉, "今若以不待外感由中自發者爲四端是無父而孝發無君而忠發無兄而敬發矣豈人之眞情乎."

孝, 충忠, 경敬이란 사단의 정이 발할 수 있는 것처럼, 인간의 품격 또한 외물의 반응이 있어야만 발현될 수 있다고 보고 있다. 이는 현실 중심의 사고방식으로 현재의 관계 속에서 이뤄지는 상황이 도덕 규범의 구현과 밀접한 관련성이 있음을 알려 준다.

부父, 군君, 형兄이 만약 현실의 관계를 떠나 논의될 수 있다면 그것은 관념에 불과할 뿐이다. 따라서 인간의 순수한 도덕 감정으로서의 사단도 현실과 무관하지 않아야 그 싹을 틔울 수 있다고 볼 수 있다.

율곡은 현실적인 입장에서 사단이 있다고 보고 그 순선함 또한 현실에 있는 것으로 간주하고 있다. 그러므로 선과 악에 관한 감정의 문제를 순선純善과 연계 지을 수 있으며, 그것도 바로 현실 속에서 가능함을 보여 주고 있다.

한편으로 대상이나 객체가 반드시 있어야만 윤리적 자각과 발동이 실현될 수 있다고 한다.

> 사단과 칠정은 바로 본연지성과 기질지성의 관계와 같다. 본연지성은 기질을 겸하지 않고 말한 것이요, 기질지성은 도리어 본연지성을 겸한다. 그러므로 사단은 칠정을 겸할 수 없고, 칠정이 사단을 겸한다.[32]

사단과 칠정은 본연지성과 기질지성과 같으므로 기질지성이 본

---

32 《栗谷全書》卷9 書1,〈答成浩原〉, "四端七情正如本然之性氣質之性本然之性則不兼氣質而爲言也氣質之性則却兼本然之性故四端不能兼七情七情則兼四端."

연지성을 겸하듯이 칠정도 사단을 겸한다. 이렇듯 겸하는 관계를 상정해 놓은 것은 사단이나 본연지성이 결코 현실 세계를 초월해 존재하지 않으며, 이를 벗어나 발현할 수 없음을 말한다. 아울러 현실적이면서 실제적인 도덕성을 나타내고 있다고 볼 수 있다.

이런 구조 속에서 율곡은 '칠정포사단七情包四端'의 관계를 설정한다.

> 희노애욕喜怒愛欲의 네 가지 정情은 인仁의 단서요. 노오怒惡 두 자의 정情은 의義의 단서요. 구懼의 정은 예禮의 단서요. 칠정을 합하여 그 시비를 아는 정은 지智의 단서이다. 사단으로서 칠정에 비준하여 보면 측은은 애愛에 속하고 수오는 오惡에 속하고 공경은 구懼에 속하고 시비는 희노의 당부를 아는 정情에 속하니 칠정七情 외에 따로 사단이 없다.[33]

> 칠정은 사단의 총회總會이다.[34]

율곡은 희노애욕에 대해 희喜의 정을 인仁의 단서, 노怒의 정을 의義의 단서, 구懼의 정을 예禮의 단서, 시비를 아는 것을 지智의 단서라 한다. 이는 사덕을 칠정과 연결하려는 의도에서 분별한 것으로 측은, 수오, 사양, 시비의 사단을 직접 애愛, 오惡, 구懼, 희노당부喜怒當否의 정으로 대비시킨다. 아울러 칠정이 사단의 총회總會라고 함으로

---

33 《栗谷全書》卷10 書2,〈答成浩原〉, "喜怒愛欲四情仁之端也怒惡二情義之端也懼情禮之端也合七情而知其是非之情也智之端以四端準于七情則惻隱愛羞惡惡屬恭敬懼是非屬于知其當喜怒與否之情也七情之外更無四端矣."

34 《栗谷全書》卷10 書2,〈答成浩原〉, "七情是四端之總會者也."

써 그 논거를 더욱 확실히 하고 있다.

그럼 이 같은 논의를 전개하는 목적은 무엇일까? 선악에 대한 논의를 전개하기 위한 근거를 마련하기 위한 것이다.

선악의 측면에서 "사단은 칠정 중의 선일변善一邊만을 가리켜 말한 것"이라고[35] 규정함으로써 사단은 칠정 중 가장 순선한 선만을 추출한 것이다. 이는 곧 칠정은 선과 악을 겸하고 있으므로 칠정의 선악 중 선일변善一邊만 분리하여 말할 때 사단이라고 할 수 있다.

> 선하고 악한 정은 물에 감해서 동하지 않음이 없는데 특히 감한 바에 정과 사가 있고, 그 동하는 가운데 과와 불급이 있으니 여기에 나뉘는 이유가 있다.[36]

실제 사물에 감感해서 동動하지 않는 정情이 없으므로 정情 없는 인간은 없다. 율곡은 인간이 스스로 감동하는 실제적 과정에서 선善을 발현할 수 있도록 하는 자기 노력의 필요성을 강조하고 있다. 이는 정에서 선이 아닌 악이 발현되려고 할 때 그 형기적 발현을 조절 및 통제하는 것을 중시함을 보여 준다.

또한 우리의 일상생활 속에서 사물에 감感하고 동動하여 정사正邪와 과불급過不及을 일으키는 인간의 성정性情을 스스로 바르게 하라는 요청이기도 하다.

---

35 《栗谷全書》卷9 書1,〈答成浩原〉, "四端則就七情中擇其善一邊而言也."
36 《栗谷全書》卷9 書1,〈答成浩原〉, "善惡之情無非感物而動特所感有正有邪其動者中有過不及斯有善惡之分耳."

본연지성을 기질지성에 포함시키고 사단을 칠정에 포함시키는 것은 하나 속에 둘이 존재함을 부정하지 않으면서 이들을 조화시켜 본성을 회복하고자氣復性 하는 것이라 하겠다.

3.3. 인심도심

인성론을 살펴보기 위해 세 번째로 인심도심설을 논의하고자 한다. 인심도심은 《서경書經》에서 "인심人心은 위危하고 도심道心은 미微하니 오로지 정일精一하여 중中을 잡아라"라고[37] 한 말에서 비롯됐다. 이 말은 중국 고대의 순舜임금이 자신의 임금 자리를 우禹에게 넘기면서 마음을 조심하고 살피라는 뜻으로 한 말이라고 한다. 주희는 이를 다음과 같이 해석했다.

> 심心의 허령지각虛靈知覺은 하나일 뿐인데 인심과 도심의 차이가 있는 것은 그것이 혹 형기지사形氣之私에서 발생하고 혹 성명지정性命之正에서 근원함으로 인해 지각하는 것이 같지 않기 때문이다.[38]

심心의 허령지각虛靈知覺이 하나인데 인심과 도심이 나누어지는 것은 그 발생하는 곳이 인심은 형기지사形氣之私에서 나오는 것이고 도심道心은 성명지정性命之正에서 나오기 때문이다.

---

37 《書經》,〈大禹謨篇〉, "人心惟危道心惟微惟精惟一允執厥中."
38 《大學章句》,〈序〉, "心之虛靈知覺一而已矣而以爲有人心道心之異者則以其或生於形氣之私或原於性命之正而所以爲知覺者不同."

형기지사란 기포한난지류이다. 이들은 모두 오신혈기형체에서
생긴다. 타인이 관여하지 못한다. 이에 소위 사私라고 한다.[39]

형기지사에 대한 설명으로 형기란 이기이원론理氣二元論에서 말하
는 기氣로서 본체상론상의 기가 아니라 인간이 품수한 형체로서의
기를 말한다. 이런 형기는 타인이 관여할 수 없는 것으로 스스로 느
끼는 기품과 같은 종류를 말한다.

반면 성명지정은 '명의 정은 리로부터 나온다命之正者出於理'라고
하여 순수한 리理에서 나오는 것을 말한다. 주희는 인심이나 도심을
비유이심非有二心으로 보고 있다.

> 인심도 비록 성의 본원은 아니지만 성性 가운데 이것의 리理가
> 있어서 마땅히 입은 미味를 욕欲하고 눈은 색色을 욕欲하고 코
> 는 취臭를 욕欲하고 사지四肢는 안일安佚을 욕欲할 수 있어 이와
> 같은 것이 자연 발출된다고 하였다. 따라서 성性 중에 이 리理가
> 없다면 미味, 색色, 성聲, 취臭를 욕欲할 수 없다고 하여 이들이
> 모두 천성天性임을 말한다.[40]

인심이나 도심은 모두 천성天性이지만 앞에서 말한 발생점에 따
라 나뉘게 된다. 아울러 인심은 도심의 명령을 들어야만 그 위태로
움을 벗어날 수 있고, 인심과 도심은 서로 섞여 나타나기에 정일精一

---

39 《朱子大全》,〈答陳安卿〉, "如飢飽寒暖之類皆生於吾身血氣形體而他人無與所謂私也."

40 《朱子語類》, 卷第61, "人心如口之於味目之於色耳之於聲鼻之於臭四肢之於安佚."

로써 중中을 잡아야 한다고 말하게 된 것이다. 또한 인심은 요순도 없을 수 없고 도심은 걸주도 없을 수 없다.

인심이라 해서 전부 인욕은 아니다. 만약 전부가 인욕이라면 곧 바로 상란喪亂이라 하지 지위止危할 수 있다고 말했겠는가? 단지 기식갈음과 목시이청의 류類로 일컫는다. 이것은 쉽게 흐르기 때문에 위危라 할 것이다 도심은 측은수오지심이라 그 단端이 심히 미묘微妙하다.[41]

인심은 전체가 인욕人欲은 아니고 그것이 쉽게 흘러서 과過, 불급不及으로 인하여 해를 가져오기 때문에 위危라고 하며 도심은 사단심四端心이기 때문에 심히 미묘하다고 하였다. 주희는 형기形氣도 도심에서 나오면 선善이라고 하여 다음과 같이 말한다.

선생이 말하되 형기形氣가 모두 불선不善이 아니다. 단지 어기면 선善을 얻지 못한다. 계통季通이 말하기를 형기도 역시 선善이다. 형기의 선善이 모두 도심道心으로부터 나오는 것을 알지는 못한다. 도심에 말미암지 않으면 형기에 붙어 있음으로 악惡이 된다. 형기는 선체船體와 같고 도심道心은 조타操舵와 같다. 선체에 조타가 없으면 이리저리 어지럽게 간다. 그래서 파도에 휩쓸릴 때도 있고 잔잔한 수면을 갈 때도 있어 일정하지 않다. 그러

---

41 《朱子語類》, 卷第118, "人心堯舜不能無道心傑紂不能無 蓋人心不全是人欲若全是人欲則直是喪亂豈止危而已哉 只饑食渴飲目視耳聽之類是也易流故危道心則惻隱 羞惡之心其端甚微故也."

나 오직 하나의 조타가 있어 운전을 하면 비록 파도에 휩쓸린다고 하더라도 해를 입지 않는다.[42]

위의 비유를 보면 선체船體를 형기심形氣心으로 조타操舵를 도심道心으로 보고 형기라고 모두 불선不善이 아니며 오히려 형기가 도심에 말미암으면 그것은 모두 선善이라고 한다. 도심이란 조타와 같아서 형기가 어지럽게 움직이지 않게 하고 파도에 휩쓸리더라도 해롭지 않도록 한다. 도심은 형기를 선善으로 이끌어 주는 지도자의 역할을 한다.

주희는 도심을 조타에 비교해 도심을 인심을 조종하는 근본으로 보았고, 인심은 도심의 명령에 따름으로써 불선不善으로 흐르지 않는다고 본다. 인간의 마음, 하나의 마음一心中에는 천도와 인도가 함께 있으며, 천도를 보존하고 인도 속의 인욕을 막아 도심을 확충해야 한다. 이를 실현할 때는 정찰精察과 정일精一로 해야 한다고 보았다.

인심을 칠정이라 하고 도심을 사단이라 함은 《中庸序》의 주자설과 허동양의 설로서 이것을 볼 수 있다. 이자二子를 칠정사단으로 봄은 불가함이 없다.[43]

---

42 《朱子語類》, 卷第62, "先生曰 […] 形氣非皆不善 只是靠不得季通云 […] 形氣亦皆有善. 不知形氣之善皆自道心出由道心則形氣善 不由道心 一付於形氣則爲惡. 形氣猶船也道心猶舵也. 船無舵縱之行. 有時入於波濤 有時入於安流 不可一定 惟有舵以運之 則雖入濤無害."

43 《退溪集》卷37,〈書·答李平叔〉, "人心爲七情道心爲四端以中庸序朱子說及許東陽說之類觀之 二者之爲七情四端 固無不可."

인심도심을 칠정사단과 하나로 보고 있다.

만약 칠정七情 대 사단四端으로 각각 분별로써 말하면 칠정의 기에 대함은 사단의 리에 대함과 같다. 그 발함에 각각 혈맥이 있으니, 그 이름도 다 가리키는 바가 있다. 고로 그 소주所主에 따라서 분소했을 뿐이다. 비록 황況일지라도 칠정이 리理에 간여함이 없이 외물이 우연히 서로 주착해서 감동한 것이라고는 생각하지 아니한다. 또 사단도 물에 감하여 동함은 진실로 칠정에 있어서와 다름이 없으나 사단이 리理에서 발하고 기氣가 리理를 따르고 칠정이 기氣에서 발하니 리理가 이것을 탈 뿐이다.[44]

율곡은 인심도심을 다음과 같이 설명한다.

정情이 발發할 때 도의道義를 위하여 발發하는 것이 있으니 어버이에게 효도하고자 하며 임금에게 충성하는 것과 어린애가 우물에 빠지는 것을 볼 때 측은惻隱히 여기는 것, 의義가 아닌 것을 볼 때 수오羞惡하는 것, 종묘를 지나갈 때 공경하는 것들이 이것이니 이는 도심이라 하는 것이요, 정情의 발하는 것이 구체口體를 위하여 발하는 것이 있으니 배고플 때 먹으려 하는 것, 추울 때 입으려 하는 것, 피로할 때 쉬고자 하는 것, 정이 성盛하면 여실女室을 생각하는 것들이 이것이니 이는 인심이라 하는 것

---

44 《退溪集》卷16,〈書·答奇明彦〉, "若以七情對四端而各以其分言之七情之於氣猶四端之於理也其發各有血脈其名皆有所指故可隨其所主而分屬之耳. 雖況亦非謂七情不于於理外物偶相湊著而感動也且四端感物而動固不異於七情但四卽理發而氣隨之七卽氣發而理乘之耳."

이다.[45]

인심과 도심은 정情에서 발한 것이라는 동일 근원을 갖는다. 그중 도심은 효, 충, 측은지심, 공경 등과 같은 도리이고 인심은 식, 의, 휴, 색 등과 같은 인간 자신의 형기를 충족하는 것이다.

심은 하나인데 도심과 인심이라고 둘로 나눈 것은 성명에서 나온 것과 형기에서 나온 것을 구별한다. 또한 인심과 도심의 명칭은 비록 두 가지이나 근원은 오직 일심一心뿐이다. 그 발發하는 것이 의리를 위하기도 하고 식색을 위하기도 하므로 발發하는 것을 따라 이름이 다를 뿐이다.[46]

인심과 도심은 다 성性에서 발發하는데 기氣의 가린 바가 되면 인심이 되고 기氣의 가린 바가 아니 되면 도심이다.[47]

인심이나 도심은 모두 일심一心을 근거로 하고 있다. 이것은 인심과 도심의 근원을 하나로 보는 것이다. 또한 발하는 것에 따라 이름을 달리하는 것은 기발이승일도설의 맥락에서 바라볼 수 있다.

---

45 《栗谷全書》卷14, 〈人心道心圖說〉, "情之發也有爲道義而發者如欲孝其親欲忠其君見孺子入井而惻隱見非義而羞惡過宗廟而恭敬之類是也此則謂之道心有爲口體而發者如飢欲食寒欲衣勞欲休精盛思室之類是也此則謂之人心."

46 《栗谷全書》卷9 書1, 〈答成浩原〉, "心一也 而謂之道謂之人者性命形氣之別也."; 《栗谷全書》卷10 書2, 〈答成浩原〉, "人心道心雖二名而其原則 只是一心其發也."

47 《栗谷全書》卷10 書2, 〈答成浩原〉, "人心道心皆發於性而爲氣所掩者人心不爲氣所掩者道心."

도심도 사私에 가리면 인심으로 마치고, 인심도 절제하여 정리正
理하면 도심으로 끝낸다고 보는 것은 인심도심의 분별보다는 분별
전의, 미분별 상태의 마음을 중시함을 나타낸다. 미분별 상태의 마
음은 무엇일까?

인심과 도심은 성명과 형기를 상대적으로 말한 것이다. 정情은
발한 그대로요 비교하고 상호 대어 보는 데까지 이르지 아니한
것이다. 생각건대 인심과 도심은 정情과 의意를 겸한 것이다.[48]

위를 보면 정情은 성性이 발하여 정情이 되었고, 그것은 발發한 그
대로지만 인심이나 도심은 정情에 상량계교商量計較를 하는 의意가 들
어 있음으로 인해 이것은 고정적인 인심과 도심을 분별할 수 없으
며, 오히려 가변적, 유동적 성격을 지니게 된다. 가치론적 측면에서
보면 대립하는 개념이 아니라 긍정적 상호 전환이 이뤄지는 관계의
성립을 말한다. 즉 인심이 도심으로 전향될 수 있다는 긍정적 가치
를 함축하고 있다. 인심이 인욕과 천리를 모두 포함하고 있음을 알
수 있게 한다. 이것을 바탕으로 율곡은 인심도심종시설에 대해 다음
과 같이 밝힌다.

인간의 심이 성명지정에서 직출해도 혹 그것이 순수하지 못하
여 사의가 끼어들면 이것은 시초에는 도심이다가 종국적으로

---

48 《栗谷全書》卷9 書1,〈答成浩原〉,"且情是發出恁地不及計較.";《栗谷全書》卷9 書1,〈答
    成浩原〉,"蓋人心道心兼情意而言也."

인심이 된 것이고, 혹 형기에서 나왔더라도 정리를 거스르지 않으면 참으로 도심과 다름이 없는 것이다. 혹 정리를 거슬러도 그 어긋남을 알고 제복함으로써 그 욕을 쫓지 않으면 이것은 시초에는 인심이다가 종국적으로는 도심이 된다.[49]

정리正理를 거스르거나 사의에 끼어들면 인심은 도심으로 도심은 인심으로 변전될 수 있다. 도심과 인심은 주체의 노력 여하에 따라서 언제든지 인심과 도심으로 변하는 가변성을 지니고 있다는 점이 인심도심종시설의 핵심이라 할 수 있다. 주체의 자각, 부단한 노력을 필수 조건으로 한다고 볼 수 있다.

도심은 순수해서 천리인 까닭에 선은 있어도 악은 없는 것이며, 인심에는 천리도 있고 인욕도 있으므로 선도 있고 악도 있는 것이다.[50]

도심은 기가 발할 때 본연지리에 순응함으로 곧 천리이니 순선무악한 반면, 인심은 유선악으로 인욕과 천리를 포함하고 있으므로 인욕에 이끌리면 악을 가져오고 천리에 이끌리면 선을 가져오게 된다. 이는 퇴계가 인성을 인욕으로 변칭함으로써 인성을 악으로 보고 인

49 《栗谷全書》卷9 書1,〈答成浩原〉, "今人之心直出於性命之正而或不能順而遂之間之以私意則是始以道心而終以人心也或出於形氣而不咈乎正理則固不違於道心矣或咈乎正理而知非制伏不從其欲則是始以人心 而終以道心也."

50 《栗谷全書》卷14,〈道心圖說〉, "道心純是天理故有善而無惡人心也有天理也有人欲故有善有惡."

심을 악한 것으로 보는 것과 비교가 된다.

율곡의 인심은 겸선악으로 순선인 도심과 대립되는 것이 아니라 인심이 현실적 경험적인 환경 속에서 선善을 지향토록 한다는 데 의미를 둘 수 있다.

> 천지는 인간의 형체요, 인간은 천지의 심이다. 인간의 기가 화평하면 천지의 기도 화평해지고 인간의 기가 화평하지 못하면 천지도 그 궤도를 잃게 되는 것이니, 심이 병든 인간치고 형체를 제대로 통섭하는 자를 보지 못했다. 주자가 말하기를 "나의 심이 바르면 천지의 심도 바르고 나의 기가 화순하면 천지의 기도 화순할 것이다"라고 했다. 나의 심이 올바르지 못하고 나의 기가 화순하지 못하면 천지의 기가 반드시 쇠하고, 나의 심이 바르고 나의 기가 화순하면 천지의 기도 반드시 왕성할 것이다.[51]

이것은 천天이 인간을 주재하는 것이 아니라 인간이 천을 주재하는 존재라는 역설적 주장을 하는 것이다. 인간이 천지의 주재자가 되는 것은 인심人心의 힘 때문이며, 인심은 바로 이 자율 조절과 형성을 통해 천지라고 말하는 모든 타자에게 정正과 화순和順의 조화를 가능케 하는 역할을 한다.

인간은 심을 통해 그 능력을 극대화하고 절대 자율적 노력을 추

---

51 《栗谷全書》卷5, 〈壽天策〉, "天地者人之形體也人者天地之心也人之氣和則天地致其和矣人之氣不和則天地失其度矣吳未見病心之人能攝形骸者也朱子曰吳之心正則天地之心亦正吳之氣順則天地之氣亦順矣夫不正不順則氣運必衰矣旣正且順則氣運必盛矣."

구하여 공동선 구현에 나서는 등 다양한 일을 실천한다. 이러한 것들은 현실 속에서 경험적으로 이뤄질 수 있을 때 그 의미가 한층 높아질 수 있다고 본다.

4. 현대적 인간상 모색

4.1. 선진 유가

공자는 인간의 본성을 인仁 속에서 찾고 있다. 그러면서 이상적인 인간상으로 '군자君子'를 설정한다. 군자는 성인이나 현인보다 조금 포괄적인 의미를 지니며, 어떤 특정한 부분에만 밝은 전문가가 아니라 전체적이고 근원적인 지식과 모든 사람에게 통할 수 있는 도덕을 완비한 사람이다. 군자는 "그릇에 담을 수 없을 정도로 큰 사람"이자 "인을 어기지 않는 완벽한 사람"으로 드러난다.[52]

군자는 자기완성을 이루고 타인의 인격까지 완성시키려 한다. 자기와 가까운 사람에서 시작해서 점차 인류 전체로 확대하는 형식을 취한다. 나를 완성시키고 타인에까지 이를 이루려는 군자의 모습은 현대에서 그 모델을 찾기가 쉽지 않다. 현대 사회의 복잡하고 다양한 생활 형태와 삶의 모순 속에서, 개인은 그 자신의 도덕성을 갖추기에도 버겁다. 이러한 완벽한 사람을 찾기보다는 개인 각각이 최소한의 도덕성을 갖추려는 노력이 필요해 보인다.

맹자는 인간만이 가진 본성으로 성선性善을 밝혔고, 이상적 인간

---

52 《論語》,〈爲政〉, "君子不器."; 〈里仁〉, "君子無終食之間違仁."

을 '대인大人'으로 설정한다. 대인은 인간의 도덕적 욕구인 인의예지를 확충하려는 사람이다. 인의예지는 사람마다 깊숙이 숨겨져 있고 그것의 단서인 측은, 수오, 사양, 시비의 마음만이 드러난다. 이 사단의 마음을 잘 지키고 확충함으로써 마음속에 숨어 있는 인의예지를 실현함으로써 세상을 보호할 수 있게 된다고 보았다. 또한 맹자는 모든 인간은 다 대인이 될 수 있다고 보았다. 자기의 선한 본성을 개발시키면 가능하기에 누구나 요순과 같은 성인이 될 수 있다고 본 것이다. 현대적 의미를 살펴보면, 보편적 성선을 근거로 한 인간은 누구나 자기 개발을 한다면 도덕적으로 훌륭한 인간이 될 수 있음을 뜻할 것이다. 자기 본심을 잘 보존하고 이를 기르기만 하면 된다는 점에서, 현대인에게 자기 수양의 측면을 강조한다고 볼 수 있다. 자신의 본성이 착함을 알고 이를 잘 보존하고 기른다면 세상은 보다 좋아질 것이라는 추론이 가능해 보인다. 이론적으로는 가능해 보이지만 현실적으로는 고민이 더 필요해 보인다.

순자는 최고의 도덕 윤리적 인간상으로 '성인聖人'을 말한다. 성인은 사려를 쌓고 인위를 익힌 자로, 예의禮義와 법도法度를 제정하고 실천하는 도덕 인격의 전형이라 할 수 있다.[53] 성인은 기를 다스리고 마음을 수양하여 도의를 숭상하고 물욕을 부끄러워해야 한다. 순자는 모든 인간은 본성이 악하므로 그대로 두면 짐승과 다를 바 없기에, 후천적인 교정을 통해서 성인이 될 수 있다고 보았다. 즉 악한 인성에 대해 적극적인 개입과 개조가 있어야만 도덕적 인간이 될 수

---

53   민황기(2011), p.274 참조.

있다고 한 것이다. 이런 입장은 공자나 맹자와 비교했을 때 후천적인 노력이 더 중요함을 강조한다 할 수 있다.

4.2. 율곡의 인성론에 바탕 한 인간상

율곡의 인성론을 종합하면 다음과 같다. 율곡 인성론의 구조를 보면 본연지성과 기질지성의 관계에서 본연지성은 맑은 물에 비유되며 선한 것으로 여겨지고, 기질지성은 이와 기를 겸해서 말하고兼言氣 있어 그 안에 리理를 포함하고包理在其中 있다. 따라서 본연지성과 기질지성을 나누어 상대하는 이분법적 이성二性으로 나누어 보고 있지 않다. 율곡의 기질지성이 지닌 특징은 한마디로 요약하면 '기질지성포본연지성氣質之性包本然之性'이라 할 수 있으며, 이는 하나의 기질지성 내에 본연지성을 포함하고 있다는 뜻을 내포한다.

사단과 칠정은 본연지성과 기질지성과 같으므로, 사단칠정에 있어서도 기질지성이 본연지성을 겸하듯이 칠정이 사단을 겸한다. 이렇듯 겸하는 관계를 상정해 놓은 것은 사단이나 본연지성이 결코 현실 세계를 초월해 존재하지 않으며, 이를 벗어나 발현할 수 없음을, 아울러 '현실적이면서 실제적인 도덕성'을 나타내고 있다고 볼 수 있다. 이런 구조 속에서 율곡은 '칠정포사단七情包四端'의 관계를 설정한다.

율곡은 인심도심에 있어서도 마찬가지로 인심 안에 인욕과 천리를 모두 포함하고 있음을 설정하며, 이것을 바탕으로 인심도심종시설을 주장한다. 거스르거나 사의에 끼어들면 인심은 도심으로 도심은 인심으로 변전될 수 있다고 한다. 도심과 인심은 주체의 노력 여하에 따라서 언제든지 인심과 도심으로 변하는 가변성을 지니고 있다는 것이 인심도심종시설의 핵심으로 여긴다.

이처럼 율곡 인성론의 구조는 '기질지성포본연지성氣質之性包本然之性'과 '칠정포사단七情包四端' 등 포용 관계를 큰 특징으로 한다.

이에 첫 번째로 율곡 인성론을 바탕으로 한 인간상은 포용적 인간상을 제시코자 한다. 서로의 대립과 반목이 극에 달한 현실 속에서 상대에 대한 포용은 무엇보다 중요한 요소라 할 수 있다.

율곡은 인성론에서 '인심도심종시설人心道心終始說'을 주장한다. 이는 인심과 도심을 서로 대립적인 관계로 보는 것이 아니라 대대待對의 관계로 보고 있다. 이를 통해 두 번째로 통합적 인간상을 제시코자 한다. 나와 남을 둘로 보지 않는 관점에서 나의 입장만을 고집하지 않고 타인의 입장에서 생각해 보고 판단함으로써 서로 다투지 않고 상대의 관점을 이해하는 통합적 인간이 가능함을 제시하고 있다고 할 수 있다. 인간의 욕심은 수많은 문제를 일으키지만, 그 마음을 올바르게 한다면 언제든지 도심으로 변해 훌륭한 인간이 될 수 있음을 알게 해주며, 그 반대도 가능함을 보여 준다.

마지막으로 실천적 인간상이다. 율곡의 인성론은 결국 부족한 것을 채우고 악한 것을 선한 것으로 변화시키고자 하는 것이다. 여기에는 필수적으로 실천이 따른다. 이론적 지식에 머무는 것이 아니라 실천적 노력이 필요하다. 그의 인성론에서 기질지성은 본연지성을 포함하며, 칠정은 사단을 포함하고, 인심은 천리를 포함한다. 이들은 모두 본연지성과 사단, 천리를 획득하라는 명령을 내재하고 있는 것으로 볼 수 있다. 이러한 내재적 명령은 인간이 실천할 때 비로소 이루어지는 것으로, 무엇보다 실천적 인간상이 중요하다고 볼 수 있다.

5. 결론

공자는 인성에 대해 구체적 언급은 하지 않았지만,《논어論語》에서 "성은 서로 가깝고 습으로 인해 서로 멀어진다"라는[54] 화두를 던졌다. 그리고 마구간에 불이 났을 때 말보다는 사람을 먼저 살피는 등 인간에 대한 중요성을 드러냈고, 인仁 사상을 통해서도 인성에 대해 간접적으로 밝히고 있다. 맹자는 인간의 본래적 성품이 선善하다고 보고 이를 사심四心, 사단四端, 사덕四德 등을 통해 증명하고 있다. 맹자의 성선性善은 인간이라면 누구나 차마 어찌하지 못하는 마음 不忍之心을 본래적으로 갖고 있다는 전제하에 시작된다. 이러한 마음이 사단을 통해 드러나게 된다. 이를 통해 맹자의 인성론은 선善함의 도덕성에 기초하고 있음을 알 수 있다. 순자는 인간의 본성은 악하다고 보았다. 하지만 후천적인 노력으로 이를 변화시킬 수 있음을 강조했다. 순자는 성性을 원시적 자질로 보면서 선천적, 자연적, 생리적 본성으로 규정하고, 반면 인위는 후천적, 인위적, 도덕적 노력으로 제시하였다. 이처럼 인간의 자연적 속성과 도덕적 노력을 구분하여 양자의 관계를 명확히 하고, 결국에는 자연적 속성을 극복하고 도덕적 인위를 추구해야 한다고 보았다. 맹자는 성선설을 순자는 성악설을 주장함으로써 서로 대립적인 관점을 유지하는 듯 보인다. 하

54　《論語》,〈陽貨〉, "性相近也習相遠也."

지만 둘이 궁국적으로 추구하는 것은 같다. 맹자는 착한 선을 지키고 확장하려고 노력해야 한다고 보며, 순자는 비록 본성은 악하지만 인간이 선하도록 노력해야 한다고 말한다. 이는 인간본성에 대해 선함을 지향한다는 공통점을 가지고 있다. 즉 인성론에 있어 선함을 추구하여 도덕성을 확보하려는 노력은 맹자나 순자에게 있어 반드시 필요한 요소라 할 수 있다.

공자는 인간의 본성을 인仁 속에서 찾고 있다. 그러면서 이상적인 인간상으로 '군자君子'를 설정한다. 군자는 성인이나 현인보다 조금 포괄적인 의미를 가지고 있고 어떤 특정한 부분에만 밝은 전문가가 아니라 전체적이고 근원적인 지식과 모든 사람에게 통할 수 있는 도덕을 완비한 사람이다.

맹자는 인간만이 가진 본성으로 성선性善을 밝히고, 이상적 인간을 '대인大人'으로 설정한다. 대인은 인간의 도덕적 욕구인 인의예지를 확충하려는 사람이다. 또한 모든 인간은 다 대인이 될 수 있다고 보았다. 자기의 선한 본성을 개발시키면 가능하기에 누구나 요순과 같은 성인이 될 수 있다고 보았다. 현대적 의미를 살펴보면 보편적 성선을 근거로 한 인간은 누구나 자기 개발을 한다면 도덕적으로 훌륭한 인간이 될 수 있다고 할 수 있다.

순자는 최고의 도덕 윤리적 인간상으로 '성인聖人'을 말한다. 그는 본성의 악함은 누구나 공통된 특성으로 그대로 놔두면 짐승과 다를 것이 없으며, 후천적인 교정을 통해서만이 성인이 될 수 있다고 보았다. 즉 악한 인성에 대해 적극적인 개입과 개조가 있어야만 도덕적 인간이 될 수 있다고 한 것이다. 이런 입장은 공자나 맹자와 비교했을 때 후천적인 노력이 더 중요함을 강조한다.

　율곡의 인성론의 구조를 연구하여 세 가지 인간상을 정립할 수 있었다. 첫 번째, 포용적 인간상이다. 율곡의 인성론 구조는 '기질지성포본연지성氣質之性包本然之性'과 '칠정포사단七情包四端' 등 포용 관계를 큰 특징으로 한다. 이같은 논리 구조를 통해 대립하는 것들을 포용할 수 있는 포용적 인간상을 도출해 내었다. 대립과 반목이 만연한 현대사회에서 인간으로 갖추어야 할 덕목이자 인간적 면모로서 포용적 인간상은 그 의미가 크다 할 수 있다. 두 번째는 통합적 인간상이다. 율곡은 인성론에서 '인심도심종시설人心道心終始說'을 주장한다. 이는 인심과 도심을 서로 대립적인 관계로 보는 것이 아니라 대대待對의 관계로 보는 것이다. 나와 남을 둘로 보지 않는 관점에서 나의 입장만을 고집하지 않고, 타인의 입장에서 생각해 보고 판단함으로써 서로 다투지 않고 상대의 관점을 이해하는 통합적 인간이 가능함을 제시하고 있다고 할 수 있다. 우리는 조금만 자신과 다르다고 생각되면 거부하거나 받아들이길 거부한다. 율곡의 통합적 인간상은 이러한 각자의 입장을 하나로 통합하여 대립을 해소해 나가는 인간상을 제시한 것이다. 이는 현대 사회에서 상당히 필요한 인간상을 보여 준다고 할 수 있다.

　마지막으로 세 번째 인간상은 실천적 인간상이다. '기질지성포본연지성氣質之性包本然之性'과 '칠정포사단七情包四端', '인심도심종시설人心道心終始說' 등은 모두 인간이 직접 자신의 부족한 인성을 채우기 위해 실제로 도덕적 실천을 실행토록 강조하고 있다. 즉 기질지성과 칠정, 인심을 본연지성, 사단, 도심으로 바꾸기 위해서는 무엇보다 실천이 필요하다. 그는 도덕적 실천을 강조하여 인간 본연의 모습으로 돌아감으로써 질서 있고 안정된 사회를 만들고자 했던 것이다. 율곡의 이 같은 실천적 인간상은 인간 자신이 스스로 성정性情을 바르게 함으로써 모두가 잘 사는 태평성대를 이루고자 했던 유학의 기본 이념을 실현코자 한 것이다. 이와 같이 율곡 인성론에 바탕 한 인간상은 포용적, 통합적, 실천적 인간상으로 현대 사회도 매우 필요한 덕목이자 요소들이라 할 수 있다.

〈율곡 인성론에 바탕 한 현대 인간상 고찰〉
서원혁 저자 인터뷰

안녕하세요, 서원혁 선생님. 만나 뵙게 되어 반갑습니다. 우선 선생님의 전공과 주 연구 및 관심 분야, 그리고 현재 하시고 계신 일을 여쭈어보고 싶습니다.

> 네, 반갑습니다. 제 전공은 동양철학입니다. 세부 전공은 한국 유가철학입니다. 주 연구 분야는 유학의 현대화입니다. 아울러 공동체에 대한 관심이 많습니다. 현재 충남대학교에서 강의하고 있으며, 충남대학교 유학연구소 기획관리부장을 맡고 있습니다.

이 책은 대전지역의 인문·예술에 대한 저변 확대를 목적으로 다양한 분야의 전문가들이 모여 결성한 '대전인문예술포럼'(이하 '대인포럼')의 첫 결과물입니다. 그간 대인포럼에 참여하시면서 느끼신 좋았던 점과 아쉬웠던 점을 한 가지씩 말씀해 주시면 감사하겠습니다.

> 대인포럼에 참여한 지 1년이 조금 지난 것 같습니다. 설립된 지 얼마 되지 않아 특별히 좋은 점이나 아쉬웠던 점을 찾기는 어렵습니다. 다만 현재 코로나19로 인해 직접 뵙지 못하고 랜선을 통한 포럼이 이어지다 보니 좀 더 다양한 이야기를 나눌 수 없다는 점이 아쉽습니다. 포럼 회원님들이 다양한 분야의 전문가들이시다 보니 그 내용이 무궁무진하고 다채로울 것 같은데 자주 뵙지 못해 안타깝습니다.

인문학과 예술이라는 주제로 대인포럼에 참여하시면서 기대하셨던, 혹은 생각하셨던 인문학과 예술에 대한 가치가 있으셨을 텐데요, 선생님이 생각하시는 인문·예술의 성격과 정신, 그리고 앞으로의 비전이 무엇인지 여쭤봐도 될까요?

인문과 예술은 함께 가는 것이라 생각합니다. 생각과 표현이 다를 수 있긴 하지만 둘이 조화를 이룰 때 보다 아름다움이 피어나지 않을까 합니다. 무엇보다도 우리 대인포럼 회원 각자가 전문가이다 보니 더 많은 모임을 통해 인문·예술의 조화를 이루어 나갔으면 하는 바람이 많습니다. 아직은 시작 단계이다 보니 큰 성과를 기대하기는 어렵겠지만, 좀 더 큰 목표를 설정하고 인문과 예술의 하모니를 만들어 간다면 좋은 결과가 도출될 것으로 기대합니다.

네, 잘 알겠습니다. 그럼 본격적으로 선생님이 책에 쓰신 내용에 대해 여쭤어보도록 하겠습니다. 먼저, 선생님이 글에서 강조하고 싶으신 부분을 다시 한번 간략하게 설명해주시고, 왜 그 주제가 중요한지 말씀해주시면 감사하겠습니다.

제가 유학의 현대화에 관심이 많습니다. 그러다 보니 율곡의 인성론을 통해 현대의 인간상을 유추해 보았습니다. 그리고 결과로 포용적 인간상을 제시하게 되었습니다. 우리에게 주어진 환경이 다르고 살아가는 모습이 다르지만, 사회인의 한 명으로서 다른 사람의 입장을 포용하는 마음이 중요하다고 생각합니다. 서로 미워하고 다투기보다는 내가 양보하여 포용할 수 있는 마음을 가졌으면 하는 바람이 많습니다.

서원혁

현재 충남대와 목원대에서 학생들에게 철학과 윤리를 가르치고 있다. 율곡철학으로 박사학위를 받았다. 율곡학회 연구윤리위원, 한국동서철학회 섭외부위원장, 충남대 유학연구소 기획관리부장, 충남대 인문과학연구소 객원연구원 등으로 활동하고 있다. 대표적 연구로는 〈세종의 유불 '화해'와 율곡의 유불 '융합' 사상 비교 연구〉(2021), 〈동서양의 철학적 사유경향을 바탕으로 한 교양 교육 연구〉(2021), 〈기호 영남학파의 율곡 리통기국(理通氣局) 비교 연구〉(2019),《사이버공간과윤리》(2019, 공저) 등이 있다.

제5부

정치 · 경제론

생활세계의 정치와 실존적 정치철학

안효성

1. 서론: 정치철학의 근본 문제는 무엇인가?

동아시아의 철학은 윤리학과 정치·사회철학으로서 개시하였다. 적어도 본격적인 철학의 발흥기를 중국의 춘추전국시대로 본다면 그러하다. 공자孔子와 맹자孟子, 묵자墨子와 노장老莊 등의 철학은 인간의 사회적 삶과 정치 활동, 통치 방식에 대한 진지한 성찰이나 지향을 - 도가의 이에 대한 일정한 반反지향도 여기에 포섭될 수 있다 - 근간으로 한다. 동아시아 전통의 눈에 비친 인간의 무엇보다 앞선 특징의 하나는 분명 '정치성'이었으며, 서양의 경우에도 그리스 로마의 시원적 전통은 인간을 정치적인 존재로 정립해 냈다. 아리스토텔레스는 인간을 '정치적인 동물'로 규정했으며, 아테네 폴리스는 인간의 정치적 문명의 고대적 극치를 예시하였다. 서양 근대의 탄생은 그러한 그리스 로마적 전통의 변형적 부활이었음은 주지의 사실이다.

정치는 유사 이래 인간 문화의 한 영역이자 인간의 활동 방식으로 늘 존재해 왔고 철학이 그런 정치를 사유의 중요한 대상으로 삼아 왔음은 불변의 사실이다. 그러나 지금 우리 시대에는 이상 기류가 흐르고 있다. 인민대중이나 시민들의 일상적 삶에서부터 학문 영역에 이르기까지, '정치적인 것의 철회' 혹은 '정치의 망각'이 시대의 뚜렷한 특징이 되어 가고 있다. 사람들은 지나칠 정도로 권력 지향적이고 각종 정치 뉴스에 민감하면서도 정작 기성 정치인과 정당, 의회 등의 제도권 정치에 대해서는 극단적인 불신과 혐오를 갖고 있으며, 나아가서는 무관심으로 일관하기까지 한다. 한편 철학계에는 정치에 대한 폄하와 기피, 왜곡이 뿌리 깊게 존재한다. 정치학과의 정치사상 전공자가 아닌 한, 정치를 철학의 대상으로 삼는 것을 기피하거나 여타 관념철학에 비해 '덜' 철학적인 것으로 치부하거나, 아니면 마키아벨리즘적인 술수나 처세술과 등치함으로써 정치를 철저히 철학의 주류 범주에서 배제하는 경향이 있는 것이다. 따라서 정치철학이라는 학문의 분과나 범주는 엄연히 있으되 일반적으로 철학은 정치 영역과 그다지 친밀하지 않고 정치에 긍정적 영향을 행사하지도 못하는 것이 현실이다. 결국 철학의 풍요로움을 훼손하고 나아가 정치를 만인의 당연한 소유로부터 – 그리고 일상으로부터 – 떠나보내는 이런 분열과 괴리는 대체 왜 발생하게 되었을까? 아마도 정치가 무엇인지 그 본성을 이해하지 못하고 있기 때문일 것이다.

정치의 본성에 접근하기 위해서는 먼저 정치에 앞서 '정치적인 것the political'의 본성을 파악해야만 한다. 흔히 우리가 떠올리고 거론하는 '정치politics'가 제도적인 것이라면, '정치적인 것'은 인간 사회에 고유한 인간의 존재론적 조건을 규정하는 것으로서 소위 정치 현상

을 다른 인간적 현상과 구별하는 내적 특성 또는 토대이기 때문이
다. 프랑스의 정치사상가 클로드 르포르Claude Lefort(1924~2010)는
정치를 '경험적 정치la politique'와 '형이상학적 정치, 정치사상, 혹은
정치철학에서 주로 다루는 정치le politique'로 구분한다. 전자는 정치
또는 정치학politics이고, 후자가 바로 '정치적인 것the political'으로서 정
치사상가나 정치철학자들의 관심 대상이 된다.[1] 한마디로 르포르는
패러다임적 틀에 관한 정치철학적 연구와 구체적 정치 행위에 관한
정치과학적 연구의 차별성 및 상호 연계성을 함께 말하고자 한 것이
다.[2] 이후 이런 엄밀한 방식을 통할 때만이 비로소 '정치'의 의미가
분명해지고 풍부해질 수 있다고 보는 분명한 학적 관점이 생겨날 수
있었다.

　문제는 상당수의 철학자, 심지어는 정치철학자들이 아직도 '정치
적인 것'의 본성을 제대로 파악하지 못하고 있다는 사실이다. 이것
은 근본적으로 두 가지 무지나 오해에 기인하는데, 하나는 '정치적
인 것'이 인간의 실존적 삶의 조건이라는 것을 잘 이해하지 못하는
것이고, 다른 하나는 갈등이나 적대가 정치의 본성이며 나아가 정
치가 사회적 삶의 구성적 역할을 수행한다는 점을 간과하는 것이다.
이 모든 것은 정치(적인 것) 또는 적대를 다른 인간사의 파생 현상

1　때문에 거칠게 말하자면 '정치'는 (사회)과학의 대상이고, '정치적인 것'은 사유의 대상이
　라고 할 수 있다.

2　'정치적인 것'이란 용어를 의미 있는 개념어로 가장 먼저 사용한 것은 독일의 정치학자이
　자 법학자인 카를 슈미트Carl Schmitt(1888~1985)이다. 그는 정치 영역 내의 대립이 - 정
　치적 적대가 - 경제적, 미학적, 도덕적 대립과 구별됨을 강조하기 위하여 이 개념을 도입
　했다. 슈미트(2012) 참고.

이나 그에 우선적인 목적의 달성을 위한 수단의 지위로 취급하게 만드는 경향이 있다. 게다가 '정치적인 것'에 대한 무지나 오인은 애초 정치철학적 연구와 정치과학적 연구의 '차별성'과 '상호 연계성'을 '함께' 부각하고자 했던 르포르와는 반대로, 주류 철학계의 경우 양자 간의 차별성에만 매달리며 정치철학을 형이상학적 기획에 경도되도록 만듦으로써 정작 구체적인 정치 제도와 외견으로서의 정치 현상을 경시하도록 만들었다.[3] 이런 정치철학은 정치학의 주요 개념을 비판적으로 정초하는 데 머무는 개념학적 메타정치학이나 확장된 도덕철학에 그치는, 공허한 안방의 정치철학에 불과하다. 이는 정작 정치 자체가 철학의 대상에서 누락된 '정치 없는 정치철학'에 머물게 될 뿐이다. 거기에는 정치적 주체[4]의 형성, 특히 그 주체들이 만들어지는 공간과 그 주체들이 만들어 내는 공간에 대한 현상적 설명이 빈곤하기 때문이다.[5] 이런 정치철학은 결과적으로 인간의 정치적 실존과 현실 정치에 사실상 기여할 바가 없게 된다는 결정적 문제가 있다.

이 글은 정치철학의 근본 문제인 '정치의 고유성'이 무엇인지 밝

---

3 물론 마르크스 철학을 위시한 사회주의 정치철학은 여기서 제외된다. 이 글은 자유주의 국가의 제도권 주류 정치철학, 특히 한국의 철학계를 겨냥하고 있다.

4 한나 아렌트Hannah Arendt(1906~1975)는 근대 이성철학의 특별한 산물인 '주체subject' 개념과의 혼동을 피하고자 의식적으로 '정치적 주체' 대신 '정치 행위자the agent'라는 용어를 선호하기도 한다.

5 인간은 조직화된 공동체 생활 혹은 사회생활을 수행한다. '조건이 주어지면' – 인간의 실존적 삶에서 '조건'은 두 가지로 다가온다. 첫째는 '조건 지어지는' 것이고, 둘째는 '조건 지우는' 것이다. 즉 인간은 조건에 내던져지기도 하지만 동시에 조건을 만들고 제공하기도 한다 – 본격적으로 공적 영역을 창출하여 고유한 '정치' 생활을 하는 것은 인간만의 탁월한 능력이다.

히고, 정치를 결여한 공허하고 무력한 정치철학이 아닌, 정치적 실체를 직접 담지한 정치철학의 성격 규정과 위치 정립을 위해 정치철학의 적절한 학적 경계를 외연과 심급 차원에서 예비적으로 설정해 보고자 한다. 이를 위해 먼저 카를 슈미트와 클로드 르포르의 발상을 기점으로 삼아, 무엇보다도 여타의 것들과 준별하여 '정치적인 것'을 정치철학의 출발점이자 근본 대상으로 삼아야 한다는 점을 논할 것이다. 나아가 '정치적인 것'과 연관하여 그에 대한 대표적 논의자인 한나 아렌트와 샹탈 무페Chantal Mouffe의 정치철학적 태도를 살펴봄으로써, 정치를 고유한 활동으로 복원시키는 정치철학의 합당한 역할을 제시할 것이다. 이에 더하여 롤즈John Rawls(1921~2002)의 정의론에서 제도 관여적 정치철학으로서의 긍정적 측면을 평가함으로써 실효성 있는 정치철학의 한 요건을 이끌어 낼 것이다. 이 과정을 통해 정치철학이 자신의 성격을 분명히 하고 현실적 대상과 관계를 긴밀히 하면서도 그 목적을 분명히 수행할 수 있는 적절한 경계가 도출될 수 있기를 기대한다.[6]

---

6 혹자는 '정치적인 것'을 독특하게 논하는 슈미트, 르포르, 아렌트, 무페의 관점이 이제는 많은 정치철학자에게 알려져 있다는 점을 지적할 지도 모른다. 그러나 논자의 경험으로는 여전히 이들의 논의나 그 논의 맥락을 정확히 이해하지 못하는 정치철학자 또는 철학자가 많이 있으며, '정치적인 것'을 키워드로 삼아 위 학자들을 한데 모아 유의미하게 정리하거나 혁신적인 연결을 도모하는 어떤 선행 연구도 아직 찾아볼 수 없었다. 그리고 오해를 피하고자 미리 밝히자면, '정치적인 것'을 사유함에 있어 아렌트와 슈미트 (또는 르포르) 사이에는 분명 관점과 해석상의 간극 및 충돌이 존재한다. 그러나 그 간극과 충돌을 해명하는 것보다는 그들 사이의 합치점과 연속성에 주목하여 '정치적인 것'의 성격을 발전적으로 해석, 규정하려는 것이 이 글의 취지인 만큼, 그들 사이의 '차이'에 대한 분석은 다음을 기약하고자 한다. '연속'과 '통일적 발전'의 발견과 시도만으로도 많은 분량을 할애하고 있는 이 글이 '차이'와 '충돌'까지 다 다루려는 것은 지나치게 과도한 욕심일 것이며, 심지어 이 글의 취지를 해치고 논문의 구성을 산만하게 할 뿐이라고 생각한다. 무엇보다 이 글

2. '정치적인 것'의 정치철학적 의미

우리는 보통 일상에서 정치를 경제나 도덕, 법과 예술과는 구별되는 범주처럼 인식하고 해당 용어를 사용한다. 그럼에도 정치를 실제 다른 것들에 비해 대단히 독립적인 것으로 여기는가 하면 결코 그렇지는 못한 것이 대부분 사실이다. 일반적으로 정치가 다른 인접 영역들과 갖는 밀접한 관련성을 당연시하고 부각하는 반면, 정치와 다른 영역을 가르는 경계는 그간 모호하게 취급되어 왔다. 정치는 그저 통치 혹은 공적 도덕의 다른 이름이거나, 법치 국가의 관료적 운영 내지는 경제적 목표의 달성 수단, 인간관계에서의 고도의 처세술을 의미할 따름이라는 인식이 광범위하게 퍼져 있는 것이다. 한나 아렌트에 따르면 이는 정치적으로 치부될 요소들이 모조리 사회적 차원으로 흡수된 상황에서 기인한다. 서양 중세에 들어와 공적 영역과 사적 영역의 경계가 희미해지며 사적 문제가 공적 영역을 침식해 공적 관심을 차지함으로써 '사회적인 것the social'이 대두한 이래, 상업과 공업의 폭발적 성장에 따라 근현대에 와서는 사회적인 것이 급기야 공적 영역을 거의 완전히 잠식할 지경으로 팽창하였다. 이로 인해 노동과 경제 위주로 인간의 삶이 재편되었고 급기야 정치는 망각되기에 이른 것이다.[7]

관료 정치와 의회 및 정당 주도의 대의제 정치에 의존하는 현대 정치는 인민대중의 일상적 정치 참여를 배제하는 시스템으로서, 직

은 본문을 통해, 그들의 관점상 차이에도 불구하고 상호를 잇는 교량, 혹은 발전적 승화의 기반이 충분히 있다고 주장한다.

7 Arendt(1998), pp.68~73 참조.

업 정치의 세계를 제외하면 현대 사회에서 공적 영역은 사실상 말살되었다. 게다가 현대 정치는 사실상 국민 국가의 민생 경제 문제에 종사하는 것이 제일이자 유일의 존재 이유인 것인 양 전락하였다. 이는 정치가 자기 고유의 존재 의미를 상실하고 제 역할을 하지 못하는 것으로, 정치를 이 상태로 방치한 채 수행되는 정치철학 역시 마치 유령과 왈츠를 추는 것처럼 허상을 향해 역량을 낭비하고 내용을 적중시키지 못하는 부실한 학문에 그칠 수밖에 없다.

그렇다면 정치의 회복 가능성은 어디에서 찾을 수 있는가? 정치는 정치를 고유한 것으로 규정짓는 '정치적인 것'에 대한 명확한 인식을 통해 회복될 수 있다. 도덕적·미적·경제적인 것과는 달리 독자적으로 작용하는 정치적인 것의 특유한 표지가 분명히 있다. 카를 슈미트는 도덕적인 것의 영역에서는 선과 악이, 미학적인 것의 영역에서는 아름다움과 추함이, 경제적인 것의 영역에서는 이익과 손해가 최종적인 구별이듯이, 정치적인 것도 모든 정치적인 행동이 거기에 귀착될 수 있는 고유한 최종적인 구별 속에서 찾아야 한다고 보았다. 만일 앞서 예시된 다른 구별과 종류가 같지도 유사하지도 않으며, 그것들에 의존적이지 않고 독자적인, 그 자체로 분명하고 특유한 구별이 존재한다면, 정치 영역은 고유한 것으로 인정받을 수 있다. 이에 슈미트는 '적과 동지의 구별'을[8] 정치만의 특별한 구별로

---

8 "동지와 적이라는 개념은 구체적·존재적인 의미에서 취해야 하며, 은유나 상징으로서 해석하거나 경제적이거나 도덕적인 기타 관념들을 혼입시켜 약화시켜서는 안 된다. 적어도 그것은 사적·개인주의적인 의미에서 심리적으로, 사적인 감정이나 성향의 표현으로 해석해서는 안 된다(슈미트, 2012, p.41)."

낙점하였다.[9]

> 적과 동지의 구별은 결합 내지 분리, 연합 내지 분열의 가장 강
> 도 높은 경우를 나타낸다는 의미를 가지며, 상술한 도덕적·미
> 학적·경제적 또는 다른 모든 구별을 그것과 동시에 적용하지
> 않아도 이론적으로나 실천적으로 존립할 수 있다. 정치상의 적
> 이 도덕적으로 악할 필요는 없으며, 미학적으로 추할 필요도 없
> 다. 경제적인 경쟁자로서 등장해야 하는 것도 아니며, 어쩌면
> 적과 거래하는 것이 오히려 유리하게 보일 수도 있다. 적이란
> 바로 타인, 이방인이며, 그 본질은 특히 강한 의미에서 낯설고
> 이질적인 존재라는 것으로 족하다.[10]

마찬가지로 도덕적으로 선하고 미학적으로 아름답고 경제적으
로 이롭다는 것이 곧장 정치적 동지를 만들어 주지는 않는다는 사실
은, 적과 동지의 구별이야말로 다른 영역 내에 존재하는 최종적 구
별과는 차별되는 독립적인 것으로서 '정치적인 것'을 이루는 표지임
을 보여 준다. 이때 적이란 보통의 경쟁 상대나 사적 증오의 대상을
가리키는 것이 아님을 유념할 필요가 있다. 정치적 구별에서의 적은
현실적 투쟁의 가능성이 있는 공적인 적을 말한다. "정치적인 대립
은 가장 강도 높고 극단적인 대립이다. 어떠한 구체적인 대립도 그
것이 적과 동지의 편 가르기에 가까우면 가까울수록 점점 정치적인

---

9   슈미트(2012), pp.38~39 참조.
10   슈미트(2012), p.39.

것이 된다."[11] 대립에서 비롯되는 갈등과 긴장, 곧 적대는 정치의 본성이다. 슈미트는 적과 동지의 구별이 사라져 투쟁이 소멸한 세계라면 거기엔 더 이상 정치가 존재하지 않을 것이라고 예견한다.

> 정의나 인간성 및 질서나 평화의 이름으로 다른 구체적 집단들과 투쟁하는 구체적인 인간 집단들이 늘 존재한다.[12]

> 적과 동지의 구별이 우발적으로도 있을 수 없게 된다면 거기에는 단지 정치와 무관한 세계관, 문화, 문명, 경제, 도덕, 법, 예술, 오락 등만이 존재하며, 정치도 국가도 존재하지 않을 것이다.[13]

물론 슈미트는 정치가 부정되는 그런 상태가 도래할 수 있는지에 대해 회의적인 반응을 보인다. 인간을 위험하고 역동적인 존재로 간주하는 그에게 정치적인 것은 인간의 본성과 함께 주어진 필연적인 것으로 긍정된다. 인간의 위험성에서 비롯하는 홉스식 투쟁적 자연 상태의 시인은[14] "현상 유지가 주는 안정에 대한 포기를 의미"하며,[15] 적대와 지배를 반드시 필요한 것으로 만들기 때문이다. 따라서 슈미트에 의하면 정치적인 것은 인간 삶의 근본적 성격을 형성하며,

---

11 슈미트(2012), p.43.
12 Schmitt(1985), p.67.
13 슈미트(2012), p.72.
14 "이 자연상태는 부단한 위험과 협박의 상태이며, 그 행동주체는 바로 그 때문에 충동 (기아·탐욕·불안·대항심)에 의해 움직이는 동물과 마찬가지로 '악'이다(슈미트, 2012, p.79)."
15 슈미트(2012), pp.127~128.

인간은 정치라는 운명에서 탈출할 수 없다.[16] 정치적인 것은 모든 문화의 기저에 있는 인간의 자연적 상태status이다.

슈미트의 규정은 정치적인 것을 간단히 식별할 수 있게 해준다는 점에서 시사적이기는 하지만, 정치적인 것의 표지를 지나치게 단순화함으로써 정치의 가치를 풍부하게 설명해 내진 못한다. 정치적 사실들을 경제적으로나 법률적으로가 아닌 그야말로 정치적으로 해석하고 순수한 정치 입론을 세우기 위해, 즉 엄격한 '정치' 철학을 위하여 정치적인 것에 변별적으로 주목해야 하는 것인만큼, 정치적인 것의 내용은 보다 충실하고 역동적일 필요가 있다. 다행히도 '정치적인 것'을 일찍이 주목한 또 한 명의 선구자인 클로드 르포르는 이 개념을 좀 더 풍부하게 사용한다.

르포르는 사회적인 것과의 연관 방식 속에서 정치적인 것의 특별한 의미를 추출한다. 메를로-퐁티 현상학의 영향을 받아 정치를 '인간의 활동을 정렬시키는 원칙'이나 '공존을 조정하는 원칙'과 같은 개념으로 이해하기 시작한 이래,[17] 마키아벨리에 대한 정교한 독해의 영향을 더하여 르포르는 '사회적인 것'을 구성하는 것으로서

---

16 다만 레오 스트라우스Leo Strauss(1899~1973)는 슈미트가 인간의 위험성 명제를 이용하여 정치적인 것을 긍정하기는 했으나, 인간의 위험성 명제를 하나의 단순한 추측으로 받아들인 이상 그 반대인 인간의 비위험성도 수용 가능한 것이 되며, 그에 따라 정치적인 것이 우리 삶에 필연적이라는 슈미트의 주장은 한계를 가져야 한다고 본다. 즉 스트라우스는 '정치적 대립의 가능성이 존재하는 한에서만' 우리가 정치적인 것에서 벗어날 수 없다는 것이 슈미트의 최종적 관점이라고 판단한다. 스트라우스(2012), pp.206~207 참조. 그런데 정치적 대립을 가능케 하는 조건이 인간의 위험성인 만큼, '정치적 대립의 가능성이 존재하는 한에서만'이라는 전제는 '정치적 대립을 필연적으로 발생시키는 — 예를 들어 인간의 위험성과 같은 — 조건하에서만'이라고 이해하면 좋을 것이다.

17 Lefort(1963), pp.45~46; 홍태영 외(2010), p.27 참조.

권력의 의미라는 문제, 그리고 정치의 토대로서 사회적 분할이라는 문제 속에서 정치적인 것의 개념을 정교화한다. 마키아벨리의 권력론을 해석하면서 르포르는 첫째, 정치적 행위자의 행동(정치적 행동)이 지닌 의미와 가치는 사회적 관계를-군주, 신민, 주인, 노예 같은 신분 관계를-연결하는 정치적 관계에 근거해야만 이해할 수 있다고 보았다. 이때 사회적 관계를 연결하는 정치적 관계란 권력관계를 말한다. 한마디로 정치 행위를 제대로 이해하기 위해서는 권력 개념을 중심에 두고 정치적 관계와 사회적 관계를 포괄해야만 한다는 것이다.[18]

둘째, 마키아벨리로부터 르포르는 사회적 분할이 정치의 토대가 된다는 관점을 끌어온다. 이는 사회적 분할에서 정치가 발생하고 작동한다는 것인데, 마키아벨리를 따라 르포르는 귀족 대 인민 같은 계급 분할로 인한 대립에서 정치 영역이 발생하는 것으로 간주한다. 분할된 계급 간에는 분열과 투쟁이 발발하는데, 발생하는 계급 투쟁을 조절하면서 분열이 일정하게 유지되는 통일체를 구성하는 것이 바로 권력이라는 것이다.[19] 이때 권력은 계급 대립과 불화를 완전히 해소할 수는 없는데, 이를 결코 제거할 수 없다는 점이 정치 영역의 속성이기 때문이다. 권력은 공동체 구성원에게 정체성을 부여함으로써 사회체가 분해되지 않도록 하는, 상상적 공동체의 심급 역할을 수행한다. 르포르가 보기에는 권력이 없다면 사회도 역사도 존재할

---

18 홍태영 외(2010), p.27 참조.

19 전근대 시기의 경우 권력은 그것이 군주의 개인적 권력이든 비인격적 제도 권력이든 사회의 외부에 제삼자적으로 거리를 두고 존재하지만, 근대 이후의 사회에서 권력은 사회 내부에 한정된다.

수 없다.[20] 정치의 토대로서의 사회적 분할 문제에 관한 르포르의 견해는 적과 동지의 구별을 정치적인 것의 표지로 보는 슈미트의 입장을 계승하는 것으로 볼 수 있다.[21] 한편 전반적 관점을 통해 르포르가 정치적인 것을 권력과 거의 동일시함도 알 수 있는데, 이는 정치적 관계가 경제적 관계로 환원되는 등의 각종 환원과 잠식을 피하려는 전략의 소산으로 간주할 수 있을 것이다.[22]

한편 르포르는 권력의 상징적 성격을 인식할 필요성을 역설한다. 정치적 분석은 상징적인 것the symbolic의 질서에[23] 어떤 변화가 일어나는지 질문할 때 이루어진다.[24] 르포르에 따르면 사회는 상징적 장치의 출현과 더불어 발생한다. 공동체의 다양한 구성원은 상징 장치들을 통해 비로소 세계에 대한 소속감과 귀속된 공간의 단일성을 보장받는다. 그리고 이렇듯 상징적 의미의 부여와 연출 속에서 사회적 공간을 형성하는 것이 바로 권력이고 정치다. 권력은 상징의 축으로서 사회 구성원 간의, 또는 사회 구성원과 외부자 간의 관계를 조직

---

20 홍태영 외(2010), p.28 참조.

21 르포르는 사회 질서란 계급 투쟁과 인간 욕망의 산물이고 갈등과 분열은 피할 수 없는 현실의 구조라고 본다. 사회적 실재가 구성 요소 간의 불협화음을 본질로 하는 이상, 인류의 역사는 다양한 세력 간의 힘의 관계 속에서 사회가 균형을 모색해가는 과정이며, 갈등의 존재를 기본적으로 부정하는 사회는 정체되고 역사 없는 사회라고 그는 간주한다. Lefort(1978), p.36; 장원석(1993), pp.115~116 참조.

22 르포르는 권력을 경제적 관계에서 연원하는 것으로 이해하지 않는다.

23 "'상징적인 것'은 주체가 자신의 행위에 의미를 부여하기 위해 이 세계를 기호와 표시를 통해 파악하려는 새로운 이름이다. 상징적인 것은 일종의 '집단적 정교화'의 산물이다(Lefort, 1981, p.124; 홍태영 외, 2010, p.31 재인용)." 한편 '상징적인 것의 질서'는 사회적 형상들이 관계 맺는 체계와 사회적 행위자들이 표상과 맺는 관계를 가리킨다. Lefort(1978), p.290; 홍태영 외(2010), p.30 참조.

24 Lefort(1981), pp.97~98; 홍태영 외(2010), pp.30~31 참조.

하는 원칙을 마련하는 원천이자 그 원칙을 드러내는 장소이다.[25] 권력은 사회적 공간을 형성하지만 동시에 사회를 스스로 드러나게 한다. 그리고 사회적인 것의 상징적 차원이 드러날 때 정치적인 것의 흔적도 드러난다. 사회적인 것의 상징적 차원은 정치적인 것이라고도 불리는 권력의 형태 속에서 존재하기 때문이다.[26]

사회적 장과 정치적인 것의 상징적 차원에 대한 르포르의 통찰을 재구성하면 다음과 같을 것이다. 먼저 사회에는 사회를 구성하는 공존의 양식과 그 공존의 양식을 정의하는 상징적 원칙이 존재한다. 그런데 이 상징적 원칙을 생산하는 상징적 축이 바로 권력이고, 이 권력을 집행하는 것이 정치다. 그리고 앞서 언급된 권력의 성격상, 권력 속에서 사회는 자신의 고유한 통일성과 근본적인 근거지를 드러낸다. 따라서 '사회적인 것의 상징적 차원'은 또 다른 상징적 차원인 정치적인 것에 의해 체계적으로 구성된다. 그러므로 정치적인 것은 결코 사회적 삶의 일부분에 그칠 수 없다.

특히 민주주의 사회에 있어 정치적인 것의 의미는 남다른데, 애초에 르포르는 정치를 형이상학적 토대론에 입각해 설명하는 합리주의 전통에 반대한다. 그는 근대 민주주의 사회에 들어와 권력과 사회 간의 거리가 생김으로써 상징적인 것과 실재적인 것the real의 분리가 발생했기에, 정치는 초월적 근거를 상실했으며 완벽한 이상

---

25 르포르는 권력을 '빈 공간'으로 간주한다. 르포르에 따르면 근대 민주주의는 권력의 공간을 비어 있는 장소로 만들어 권력의 점유를 원천적으로 불가능하게 하고 있다. 거기에서 비롯되는 무질서가 오히려 정치의 본래적 특성이 된다는 것이 르포르의 결론이다. Lefort(1988), p.209; 장원석(1993), p.60 참조.

26 홍태영 외(2010), pp.31~32 참조.

사회의 모델은 더 이상 신뢰받을 수 없게 되었다고 역설한다.[27] 그런데 권력과 사회 간의 거리가 생겼다는 것이 권력을 사회 밖에 배치한다는 이야기는 아니다. 근대 이전에는 권력과 사회가 일체로 여겨지면서 권력이 사회를 구성하는 힘이 외재 초월적 근거에서 나온다고 여긴 반면, 근대 사회에서는 사회가 초월적인 근원으로부터 떨어져 나온 자율적인 영역으로 여겨지면서 정치 권력의 기원과 그 행사 공간이 사회 내부로 한정되고 권력과 사회의 동일화가 깨졌다는 이야기다. 정치 권력이 초월적인 힘에 의해 정당화되지 않는 바로 이 지점에서, 정치적인 것은 신화적·종교적인 것이나 형이상학적인 것과 선명히 분리된다.

민주주의 사회에서 정치적인 것의 엄별은 인간의 '권리' 보전과 관련해서도 중요하다. 최근 인권 개념은 서구 근대 사회의 특수한 역사적 산물이지 타 문화권에 무조건 강요할 수 있는 보편적인 것이 아니라는 인식과 그에 대한 국제사회의 인정이 자칫 인권 정치의 가치 확장을 억제하는 역설적 측면이 있음을 고민해 볼 필요가 있다. 이 혼란스럽고 우려할 만한 측면은 애초에 인간의 권리를 개인의 속성으로 간주하는 근대 자연권적 해석이 제공한 것이라 해도 좋을 것이다. 따라서 '인간의 권리'에 대한 규범적 토대를 찾는 데 집착하지 않는 정치철학의 길이 오히려 인간의 권리를 보전하고, 인권 정치의 가치를 광범위하게 정당화할 수도 있다. 가령 르포르처럼 사상, 표현, 집회의 자유 등을 민주주의적 공론장의 속성인 인간적 관계의

---

27 Lefort(1986), p.39; 홍태영 외(2010), p.37. 그리고 Lefort(1978), p.9; 홍태영 외(2010), p.38 참조.

자유를 형성하는 기초적 방식으로 간주하고, 그에 정치적인 것의 지위를 부여해 정당화하는 것이다. 즉, 생각의 자유로운 순환과 소통을 보장하는 민주주의라는 새로운 공적 공간이 인권을 출현시키는 것이라 해석한다면, 굳이 그것을 개인의 천부적 속성으로 간주하지 않더라도, 인간의 권리는 "인간적 관계를 형성하고 그 형태가 정치적 범위를 형성"함으로써[28] 충분히 정당화될 수 있을 것이다.[29]

인간이 조직한 관계망, 아니 그저 우주 자연이 아닌 인간의 고유한 삶의 특성과 의미가 개입한 관계의 총체를 하이데거는 세계로 이해했다. 그리고 그에 의하면 인간은 세계-내-존재로 실존한다. 그리고 세계-내-존재인 인간은 반드시 복수적 존재로서 더불어 살아가며, 개인의 사적 목표만이 아닌 공동의 문제와 가치를 함께 처리하고 추구하며 살아간다. 한마디로 우리는 공공적 존재로서 실존한다는 것인데, 이는 정치의 고유성을 깊이 이해하기 위해서는 인간 실존의 조건인 '공공성'에 눈을 돌려야 한다는 것을 의미한다. 하이데거의 세계성 개념이나 인간 실존 개념을 충실히 계승한 한나 아렌트도 자유란 개인들이 공동으로 활동하고 새로운 것을 시작하는 힘을 보여 줄 수 있을 때 비로소 존재한다고 주장한다. 아렌트에 따르면 자유는 삶의 필연성에 제약받는 사적 영역으로부터 해방된 이들만이 누릴 수 있는 것으로서, 공공 영역은 곧 자유와 평등의 영역이다. 그녀에게 자유의 실제적인 내용은 공공 문제에의 참여, 공공 영

---

28 홍태영 외(2010), p.47.

29 한나 아렌트도 비슷한 의미로 자유가 정치라는 특수한 중개 공간에서만 존재한다고 보았다.

역에의 진입이었다. 인간의 공존을 가능하게 하는 정치적 자유가 확립되지 않는다면, 진정한 개인의 자유를 확보할 기회조차 얻을 수 없기 때문이다.

이쯤에서 우리는 아렌트의 '정치적인 것'에 대한 사유 내용을 살펴볼 필요가 있다. 이는 정치 망각의 시대에 정치를 고유하고 독자적인 것으로 사유하고, 정치에 직접적으로 관심 갖게 하는 계기를 제공하는 데 있어 정치철학적으로 탁월한 기여를 했다. 아렌트는 정치적인 것을 인간 실존의 조건들에서-생물학적 삶 자체, 탄생성과 사멸성, 세계성, 다원성, 그리고 지구에서-비롯되는 복수적 인간men의 활동 방식과 그 내용으로 이해하며, 정치적인 것을 정치적 자유의 공간과 관련지어 정의 내림으로써 시민적 공화주의 정치 제도를 수립하는 '새롭게 시작하기'를[30] 최상의 정치 행위로 간주한다. 이는 사회적 분할과 권력의 상징적 차원과 같은 인간 공존의 양식으로부터 정치적인 것을 이끌어 냈던 르포르의 관점을 실존적 현상학의 차원에서 한층 발전시킨 것으로 볼 수 있다.

3. 아렌트와 '정치적인 것'의 정치철학적 경계 확장

한나 아렌트는 인간사의 영역을 '활동적 삶vita activa'과 '관조적 삶vita contemplativa'으로 나누고 다시 그 각각을 '노동labor', '작업work', '행

---

30 이것이 아렌트가 생각하는 이상적인 혁명이며, 그런 이유에서 아렌트는 미국 건국 혁명을 예찬했다.

위action'와[31] '사유thinking', '의지willing', '판단judging'으로 구분한다. 이 중 '행위'는 사실상 '정치 행위'이며, 인간의 가장 고차원적 활동 능력이자 순수한 인간의 조건으로 간주된다. 아렌트에 따르면 아리스토텔레스는 '정치적 삶bios politikos'이란 용어를 명백히 행위, 곧 프락시스praxis를 강조하는 인간사의 영역만을 지시하는 데 사용했으며, 이때 행위는 특별히 인간사를 확립하고 유지하는 데 필요한 활동을 의미한다. 반면 노동과 작업은 인간의 필요와 욕구에 구속된 채 필요하고 유용한 것을 제공하고 생산해 온 까닭에 결코 자유로운 활동일 수 없다.[32] 통제 불가능한 자연적 순환과 필요의 생물학적 과정에 빠져 있는 한, 인간은 전혀 특별하지 않다. 이때의 인간은 그저 자연적 유기체로서 존재할 뿐이다. 아렌트의 노동, 작업, 행위가 각각 무엇을 지시하는지 잠시 살펴보면 다음과 같다.

먼저 '노동'은 인간 신체의 생물학적 과정에 상응하는 활동이다. 노동이라는 인간 조건은 생명 그 자체와 결부되어 있다. 가장 기본적인 차원에서 인간은 생명을-육체적 생존을-유지하기 위해 먹고 마시고 자고 성적 결합을 한다. 이것들은 필요에 의한 활동들이다. 그러므로 노동은 삶의 필연성에 관계하며, 특별히 인간만의 활동이라고는 볼 수 없다.[33]

---

31 아렌트는 인간의 세 가지 근본 활동으로 '노동labor', '작업work', '행위action'를 제시한다. 아렌트에 따르면, 이들은 순수한 정신 활동을 제외하면 인간이 지상에서 살아가는 데 주어진 기본 조건들에 상응하기 때문에 인간의 근본 활동이라 할 수 있다.

32 Arendt(1998), p.13.

33 이런 차원에서 노동을 규정하자면, 노동은 인간 활동 중 최고로 동물적이며 최저로 자기 충족적이며 가장 자유스럽지 못하다. 확실히 이것은 헤겔 및 마르크스적 전통과 이질적인데, 아렌트 본인도 자신의 노동 개념, 그리고 노동과 작업의 구분이 '유별난' 것임을 인

다음으로 '작업'은 인간 실존의 비자연적인 것에 상응하는 활동이다. 작업은 '인간종'의 반복되는 생활 주기에서 생겨나는 것이 아니며, 자연적 환경과 전적으로 구별되는 '인공적' 세계의 사물을 제공해 준다. 인간의 모든 개별적 삶은 인공적 세계의 경계 내에 있다. 그러나 이 세계 자체는 개별적 삶 모두보다 오래 지속하며, 그것을 초월하는 것으로 이해된다. 아렌트에 따르면, 작업과 노동은 흔히 혼동되었으나 두 활동은 질적으로 다르다. 우리가 의자, 책상, 집이나 각종 용구를 만드는 활동이나 책을 쓰거나 시를 짓고 음악을 작곡하는 활동 모두가 작업에 포함되며, 도시의 건설은 특히 작업의 정수다. 인간은 이렇게 인공물을 만듦으로써 인간이 안정적으로 거주할 수 있는 구체적이고도 객관적인 세계를 구성한다. 또 객관적인 사물 세계는 상당 기간 동일성을 유지함으로써 인간이 자신의 정체성을 확보할 수 있도록 해준다. 단, 공작인homo faber의 작업, 곧 제작은 언제나 폭력의 요소를 포함한다. 공작인은 인공물을 만드는 과정에서 자연을 파괴할 수밖에 없다. 그런데 서양 정치철학의 전통은 플라톤 이래 정치를 '행위praxis'의 관점이 아니라 '제작poiesis'의 관점에서 이해함으로써 정치에 관한 잘못된 관념을 유포했다고 아렌트는 비판한다.

정한다. 그럼에도 불구하고 아렌트가 볼 때 노동의 성격은 '선-인간적pre-human'이다. 그에 반해 작업은 인간적 활동이다. 또한 작업의 차별화된 성격은 목적성으로, 동시에 모든 작업은 내구적이며 오래 가는 산물을 만드는 것을 목적으로 한다. 곧 작업은 본질적으로 도구적이며 시작과 끝이 있는 활동이지만, 만들어진 산물 혹은 작품은 상대적으로 영구성을 지닌다. 반면 노동 과정은 영원한 자연의 순환성을 특성으로 한다. Arendt(1998), pp.79~93; Villa(1996), pp.26~27 참조.

마지막으로 '행위'는 사물이나 물질의 매개 없이 인간 사이에 직접적으로 수행되는 유일한 활동이다. 행위의 근본 조건은 복수의 인간이 지구 위에 살며 관계의 총체인 세계에 거주한다는 사실에서 비롯되는 '복수성 또는 다원성plurality'이다.[34] 복수성이란 한 종류의 인간이 아니라 다양한 사람이 함께 살고 있다는 것을 의미한다. 만일 사람들에게 차이가 없다면, 사람들이 자신을 타인에게 이해시키기 위한 어떠한 행위나 발언도 불필요할 것이다. 인간 조건의 모든 측면이 다소라도 정치와 관련되어 있지만, 복수성은 모든 정치적 삶의 특별한 조건이다.[35]

행위를 통해 사람들은 각기 자신이 누구인지를, 그 고유한 정체를 드러낸다. 노동을 통해서 신체적인 필요를 드러내고 작업을 통해서 솜씨를 드러내듯이, 행위를 통해서는 '자신'을 드러낸다. 행위는 이렇듯 주체의 현시일 뿐 아니라, 무엇인가를 시작하는 활동이기도 하다. 인간만이 어제까지 없었던 그 무엇을 시작하는 능력을—물론 천지창조와 같은 신神의 시작하는 능력과는 감히 비견할 수 없겠지만—지니고 있다. 동식물 등의 다른 존재자들은 그저 어제처럼 오늘을 살고, 오늘과 다르지 않게 내일을 살 것이다. 인간만이 예측 불허의 시작들을 벌이며 자유를 경험하고, 자신의 특장特長, virtuosity을 세계에 내보인다.[36] 행위는 열린 무대에서 펼치는 퍼포먼스나 예술 공

---

34 복수성은 동등성과 차이성이라는 이중성을 가진다.

35 "모든 인간 활동은 사람들이 더불어 살아간다는 사실에 의해 조건지어져 있다. 하지만 인간사회를 벗어나서는 상상되어질 수조차 없는 것은 오직 행위뿐이다. [⋯] 행위만은 전적으로 타인의 지속적인 현존에 의존한다(Arendt, 1998, pp.22~23)."

36 이상 아렌트의 노동, 작업, 행위에 대한 요약 설명은 Arendt(1998), pp.7~9; 김비환

연과도 같다. 인간의 활동적 삶에 있어 노동은 유기체적 생명 활동이므로 자연적이고,[37] 작업은 비로소 인간적 활동이기는 하나 작업이 만든 인공적 세계는 자연과 인간 사이에 있으므로—인공 세계적 사물은 자연의 천연 재료를 가공하여 만들어지며, 도시의 외벽은 인간의 거주 공간과 자연을 갈라놓는 동시에 양쪽 사이에 걸친 경계라는 점에서—자유와 자연의 중간적 활동이며, 행위야말로 독특하고 순전한 인간적인 활동이다. 행위는 인간에게 자유를 확인시켜 주는 자유로운 활동이며 그것이 바로 정치이다. 다만 행위는 정치라고 할 수 있지만, 모든 정치가 행위는 아니다.

실존적인 차원에서 보자면, 사람은 누구나 세계라는 무대에서 항상 자기 자신을 다른 이들로부터 차별화하면서 독특한 행위나 탁월한 업적을 통해 그가 다른 이들 중 최고임을 입증해야 하는 요청에 회부된다. 이러한 자기 현시가 이루어지는 장이 정치의 영역이고, 아렌트는 이를 특별히 '공적 영역the public realm'이라 명시하며 '사적 영역the private realm'과 구분 짓는다. 정치 영역이 '공적 영역'에 해당하는 까닭은 그것이 '사적 영역'처럼 내밀하게 은폐된 공간이 아니기 때문이다. 그것은 모두에게 개방되어 있으며, 이 공간에서는 자신도 타자도 그 누구일지라도 스스로를 드러내 보이는 일종의 공연의 주체이자 동시에 관람객이다. 이 공간에서야말로 우리는 우리가 세계-내-존재임을 투철하게 경험한다. 때문에 아렌트는 정치와 강한 친밀성을 지닌 것으로 예술 공연의 예를 든다. 그녀에 따르면 그

(2001), pp.92~105 참조.
37   자연적이라는 것은 필연성에 얽매어 있다는 의미이다.

리스인들은 "정치적인 것을 다른 활동과 구별하기 위해 피리 불기, 춤추기, 치료 행위와 같은 은유를 사용했다."[38] 비록 은유일지라도 통상적으로 정치가 예술로 정의되어 온 것은 정치 행위가 포함한 특장이 보통 공연 예술에 속한다고 여기는 탁월함excellence과 크게 다르지 않고, 정치와 예술 양자가 공공성을 공유한다고 보아서일 것이다.

공연예술가는-무용가, 연극배우, 음악가 등은-자신의 특장을 선보일 관객을 필요로 한다. 이는 마치 행위자[39]가 자신을 드러내 보일 타인의 현전을 필요로 하는 것과 마찬가지이다. 공연예술가와 행위자 양자 모두 자신의 '작품'을 위해 공적으로 조직된 공간을 필요로 하며, 행위 수행 그 자체를 위해 타인에게 의존한다. 그러한 외견의 공간은 인간이 공동체 안에서 함께 사는 곳이라면 어디에서든지 허용된다.[40]

---

38 Arendt(1977), pp.151~152.

39 정치 행위의 주체를 아렌트는 행위자라 부른다. 각주 4 참조. 다만 이 대목에서 아렌트는 'the agent' 대신 'action men'이란 낱말을 사용한다.

40 Arendt(1977), p.152. 물론 이러한 외견의 공간이 현실에서 우리에게 주어진 적이 있었던가 하는 실제적 경험의 문제가 남는다. 이런 외견의 공간 혹은 공적 영역이 현실적으로 부재한다면, 전적으로 자유롭게 자신을 말과 행위로 현시할 수 있는 행위자도, 분투 정신에 의해 추동되는 정치도 존재하기 어렵다는 것은 분명하다. 아렌트는 진정으로 행위할 수 있는 외견의 공간을 실제로 제공했던 정부 형태의 예로 그리스의 '폴리스'를 든다. 비록 아렌트가 정치적인 것의 고유성과 그 영역을 처음으로 발견했던 공동체적 경험으로서 고대 그리스 폴리스의 삶을 특별하게 다루지만, 그녀도 인정하듯 폴리스의 삶은 전 인류 역사에서 매우 한시적이기만 했던 이념형에 불과하다. 그리고 폴리스가 제공한 외견의 공적 영역을 자유로이 향유할 수 있었던 정치적 행위자들은 폴리스가 인정한 제한적 시민들, 즉 노예로 인해 가정 경제로부터 해방될 수 있었던 남성 '주인'들로 한정되어 있었다는 엄연한 현실을 무시해서는 안 될 것이다. 게다가 아렌트보다 현실 정치적 감각이 뛰어나고 역사상의 정치적 변동과정을 보다 사실적으로 설명해 내는 르포르의 경우, 그리스 폴리스가 외양적 평등에도 불구하고 실제 정치에서는 불평등한 의사 결정 수

아렌트에 따르면 무대 위에 오른 연주자의 바이올린 연주나 피리 연주 또는 무용은 다른 어떤 것을 달성하기 위한, 다른 목적을 수행키 위한 수단이나 과정이 아니다. 관객에게 보이는 그 공연 자체가 목적이고 시작이요 끝이다. 그 공연에는 다른 외적 동기도 없다. 있다면 다만 공연을 통해 나의 특장이나 기교를 뽐내 관객들로부터 인정을 받는 것뿐이다. 정치 역시 결코 다른 영역의 부속물이 아닌 자신의 단독적인 표지를 갖는 활동이다. 정치 행위와 공연 예술은 자기 충족적이요 자기 완결적이라는 점에서 닮았다. 아렌트는 정치를 논함에 있어 진리나 형이상학을 끌어들이지 않으며, 정치를 초월적 토대나 다른 목적에 종속시키지 않고자 한다.[41] 아렌트는 정치가 서로 더불어 세계적으로 살아가는 '복수의 인간$_{Men}$'과 그들이 구성하는 '공적 영역' 속에서 비로소 의미를 갖는 것이라고, 더 풀어 말하자면 정치란 서로 다른 사람들이 함께 어울려 살면서 각기 다른 개성을 드러내는 가운데 공동의 생활을 유지하는 방법을 찾는 것이라

단의 동원이나 권위의 최종 작동이 있었으며 그 정치가 군사적 목적 등을 지니고 있었음을 지적하면서, 아렌트의 그리스 폴리스에 대한 지나친 예찬을 비판한다. Lefort(1988), pp.53~54 참조. 그럼에도 아렌트는 폴리스적 정치 경험이 실제의 역사에서 필연적으로 나타나지는 않더라도 그러한 정치 원형이 마치 인류에게 선험적으로 주어져 있는 것인 양, 그것만이 유일의 참된 정치 형태일 수 있다고 줄곧 일갈한다. 아렌트의 이런 태도는 '정치적인 것'에 대해 우리의 주의를 환기하려는 의도에서 비롯된 것이며, 이전의 정치사상 및 철학사에서 찾아보기 드문 독보적인 메타 정치학의 정립 시도라는 것만은 주지의 사실이다. 어차피 아렌트는 현실 정치의 여러 양상이나 정치사상의 전통을 방만하게 포섭하고 수렴할 의도는 추호도 없었다. 아렌트는 자기가 인식한 정치 혹은 정치적인 것에 묻어 있는 수많은 불순물을 사그리 걷어 내고 정치를 순수하게 홀로 세우고자 했을 뿐이다.

41 아렌트는 정치를 비토대적이고 무목적적인 것, 자기 충족적이고 자기 완결적인 것으로 규정함으로써 그것을 인간사의 다른 영역과 현격히 구별되는 고유한 것으로 재취급한다.

고 생각했다. 여기에는 다양성과 차이에 대한 존중이 자리 잡고 있으며, 공적 공간에서의 언어를 통한 의사소통과 토론 및 심의, 그리고 합의와 공동 행위의 중시가 존재한다. 만일 토론과 설득 행위가 부재하고 야만 강제력이나 명령이 지배한다면 그것은 비정치적이다. 정치 행위는 근본적으로 소통하고 협력하는 능력이다. 지배를 정치로 여기는 것은 적어도 아렌트가 보기에는—본래적으로는 자유롭고 평등한 개인으로서의 모든 행위자가 더불어 함께 참여하는 것인—정치에 대한 오해이며, 인간 존엄성에 대한 모독이다. "정치적 인간의 자유는 타인의 현존과 평등성에 결정적으로 의존한다는 것을 염두에 두는 것이 중요하다."[42]

복수성을 모든 정치적 삶의 특별한 조건으로 보는 만큼 아렌트는 이성주의적 태도 또는 철학적 태도로 정치를 다루는 데 대해 반대한다. 플라톤 이래 서양철학의 전통은 이성의 사용을 통한 참된 인식을 추구함으로써 의견의 다양성을 억견으로 치부하며 제거하려 해왔는데, 아렌트에 따르면 이것은 결국 인간의 기본 조건인 복수성을 파괴하는 결과를 야기할 뿐이다. 복수성과 다양성은 공공성을 이루는 기본 조건인 만큼, 복수성과 다양성을 배제하고는 정치를 이해할 수 없고 복수성과 다양성이 말살된 곳에서 참된 정치는 수행될 수 없다. 따라서 아렌트는 플라톤과 같이 이데아를 보는 철인왕을 앞세운 형이상학적 철학으로 정치를 지배하려는 기획이나, 인민의 일반의지라는 사실상 초월적인 힘에 의존하는 루소의 의지의 정

---

42   아렌트(2007), p.212.

치 기획은 '진리의 폭정'에 다름 아니라고 비판한다.[43] 우리의 정치철학이 만약 이런 형이상학적 합리성을 추종하려는 미련을 버리지 못한다면 – 정치철학에 이론만을 남기고 행위를 떠나보내게 된다는 점에서 – 정치에 있어 이론과 실제, 사유와 행위는 분리되고 말 것이며, 자유롭고 평등한 시민들의 공적 영역 수립은 영원히 유예될 것이다.[44] 그리고 진리에 천착하는 정치철학은 필연적으로 곤경에 빠질 수밖에 없는데, 아렌트는 이를 두고 "이성을 통한 강제의 난점은, 소수만이 그것에 종속되기 때문에, 정치체를 구성하는 다수의 사람을 어떻게 같은 진리에 복종할 수 있게 하겠는가라는 문제다"라고[45] 지적하기도 했다. 아렌트의 통찰대로 철학적 진리는 적어도 시장에 들어서면 그 본질이 변화하여 의견이 될 수밖에 없는 것이다.[46]

세계는 사람마다 다른 모습을 드러내며, 수많은 사람이 관점에 관해서 말할 수 있고, 서로가 더불어 그리고 대립하면서 의견과 관점을 교환할 수 있는 한 이해할 수 있다. 오직 우리가 서로서로 말을 나눌 수 있는 자유 안에서만, 이 세계는 우리가 말하는 내용으로서 객관적으로 그리고 모든 측면으로 볼 수 있도록 출

---

43 아렌트가 볼 때 플라톤의 결정적 문제는 철학에서 도출한 정치 이론을 제출하여 정치의 기준으로 삼으려 했다는 점이다. 정치 이론은 오직 정치로부터 도출되어야 한다. 아렌트 (2007), p.173 참조.

44 진리나 인민의 일반의지를 내세우는 정치는 다양한 의견을 배제하기 마련이며, 좋게 보아도 기껏해야 합리적 폭군 또는 계몽된 독재자를 출현시키는 것이 다다. 그러나 그 길은 평등한 사람들의 상호 행위가 이루어지는 공간인 광장을 포기하는 것이며 자유의 막다른 길일 뿐이다.

45 Arendt(1977), p.107.

46 Arendt(1977), p.233 참조.

현한다.[47]

　다나 빌라Dana Villa에 따르면 이 곤경을 탈출하기 위해 플라톤은
궁색하게도 그의 《국가》 후미에 등장하는 에르 신화처럼 내세에서
의 포상과 처벌 장치를 동원할 수밖에 없었다.[48] 그러나 애석하게도
이런 신화적 비상은 정치철학에서 시급한 것이 아니라고 생각된다.
정치철학이 실효적인 것이 되는 데 있어선 인간의 '더불어 삶'의 기
초적 문제들에 정직하게 대응할 수 있는 것이 더 중요하다. '정치적
인 것'을 인간 실존에 필수 불가결한 것으로 보는 아렌트는 정치철
학의 내용을 순수하고 명백한 정치적인 사안들로 제한할 것을 권고
하며, 공적 영역의 창조와 보전에 관한 것들을 순전한 정치 담화와
정치 행위로 인정한다. 아렌트가 종종 정치 행위의 모범적 사례로
드는 것은 아테네 민주주의 광장에서의 연설들, 미국의 건국 혁명,[49]
혁명위원회[50]의 토의들, 시민권 운동이나 반전 운동 등의 특정한 시
민 불복종 행위들이다. '더불어 삶'의 기초적 문제들에 밀착하는 정
치철학은, 작게는 일상에서 시민들의 상호 작용을 통해 자율적인 자
치 권력을 창출하고 행사하는 정치를 논하고 행위 연계하는 것으로
서, 마을이나 학교, 회사, 공공장소 등 모든 다양한 광의의 광장에서

47　아렌트(2007), p.171.
48　Villa(1996), p.161 참조.
49　아렌트는 특이하게도 프랑스 혁명을 실패한 혁명으로, 미국 혁명을 보다 성공한 혁명으
　　로 간주한다.
50　미국 혁명 당시의 타운미팅, 프랑스 공민회의, 러시아 소비에트, 1918년 독일 노동자들
　　과 군인들의 위원회Räte, 1956년 헝가리 혁명 등의 평의회들을 가리킨다.

자신들의 단위 공동체가 직면한 공적 문제를 직접 의제로 삼아 토론하고 심의해 결정하며 실제 행동으로 옮기게 함으로써 민주주의를 발전·심화하는 데 기여하는 것이며, 크게는 헌법의 기초와 새로운 정부 형태의 수립과 같은 건국 행위를 정초하는 것이다.

공적 자유를 위한 공간 확립을 정치의 가장 순수하고 고유한 임무로 생각했던 아렌트는 헌법의 기초와 건국 행위야말로 새로운 정치 영역을 세우는 행위로서, 인간의 탄생성에서부터 운명적으로 주어지는 '시작하는 힘'의 아름답고 탁월한 공공적 실현이자 자유의 확립 기반 건설이라고 간주한다.[51] 아렌트에게 헌법이란 사람들이 행위와 실질적 자유를 누리기 위한 조건 공간을 건설하는 수단에 대한 기초적 합의이며, 정치 체제의 토대 놓기이다. 그리고 그것은 자유와 평등 같은 권리 보장의 장전憲典이자 원리일 뿐 아니라, 정치적 인간으로서 온전히 실존하기 위한 장소의 창조와 보전 방식이다.[52] 아렌트는 정치적 자유를 확립하고 보호하는 것이 진정한 혁명

---

51 인간 행위의 가장 위대한 가치는 그것이 무엇인가를 시작한다는 점이다. 자연의 순환 고리 안에 미리 있은 적이 없던 그 무엇을 인간의 행위는 개시한다. 인간은 자연 안에 있던 적이 없던 무엇인가를 기술적으로 만들어 내며(인공물의 창조), 사물의 매개 없이 직접적으로 이루어지는 인간 행위는 (자연상의 혹은 제도적 제약만 없다면 전적으로 자유로운 것이기에) 가장 창발적이며 예측 불가능하다. 그러나 그 속에서 인간은 가장 인간답게 되며 자연 세계의 자동적 과정을 중단시킨다. 시작 능력은 "모든 인간의 활동을 활성화하고 고무한다. 또한 모든 위대하고 아름다운 것을 생산하는 숨은 원천이다(아렌트, 2007, p.230)."

52 정치적 자유를 일종의 공간적 구조물로 간주하는 아렌트가 보기에 헌법에 의한 정치, 입헌 정치는 권리의 보장, 공사의 엄밀한 구분, 인민의 자유롭고 평등한 공적 영역 참여의 제도화 등을 통해 인간의 정치 행위를 상대적으로 영구화할 수 있게 해주는 최선의 정치 방식으로 여겨졌을 수 있으리란 추정이 가능하며, 그러한 맥락에서 우리는 롤즈의 정의론을 '정치적인 것'의 선상에서 고민해 볼 여지를 가지게 된다.

이라고 보았으며, 자발적 평의회를 구성해 자유의 확립을 이루고 그를 보전키 위한 지속적인 제도들을 설립하는 데 집중한 미국 혁명을 주목함으로써, 정치적인 것의 차원에서 미국 혁명을 프랑스 혁명보다도 우위에 둔다.[53] 한마디로 아렌트는 헌법을 단순한 제도적 구조물을 넘어 하나의 특별한 정치적 삶의 방식으로 대우하는 것으로 볼 수 있다. 유의할 것은 그렇다고 아렌트가 헌법을 독립적인 이상적 실체로 간주하는 것은 아니라는 점이다. 헌법은 정치적 삶의 방식을 인도하는 초월적인 도덕 원칙이 아니다. 헌법을 그렇게 대하는 것은 아렌트가 그토록 거부하려 했던 토대주의와 다를 게 없으며, 정치의 내용을 정치 행위의 실제적 수행으로부터 이탈시키고 말기 때문이다. 그것은 정치적인 것으로부터 유리된 정치철학으로 회귀하는 지름길이다.

아렌트가 보는 '정치적인 것'은 슈미트나 르포르의 그것과는 다소 다를 수 있다. 아렌트는 현실 정치가 실제로 작동하는 속성에만 주목하는 것이 아니라, 인간의 실존 측면이 담지한 세계인으로서의 특수성 차원에서 정치적인 것을 찾았다. 아렌트에게 정치는 인간성 실현의 특별한 방식이자 인간만의 공존 양식이라 간주되었다. 때문에 아렌트의 정치철학이 독자적인 정체성의 형성과 발휘라는 개인적 측면과 공적 영역의 확보라는 세계적 측면을 두 기반으로 하는 것은 당연한 귀결이라 할 수 있으며, 우리는 아렌트의 정치철학이 정치의 고유성과 공공성을 근원적 차원에서 고민하는 소중한 자산

---

53   Arendt(1990), p.87 참조.

이라고 평가해도 좋을 것이다.[54] 아렌트의 정치 이론이 시민 공화주의를 핵심으로 하는 신공화주의 이론가들의 주목을 받는 것 역시 그 때문일 것이다.[55]

4. 무페의 '정치적인 것'과 롤즈에게서 '정치적인 것'을 통한 정치철학적 심급 확충

벨기에 출신 정치철학자 샹탈 무페Chantal Mouffe도, 아렌트의 논의와는 성격이 좀 다르지만 '정치적인 것'을 제대로 이해할 때 왜곡 없는 정치철학이 가능하며, 정치를 현실에서 온전히 다룰 수 있다고 믿는다. 무페 역시 정치적인 것을 어떤 한 유형의 제도로 제한하거나 사회의 특정 분야나 차원으로 생각할 수 없다고 보며, 정치적인 것이란 모든 인간 사회에 본래부터 있는, 우리의 존재론적 조건을 결정하는 한 차원으로 간주한다. 그리고 그는 나아가 슈미트를 이어받아 정치적인 것이 필연적이란 사실뿐만 아니라 '적대' 없는 세계

---

54 아렌트는 공공의 문제에 대한 무관심과 개인주의에 입각한 무한 경쟁 등이 팽배한 비정치화 사회가 결국 전체주의를 낳았다고 지적한다. Arendt(1963), p.336 참조.

55 정윤석(2001), pp.16~17은 다음과 같이 평한다. "아렌트에 따를 때 정치적 행위는 개인의 정체성을 드러낼 때 진정 인간됨의 실현이고 또 이러한 정체성은 고립된 개인이 아니라 반드시 다원성 즉 다수의 인간으로 구성된 정치 공동체를 전제로 한다는 사실은 정치 행위에 개인적 계기와 공동체적, 세계적 계기가 동시에 들어 있음을 함축한다. 이처럼 개성과 정체성, 궁극적으로 인간됨의 발휘의 조건으로서 정치적 공동체를 만들고 유지하는 노력은 인간이라면 누구나 참여해야 할 모두의 공적인 일(*res publica*)인 것이다. 아렌트 정치관의 공화주의적 요소가 바로 여기에 있다. 함께 모여서 정체성을 드러내는 발언 행위를 하고 이러한 행위를 위한 공간을 함께 열고 유지하는 것을 강조하는 아렌트의 정치관은 분명 현대 사회를 조건으로 하는 새로운 공화주의인 것이다."

가 불가능함을 수용해야 한다고 역설한다.

> "정치적인 것"을 통해 나는 인간관계에 내재적인 적대의 차원을 준거하며, 그러한 적대는 사회적 관계의 상이한 형태에서 여러 가지 형태로 나타난다. 반면에 "정치"는 "정치적인 것"의 차원에 의해 영향을 받기 때문에 항상 잠재적으로 갈등적인 조건 위에서 인간의 공존을 조직하고 특정한 질서를 설정하고자 하는 실천, 담론 및 제도를 지시한다. "정치적인 것"의 차원을 인지하고 "정치"는 적의를 순치하고 인간관계에 존재하는 잠재적 적대감을 진정시키고자 하는 것에 달려 있다는 것을 이해할 때에만 내가 민주적 정치에 중심적인 문제라고 하는 것을 다룰 수 있다.[56]

물론 적enemy과 반대자adversary는 다르다. 같은 정치 공동체 내에서 대립 진영은 파괴해야 할 적이 아니라 그 존재의 정당성을 인정해야 할 대상이다. 견해의 차이를 두고 서로의 생각에 맞서 싸운다는 사실이 반대자의 주장과 방어권을 용인하지 않는 것으로 이어져서는 곤란하다. 그러나 적은 여전히 존재한다. 적은 해당 정치 공동체의 룰을 공유하지 않거나 거부하여 배제된 대상을 향해서 성립할 수 있는 개념이다. '적'과 '나', '그들'과 '우리'를 구분 짓는 경계는 언제나 존재한다. 그것은 재책정될 뿐, 정치 영역에서 결코 사라지지 않

56　무페(2006), p.157.

는다.[57] 자유주의의 타자로서 있던 현실 공산주의 진영이 패배한 뒤 자유주의의 적은 사라졌는가 하면 그렇지 않다. 무페에 따르면 서구 극우주의 세력은 이미 발 빠르게 새로운 적을 찾아냈다. 그들은 내부의 적으로 이민자들을 설정했다. 극우 운동은 이민자들을 참된 유럽인들의 문화 정체성과 민족 주권을 위협하는 세력으로 간주한다.[58] 이슬람권과 기독교권 간의 충돌도 새로이 강화된 적대의 하나다. 한국의 정치 지형도 해방 이후 우익 대 좌익, 독재 대 민주, 보수 대 진보의 적대 심지어는 2012년 대선을 통해 세대 간 적대 전선까지 거듭 재설정되는 것을 볼 수 있다. 적대의 존재를 인정하는 것은 그 자체로는 불온하지 않다. 그것은 그저 솔직한 것에 지나지 않는다. 오히려 정치적인 것으로 적대의 존재를 인정하지 않거나 포착하지 못하고, 가치 중립적 정치를 내세우거나 지향하는 것은 정치적으로나 정치철학적으로나 무능할 따름이다.

무페는 민주주의에 실질적인 충격을 줄 새로운 정치 전선을 어떻게 설립할 것인가가 당금의 핵심 쟁점이며, 구체적으로는 좌파가 하나의 지평으로 다시 정의되어 종속에 저항하는 여러 다양한 투쟁이 들어설 공간을 찾아야 한다고 본다. 이때, '여러 다양한' 투쟁이 강조된다. 무페에 따르면 정치 공동체의 모든 성원에게 적용할 수 있는 시민권이라는 중립적 관점을 목표로 삼는 것은 공허하고 위태롭기 때문이다. 현대 민주주의 정치 이론은 시민적 정체성에 관한 여

---

57 정치적 적대와 갈등은 사라지는 것이 아니라 장소와 쟁점을 바꾸어 갈 뿐이다.
58 무페(2007), p.14 참조.

러 개념이 서로 경쟁할 여지를 마련해 주어야 한다.[59] 따라서 다원주의를 현대 민주주의의 핵심 개념으로 삼고 다원주의적 민주주의 체계 내에 적대의 정치적 배출구를 마련하는 것이 적대를 외면하는 것보다 바람직하며, '정치적인 것'의 본성을 제대로 이해하는 것이다.

무페는 도덕적 이상에 대한 기초적인 일치나 수렴을 믿거나 지향하는 도덕철학이 하나의 신화에 불과한 것만큼이나, 정치철학에서도 그러한 기대를 해선 안 된다고 주장한다.

질서 정연한 사회의 구성원들이 받아들여야 할 명확한 원칙들과 배치들을 일거에 설립하는 식의 목표를 민주적 다원주의는 가질 수 없다고 생각한다. 분열적인 쟁점들은 사적인 영역으로 제한될 수 없으며, 비강제적인 합의를 획득할 만큼 합리적인 논증이 가능한 배타적이지 않은 공적 영역을 창출하는 것이 가능하리라고 믿는다면 착각에 불과하다. 민주적 정치는 권력과 배제의 흔적을 지우려고 할 것이 아니라, 논쟁의 지대에 들어올 수 있도록 그것들을 가시화하면서 전면에 내세워야 한다.[60]

현대 민주주의에서 정치는 분열과 갈등을 불가피한 것으로 수용해야 하며 경쟁적인 주장들과 갈등하는 이익들의 화해는 부분적이며 잠정적일 수밖에 없다.[61]

---

59   무페(2007), p.19 참조. 젠더, 인종, 계급, 성적 정체성 등을 둘러싼 서로 다른 민주주의 투쟁들이 가능할 수 있어야 한다.

60   무페(2007), p.238.

61   무페(2007), p.181.

민주주의에는 사회의 토대를 지배하는 사회적 행위자가 마땅히 존재할 수 없기 때문에 어떠한 토대론적 정치철학도 적실성을 갖기 어렵다. 물론 "정치는 결정을 요청하며 어떤 유형의 정치 체제에서도 정치적 가치들 사이에 하나의 위계를 설정"하지만, "최종 토대를 찾아내는 것은 불가능하다."[62] 무페는 정치적인 것 내에 있는 갈등과 적대의 차원은 제거 대상이 아니며 가치들의 환원 불가능한 다원성과 함께 자연스레 받아들여야 하는 것으로 이해한다. 사회적 관계들에는 적의와 폭력의 요소가 있을 수 있다. 그러나 무페가 보기에는 그것을 회피할 것이 아니라, 그 공격적 힘들을 분산 및 전환하여 보다 화해적인 공적 질서의 조건을 마련할 방법을 찾는 일이 중요하다.[63] 정치 관여적 정치철학의 소임은 한편으로는 여기에 있다.

무페가 보는 정치적인 것의 특성은 슈미트나 르포르의 견해와 가깝다. 정치의 본성을 적대로 간주한다는 점이나 분열과 갈등의 불가피성, 권력의 다원성과 비확정성 등을 중시한다는 점이 그러하다. 그러나 어떠한 토대론적 발상도 정치철학이나 이론에 개입해선 안 된다고 보는 반형이상학적 태도나 근대 합리주의에 대한 비판적 태도는 아렌트와 다르지 않다.[64] 다원성과 복수성을 정치의 근본 요소

---

62 무페(2007), p.242.

63 무페는 '경합적 다원주의agonistic pluralism'의 관점을 취한다. 경합적 다원주의의 관점은 정치의 특성이 서로 다른 이익과 세계관, 정체성 간의 상호 충돌이나 갈등을 조정하고 중재하거나 그런 한계를 초월하는 데 있다고 간주하는 입장을 거부하며, 합리적 합의를 목표로 하는 '심의 민주주의' 모델과 대척점에 선다. 홍철기(2010), p.251; 무페(2006), p.160 참조.

64 그러나 무페는 자신의 근대 합리주의에 대한 비판이 근대성 자체에 대한 거부가 아니라 근대성의 계몽주의적 측면에 대한 거부라고 밝힌다. Mouffe(1988), p.34 참조.

라고 보는 점, 논쟁을 정치의 필연적 수단이자 성격으로 간주하는 것 역시 마찬가지다.

그러한 선상에서 무페는 '정치적인 것'에 대한 불완전한 이해에서 비롯된 정치 없는 정치철학의 대표적인 예로 존 롤즈의 정의론을 비판한다. 롤즈의 정의론이 '정치 없는' 정치철학이라는 것은 반은 맞고 반은 틀리다. 롤즈가 원초적 입장에서 도출한 '공정으로서의 정의'가 역사적으로 특수한 환경과 복잡한 정치·사회적 현실을 무시한 보편적인 정의관을 정교화하려 한 인상이 짙다는 측면에서라면, 그의 정의론이 '정치 없는' 정치철학으로 흐르고 있음을 인정할 수 있다. 하지만 다양한 정치적 이해관계와 정치적 견해를 지닌 복수의 사람과 집단으로 구성된 사회에서 어쨌든 그 구성원들이 일정한 정치체를 건립하려면 최대한 합리적이고 중첩적으로 동의할 수 있는 최상위 사회계약이나 헌법이 필요하다는 점이 인정된다면, 롤즈의 정의론은 그저 정치를 결여한 정치철학으로 치부되기보다는 상당히 의미 있는 법철학적 정치철학으로 받아들여져야 할 것이다. 누구보다 정치적인 것을 투철히 보려 했던 아렌트가 입헌 민주주의 정치를 높이 평가했던 것을 떠올릴 필요가 있다.

알다시피 롤즈의 정의론은 자율적이고 합리적인 사회 구성원들이 무지의 장막 속에서 자신의 선택이 자기에게 가져오게 될 유불리를 알지 못한 채 선택이 이루어졌을 때 취하게 될 가장 기본적인 정치 원리에 기초하며, 그 정의의 원리란 첫째, 각자는 다른 이들의 유사한 자유의 체계와 양립할 수 있는 평등한 기본적 자유의 가장 광범위한 체계에 대하여 평등한 권리를 가져야만 한다는 것이며, 둘째, 사회적 및 경제적 불평등은 (a) 모든 이의 이익이 될 것이 합당하게 기대되고,[65] (b) (공정한 기회의 조건들 아래에서) 만인에게 개방된 지위와 직책에 결부되도록 편성되어야 한다는 것이다.[66] 롤즈는 입헌 민주주의에서 정치철학의 목표는 사회 정치적이고 경제적인 제도를 정당화할 수 있는 공정한 공적 기초를 제공하는 한편, 세대에서 세대로 이어지는 안정성의 확보에 도움을 줄 수 있는 정치적 정의관을 제안하는 데 있다고 판단한다. 그런데 롤즈가 도출해 낸 정의관은 현대 민주주의 사회에서 공인된 정의관이 아니다. 그것은 오직 사회의 상식 속에 잠재된 직관적인 믿음들로부터 정식화될 수 있을 뿐이며, 롤즈는 그를 위해 원초적 입장이라는 재현 장치a device of representation를 가설적으로 사용한 것이다.

롤즈의 위와 같은 공정으로서의 정의관은 좋음보다 옳음을 앞세우는 의무론적 정의관으로, 개인의 독특성에 대한 표상을 제공하고 양도 불가능한 권리를 옹호한다.[67] 그러나 롤즈를 향한 공동체주의자들의 비판처럼 권리를 지닌 개인, 또는 옳음은 오직 일정한 제도를 갖춘 특정 유형의 사회 내에서만 존재할 수 있는 것이 사실이다. 그렇다면 좋음에 대한 옳음의 우선성을 주장하는 롤즈의 정치철학은 비현실적일 수 있다. 단지 그가 주장하는 옳음(개인의 권리)의 우선성은 특정한 정치체, 곧 자유 민주주의 체제의 맥락하에서만 타당성을 가지며, 이때의 공동선은 자유와 평등이다. 무페는 이런 롤

---

65 롤즈는 이 부분을 한편으로는 "최소 수혜자의 이익 극대화가 기대되고"라고도 표현한다. Rawls(1999), p.72 참조.

66 정의의 두 원리는 Rawls(1999), pp.53, 72 참조.

67 Rawls(1999), pp.27~28 참조.

즈의 정의론이 합의에 기반을 둔 중립적 규칙들을 설립해 서로 다른 이익의 추구를 통제하려는 것이기 때문에 그 규칙들이 도덕적 성격을 지닌다고 본다. 롤즈는 다음과 같은 직관적 믿음을 가지고 있다. 하나는 사회가 공정한 사회적 협동 체계라는 것이다. 다른 하나는 시민들이 정의감에 대한 능력과 가치관에 대한 능력을 소유한 덕분에 자유롭고 평등하다는 것이다.[68] 무페가 보기에 이것은 정치를 순진한 도덕적 관점에 가두며, 갈등과 권력, 이익의 수행이라는 정치의 현실적 측면을 간과하게 만든다. 어떤 의미에서 롤즈는 칸트식 도덕철학의 독백적 성격을 탈피하지 못했다고도 할 수 있는 것이다.

롤즈는 공동의 합리적 자기 이익이 실재할 수 있음을 당연시하며, 그에 근거하여 자유롭고 평등한 도덕적 인격체로서 행위하는 시민들이 정의의 원리에 동의하고 이를 정초할 수 있다고 본다. 즉 우리는 이성을 통해 기본적인 사회 제도가 조직화되는 방식에 대한 일치에 도달할 수 있다고 믿는다. 그런데 이것이 무페에게는 사회의 기본 구조를 규제하려는 공적 도덕성의 제시에 지나지 않는 것으로 이해된다. 그리고 무페가 보기에 더 큰 문제는 롤즈가 "자기 이익에 기반을 둔 합의가 지배하는 공적 영역과 완전히 분리된 사적 영역에서 사람들이 행사하는 가치관들의 다양성으로만 다원주의를 이해"하고[69] 있다는 점이다. 무페가 보기에 공적 영역과 사적 영역의 경계는 수시로 바뀌며, 각자의 과도한 사적 관심사의 추구는 언제라도 적대를 야기할 수 있다. 그리고 적대는 곧 정치의 본성이다. 그런데

---

68   Rawls(1999), pp.xi-xii 참조.
69   무페(2007), p.87.

도 롤즈는 공적 이익의 일치를 최대한 낙관하는 정의론을 전개하는 경향이 있다. 따라서 무페는 롤즈가 합리적으로 합의 가능한 정의론을 내세워 사적 분야의 분열적 쟁점들을 정치에서 배제하고 중립적 영역에서의 포괄적 합의를 추구함으로써, 결국 정치적인 것에 대해 눈감는다고 비판한다.

확실히 롤즈에게 정의는 다원적인 것일 수 없다. '정치적인 것'이 복수성을 속성으로 하는 한, 롤즈가 구상하는 정의관과 질서 정연한 사회는 '정치적인 것'에 반한다. 때문에 무페는 차라리 다원적 정의를 말하는 마이클 왈쩌Michael Walzer의 정치철학을 현대 민주주의에 적합한 것으로 지지한다.[70] 무페는 다원주의와 적대를 내포한 바람직한 정의론의 역할을 다음과 같이 제시한다.

현대 민주주의 정치철학의 한 가지 과제는 새로운 주체 위치들을 해석하고 시민들의 서로 다른 정체성들을 창출할 수 있기 위해 개인적 자유와 정치적 자유를 접합할 언어를 제공하는 것이다. 나는 정의론이 그런 노력을 기울이는 데 중요한 역할을 한다고 생각한다. […] 현대적 조건에서 정의론이 열망할 수 있는 최대치는 하나의 헤게모니를 단단히 구축하고, 하나의 경계를 설정하며, 일정한 시민관을 중심에 둔 정체성 확인의 버팀목을 제공하는 것이되, [그것이 가능한 것은] 서로 대립하는 힘들과 경쟁하는 정의들definition이 대치하게 될 적대의 필연적 교차

70　무페(2007), pp.61~64; 왈쩌(1999), pp.29~72 참조.

영역 속에서임을 명심해야 한다.[71]

　비록 무페는 롤즈의 정의관이 정치적 현실을 간과하고 있다고 비판하지만, 롤즈의 정의론은 헌법을 정초하기 위한 법철학의 차원에서는 매우 유용하다. 우선 롤즈의《정의론》이 다루는 정의의 문제는 개인의 개별적 행위의 정의로움보다는 사회 구조 자체의 정의로움을 묻는 질문들과 연관되어 있다. 또한《정의론》에서 롤즈는 칸트의 순수이성비판을 생각나게 할 정도로 체계적인 규범적 사회 원리를 제시하고 있는데, 이러한 롤즈의 작업은 나아가 정의의 원리를 만족하는 기본 구조의 서술과 그 원리들에서 생겨나는 의무와 책무에 대한 검토로 이어진다. 정의의 두 가지 원리가 현실 속에서 제도화되는 과정은 네 가지 단계로 설명되며, 이는 ① 원초적 단계(원초적 상황 속에서 정의의 두 가지 원리를 선택하는 단계) ② 헌법적 단계(채택된 정의의 원리를 조건으로 한 헌법을 선택하는 단계) ③ 입법적 단계(정의의 원리와 헌법에 의해 부과되는 모든 제한 조건을 만족시키는 법규를 선택하는 단계) ④ 사법, 행정, 시민적 단계(사법부와 행정부가 법규를 적용하고 집행하며 시민이 법규를 준수하는 단계)로 구분된다.[72]

　정의의 원리에 '따라' 헌법을 선택하고 헌법에 '따라' 법률을 선택한다는 것은 일면 단순해 보이지만 입헌 민주주의의 기초적인 논리에 충실한 것이다. 롤즈는 헌법의 문제를 일차적으로는 정치 과정

71　무페(2007), p.97.
72　Rawls(1999), pp.171~176 참조.

의 통제라고 이해한다. 정치 과정의 통제란 결국 다양한 정치적 견해가 어떻게 하나의 응집된 결론, 즉 법으로 구현되어야 하는지를 통제한다는 것을 의미한다. 롤즈는 무엇보다도 평등한 기본적 자유의 원리에 의해 보호되는 기본적 자유와 권리의 목록을 헌법에 직접 도입함으로써 헌법이 민주적 정치 과정을 규정해야 한다고 생각한다. 그는 또한 정치적 자유의 공정한 가치 보장 역시 헌법이 직접적으로 규정할 수 있는 대상으로 여긴다.[73] 이러한 체제는 기본적으로 입헌 민주주의 체제, 즉 통상적인 입법 과정이 절차적인 측면에 있어서나 내용적인 측면에 있어서나 헌법에 의해 일정하게 통제되는 체제를 의미한다. 절차적 측면에서 헌법은 통상의 입법 과정이 민주적 과정이어야 한다는 점을 규정하고, 내용적인 측면에서 민주주의는 통상의 입법을 통해서는 침해될 수 없는 근본적 권리를-소위 기본권을-규정한다.

물론 롤즈가 헌법 속에 직접 구현되어야 할 것으로 주장하는 기본적 자유와 권리의 목록이 현실의 헌법 속에 규정된 기본권과 반드시 일치하지는 않는다. 그것은 나라의 사정과 정치적 성취에 따라[74] 또한 다르기도 하다. 특히 롤즈는 정의의 두 번째 원리, 즉 공정한 기회 균등과 차등 원리는 헌법이 직접적으로 규정하기 어렵다고 보기도 한다. 무엇보다도 공정한 기회 균등과 차등 원리의 충족 여부를 쉽게 판단하기가 힘들기 때문이다.[75] 하지만 공정한 기회 균등과 차

---

73 Rawls(1999), pp.176~180 참조.
74 각 국가의 역사적인 조건과 전통, 제도 및 사회적 역학 관계들에 따라 다를 수 있다.
75 Rawls(1999), pp.179~180 참조.

등 원리 자체가 헌법적으로 규정되지는 않는다고 하더라도, 그러한 원리를 실현할 매개물일 수 있는 권리나 입법 방향, 정책 방향이 헌법에 규정될 수는 있다. 가령 생존권 등의 사회적 기본권, 재산권의 한계, 노동 3권의 보장, 최저 임금제의 시행, 경제 민주화 등과 같은 우리 헌법의 규정들을 생각해 볼 수 있을 것이다. 물론 이러한 권리와 제도들이 공정한 기회 균등과 차등 원리를 직접적으로 반영한 것이라고 해석할 수는 없겠지만, 이러한 권리와 제도들을 통해 공정한 기회 균등과 차등 원리에 근접한다는 것 자체가 매우 의미 있는 정치적 결실이다. 롤즈가 도출한 두 가지 정의 원리에 '따라' 헌법이 채택된다는 것이 설혹 두 가지 정의 원리가 모두 내용적으로 직접 헌법에 반영된다는 것을 의미하지는 않더라도, 그것은 ─ 정치적 자유의 공정한 가치 보장을 포함한 ─ 평등한 기본적 자유의 원리를 헌법적으로 구현하고 공정한 기회 균등과 차등 원리에 근접하는 법률이 산출될 만한 입법 과정을 선택하는 것을 의미한다.

　물론 헌법이 초월적인 규범을 제공할 수도 없고, 사실상 그 역시 현실 정치의 계급과 계파, 정파 논리를 투영할 수밖에 없겠지만, 어느 한쪽의 일방적인 이해가 관철되어 만들어지는 것이 아니라면 최대한 공정하고 합리적으로 헌법을 마련할 필요가 있으며, 다양한 집단과 구성원이 서로 최대한 만족하고 합의할 수 있는 정의의 규범을 제공하는 것은 법철학과 정치철학의 중요한 현실적 기여가 아닐 수 없다. 더욱이 롤즈는 "헌법의 목표는 그 안에서 평등한 정치적 권리들이 공정하게 추구되고 그 권리들이 공정한 가치를 가짐으로써 정의롭고 효율적인 입법으로 이어지기 용이한 체계를 확립하는 것"이라는[76] 관점을 권고한다. 헌법은 인간을 공공적 세계에서 살게 해주는 가장 위대한 기초 제도라는 점에서 아렌트 역시 헌법을 만들어가는 행위를 무엇보다 중시했으나, 헌법 정초의 메타학적 작업을 수행한 적은 없다. 그만큼 법학적 내용과 의미마저 지닌 롤즈의 정의론은 일정한 정치 공학적 내실을 가진다. 우리가 삼부 중 입법부를 정치 부서로 간주한다는 것, 그곳의 의원들을 정치인으로 부른다는 것은 정치가 법을 만드는 행위라는 것을 환기시킨다. 그리고 모든 법규의 아버지인 헌법의 정초는 그것이 곧 핵심적 건국 행위이다. 그리고 아렌트에 의하면 그것은 가장 고유하고 순수한 궁극의 정치 행위에 속한다. 따라서 무페의 일면 타당한 비판에도 불구하고, 롤즈의 정치철학에는 '정치'가 있다고 보는 것이 더 적절할 수 있다.[77] 게

---

76 Rawls(1999), p.210, n.23.

77 롤즈가 1971년《정의론》을 세상에 내놓은 이래 롤즈에게는 열광적 지지자들 못지않게 수많은 비판자의 집요한 비판이 있어 왔지만, 무페가 롤즈에게 정치 없는 정치철학의 꼬리표를 붙여 준 것은 아무래도 과하다는 생각이 든다. 롤즈가 원초적 입장 가설에서 도출한 공정으로서의 정의는 본인도 여러 번 변호했듯이 결코 형이상학적 강령을 전제하는 것이 아니며, 원초적 입장은 논의의 편의를 위해 도입된 사고 실험 장치에 불과했다. 또 롤즈는 정의 이론을 합리적 선택 이론의 일부로 보았던 자신의 초기 생각을 아주 큰 오류라고 과감하게 인정할 수 있었기에, 1975년《정의론》의 독일어 번역판을 낼 때 비판자들의 유효한 비판을 의식해 내용을 일부 수정하였고, 이를 반영한 형태로 1999년엔 영어본 개정판을 선보인다. 또 1993년 출판된《정치적 자유주의Political Liberalism》에도 1980년대부터 이루어진 중요한 성찰들을 반영하고 있는데,《정의론》에서 개진된 생각 전반을 보다 정합적으로 만들고 지적된 문제점을 나름 집중 보완하였다. 그렇기에 롤즈의 정치철학적 기획을 섣불리 예단하는 것은 위험하다. 물론 무페의 롤즈 비판은《정치적 자유주의》를 비롯한 롤즈 저작의 전반에 걸쳐 이루어지고 있고 롤즈의 정치철학이 도덕철학적이며 자유주의 철학의 공통적인 한계를 지닌다는 지적은 온당하지만, 무페 본인의 '정치적인 것' 관념이 너무 협소하고 공격적이기 때문에 롤즈의 정치철학에 담긴 정치적인 것의 가치를 ― 이 글에서 논의의 범위상 미처 다루지 못한 진보적인 가치까지 ― 미처 보지 못했거나 아니면 애써 무시한 것이 아닌가 싶다. 덧붙이자면,《정치적 자유주의》에서 롤즈는 포괄적인 것과 정치적인 것을 구별한다. 롤즈의 구별에 의하면 포괄적인 것은 삶

다가 정치철학이 정치 제도와 긴요하게 관계 맺을 때 그 역할이 더 분명해진다는 점을 생각하면, 롤즈의 정의론은 상당한 구체성을 가지는 정치철학에 속한다고 보지 않을 수 없으며, 오히려 우리에게 정치적인 것의 요건 파악과 정치철학의 경계 설정을 위한 더 적극적인 실마리를 제공한다.

물론 롤즈의 정의론을 현실에 적용하는 과정에서 공공성과 정치성을 더 확실히 구현하기 위해서는 법의 개폐에 대한 일반 국민의 직접적 권한이 어떤 방식으로든 확보되어야 할 것이다. 다만 아렌트식으로 말하면 궁극의 정치적 표지가 되는 헌법 제정과 국가의 건립을 상시적으로 행할 수는 없는 만큼,[78] 인간의 시민적 삶의 얼개인

의 근본적 의미나 가치의 근본적 성격, 신의 존재, 인간의 근본적 본성과 같은 이른바 철학적이고 종교적인, 그리고 윤리적인 근본 문제들의 영역에 해당한다. 반면 정치적인 것은 포괄적인 문제에 있어 비록 다른 생각을 지닌 사람들이라고 할지라도 공유해야 할 사회적 기본 구조의 문제와 관련한다. 롤즈가 이러한 구별을 하게 된 이유는 《정의론》 제3부에서 다뤄진 질서 정연한 사회의 안정성이 포괄적인 영역에서 – 가령 궁극적인 인간의 본성과 좋음의 본질 문제에서 – 구성원들의 동질성에 의존하고 있다는 문제점을 극복하기 위해서였다. 《정의론》 당시와 달리, 양심의 자유나 사상의 자유 등과 같이 기본적 자유의 평등한 보호가 실현된 사회에서는 그 구성원들이 포괄적인 사안과 관련하여 서로 다른 다양한 생각을 하는 하는 정상적이라고 롤즈는 시인한다. 따라서 포괄적인 영역에 있어 서로 다른 다양한 생각을 지닌 사람들이 어떻게 공정으로서의 정의를 받아들일 수 있는지, 그것에 기초한 질서 정연한 사회가 안정성을 지닐 수 있는지가 설명될 필요가 있다. 따라서 롤즈는 《정의론》에서 개진한 생각을 포괄적인 철학의 일환이 아니라 정치적 영역에 한정된 것으로서 재정립하는 과정을 밟게 된다. 그래서 롤즈는 자유롭고 평등하며 저마다의 합리적인 인생 계획을 갖고 있음과 동시에 정의감 역시 지닌 인간 및 공정한 협력 체계로서의 사회라는 이념들이 어떤 근본적인 철학적 진리를 반영하는 것이라기보다는 민주주의의 전통 속에 잠재된 것으로서, 포괄적인 영역에서 서로 다른 생각을 지닌 사람들일지라도 동의할 수 있는 것들임을 체계적으로 밝히기 위해 노력하였다. 롤즈(1988); Rawls(1993); Rawls(2001) 참조.

78 헌법 제정과 국가 건립이 상시적으로 이루어진다는 것은 현실적으로도 불가능하지만, 이에 대한 상시적 허용이 가정되는 정치 이론이나 시스템이라면 그것은 정치의 안정성을 전혀 기대할 수 없는 공적 영역 파괴 장치가 될 뿐일 것이다.

실정법의 개폐에 일반 시민이 직접 관여하는 것이 현실적 수준이 될 것이다. 일종의 연속적 제헌 의회의 기능을 국민의 권력으로 행할 수 있는 정치 참여 방식을 마련하는 것은 정치의 고유성을 보존하는 가장 중요한 일이 아닐 수 없다. 앞서 살펴본 학자들의 정치적인 것에 대한 해명에 비추어 볼 때, 정치의 고유성은 인간의 실존적 공공성 구현에 있다. 정치의 장에서 발생하는 필연적 성격인 적대도 정치의 다원성(복수성)에서 비롯하는 불가피한 것이며, 인간의 실존성인 공공성과 양립할 수 없는 것이 결코 아니다. 오히려 정치의 본성인 적대를 왜곡 없이 직시할 때 실존적 공공성을 구현할 수 있는 최적의 과정과 방법을 찾을 수 있겠다. 어쨌든 롤즈의 정의론을 정치적인 것의 지평에서 관심 가질 수 있는 이유는 고유한 정치를 실현하고 이어 나가기 위해서는 '자유로운 행위'와 '안정적 제도'의 양수겸장이 필수적이기 때문이라 할 수 있다. 롤즈의 정의론은 자유와 평등이라는 민주주의 정치의 목표를-그에 관한 이론異論이 수두룩한 속에서 가능한 최선의 합의 기준을 제시함으로써-절묘하게 충족시키는 공정한 정의를 위한 '안정된 제도'의 정초를 논한다는 점에서, 충분히 정치 있는 정치철학의 하나로서 매력적이다.

5. 결론:
정치의 고유성 회복과 정치철학의 순수한 경계를 위하여!

근 수십 년간 정치철학을 이끌어 온 담론 내용의 대부분은 사실 도덕철학 및 윤리학의 확장 버전에 다름 아닌 것이 사실이다. 정치

제도나 행위에 도덕적 추론을 적용한 것일 뿐,[79] 정치 자체와 그것의 본성을 다른 영역으로부터 특별히 변별하고 그 위상을 정립하는 데 기여한 정치철학은 극히 드물었다고 말해도 과언이 아닐 것이다. 결국 문제는 정치철학이 정작 '정치적인 것'의 본성을 제대로 이해하지 못할 때 발생한다. 정치는 '세계'를 이루고 사는 인간이란 존재의 한 가지 독특한 삶의 방식이며, 정치 행위는 '자유로운' 인간의 존재론적 능력이다. 인간은 이성적 동물이지만 한편으로는 정치적 동물이다. 인간은 한편으로는 '정신 활동적' 존재이면서 동시에 정신 활동을 하는 '정치 행위자'로서 실존한다.

따라서 정치철학은 정치에 대한 실존론적 조망을 결여한다면 공허해질 수밖에 없다. 본질적으로 철학은 근거의 학문a science of grounds 이기는 하다. 그러나 '다원적이고' '끊임없이 활동적이며' '분투적인'[80] 정치의 특성상, 정치 영역에서도 근거의 학문을 지향하는 것은 바람직하지 않아 보인다. 정치를 밝히는 철학이 형이상학적 합리성에 권위적으로 호소한다면 그것은 적어도 현대 민주주의 사회에서는 어울리지 않을 것이다. 정치 영역은 특성적으로 복수성에 기초하며 다원적 '의견'의 구역이다. 입증될 리 없는 진리를 호명하는 정치철학은 진리의 폭정이라는 호된 비판에 처할 것이며, 정치 공간의 구성원들로부터 수용될 수도 없을 것이다. 그런 정치철학은 안전에의 의지, 권력에의 의지를 추종하는 노회한 정치철학으로서 황혼의

---

79 공적 도덕성에 대한 논의가 곧 정치철학은 아니다. 정치철학의 중핵은 정치의 정당화 또는 정치적 정당화일 것이다.

80 이때의 '분투적'은 '탁월함을 서로 뽐내고 겨루는'이란 의미와 '적대적'이란 의미를 동시에 포함한다.

서쪽 자리에 서야 할 것이다.

우리가 사는 현대 민주주의 사회에서 정치철학은 형이상학적 토대들을 탐색하는 것이 아니라 정치적 사실들을 정치의 내적 특성으로부터 정치적으로 고유하게 해석할 수 있는 상위 정치학이어야 한다. 또 정치철학은 우리의 사회적 관계들을 해석하고 은유하는 정교한 기술을 발휘함으로써 정치를 움직여야 할 것이다. 관조하는 정치철학은 식물 정치철학이다. 나아가 정치철학은 자유와 평등이라는 민주주의의 공동선에 대해 다양하고 풍부한 해석을 제시하며, 정치적 주체와 전선을 계속 새로이 정립하면서 민주주의의 제도와 그 결실을 확장하고 심화해야 한다. 그럼으로써 우리의 공공적 삶을, 사회적 삶을 행복하게 만드는 것이 정치철학의 바람직한 소임일 것이다. '정치적인 것'의 투쟁적 성격인 '적대'와, 인간의 탁월함을 상호적으로 드러내고 뽐내는 '분투성'과, 자유 자체인 '시작하는 힘', 인간 특유의 소통하고 실천하는 능력인 '말과 행위' 등에 대한 본연적인 이해와 행사, 갖가지 구체적인 정치 현상과 제도에 대한 박학한 친화성과 직접적 관여 또한 이제는 정치철학의 활동 경계 내로 확실하게 들여야만 한다. 학문 영토의 다원주의와 불확실성의 시대에 자기 자리를 잡기 위해서는 물론, 정치와 철학, 일상과 정치를 이어 주는 중간 가교 역할을 충실히 수행하기 위해서도 정치철학의 유효한 경계 설정이 무엇보다 중요하다.

비유컨대 이 글은 '정치적인 것'의 정치철학자들이라 불러도 좋을 학자들, 곧 카를 슈미트, 클로드 르포르, 한나 아렌트, 샹탈 무페를 통해, 그리고 제도 정초적 차원에서 (특히 헌법적 차원에서) '정

치적인 것'의 인식거리를 제공하는 존 롤즈를 통해 정치철학의 외연과 심급을 감히 설정해 보았다.[81]

정치적인 것의 기본적인 특성은 분명 적과 동지의 구별이다. 해소되지 않는 양자 대립이 야기하는 갈등과 투쟁은 정치를 긴장의 연속으로 만든다. 그러나 이러한 사실이 정치가 반드시 호전성을 갖는다는 것을 의미하지는 않는다. 정치적인 것의 특성에는 차이의 인정과 소통, 그리고 연대라는 다원적 평등 역시 속하기 때문이다. 다만 적과 동지를 구별하는 적대적 전선의 존재 자체는 정치를 호전적 양상으로 불붙게 할 가능성이 언제나 있는 만큼, 차이에서 비롯하는 갈등과 경쟁은 불가피한 것으로 인정하되 과도한 적대를 완화하고 공동의 평등한 자유를 최대한 누릴 수 있게 하는 '공적 행위'와 '공공영역의 구성'을 정치의 목표로 삼을 필요가 있다. 그러므로 무엇보다 정치철학은 포괄적 차원에서 공공성을 근본 문제로 취급해야 할 것이다. 슈미트, 르포르, 무페의 정치 논의와 다소 궤를 달리 하는 것처럼 보이는 아렌트의 실존주의적 정치철학과 롤즈의 정의론은, 그런 점에서 정치철학에 시사하는 바가 크다. 정치철학은 정치적인 것을 존재론적 혹은 현사실적으로 정확히 해명하고 정치적인 것의 특성에서 비롯하는 정치의 고유한 목표를 제시하는 것을 소임으로 삼을 때, 비로소 고유하게 빛날 수 있을 것이다.

---

81 일정한 연결 고리를 가짐에도 학자 간의 사유와 작업에는 충돌과 불일치가 존재하지만, '정치적인 것'의 내용을 나름의 기준을 갖고 풍부하게 정리해 볼 수 있었다면 이 또한 이 글의 추가적 성과일 수 있으리라 여긴다. 한편 이 글에서 시도한 정치철학의 경계 설정이 정치철학의 운신 폭을 강제로 제한하려는 것은 결코 아니며, 그럴 수도 없는 일임은 우리 모두가 알 것이라 믿는다.

최종적으로 정리컨대, 정치철학의 고유한 목표는 정치의 고유성에 대한 해명과 회복이라 할 수 있으며, 정치철학이 다루어야 할 근본 문제인 정치의 고유성은 단지 적대가 아닌, 적대를 초월하는 다름 아닌 인간의 실존적 공공성에서 찾아야 할 것이다. 그리고 정치철학이 인간의 실존적 공공성에 대해 제대로 해명하고 그 가치를 사람들에게 충분히 설득해 낼 때, 비로소 정치는 주권자 만인의 것으로 공유될 것이다. 그런 속에서만이 인간 실존의 조건인 공공성은 온전히 구현될 수 있고, 비로소 인간은 공적 행복을 누릴 수 있을 것이다.

〈생활세계의 정치와 실존적 정치철학〉
안효성 저자 인터뷰

안녕하세요, 안효성 선생님. 만나 뵙게 되어 반갑습니다. 우선 선생님의 전공과 주 연구 및 관심 분야, 그리고 현재 하시고 계신 일을 여쭈어보고 싶습니다.

안녕하세요. 반갑습니다. 안효성입니다. 저는 철학이 전공인데 주 전공 분야는 동양철학 및 정치철학입니다. 석사 때는 맹자의 정치철학을, 박사 때는 조선 정조 임금의 정치철학을 연구해 학위를 받았습니다만, 동양의 역사와 철학에 제한되거나 치중된 이유는 아니었습니다. 저는 대학 입학 당시부터 정치철학을 전공하고자 했습니다. 다만 제가 서양인이 아니고 동양인이며 한국인이라는 정체성이 있는 한 공부의 중심에 동양을 놓는 것은 당연하다고 생각했고, 학위 과정은 남의 학문이 아닌 나의 학문을 간판으로 해야 한다고 보아 동양 정치철학을 선택한 것이지, 특정 지역의 전통에 편중된 연구를 하는 것을 선호하진 않습니다. 지역과 역사의 한정 없이 제반 정치 현상과 원리, 정치적 가치를 연구하는 데 관심이 있습니다. 현재는 대구대학교 자유전공학부 교수로 일하고 있습니다. 대전인문예술포럼의 학술이사와 한국정치사상학회 이사, 한국아렌트학회 총무이사, 동양사회사상학회 연구이사 겸 운영위원 겸 편집위원, 가톨릭동북아평화연구소 초빙연구위원, 한국외국어대학교 글로컬창의산업연구센터 연구사업이사로도 활동하고 있습니다.

이 책은 대전지역의 인문·예술에 대한 저변 확대를 목적으로 다양한 분야의 전문가들이 모여 결성한 '대전인문예술포럼'(이하 '대인포럼')의 첫 결과물입니다. 그간 대인포럼에 참여하시면서 느끼신 좋았던 점과 아쉬웠던 점을 한 가지씩 말씀해 주시면 감사하겠습니다.

2019년 대인포럼의 창립 준비와 출범부터 쭉 함께해 왔습니다. 2017년부터 대전대학교와 한남대학교에 출강하면서 대전에 둥지를 틀게 된 것이 인연이 되어, 제 대전 지역 멘토이신 이하준, 송석랑 선생님 등과 의기투합하여 대전·충남 지역 인문·예술 발전을 촉진하는 조직을 만들게 되었습니다. 돌이켜 보면 도원결의하듯 의기로 시작하여 좋은 분들을 모시고 일사천리로 모임이 꾸려진 것인데, 정말이지 다양한 분야의 전문가들로 균형 있는 인적 구성이 이루어졌다는 점, 어느 한 분 제외할 것 없이 뛰어난 실력과 훌륭한 인품의 소유자들이란 사실이 너무나도 행운이고 멋진 일이 아닐 수 없다고 여깁니다. 아직 거대한 규모는 아니지만 매월 갖는 모임에도 사람들의 파이팅이 넘치고 훈훈한 인간적 교우가 이루어진다는 점, 다양한 지적 자극을 받을 수 있다는 점, 적절히 감싸는 풍류가 존재한다는 점이 저는 좋습니다. 잠재력만으로 보자면 포럼의 목적을 충분히 완수할 수 있는 저력을 갖추었다고 믿습니다. 다만 여느 단체나 마찬가지겠지만 작년 초부터 강타한 코로나19의 창궐로 인해 포럼의 행보가 무뎌져 있게 된 현실이 아쉬울 따름입니다.

인문학과 예술이라는 주제로 대인포럼에 참여하시면서 기대하셨던, 혹은 생각하셨던 인문학과 예술에 대한 가치가 있으셨을 텐데요, 선생님이 생각하

시는 인문·예술의 성격과 정신, 그리고 앞으로의 비전이 무엇인지 여쭤봐도 될까요?

글쎄요, 막상 말하려니 쉽지 않은 내용입니다만, 인문학과 예술이 인류의 역사에서 원초적으로 동근원적인 것이었던 만큼 양자가 서로를 더 깊이 이해하고 방법과 내용 모든 면에서 긴밀히 침투하고 융합하기를, 그럼으로써 그야말로 인간 문화생활의 통섭 중심으로 재탄생할 수 있기를 저는 기대하고 있습니다. 인문과 예술은 인간을 타 존재와 변별해주는 가장 근원적인 삶의 방식이요 능력이라고 봅니다. 인간다움의 원천이고 그 원천의 표현 양식이 인문·예술일 것입니다. 인간은 인문·예술의 세계 속에 있음으로써 존재론적으로 특별할 수 있고 인간의 가치를 계속 계발해 나갈 수 있는 것이며, 물리적인 자연 세계 그 이상의 세계를 창조하게 됩니다. 아마 인공지능과 로봇, 컴퓨터 등이 전례 없는 변화를 가져와 인간의 지위를 압박하고 존재 조건을 비틀어 놓더라도, 인문·예술이 우리를 구원할 것이라고 믿습니다. 인문·예술이 나아가야 할 방향도 그쪽일 것이라고 생각합니다.

네, 잘 알겠습니다. 그럼 본격적으로 선생님이 책에 쓰신 내용에 대해 여쭈어보도록 하겠습니다. 먼저, 선생님이 글에서 강조하고 싶으신 부분을 다시 한번 간략하게 설명해주시고, 왜 그 주제가 중요한지 말씀해주시면 감사하겠습니다.

제 글 〈생활세계의 정치와 실존적 정치철학〉은 인간에게 있어 '정치'란 것의 근본 의미는 무엇이고 대체 정치철학이 다루어야 할 근본 문제와 정치철학의 소임이 무엇인지를 밝히는 것입니다. 사실 상당히 무거운 주제고 쉽지 않은 내용인지라 독자들에게 소개하기가 좀 미안한 면이 있습니다만, 부담을 무릅쓰고라도 꼭 대중에게 전하고 싶은 내용과 선언이기도 합니다. 저는 현대 사회를 살아가는 사람들이 정치 과잉의 시대를 살아가면서도 실제 속사정을 들여다보면 대다수가 정치를 잘 모르는, 정치에 대한 오해와 망각의 상황에 빠져 있다고 진단합니다. 현재 대부분 사람의 인식을 들여다보자면, 정치란 존재는 넘치도록 호명되지만 실상 경제에 전적으로 종속되어 있고, 한편으로는 미학, 과학, 경제, 법학, 윤리 등과 같은 다른 인간사의 영역들과는 달리 독립적인 것이란 인식이 약합니다. 정치는 마치 다른 인간사의 영역들의 효과적 작동을 위한 수단쯤으로 취급되지요. 그러나 정말 정치란 그런 것에 불과할까요? 저는 아니라고 생각합니다. 제 글에서 소개하고 있는 칼 슈미트, 클로드 르포르, 한나 아렌트, 샹탈 무페 등은 정치가 다른 것들과 명백히 구별되는 자체적으로 고유한 인간 활동으로서 특별한 본성을 갖고 있다고 주장합니다. 저는 이들의 주장에 강력하게 동의하며 정치를 인간의 독특한 실존 방식이라고 여깁니다. 정치는 인간 삶의 독특성을 제대로 이해하기 위한 존재론적 요소이며, 인간은 유사 이래 정치 행위를 통해 다른 존재자들과 차별되는 탁월함을 발휘해 왔습니다. 그리고 그것은 무슨 대단한 일도 아닙니다. 정치는 인간의 생활세계의 한 가지입니다. 그런데 오랜 세월에 걸쳐 학자들마저도 정치를 지나치게 고상한 형이상학적 원리에 묶어두던가, 아니면 정치를 극히 세속화하고 몰개성화함으로써 정치의 실존성을 은닉했습니다. 이것은 인간성을 훼손하는 일입니다. 그래서 전 정치의 고유성인 '정치적인 것the political'이 명백한 인간 실존의 특성이란 것을 밝히고, 사람들이 생활세계 속에서 실존적 공공성의 실현으로서의 활발한 정치 행위를 수행할 수 있도록 돕는 것이, 오늘날 정치철학의 막중한 임무라고 역설하는 것입니다.

안효성

대구대학교 자유전공학부 교수다. 한국외국어대학교 철학과에서 정치철학을 전공하였으며, 〈정조 탕평론의 정치철학적 의미〉로 박사학위를 받았다. 한국외대, 서강대, 건국대, 경인교대, 한남대, 국군간호사관학교 등에서 강의했고, 연세대학교 산학협력단 인문계열 연구원, 대전대학교 강의전담교수를 지냈다. 한국동서철학회 이사, 한국아렌트학회 총무운영위원, 동양사회사상학회 연구이사 겸 운영위원, 율곡학회 편집위원, 대전인문예술포럼 학술이사, 가톨릭동북아평화연구소 초빙연구위원 등을 맡고 있다. 동서양 철학과 정치학을 가로지르는 연구에 집중하고 있으며, 대표적 연구로《신화와 콘텐츠》(2017. 세종우수학술도서),《한국인의 평화사상》(2018),《근대한국 개벽운동을 다시읽다》(2020), 〈정조 탕평책의 공공성과 공론정치의 좌표〉(2015), 〈정조의 탕평 소통 리더십과 민주 시대의 사이-소통 리더십〉(2017) 등이 있다.

기업의 사회적 책임과 역할에 대한 묵가적 사고

서용모

1. 서론

오늘날 급격히 발달한 정보화와 산업화가 가져다준 현대 사회의 가치관 혼란과 경제적 불평등으로 인해, 서로 간에 신뢰 기반의 붕괴와 반목反目 그리고 다양한 형태의 분쟁과 어두운 점들이 발생하고 있다. 이러한 현상으로 말미암은 인간 소외와 공동체 연대의 파괴, 개인 사이의 경쟁과 갈등은 전통 사회의 공동체 의식을 사라지게 했다. 이런 병폐는 비단 개인적인 상황뿐만 아니라 기업 차원의 활동에서도 일어나고 있다. 자본주의 시대의 기업이 수익 창출을 극대화하기 하고자 수행해 온 활동들은 다양한 측면에서 많은 문제를 노출하고 있다. 그러한 기업 활동들은 부메랑이 되어 기업이 많은 비용을 지불하게 하고, 신뢰도 또한 심각한 타격을 입게 만들었다. 이러한 문제들을 해결하기 위해, 기업은 스스로가 책임을 지는 자세로 사회적 역할을 수행하고 노력하는 모습을 보이고 있다.

최근 들어 기업의 사회적 책임 활동은 그것이 사회를 구성하는 다양한 현상에서 차지하는 비중이 점차로 높아지고 있음을 중요하게 인식하고 있다. 기업은 이렇게 사회적 책임 활동을 수행함으로써 기업의 이미지와 경영적 측면에서의 효율성을 높일 뿐만 아니라, 점진적으로 윤리적이고 지속 가능한 기업으로 성장할 수 있다고 믿는다. 이런 이유로 기업들은 사회적으로 긍정적인 가치 추구에 대한 기대를 구축하고, 이를 극대화하기 위해 다양한 사회 현실적 참여와 적극적인 투자 등 많은 노력을 기울이고 있다. 현재는 기업의 사회적 책임 활동에 대한 긍정적인 평가와 연구가 많이 이루어지고 있으며, 이러한 연구가 기업의 내부 관계자들에게 어떠한 영향을 미치는가에 대한 관심도 높아지고 있는 실정이다.

오늘날 글로벌화로 말미암아 다양하고 강력한 국제기구의 기업 규제는 점점 가중되고 있고, 소비자들로부터의 견제 역시 거세지고 있다. 이에 따라 성과 중심의 단기적인 전략이 아니라 장기적이고 지속 가능한 경영을 가능케 하는 사회적 책임이 기업 경영의 이슈로 제시되고 있다. 이처럼 지속 가능한 수단으로서 수행되는 기업의 사회적 책임Corporate Social Responsibility(CSR)은 기업이 궁극적으로 추구하는 가치 실현으로 제시된다. 이렇게 기업의 경영 활동이 사회적 책임으로서 추구하는 가치는 동양적 전통 사상, 특히 묵자墨子가 제시한 사상과 많이 닮아 있다. 따라서 본 글은 기업이 지속 경영을 가능하게 하는 경영 활동으로서의 사회적 책임을 묵자가 제시한 사상에 빗대어 접근해 보고자 한다.

2. 이론적 배경

2.1. 기업의 사회적 책임

요즘 기업에 대한 사회적 니즈는 갈수록 복잡해지는 양상이다. 글로벌화로 인한 국제기구의 기업 규제는 갈수록 증가하고, 소비 시장으로부터의 압력도 점점 거세지고 있다. 이처럼 장기적이고 지속 가능한 기업 경영을 위하여 기업의 사회적 책임이 중요한 경제적 이슈로 대두되고 있다. 기업의 사회적 책임은 기업이 다양한 사회 현상 속에서 경영 활동을 하며 맞이하는 여러 공공 이슈를 해결하기 위한 구체적인 활동으로서, 경제적, 사회적 그리고 생태학적 결과에 대해 스스로의 책임을 지고 해결하고자 노력하는 것을 말한다.[1]

기업의 사회적 책임이란 단어가 처음 사용된 것은 1929년부터 시작된 미국의 대공황 즈음이라고 한다. 그러다 1960년대에 이르러 사회적 환경 및 사회 추구 가치에 대한 급격한 변화가 나타나기 시작하면서, 이는 기업의 본격적인 관심사로 떠올랐다. 당시 기업은 대규모화하면서 사회 내 경제뿐만 아니라 정치적인 측면에 미치는 영향력도 크게 증대했지만, 기본적인 법률적 기준조차 위반하는 등 책임감 있는 행동을 하지 못하는 경우가 많았다. 그 결과 기업은 사회 속에서 다양한 갈등과 마찰을 빚었고, 위기 문제에 직면하게 되었다.

기업의 사회적 책임에 대한 학술적 개념은 Bowen(1953)의 《기업인의 사회적 책임Social Responsibilities of Businessman》에서 최초로 정립

---

1   이경희(2009).

되었다. 이에 따르면, 기업의 사회적 책임은 사회가 추구하는 바람직한 가치와 목표의 관점에 따라 기업의 정책과 의사를 결정하는 기업인의 의무를 뜻한다. 이를 기반으로 사회적 책임에 대한 내용이 본격적으로 확산되기 시작했다.[2]

1950년대 기업의 사회적 책임과 관련한 주요 이슈로는 제품의 안전, 인사상의 차별 요소 제거, 과장된 광고의 제한, 환경을 보호하려는 노력 등이 있었다. 이후 기업의 사회적 책임에 대한 논의를 본격적으로 제시하는 분위기가 만들어졌으며, 많은 연구가 진행되며 사회적 책임 개념을 정립시키는 데 공헌하였다.

Eells & Walton(1961)은 기업의 사회적 책임 활동이란 기업이 법적 혹은 경제적 의무를 초월해서 사회적 규범이나 가치와 조화를 이루도록 사회 문제와 환경 문제를 해결하고 윤리적 원칙을 준수하는 것이라고 주장하였다.[3]

Mcguire & Papagories(1961)는 기업의 사회적 책임을 경제적 그리고 법적 의무만으로 국한하지 않고 사회 전반적인 부분에 대한 책임이라고 정의하였고, 그 정의를 확대하여 구성하는 기반을 제공하였다.[4] 윤리 경영 및 기업의 사회적 책임에 대한 관심이 폭넓게 증폭하기 시작한 것은 1970~1980년 이후부터며, Davis & Blomstorm(1971)은 기업 자체의 이익과 함께 사회의 복지를 보존하고 향상하는 행위를

---

2 Bowen(1953).

3 Eells & Walton(1961).

4 McGuire & Papageorgis(1961).

기업이 해야 할 의무라고 규정하기도 하였다.[5]

Caroll(1979)은 기업의 사회적 책임을 경제적이며 법적인 부분과 윤리적이고 자산의 책임적인 부분으로 구분하여 보다 구체적으로 설명하였으며, 이는 기업의 사회적 책임을 설명하는 연구들에 가장 많이 적용되었다.[6] 최근 연구인 Petkus & Woodruff(1992)는 사회적 책임을 사회에 당면한 해로움을 최소화하고 지속 가능한 기여를 최대화하려는 기업의 몰입적 태도라고 설명한다.[7] Brown & Dacin(1997)은 기업의 사회적 책임을 기업의 능력과 함께 기업에 대한 연상이라고 간주하며 지각된 사회적 의무와 관련된 기업의 상태나 활동이라고 하였다.[8] 한편, Staples(2004)는 기업이 준수해야 하는 원칙을 제시하였다. 근로자를 공정하게 대우하고, 정직하게 기업을 경영하고, 인권을 존중하고, 환경 지속을 가능하게 하며, 기업이 활동하고 있는 지역에서 타인을 돌볼 줄 아는 이웃이 되는 것 등으로 기업의 사회적 책임을 제시한다는 것이었다.[9] 기업의 사회적 책임에 대한 여러 초기 연구에서는 기업의 행위에 영향을 미치는 이해 관계자에 대한 사회적 책임 활동을 다루기도 했다.

이처럼 사회적 책임은 사회의 목적과 가치를 위한 정책과 의사 결정, 행위를 추구하는 기업의 윤리적 측면에서 시작되어, 그들의 이해 관계자인 주주의 가치를 극대화한다는 순수한 경제적 관점

---

5   Davis & Blomstrom(1971).

6   Carroll(1979).

7   Petkus & Woodruff(1992).

8   Brown & Dacin(1997).

9   Jarvenpaa, Shaw & Staples(2004).

과 친 사회적 반응의 측면에서 이해되기 시작되었다. 이러한 이해는 기업의 사회적 책임을 회피하고 관리해 주는 소극적인 차원을 넘어, 기업에게 기회를 제공해 주는 적극적 차원의 전략으로 인식되어 도입되고 있다. 하지만 국가별로 기업의 사회적 책임에 대한 접근 방식과 운영 목적에 따른 전략은 다르게 작동하기도 한다. 노광표(2007)는 유럽의 경우에는 산업화 이후 19세기 노동자들의 소요나 사회적 혁명 상황을 방지하기 위해 성찰적 기업가들에 의한 종업원의 복지정책적 관점으로, 미국의 경우 경영 방식이나 회계 제도, 투명성, 건전성 등 기업의 윤리적 측면을 강조한다고 해석하기도 한다. 이것이 더욱 발전하여, 기업의 사회적 책임에서 경제적 의무와 윤리적 의무를 주로 강조하던 경향은 환경 문제와 사회 문제를 주 관심사로 하는 쪽으로 바뀌고 있다. 게다가 빈곤과 실업 등 사회적 이슈의 대안으로서 기업의 사회적 책임을 투영하려는 노력도 보이고 있다.

최근 연구들이 제시하는 바와 같이, 기업의 사회적 책임 활동은 전략적 관점에서 기업이 추구하는 이미지와 기업 인식, 고객 만족, 시장 가치 등에 많은 영향을 미친다. 이 밖에 사회적 책임 활동에 역량을 강화할수록 소비자가 공익 마케팅에 보이는 반응 역시 호의적으로 나타난다.

기업의 사회적 책임에 관한 연구는 아직은 초기 단계이고 실험적이지만,[10] 다양한 시도가 이루어지고 있다. 사회적 책임에 관한 연구

---

10   Winsor(2010).

는 낯선 개념에 대한 추상적 접근으로부터 시작해서, 점차 현실적이고 적용 가능한 방법에 관한 것으로 진행되고 있다. 이렇다 보니 연구 내용 역시 추상적인 방법으로 시작해서 사회적 책임의 내용과 그 유형, 측정 방법에 따른 규범화, 사회적 책임이 초래하는 성과에 관한 연구로 발전하고 있는 것이다.

이제 기업의 사회적 책임은 기업이 소비자를 의식해서 실행해야 하는 활동 영역이 아니다. 점점 더 많은 소비자가 사회적 신뢰와 사회적 책임 활동을 구현하는 기업의 손을 잡으려는 의사를 보이고 있으므로, 기업의 사회적 책임 활동은 기업이 받아들이는 새로운 사회적 기회Corporate Social Opportunity를 제공하기도 하는 것이다. 이러한 환경을 바탕으로 기업의 사회적 책임에 대한 자각은 기업과 사회의 관계에 대한 자각의 변화를 유도하게 된 것이다.

기업의 사회적 책임에 대한 활동은 여유 자원의 사회적 환원이란 자선의 동기를 넘어서, 기업이 노력하여 만들어 낸 소중한 자원을 활용해 시민 사회를 포함한 공동체의 구성원으로서 사회 발전을 위해 자발적으로 공헌하겠다는 사회와의 귀중한 약속이다. 이는 보유 자원을 적극 활용하여 자발적이고 윤리적인 차원에서 사회와의 바람직한 관계를 형성하려는 기업의 순수한 사회적 반응이라고 할 수 있다.[11,12]

그동안 기업의 사회적 책임에 대한 논의의 접근 방식은 공리주의적 관점을 취해 왔다. 하지만 이러한 접근 방식은 분배 과정에 대한

---

11 김성택(2010).
12 진용주(1996).

적절한 시사점을 제공하지 못하는 한계를 가지고 있었다. 최근 연구에서는 기업의 사회적 책임 활동에 대한 윤리적 접근을 통해 논의와 시사점을 제시하기도 한다.[13]

2.2. 묵자의 사상

묵자墨子의 이름은 적翟으로, 공자孔子와 마찬가지로 주周나라의 제후국인 노魯나라의 천민 출신이었다. 비록 그의 생몰 연대를 정확히 파악할 수는 없지만, 대략 B.C. 468년에서 B.C. 378년 사이일 것으로 추정하는 데에는 이의가 없다. 묵자는 기원전 4세기와 5세기 사이 전쟁과 반란, 음모가 가득 춘추 시대와 전국 시대의 혼란기를 살았던 인물이며, 그의 사회 사상 또한 이 시기와 매우 밀접한 관계가 있음을 짐작할 수 있다.

당시 왕실들은 이미 쇠약했고, 제후들도 왕실의 명령을 무시한 채 자신들의 세력과 영토 확장에만 힘을 쏟고 있었다. 이러한 정치적 현상의 배후에는 정전제의 파괴와 신흥 지주 계급의 등장이라는 경제적·사회적 변동이 중요한 원인으로서 자리 잡고 있었다.

당시 폭군이나 부패한 관리들의 정전 쟁탈과 복잡한 법령, 분에 넘치는 세금, 잦은 전쟁 등은 백성들을 도탄에 빠지게 하였다. 왕조의 경제 정책의 뼈대인 정전제의 파괴와 상공업자들의 매관매직으로 인한 귀족 계급층의 몰락은, 농노와 상공 계급의 해방과 더불어 신흥 지주 계급의 탄생을 초래하는 계기가 되었다. 묵자는 당대에

---

13   김경은(2018).

바로 이들 신흥 계급을 대변해 주는 사상가였다.[14]

묵자는 천하를 다스리는 일에 관심을 가진 자라면 다양하고 혼란한 세상의 현실을 직시해야 하며, 그러한 혼란이 어디서 발생하는지 원인을 잘 살펴보지 않으면 안 된다고 하였다.[15] 또한 잘못된 통치의 재앙을 경고하면서 당시 백성들의 참혹함을 일곱 가지 환란思亂으로 설명하였다. 예나 지금이나 자기 성찰과 주변의 보살핌이 없이 조직을 운영하는 것은 조직의 붕괴를 야기함이 자명한 일이기 때문이다.

사회가 혼란스러워지면 백성의 삶도 도탄에 빠지게 된다. 그 당시에도 묵자는 강한 자가 약한 자를 억누르고, 부유한 자는 가난한 사람을 천대하고, 귀한 사람은 천한 사람을 속이므로, 백성들이 음식을 제대로 먹지 못하고, 추위를 막을 최소한의 옷도 없으며, 매우 극심한 노동에 시달리고 있다고 설명했다.

이러한 환경 속에서 나타난 고대 중국철학은 인간에 대한 접근 방법을 제시한다. 다시 말해 고대 중국철학의 핵심은 인간론에 대한 해석이라고 해도 무방하다. 이들은 인간 존재를 어떻게 이해해야 하는지를 철학적 사고를 통해 해석하고 판단하여, 당시의 환경을 극복하려는 방향으로 접근하고 있다. 예컨대 인간의 본성을 선함善과 악함惡으로 바라봄으로써, 성선설性善說과 성악설性惡說이란 철학적 기준으로 인간을 파악하였다. 이와 관련한 묵자의 입장은 그가 오랜 옛날 백성이 처음 생겨나서 통치자가 없을 때 사람들이 어떤 모습이

---

14 祝瑞開(1981).

15 기세춘(2009); 《墨子》, 〈兼愛 上〉, "聖人以治天下爲事者也 必知亂之所自起 焉能治之 不知亂之所自起 則不能治."

었을지 해석한 글을 보면 알 수 있다. 그는 천하의 사람들이 자기 뜻을 세상에 펼치면서 세상과 상대방을 비방하게 되면서 천하가 어지러워진다고 보았다. 그 과정에서 군신 관계, 상하 관계, 나이의 많고 적음, 심지어 부자와 형제의 예의가 없어지게 되니 천하가 어지러워진다고 본 것이다.

이처럼 묵자는 사회 혼란의 이유를 천하의 뜻이 하나로 통일할―상동尙同할―수 없기때문이라고 주장하였다. 다시 말하면 사람은 저마다 가치 기준이 다르므로 자기 생각만이 옳다고 우기게 되고, 이로 인해 타인의 생각은 잘못되었다는 식으로 서로를 공격하게 된다는 것이다. 이러한 현상이 안으로는 가정에서 일어나면 가족 서로가 원수가 되어 한집안의 마음이 이산離散하여 화합하지 못하게 되고, 밖으로는 사회에서 여력이 있어도 타인을 위해 서로 힘을 쓰지 아니하고, 옳은 길이 있어도 감추고 가르쳐 주지 않으며, 남는 재물이 있어도 나누어 쓰지 않게 된다. 그래서 금수와 같은 혼란한 사회가 되고, 군신, 상하, 장유 간의 절도가 무너지며, 부모 형제 사이에도 참담한 혼란이 생긴다고 말한다.[16]

묵자는 이익을 위하여 자신은 옳고 남은 옳지 않다고 하는 것이 인간의 철학적 근간이라 보았다. 그렇다 보니 화합이 아니라 서로 상해를 가하는 상황까지 가며, 짐승의 세상처럼 된다고 본 것이다. 결국 그는 인간을 자신의 이익을 위해 행동하는 이기적인 존재

---

16 《墨子》,〈尙同 上〉, "子墨子言曰, 古者民始生 未有刑政之時 蓋其語人異義 是以一人則一義 二人則二儀 十人則十義 其人玆衆 其所謂義者亦玆衆 是以人是其義 以非人之義 故交相非也 是以內者父子兄弟作怨惡 散不能相和合 天下之百姓 皆以水火毒藥相虧害 至有餘力 不能以想勞 腐朽餘財 不以相分 隱匿良道 不以相教 天下之亂 若禽獸然, 墨子."

로, 인간의 본성을 악惡으로 보았던 것이다. 강자가 약자를 지배하고 부자는 가난한 자를 천시하는 과정에서 천하의 화禍와 찬탈, 원한이 생기며, 국가나 사회엔 수많은 환란이 들끓게 된다.[17] 이처럼 묵자는 우리 인간을 철저히 자신만을 위한 이기심을 표현하는 존재로, 즉 성악적性惡的 인간으로 이해한다.

묵자는 이처럼 성악설의 입장에서 자신의 이익만을 추구하는 인간의 악한 본성을 사회의 타락과 혼란의 원인으로 보면서, 그 이기적인 본성의 변화를 통해 사회의 타락과 혼란을 극복하려 하지 않았다. 오히려 자신만의 이익만을 추구하는 인간의 이기적인 본성이 지닌 욕구를 충족한다면, 사회의 타락과 혼란을 다스릴 수 있다고 보았다. 이러한 점에서 묵자의 성악론은 다른 성악론들과 구분된다.

당시의 이러한 시대적, 사회적 상황에서 핍박받고 차별받는 백성들을 보며, 묵자는 유가에서 언급했던 별애別愛의 한계를 극복하고자 하였다. 차별하고 편애하는 별애의 폐단을 극복하고 포괄적 사랑을 실천하는 방안을 제시한 것이다. 하늘은 강력한 권위를 가지고 있으므로, 하늘의 의지에 사랑의 당위성을 담는다면 현실적인 사랑을 실천할 수 있을 것으로 그는 생각하였다. 이처럼 묵자는 하늘의 의지가 규정하는 차별 없는 사랑에 대한 개념을 겸애兼愛에서 찾았

---

17 《墨子》,〈七患〉, "墨子曰, 国有七患 七患者何 城郭沟池不可守而治宫室, 一患也 边国至境, 四邻莫救, 二患也 先尽民力无用之功, 赏赐无能之人, 民力尽于无用, 财宝虚于待客, 三患也, 仕者持禄, 游者爱佼, 君修法讨臣, 臣慑而不敢拂, 四患也, 君自以为圣智而不问事, 自以为安强而无守备, 四邻谋之不知戒, 伍患也, 所信者不忠, 所忠者不信, 六患也, 畜种菽粟不足以食之, 大臣不足以事之, 赏赐不能喜, 诛罚不能威, 七患也, 以七患居国, 必无社稷; 以七患守城, 敌至国倾 七患之所当, 国必有殃."

다. 그렇기에 그는 하늘이 제시한 의지를 본받아 겸애를 실천할 때, 인간과 하늘이 하나가 된다고 주장한 것이다.

묵자가 이야기하는 겸애는 자신의 가족을 대하듯 타인을 대하는 것이다. 자신의 가족을 사랑하듯이 차별하거나 구별 짓지 않고 타인을 있는 그대로 사랑한다면, 도적과 전쟁으로 얼룩진 불안한 사회의 모습은 자연히 사라질 것이다. 하늘이 인간을 사랑하고 이롭게 하는 것처럼, 우리 인간도 하늘의 뜻에 따라 살게 되는 것이다.

묵자의 겸애란 통치 시스템이나 사회 시스템을 통하여 최대 다수의 기본적인 생활을 제시하거나, 욕구의 충족을 이끌어 내고자 한다. 즉 그것은 욕망desire이 아니라 욕구need, 생존에 필수적인 것을 원하는 것과 관련된 것이다.

이러한 묵자의 겸애, 즉 실천하는 사랑은 항상 이利의 특성을 포함한다. 그는 이利를 경제적인 측면에서는 사회 전체를 이롭게 하는 것과 사회 전체의 이익을 해치지 않으면서 자신을 이롭게 하는 것이라고 보았다. 즉 묵자는 인간이 본래 이利를 추구하는 이기적인 존재이므로 이러한 본성을 바꾸려 하기보다는, 그 이기심을 인정하면서 역逆으로 이용하고자 했다. 그는 사람들을 이롭게 해주지 못하는 것, 또는 사람들에게 이익을 주지 못하는 것은 사랑이 아니라고 생각하였던 것이다. 약육강식의 논리만이 존재했던 당시 시대 상황에서 살아남아야 하는 서민들에게, 아무런 이익이 따르지 않는 추상적이고 관념적인 사랑은 무용지물이었을 것이다. 천하의 혼란함은 많은 사람을 사랑하지 않는 차별된 의식에서 비롯하므로, 천하의 평화를 구하는 길은 반드시 겸애兼愛를 실천하는 데 있다고 여겼다.

이처럼 묵자의 핵심 사상인 겸애는 결과론적 접근을 통한 단순한 행위나 도덕 원리가 아니라, 서로 사랑하고자 하는 내적 동기(겸상애兼相愛)와 서로의 이익을 공유할 수 있는 원리(교상리交相利)를 포함하고 있다. 묵자의 사상은 겸애로부터 통일과 전쟁에 대한 반대, 씨족 질서의 붕괴 상황에서의 새로운 통치 철학과 시스템 구축, 그리고 보편적 맥락에서의 인간에 대한 논의와 사유로 나아가며, 그 모두는 전국 시대 상황과 수요에서 그가 이루어낸 것들이다.

묵자는 겸애兼愛로서 남을 자신의 몸과 같이 사랑한다면 불효자가 없을 것이며, 임금 보기를 그 자신과 같이 한다면 불효한 자가 없어질 것이니, 결국 온 천하가 서로 사랑하는 마음(겸애兼愛)을 갖게 되어 효孝가 이루어지고, 천하가 잘 다스려진다고 보았다. 이러한 상황에서 이기적인 인간이 겸애를 어떻게 실천할 것인가를 질문할 수 있을 것이다. 묵자는 이기심이란 본성을 극복하려 하진 않았으며, 다만 겸애가 결국 서로에게 이익이 됨을 인식시키고자 하였다(겸상애兼相愛 교상리交相利). 그는 결국 겸애야말로 인간의 이기적인 본성을 충족하면서, 더 나아가 사회의 타락과 혼란을 막을 수 있음을 깨달아야 한다고 하였다.[18] 결국 겸애는 착함(선善) 그 자체가 아니라 좋은 결과를 얻기 위한 욕구에서 나오는 선택임을 강조한 것이다.[19]

---

18 《墨子》,〈尚賢 中〉, "兼而愛之, 兼而利之."
19 《墨子》,〈兼愛 中〉, "凡天下 禍篡怨恨 其所以起者 以不相愛生也."

3. 묵자 사상의 현대적 의미

오늘날 동서양을 통틀어서 사람들이 살아가는 생활 방식은 개인주의를 기본으로 하며, 자유주의의 영향 아래 형성되었다고 볼 수 있다. 그런데 자유주의는 지나친 개인주의로 전락하게 되었다. 자기의 권리와 자신의 이익만을 최우선으로 여기고, 자신의 자유만을 소중하게 생각하다 보니 사회 공동 가치의 실현이나 선善의 추구에 대해서는 무관심하게 되었다. 물질만을 중심으로 하는 이기심의 팽배로 정신적 가치를 등한시한 것이다. 더군다나 개인의 사회적 관계를 수단적 가치로만 파악하고 접근하는 경향이 생겨났다. 그리하여 개인 간의 견해가 공존하는 가치관들의 끊임없는 분쟁, 도덕적인 무질서, 가치 혼란, 공동체 파괴가 나타나게 된 것이다.[20]

이러한 개인주의는 공동체보다는 개인을 중심으로 하는 극단적 이기주의의 형태로 표출된다. 타인의 권리나 존중보다는 나의 권리를 추구하고 공동의 선을 추구하기보다는 나의 이익을 바라다 보니, 사회가 혼란해지고 우리 자신이 몸담은 공동체는 스스로 붕괴하기 마련이다. 그러면서 자아에 대한 불안전한 개념으로 인해 도덕적 갈등과 회의주의, 가치관 혼란, 도덕적 무질서가 야기되고, 개인의 권리 추구가 가장 큰 목적으로 설정된다. 이를 실현하고자 헌신이나 희생, 약자를 위한 배려를 기르지 못함으로써, 삭막하고 각박한 사회가 만들어지게 된다.

급속한 근대화로 인해 우리가 사는 사회의 공동체의 기반이었던

---

20 신현철(1996).

전통적 가치관이 혼란스러워졌고, 이를 보완할 새로운 가치관을 찾을 필요가 생겼다. 사회 현상의 여러 문제점을 해결하기 위해 묵자의 사상을 중심으로 현재 우리 사회가 처해 있는 모습을 살펴보아야 하는 명분이기도 하다.

묵자는 그의 중심 사상인 겸애를 통해 이상적인 국가 공동체를 지향했다. 그는 개인보다 집단 전체의 연대 의식을 우선하여 국가 발전을 도모하고자 하였다. 이는 국가적인 차원에서만 적용되는 현상은 아니다. 국가와 사회라는 공동체뿐만 아니라 그것을 구성하는 기업에도 해당하는 것이다. 급격한 발전으로 인해 생겨난 자본주의는 우리가 속한 공동체의 순수한 가치들을 변질, 와해시키고 있고, 이들을 회복하려면 아직도 많은 비용과 시간이 필요한 현실이다.

최근에 기업들은 그들의 목적인 수익 창출에만 몰두하면서 사회에 많은 폐해를 자행해 왔다. 기업 내부적으로는 상하 수직적 관계로 차별하면서 노동력을 착취하는 등 근로자를 어려운 상황으로 내몰았다. 부를 축적하기 위해 약자인 근로자들을 험난하고 열악한 근무 환경으로 내몰고 있다. 이런 일은 비단 기업 내부적으로만 일어나는 현상이 아니다. 큰 기업이 작은 기업의 자원, 기술, 심지어는 그 기업의 모든 것을 빼앗기도 한다. 그리고 이러한 현상들은 우리 주변에서 비근한 예로 나타나고 있다. 기업 관계자들은 스스로 기업의 공동체 의식을 무너뜨리고 있으며, 또한 자신들의 이익을 위해서라면 무엇이든지 위험한 일들을 서슴지 않고 자행한다. 약소 국가의 노동력을 착취하여 글로벌 공동체 의식을 무너뜨리는 것이 대표적이다. 또한 기업의 성장을 위해 공해를 발생시키고, 자연을 파괴하고, 도시를 해체하는 등 비윤리적이고 비도덕적인 행위, 심지어는 법의 울타리를 벗어나면서까지 자신들의 이윤 추구에만 혈안이 되어 있다. 묵자의 이야기 속에서도 비슷한 내용이 있다.[21]

최근 들어 이러한 사회적 이슈를 극복하는 새로운 경영 전략으로서 사회적 기업에 대한 관심이 증대되고 있다. 이들 사회적 기업은 사회적 목적을 달성하되, 그것을 비즈니스 방식을 통해 실현하고자 한다. 과거에는 기업이 추구하는 최고의 선善은 기업의 부를 기업 구성원들에게 돌아가도록 하는 것이며, 나아가 이는 세금이나 주주 가치, 국가 혹은 사회로의 기여 혹은 기부 등을 통해 우리 사회 전반에 좋은 일이 된다는 믿음이 있었다. 하지만 언제부터인가 그러한 믿음이 깨지면서, 기업과 사회 전체의 부의 증대가 별개의 것으로 인식되기 시작하였다. 기존의 시스템에서 나타난 이런 한계를 극복하기 위한 개념으로서 기업의 사회적 책임Corporate Social Responsibility의 개념이 제안되었으며, 또한 사회에 공헌하는 다양한 활동을 통해서 매출과 이익을 증가시키고 사회의 문제를 기업의 경제적인 가치 창출과 일체화된integrated 것으로 파악하는 공유 가치 실현Creating Shared Value이란 개념 역시 제안되었다.[22]

이러한 개념들을 묵자墨子의 겸애兼愛 사상과 비교하여 발표한 연구도 제시되고 있다. 묵자가 말하는 겸애兼愛, 상동尙同, 상현尙賢, 비명非命, 비공非攻이 실현된 사회는 천하 사람 모두를 남이라고 생각하

---

21   《墨子》,〈貴義〉, "子墨子曰 商人之四方 市賈信徙 雖有關梁之難 盜賊之危 必爲之 今士坐
      而言義 無關梁之難 盜賊之危 此爲信徙 不可勝計 然而不爲 則士之計利 不若商人之察也."

22   Poter & Kramer(2011).

지 않으며, 모든 사회 구성원과의 하나 됨을 제시한다. 공유 가치의 실현은 묵자의 천하무인天下無人 안생생安生生 사회를 실현하는 길인 것이다.[23]

글로벌한 현대 사회를 살아가는 요즘에는 공동체에 대한 사회적 의식도 넓어져야 한다. 자원을 약탈하고 약자의 권리를 박탈하는 범위가 갈수록 확장되며 공동체 가치관에 대한 의식도 변하고 있는 상황에서, 우리 사회는 새로운 공동체 의식을 필요로 한다. 공동체에서 필요한 연대 의식을 강화하고 다 같이 사는 사회를 추구하는 데 있어 중요한 것이 무엇인지를 묵자의 겸애를 통해 생각해 볼 수 있지 않을까 한다.

또한 묵자는 경제적 운명론에 순응하지 않았다. 그는 노력으로 인한 생산의 증대와 절용이 부의 원천이라고 주장하면서 귀족들의 사치, 낭비 및 부의 집중을 강한 어조로 비판하였다. 이에 묵자가 제시한 겸애의 입장을 경제적 측면에서 비유해 보면, 공정 무역의 실천 등과 같은 착한 소비의 주장을 들 수 있겠다. 과도한 유통 구조 시스템 속에서 생산자와 소비자가 경제적 손실을 보는 대신, 공정한 거래를 통해 서로의 상생을 위하는 것은 결국 서로의 경쟁력을 모두 강화하는 것이라 할 수 있다. 나아가 무조건적 지원 및 원조의 방식이 아니라, 경제적 자립을 위하는 경제 환경을 구축하는 것이 필요하다. 이러한 기업 활동을 마케팅 도구로서 활용하거나 즉시적 시장 구축을 통해 이윤을 획득하는 것을 지양하고, 자립 경제 기반의 시

---

23   Yong-Mo, Seo(2012).

장이 형성될 수 있도록 환경을 구축하여 저개발 국가와 선진 국가가 상생하는 경제 협력 시스템을 구축해야 한다.

현대 경제 시스템의 모태가 되어 버린 자유주의는 인간의 이기적인 욕구를 자극하여 부의 불평등한 분배와 독식을 낳았다. 빈부의 격차와 계층 간의 위화감을 조성하고 지나친 개인의 권리 추구만을 강조하는 자유주의의 확산은 공동체가 추구해야 할 공동선의 목표를 망각하게 했다. 묵자는 〈절장편節葬篇〉에서 위로는 성왕의 도, 아래로는 백성의 이익에 맞는 인의를 행해야 한다고 하였다.[24] 이는 감각적인 쾌락과 물질적 편리함만을 추구하는 현대 사회의 인간의 목표를 다시 되돌아 볼 기반을 제공한다. 결국 묵자가 제시한 겸애의 실천은 나보다 남을 먼저 위하는 것이 핵심이다. 자기를 위하고자 한다면 먼저 남을 위하고, 자기 부모를 위하고자 한다면 먼저 남의 부모부터 위하는 것이다. 이러한 작은 실천이 우리가 살고 있는 공동체의 가치를 실현하는 최선의 방법일 것이다.

4. 결론 및 제언

4.1. 결론

지금까지 묵자의 사상을 기업의 사회적 책임이라는 부분과 접목해 살펴보았다. 기업은 성장을 위해 그들의 개인주의 성향을 극대화

---

24 《墨子》,〈節葬篇 下〉, "子墨子言曰, 今天下之士君子, 中謂將欲爲仁義, 求爲上士, 上欲中聖王之道, 下欲中國家百姓之利, 故當若絶喪之爲政, 而不可不察此也."

하고 무한 성장을 추구해 왔다. 자본주의의 확산으로 전 세계에 걸쳐 공동체에 대한 의식이 파괴되었고, 결국 새로운 가치를 추구하기에 이르렀다. 기업은 그동안 공동선을 추구하기보다는 개인의 이익을 추구했고, 윤리적, 도덕적, 심지어는 법률적 위반을 자행해 왔다. 자유주의를 기반으로 한 개인주의 생활 풍토는 이기적인 생활 방식을 야기했다. 이런 상황 속에서 성장한 자본주의는 정치적, 경제적으로 지배 계층과 피지배 계층의 구분을 강화했고, 사회적으로 인간 상호 간의 평등을 파괴하였다. 또한 대중문화는 각종 대중 매체를 통해 불건전한 문화를 양산하고, 인간의 사유 기능을 마비시켰으며, 물질에 대한 무절제한 소비 문화를 퍼뜨렸다. 이러한 혼란한 상황을 극복하고 공동선을 실현하기 위한 방법으로서, 묵자의 사상을 기반으로 한 기업의 책임과 역할을 살펴보았다.

묵자는 이타적 생활과 개인 이익의 실현이 함께 가능하다고 보았다. 그는 이들의 상생을 위한 방법으로 하늘에 대한 신앙이자 윤리 규범인 의義를 제시하였다. 그 의義가 생활 속에서 구체화되고 강조되어 현실화한 것이 묵자의 대표 사상인 겸애兼愛인 것이다. 겸애는 자기 몸을 사랑하는 것처럼 남을 사랑하고, 자기의 부모를 사랑하는 것처럼 다른 사람의 부모를 사랑하여 자타自他의 구별을 따로 두지 않는 것이라 할 수 있다. 유가儒家가 말하는 자애自愛, 자리自利만을 추구하며 자自와 타他를 구별하는 차별애差別愛는 별애別愛의 상대적 개념에서 성립된 것이다. 묵자는 천하의 혼란은 천하의 모든 사람이 서로 사랑하지 않는 차별 의식에서 비롯되었으므로, 평화를 구현하는 데는 반드시 겸애의 실천이 필요하다고 말한다. 겸애를 실천하지 않는 사람들의 차별적 사랑으로 인하여 모든 재앙과 원한이 생겨나고, 그로 인해 국가의 혼란이 야기되었던 것이다.

묵자가 이야기했던 겸애는 인간의 이기적인 욕구 충족 방식이었다. 서로 자신의 이익만을 추구하기 때문에 모두가 고통 받는 상황을 극복하기 위한 실천으로서 겸애를 언급했던 것이다. 하지만 우리의 이기적인 심상 때문에 겸애의 실천은 그리 쉬워 보이지 않는다. 그래서 묵자는 그 이기적인 인간의 본성(욕구)에 호소한다. 겸애의 실천이 궁극적으로 자신에게 이익이 됨을 인식하게 하여 그것을 자발적으로 실천하도록 하고, 그럼으로써 사회적 안전과 통합에 이르도록 유도했던 것이다. 이때 겸애는 단순히 실천하는 것이 아니라 결과물을 창출하기 위한 노력으로 이어져야 한다. 다시 말해 자신의 이利를 통해 공功이라는 결과를 만들어야 한다는 것이다. 결국 겸애는 이利를 바탕으로 하는 사랑임을 인지해야 한다.[25]

이처럼 현대의 공동체 의식, 특히 기업이 가져야 하는 사회적 책임에 대해 많은 의견과 연구가 제시되고 있다. 자본주의 상황에서 기업의 목적은 이익의 추구이고, 이 의무의 수행은 많은 일을 수반한다. 계급 간의 차이가 만들어지고, 자원 확보를 위한 전쟁도 일어나며, 다양한 수탈이 자행된다. 심지어 우리가 살고 있는 사회를 파괴하기까지 한다. 이러한 기업의 현실적인 추구에 잠시 제동을 걸고 기업과 사회가 함께 가치를 공유하기 위해서 묵자의 사상이 필요하지 않을까 한다. 현대 사회에서 묵자의 기본 이념을 이해하고 실천

---

25   민홍석(2013).

한다면 기업은 내부와 외부 환경에서 다른 가치를 실현하고, 공동체
가 추구하는 공동선을 이룰 수 있다고 확신한다.

4.2. 제언

지금까지 현대 자본주의 상황에서 야기되고 있는 사회적 폐회와
이를 극복하는 방안으로서 중국의 고대 철학자인 묵자의 사상을 살
펴보았다. 기업이 추구하는 이익을 위해서는 공동체가 서로 이해하
고 그들의 공동선을 공유하는 사회가 우선시 되어야 한다는 것도 알
수 있었다. 기업은 자신들의 성장을 위해 달려 온 방식을 지금부터
라도 조금만 바꾸고, 공동체 구성원들과 함께 추구하는 가치를 실현
해야 할 것이다. 이러한 경영 방식을 비롯하여 통치 시스템도 함께
구축해야 할 것이다.

기업의 사회적 책임에 대한 인식 전환과 이를 실천할 최선의 방
안을, 이 글은 묵자의 사상에서 찾고자 하였다. 하지만 기업의 사회
적 책임에 대한 더 명확한 개념적 접근, 기업의 내부와 외부에 당면
한 문제의 해결을 위해 어떻게 공동선을 추구할 것인지에 대한 구체
적인 방안의 모색은 앞으로의 과제로 남겨 놓았다. 또한 사회적 책
임을 통한 기업의 역할과 성과에 대해서도 더 고민해야 할 것이다.
기업은 자신의 가치를 실현하기 위해 다양한 미션을 수행하는데, 이
러한 미션이 공동체에 어떤 가치를 실현하게 될지도 고민해 보아야
한다. 단기적인 성과에만 몰입할 것이 아니라 공동체와 그들의 이해
관계자들이 공유하는 가치를 실현하는 미션을 통해 기업의 사회적
책임과 가치를 실현하는 방안을 찾아야 할 것이다. 단순히 보여 주

기식 운영 혹은 전략이 아니라, 이를 실천하는 행위를 통해 자신의 이익을 추구하는 것이 결국 공동체의 이익임을 인지하는 것이 필요하다. 지극히 이기적인 방식이 자신을 위한 일이고, 이는 자신이 속해 있는 사회의 공동선을 위한 행위였음을 인지하는 태도가 필요한 것이다. 즉, 겸애兼愛는 이利를 실천하는 의義임을 알아야 할 것이다.

묵자의 방대한 사상 중에서 극히 일부분의 내용만으로 기업의 책임에 대해 주장하는 것이 논리의 한계점을 드러내지는 않는지 되돌아본다. 이러한 한계점을 극복하기 위해 앞으로 묵자의 사상을 체계적으로 정리하고 조명하여 기업의 사회적 책임에 대한 논의와 연계하는 작업도 필요하겠다. 이러한 기업의 사회적 책임을 통해 기업이 드러내는 성과와 묵자의 구체적인 사상과의 연관 관계 역시 향후의 과제로 남겨놓고자 한다.

〈기업의 사회적 책임과 역할에 대한 묵가적 사고〉 서용모 저자 인터뷰

안녕하세요, 서용모 선생님. 만나 뵙게 되어 반갑습니다. 우선 선생님의 전공과 주 연구 및 관심 분야, 그리고 현재 하시고 계신 일을 여쭈어보고 싶습니다.

저는 학부와 석사과정에서 바이오 분야를 전공하고 제약 회사에 근무했습니다. 그러다가 경영 분야에 관심을 가지고 다시 경영학 석사와 박사를 취득하면서 이 분야에서 일하고 있습니다. 현재는 마케팅을 기반으로 하는 분야에서 일하면서 학생들 및 예비 창업자들에게 도움을 주고자 노력하고 있습니다. 그러면서 창업을 준비할 때 중요한 정신인 기업가 정신에 대한 부분을 철학적 사유를 통해 이해하고자 노력하고 있습니다. 이러한 관심을 바탕으로 기업의 성장을 위한 연구 분야에 관심을 가지고 있으며 이런 일을 하다 보니 창업 분야에 많은 일을 하고 있습니다. 현재 대학에서도 학생들 및 예비 창업자들에게 도움을 주고자 노력하고 있습니다. 또한 기업들의 성장을 위한 다양한 컨설팅 업무를 수행하고 있습니다.

이 책은 대전지역의 인문·예술에 대한 저변 확대를 목적으로 다양한 분야의 전문가들이 모여 결성한 '대전인문예술포럼'(이하 '대인포럼')의 첫 결과물입니다. 그간 대인포럼에 참여하시면서 느끼신 좋았던 점과 아쉬웠던 점을

한 가지씩 말씀해 주시면 감사하겠습니다.

이하준 교수님의 소개로 이 포럼을 알게 되었는데 처음에는 너무 먼 분야의 이야기인 줄 알고 많이 망설였습니다. 하지만 몇 번의 조심스러운 참가로 이곳에서 이루어지는 활동을 보면서, 성장을 중심으로 한 업무에서 잠시 내적 성숙을 기대할 수 있는 시간이 되고 있습니다. 제 전공 분야는 아니지만 그래도 이해할 수 있는 분위기를 위해 준비해 주시는 연사들의 노력과 토론자들의 모습을 보고, 저도 공부할 수 있는 동기를 부여해 주는 공간이었습니다. 아쉬운 것은 좀 더 다양한 주제에서 많은 이야기가 나왔으면 좋았을 것 같습니다. 이제 점점 그 부족함을 채워주는 분들이 등장하고 있어 든든하게 생각하고 있습니다.

인문학과 예술이라는 주제로 대인포럼에 참여하시면서 기대하셨던, 혹은 생각하셨던 인문학과 예술에 대한 가치가 있으셨을 텐데요, 선생님이 생각하시는 인문·예술의 성격과 정신, 그리고 앞으로의 비전이 무엇인지 여쭤봐도 될까요?

인문학이 가지고 있는 정신을 한마디로 정의하고 답을 내리기에는 아직 내공이 너무 부족합니다. 하지만 개인적인 소견으로, 인문학은 우리의 삶을 담고 있는 큰 그릇과 같은 것이라 생각합니다. 인문학은, 그리고 예술은 우리들 삶의 윤활유이며 공기와 같은 분야라고 생각합니다. 사실 우리 모두는 인문학자요 예술가입니다. 하지만 자신이 살고 있고 하고 있는 분야에서 표현하는 방식이 조금씩 다를 뿐이라고 생각합니다. 각자의 마음을, 그리고 존재의 방식을 표현하는 방법과 추구하는 가치를 서로 인정하고 공유하면 좋겠다고 생각합니다.

저는 기업 중심의 관점을 통해 세상을 들여다보니 경쟁이라는 개념에 익숙해져 있습니다. 하지만 그 경쟁을 이제는 상생의 비전으로 전환하기 위해 노력하고자 합니다. 기업의 성장주의 철학을 상생의 그리고 협치의 철학으로 바꿀 수 있길 꿈꿉니다.

네, 잘 알겠습니다. 그럼 본격적으로 선생님이 책에 쓰신 내용에 대해 여쭈어보도록 하겠습니다. 먼저, 선생님이 글에서 강조하고 싶으신 부분을 다시 한번 간략하게 설명해주시고, 왜 그 주제가 중요한지 말씀해주시면 감사하겠습니다.

많은 사람이 동서양을 초월하여 다양한 철학과 사상에 익숙해져 있다고 생각합니다. 저는 동양에서 성인으로 추대받는 분들의 말씀을 따르고 지키려고 하는 사람들이나 연구자들을 많이 보았습니다. 그러한 사상들은 그동안 우리 삶에서 중요한 역할을 해온 것이 틀림이 없습니다. 그 덕에 우리는 조금은 영적으로 정신적으로 성숙해지지 않았나 생각합니다. 이러한 내용은 비단 특정 지역의 사상만을 이야기하는 것은 아닙니다. 그러다 보니 저는 서양의 경제적 논리를 통해 바라보던 세상을 우리의 옛이야기 속에서 찾아보았습니다. 특히 묵자墨子의 삶을 통해 조금은 서로 어우러지고 같이 살아갈 수 있는 세상에 관한 철학적 내용을 찾아볼 수 있었습니다. 이번에 투고한 내용도 그러합니다. 묵가에서 이야기한 내용은 결국 동서양에서 시대를 불문하고 이야기한 내용이고, 실천하려 노력한 내용이라고 생각합니다. 현재 시대적 트렌드로 치부하는 내용이 아니라 예전부터 우리가 그렇게 살아온 내용이었다는 것을 묵가의 사상과 연결해 보았습니다. 결국 우리는 서로를 위하는 마음을 통해 살아가는 사회적 존재라는 사실에 제 나름대로 접근해 보았다고 생각합니다.

서용모

대학에서 학생들과 기업 등의 애로사항을 해결해 주기 위해 노력하고 있다. 대전대학교 융합컨설팅학 박사를 취득했다. 기술경영 분야 석사학위를 취득하고 충남대학교 경영학과에서 마케팅 전공을 수료했다. 학부와 석사는 생화학을 전공하여 관련 분야 전문 기관 등에서 근무하였다. 대학에서는 마케팅 및 창업 분야에 대한 연구와 강의를 주로 진행하며 관심을 가지고 있다. 지역 공공 기관에서 근무했으며, 대학에서 강의와 연구를 수행했다. 《금강일보》, 《중도일보》, 《충청뉴스》 등에 시詩와 칼럼 등을 연재했다. 한국콘텐츠학회 종신회원, 한국경영정보학회 이사 등 다양한 학회 활동을 수행하고 있다. 2021년 우수학술도서로 선정된 《미래사회 with 블록체인》(2020, 공저), 《정직한 사업계획서》(2021, 공저) 등의 저술에 참여했다. 현재 다양한 분야에 대한 학술적 분석과 철학적 접근으로 25여 편의 연구 논문이 있다.

❖ 참고문헌

예술 공론장, 공중 그리고 예술 대중 _이하준

구드, 루크. 2015.《민주주의와 공론장》. 조항제 역. 컬처룩.

김웅천, 김재범. 2014.〈예술 공론장 개념을 통한 예술의 공공성에 대한 탐색적 연구〉.《예술경영연구》제29호. 한국예술경영학회.

단토, 아서 C. 1997.〈예술계〉. 오병남 역.《예술문화연구》제7권. 서울대학교 예술문화연구소.

단토, 아서 C. 2004.《예술의 종말 이후》. 이성훈, 김광우 역. 미술문화.

디키, 조지. 1998.《예술사회》. 김혜련 역. 문학과지성사.

부르디외, 피에르. 1999.《예술의 규칙: 문학장의 기원과 구조》. 하태환 역. 동문선.

엘리아스, 노르베르트. 1999.《모차르트》. 박미애 역. 문학동네.

이성훈. 1999.〈의사소통적 합리성 대 예술〉.《대동철학》제99집. 대동철학회.

이하준. 2013.《철학이 말하는 예술의 모든 것》. 북코리아.

전석환, 이상임. 2012.〈공론장의 형성과정 안에서 본 문학의 사회철학적 의미: 하버마스의《공론장의 구조변화》를 중심으로〉.《철학논총》제68집. 새한철학회.

하버마스, 위르겐. 2007.《사실성과 타당성》. 한상진, 박영도 옮김. 나남.

하버마스, 위르겐. 2001.《공론장의 구조변동》. 한승환 옮김. 나남.

Adorno, Theodor. 1998. *Aestetische Theorie*. Frankfurt a. M.

Danto, Arthur C. 1964. "Artword". *Journal of Philosophy* vol.61.

Danto, Arthur C. 1997. *After The End of Art Contemporary art and Pale of History*. Princeton.

Dickie, George. 1969. "Defining Art". *American Philosophical Quarterly* vol.6.

Habermas, Jürgen. 1968. *Erkenntnis und Interesse*. Frankfurt a. M.

Habermas, Jürgen. 1971. "Vorbereitende Bemerkungen zueiner Theorie der kommunikativen Kompetenz". *Theorie der Gesellschaft oder Sozialtechnologie. Was leistet die Systemforschung?*. mit Niklas Luhmann, Frankfurt a. M.

Habermas, Jürgen. 1981. *Theorie des kommunikativen Handelns* Bd 1.2. Frankfurt a. M.

Habermas, Jürgen. 1985. *Der philosophische Diskurs der Moderne*. Frankfurt a. M.

Habermas, Jürgen. 1990. *Strukturwandel der Öffentlichkeit*. Frankfurt a. M.

Susen, Simon. 2011. "Critical Notes on Habermas's Theory of the Public Sphere". *Sociological Analysis* vol.5 no.1. London.

Wellmer, Albrecht. 1985. "Wahrheitm Schein und Versoehnung". *Zur Moderne und Postmoderne*. Frankfurt a. M.

우리의 예술 작품과 예술 행위, 그리고 하이데거의 예술론 _홍진후

김경미, 이유택. 2014. 〈칠리다와 하이데거 그리고 공간: 칠리다의 조각 작품에 대한 철학적 해석〉.《현대유럽철학연구》제34호. 한국하이데거학회.

김동규. 2011. 〈예술작품의 존재론적 토포스〉.《현대유럽철학연구》제25호. 한국하이데거학회.

단토, 아서 C. 2004.《예술의 종말 이후》. 이성훈 옮김. 미술문화.

단토, 아서 C. 2008.《일상적인 것의 변용》. 김혜련 옮김. 한길사.

리드, 허버트. 1999.《예술의 의미》. 박용숙 옮김. 문예출판사.

박서현. 2016. 〈세잔 회화에 대한 하이데거 언명의 의미〉.《철학사상》 제60권. 철학사상연구소.

설민. 2017. 〈하이데거와 예술의 진리〉.《哲學》 제131집. 한국철학회.

심혜련. 2006. 〈예술과 기술의 문제에 관하여: 벤야민과 하이데거의 논의를 중심으로〉.《시대와 철학》 제17권 제1호. 한국철학사상연구회.

최상욱. 2012. 〈하이데거에 있어 "위대한 예술"의 척도〉.《현대유럽철학연구》 제29호. 한국하이데거학회.

페겔러, 오토. 1993.《하이데거 사유의 길》. 이기상, 이말숙 옮김. 문예출판사.

하이데거, 마르틴. 2005. 〈서언〉.《이정표 1》. 신상희 옮김. 한길사.

하이데거, 마르틴. 2007. 〈예술작품의 근원〉.《숲길》. 신상희 옮김. 나남.

하이데거, 마르틴. 2008. 〈기술에 대한 물음〉.《강연과 논문》. 이기상, 신상희, 박찬국 옮김. 이학사.

하이데거, 마르틴. 2010.《니체 I》. 박찬국 옮김. 길.

하이데거, 마르틴. 2012a. 〈뫼리케의 시구에 대하여: 에밀 슈타이거와 하이데거의 서신 교환〉.《사유의 경험으로부터》. 신상희 옮김. 길.

하이데거, 마르틴. 2012b. 〈예술과 공간〉.《사유의 경험으로부터》. 신상희 옮김. 길.

한상연. 2009. 〈사물, 예술, 존재: 하이데거의 사물 개념에 대하여〉.《현대유럽철학연구》 제20호. 한국하이데거학회.

헤르만, F. W. 폰. 1997.《하이데거의 예술철학》. 이기상, 강태성 옮김. 문예출판사.

헤시오도스. 2009.《신들의 계보》. 천병희 옮김. 숲.

Dronsfield, J. 2005. "The Question Lacking at the End of Art: Danto and Heidegger". *Philosophy Today* vol.49 issue 5.

Heidegger, Martin. 1976. "Vorbemerkung". *Wegmarken*. GA, Bd. 9. Vittorio

Klostermann.

Heidegger, Martin. 1977. "Der Ursprung des Kunstwerkes". *Holzwege* GA, Bd 5. Vittorio Klostermann.

Heidegger, Martin. 1983a. "Die Kunst und der Raum (1969)". *Aus der Erfahrung des Denkens.* GA, Bd. 13. Vittorio Klostermann.

Heidegger, Martin. 1983b. "Zu einem Vers von Mörike. Ein Briefwechsel mit Martin Heidegger von Emil Staiger (1951)". *Aus der Erfahrung des Denkens* GA, Bd. 13. Vittorio Klostermann.

Heidegger, Martin. 1996. *Nietzsche. Erster Band* GA, Bd 6.1. Vittorio Klostermann.

Heidegger, Martin. 1997. "Die Kunst im Zeitalter der Vollendung der Neuzeit". *Besinnung.* GA, Bd. 66, Vittorio Klostermann.

Heidegger, Martin. 2000. "Die Frage nach der Technik (1953)". *Vorträge und Aufsätze* GA, Bd. 7. Vittorio Klostermann.

Heidegger, Martin. 2013. "The provenance of art and the destination of thought". tr. Latsis, D. *Journal of the British Society for Phenomenology* vol.44, no.2.

Petzet, H. W. 1993. *Encounters and dialogues with Martin Heidegger, 1929-1976.* tr. Emad, P. & Maly, K. University of Chicago Press.

Pöggeler, O. 2002. *Bild und Technik. Heidegger, Klee und die moderne Kunst.* Wilhelm Fink.

Schapiro, M. 1994. "The still life as a personal object: A note on Heidegger and van Gogh". *Theory and philosophy of art: style, artist, and society.* George Braziller.

Seubold, G. 1993. "Heideggers nachgelassene Klee-Notizen". *Heidegger Studies* no.9.

Torsen, I. 2014. "What Was Abstract Art? (From the Point of View of Heidegger)". *The Journal of Aesthetics and Art Criticism* vol.72 issue 3.

Vabalaitė, R. M. 2017. "Activity and Passivity in the Creation of Art: Heidegger and Later Philosophers". *Filosofija, Sociologija* T.28 Nr.1.

Watson, S. H. 2006. "Heidegger, Paul Klee, and the Origin of the Work of Art". *The Review of Metaphysics* vol.60 issue 2.

Young, J. 2001. *Heidegger's philosophy of art*. Cambridge University Press.

인문학과 예술의 로컬리티locality:
우리 지역의 철학 연구에 대한 반성에 잇대어 _송석랑

권영우. 2018. 〈한국동서철학회 연구사에 대한 데이터분석〉. 《동서철학연구 35년 연구사와 박이문/유남상 선생 집중 조명》. 2018년 추계 학술대회 발표 논문집. 한국동서철학회.

딜타이, 빌헬름. 2014. 《정신과학 입문》. 송석랑 옮김. 지식을만드는지식.

박배형. 2018. 〈『중국인의 자연신학론』에 나타난 라이프니츠의 실천적 관심과 해석의 문제〉. 《동양은 어떻게 서양을 계몽했는가?: 오리엔탈리즘에 대한 재성찰과 평가》. 한국동서철학회 춘계학술대회 발표 논문집. 한국동서철학회.

박상환. 2018. 〈"『중국인의 자연신학론』에 나타난 라이프니츠의 실천적 관심과 해석의 문제"에 대한 논평〉. 《동양은 어떻게 서양을 계몽했는가?: 오리엔탈리즘에 대한 재성찰과 평가》. 한국동서철학회 춘계학술대회 발표 논문집. 한국동서철학회.

박치완. 2012. 〈글로컬 시대의 철학: 세계화와 한국철학의 정체성에 대한 물음을 중심으로〉. 《철학과 문화》 제25집. 한국외국어대학교 철학연구소.

송석랑. 2015. 〈생활세계의 위상학과 일상사 2〉. 《동서철학연구》 제75집. 한국동서철학회.

송석랑. 2012. 〈현상학의 글로컬리티와 파토스: 서정시의 정치학〉. 《철학과 문화》 제25집. 한국외국어대학교 철학연구소.

송석랑. 2011. 〈일상사의 방법론과 해석학적 현상학〉. 《철학과 현상학연구》 제49집. 한국현상학회.

안병직 외. 1999. 《오늘의 역사학》. 한겨레.

유지로, N. 2012. 《토포스(topos): 장소(場所)의 철학》. 박철은 옮김. 그린비.

한국동서철학회 편. 1988. 《동서철학의 만남》. 문경출판사.

한국동서철학회 편. 1999. 《동서철학에서 본 미래사회에 대비한 인간의 본질에 대한 재검토》. 춘계학술대회 발표 논문집. 한국동서철학회.

한국동서철학회 편. 1999~2018. 《동서철학연구》 제17호~제90호. 한국동서철학회.

한국동서철학회 편. 2001. 《동서철학에 있어서 죽음의 문제》. 2001년 추계 학술대회 발표 논문집. 한국동서철학회.

한국동서철학회 편. 2013. 《동서 의학(醫學)의 철학적 성찰》. 2013년 춘계학술대회 발표 논문집. 한국동서철학회.

한국동서철학회 편. 2015. 《현대 한국사회의 사회적 갈등에 대한 철학적 모색》. 춘계학술대회 발표 논문집. 한국동서철학회.

한국동서철학회 편. 2016. 《전쟁의 철학적 해석과 극복》. 춘계학술대회 발표 논문집. 한국동서철학회.

한국동서철학회 편. 2017a. 《4차 산업혁명의 도래와 인문학의 대응》. 춘계학술대회 발표 논문집. 한국동서철학회.

한국동서철학회 편. 2017b. 《4차 산업혁명시대의 인간과 교육》. 추계 학술대회 발표 논문집. 한국동서철학회.

한국동서철학회 편. 2018. 《동양은 어떻게 서양을 계몽했는가?》. 춘계학술대회 발표 논문집. 한국동서철학회.

Augé M. 2009. *Non-Place: Introduction to an Anthropology of Super-modernity*. Verso Books.

Bochnner, S. 1973. *Dictionary of the History of Ideas*. Charles Sttibner's Sonas.

Bostrom, N. 2008. "Why I Want to be a Posthuman when I Grow Up". ed. Gordijn, B. and Chadwick, R. *Medical Enhancement and Posthumanity* (The International Library of Ethics Law and Technology 2). Springer Pub.

Brand, Gerd. 1971. *Die Lebenswelt: Eine philosophie des konkreten Apriori*. Walter de Gruyter & Co.

Dilthey, W. 1962. *Einleitung in die Geisteswissenschaften* (GS. vol.1). B. G. Teubner Verlagsgesellschaft m.b.H.

Gier, N. F. 1981. *Wittgenstein and Phenomenology, A Comparative Study of the Later Wittgenstein, Husserl, Heidegger, and Merleau-Ponty*. New York Univ. press.

Günzel, S. (ed.) 2007. *Topologie: Zur Raumbeschreibung in den Kultur und Medien-wissenschaften*. Transcript Verlag.

Heidegger M. 1972. *Sein und Zeit*. Max Niemeyer verlag.

Heidegger M. 1977. *Holzwege*. Vittorio Klostermann.

Hueber, Anne-Sophie. 2018. "Influence of Eastern Culture: Connection between Art and Qi Gong practice".《동양은 어떻게 서양을 계몽했는가?》. 한국동서철학회 춘계학술대회 발표 논문집. 한국동서철학회.

Karel, Kosík. 1967. *Die Dialektik des Konkreten*. Suhrkamp.

Malpas, J. 2001. *Place and Experience: A philosophical Topography*. Cambridge University Press.

Malpas, J. 2008. *Heidegger's Topology: Being, Place, World*. The MIT Press.

Merleau-Ponty, M. 1945. *Phénoménologie de la Perception*. Gallimard.

Merleau-Ponty, M. 1960. *Signes*. Gallimard.

Merleau-Ponty, M. 1964. *Le Visible et l'Invisible*. Gallimard.

인간의 욕망이 담긴 신선도神仙圖: 김홍도의 '신선도'로 살펴보기 _송미숙

강관식. 2001.《조선후기 궁중화원 연구-규장각의 자비대령화원을 중심
으로 (상)》. 돌베개.

구보 노리타다. 2004.《도교의 신과 신선의 이야기》. 이정환 역. 뿌리와
이파리.

마노 다카야. 2001.《도교의 신들》. 이만옥 역. 들녘.

문명대. 1980. 〈韓國 道釋人物畵의 대한 考察〉.《간송문화》제18호. 한국
민족미술연구소.

박나라보라. 2013. 〈한국 근대 故事·道釋人物畵 연구〉.《한국미술사교육
학회지》제27호. 한국미술사교육학회.

박은순. 1984. 〈17·18세기 朝鮮王朝時代의 神仙圖 研究〉. 홍익대학교 석사
학위 논문.

박은순. 1987. 〈純廟朝〈王世子誕降契屛〉에 대한 圖像的 考察〉.《고고미
술》제174호. 한국미술사학회.

박은순. 1990. 〈正廟朝〈王世子冊禮契屛〉神仙圖契屛의 한 가지 예〉.《미술사
연구》제4호. 미술사연구회.

박형선. 2004. 〈朝鮮後期 道釋人物畵 研究〉. 동국대학교 석사학위 논문.

백인산. 2009. 〈朝鮮王朝 道釋人物畵〉.《간송문화》제77호. 한국민족미술연구소.

송미숙. 2016. 〈김은호 고사·도석인물화의 제작 양상〉.《미술사와 문화유산》
제5권. 문화유산연구회.

신중용. 2007. 〈道釋人物畵에 관한 研究: 조선시대 후기를 중심으로〉. 홍익대
학교 석사학위 논문.

안휘준. 1981. 〈繪畵의 새 傾向〉. 이가원 외.《韓國學硏究入門》. 知識産業社.

우현수. 1996. 〈조선후기 瑤池宴圖에 대한 연구〉. 이화여자대학교 석사학위
   논문.

유홍준. 2001.《화인열전 2》. 역사비평사.

이경민. 2015. 〈檀園 金弘道의 道釋人物畵 硏究〉. 숙명여자대학교 석사학위
   논문.

이경희. 1997. 〈순·고종시 도석인물화 연구〉. 동국대학교 석사학위 논문.

이성미, 김정희. 2003.《한국 회화사 용어집》. 다홀미디어.

이태호. 2013. 〈조선후기 화조·화훼·충·어해도의 유행과 사실정신〉.《미술사
   와 문화유산》제2권. 문화유산연구회.

정선경. 2002. 〈中·韓 神仙說話의 類型 및 敍事構造 比較考察〉.《중국소설논
   총》제15호. 한국중국소설학회.

정재서. 1995.《不死의 神話와 思想》. 민음사.

조인수. 2001. 〈도교 신선화의 도상적 기능〉.《미술사학》제15호. 한국미술사
   교육학회.

진준현. 1995. 〈肅宗의 書畵趣味〉.《서울대학교박물관 연보》제7호. 서울대학
   교 박물관.

진준현. 2008.《단원 김홍도 연구》. 일지사.

葛洪.《抱朴子》.

劉向.《列仙傳》.

王世貞.《列仙傳集》.

王雲伍. 1936. 〈道釋編〉卷1~4.《선화화보》叢書集成 初編. 商務印書館.

Ledderose, Lothar. 1979. "Subject Matter in the Early Chinese Painting Criticism".
   Oriental Art, Vol. XIX. No.1.

강민기. 2010. 〈동양화의 근대적 모색: 한국적 기법과 일본적 기법의 경계〉. 《미술사학》 제24호. 한국미술사교육학회.

강민기. 2012. 〈한국근대수묵채색화 연구사〉. 《한국근대미술사학》 제24호. 한국근현대미술사학회.

강선학. 1998. 《현대한국화론》. 도서출판 재원.

고연희. 2017. 〈민화 연구의 역사와 전망〉. 《한국민화》 제8호. 한국민화학회.

고충환. 〈포스트모더니즘 이후〉. 2001. 조은정, 임창섭, 조광석, 오세권, 고충환. 《비평으로 본 한국미술》. 대원사.

김경연. 2019. 〈'보편회화' 지향의 역사: 20세기 전반기 동양화 개념의 형성과 변모에 대하여〉. 《한국근현대미술사학》 제38호. 한국근현대미술사학회.

김기수. 2017. 〈'1989년 이후 컨템포러리 아트'에서 '동시대성'의 문제: 미술사적 담론을 중심으로〉. 《현대미술학 논문집》 제21권 제1호. 현대미술학회.

김기수. 2018. 〈어떻게 '컨템퍼러리 아트'를 번역할 것인가?〉. 《서양미술사학회논문집》 제48호. 서양미술사학회.

김복기. 2013. 〈한국미술의 동시대성과 비평담론〉. 《미술사학보》 제41호. 미술사학연구회.

박계리. 2006. 〈20세기 한국회화에서의 전통론〉. 이화여자대학교 박사학위 논문.

박영택. 2012. 《테마로 보는 한국 현대미술》. 마로니에북스.

박은경. 2019. 〈책가도 제작의 다각적 배경〉. 《한국민화》 제10호. 한국민화학회.

박천남. 2006. 〈Glocalization 시대의 현대미술〉. 《현대미술학 논문집》 제20호. 현대미술학회.

박혜성. 2020. 〈초현실주의 경향의 1950~1970년대 한국미술: 구상회화를 중심으로〉. 《한국예술연구》 제27호. 한국예술종합학교 한국예술연구소.

심영옥. 2014. 〈전통 민화의 현대적 창작 활용에 관한 고찰〉. 《한국민화》 제5

호. 한국민화학회.

오광수. 2000. 《한국현대미술사》. 열화당.

오광수. 2007. 《시대와 한국미술》. 미진사.

오세권. 2012. 〈현대 한국화에서 나타나는 시간과 공간의 초월 표현에 대한 연구: 2000년대 작품을 중심으로〉. 《기초조형학연구》 제13권 제2호. 한국기초조형학회.

오웬스, 크레이그. 1999. 〈알레고리적 충동: 포스트모더니즘의 이론을 향하여〉. 윤난지 엮음, 조수진 역. 《모더니즘 이후, 미술의 화두》. 눈빛.

유정서. 2017. 〈현대 민화화단의 진로-전승과 창작〉. 《한국민화》 제8호. 한국민화학회.

유홍준. 1998. 《조선시대 화론 연구》. 학고재.

윤범모. 2015. 〈民畵라는 용어와 개념의 비판적 검토〉. 《동악미술사학》 제17호. 동양미술사학회.

이경숙. 2014. 〈민화 전통성의 현재적 가치〉. 《한국민화》 제5호. 한국민화학회.

이숙경. 2013. 〈글로벌리즘과 한국현대미술의 동시대성〉. 《미술사학보》 제40호. 미술사학연구회.

이태호. 1999. 《조선후기 회화의 사실정신》. 학고재.

정병모. 2018. 《민화는 민화다》. 다할미디어.

정병모. 2019a. 〈민화의 현대적 모색〉. 정병모, 성민우, 임서령, 허나영. 《색으로 그린 그림: 현대에서 되살아난 전통미술》. 가가북스.

정병모. 2019b. 〈토론〉. 정병모, 성민우, 임서령, 허나영. 《색으로 그린 그림: 현대에서 되살아난 전통미술》. 가가북스.

조은정. 2014. 〈한국현대미술에서 민화의 이코노그래피: 현대미술의 창작 원천으로서의 민화〉. 《한국민화》 제5호. 한국민화학회.

조은정, 임창섭, 조광석, 오세권, 고충환. 2001. 《비평으로 본 한국미술》. 대원사.

진준현. 2013. 〈민중의 꿈, 민화 금강산도의 양식계보〉. 《미술사학연구》 제

279·280호. 한국미술사학회.

최열. 2001.《근대 수묵 채색화 감상법》. 대원사.

한세현. 2018. 〈19세기 책가도(冊架圖)의 새로운 경향: 〈호피장막도(虎皮帳幕
圖)〉를 중심으로〉.《미술사학》제35호. 한국미술사교육학회.

한정희, 배진달, 한동수, 주경미. 2009.《동양미술사》상권. 미진사.

허나영. 2019. 〈전통 채색화의 현대적 변용〉. 정병모, 성민우, 임서령, 허나영.
《색으로 그린 그림: 현대에서 되살아난 전통미술》. 가가북스.

허나영. 2020a. 〈현대한국채색화의 네오팝 경향과 의미〉.《조형교육》제75호.
한국조형교육학회.

허나영. 2020b. 〈현대한국채색화에서 보이는 전통의 현대적 변용 양상에 대
한 연구〉.《미학예술학연구》제61집. 한국미학예술학회.

홍선표. 2010.《한국근대미술사》. 시공사.

Breton, André. 2002. "Surrealism and Painting," Translated by Taylor, Simon
W. *Surrealism and Painting*. MFA Publications.

Greenberg, Clement. 2000. "Avant-Garde and Kitsch". edited by Franscina,
Fransis. *Pollock and After: The Critical Debate* Second Edition.
Routhledge.

Lyotard, J.-F. 1979. *The Postmodern Condition: A Report on Knowledge*:
University of Minnesota Press.

메타픽션 소설 쓰기의 치유적 기능 _이명미

김성진. 2007. 〈문학의 창조적 재구성 내용 연구: 메타소설화를 통한 수용과
창작의 통합을 중심으로〉.《국어교육학연구》제40집. 국어교육학회.

김욱동. 2008.《포스트 모더니즘》. 연세대학교출판부.

이부영. 2007.《분석심리학: C. G. Jung의 인간심성론》. 일조각.

정기철. 2012.《지성인을 위한 글쓰기》. 역락.

정운채. 2007.《문학치료의 이론적 기초》. 문학과 치료.

이명미. 2015. 〈글쓰기 상담을 통한 인지·정서·행동 변화: 야스마로의 셀프 카운슬링 기법을 중심으로〉.《한국언어문학》제92집. 한국언어문학회.

이영미. 2020. 〈메타픽션을 활용한 글쓰기 치료 기법 연구〉.《문학치료 연구》제55집. 한국문학치료학회.

프로이트, 지그문트. 2015.《정신분석 입문/꿈의 해석》. 김양순 역. 동서문화사.

미쇼, G. 2013.《문학이란 무엇인가》. 서상원 역. 스마트북.

워프, 페트리샤워. 1989.《메타픽션》. 김상구 역. 열음사.

페니베이커, J.W. 2007.《글쓰기 치료》. 이봉희 역. 학지사.

Greenberg, M. A., Wortman, C. B. & Stone, A. A. (1996). "Emotional expression and physical health: Revising traumatic memories or fostering self-regulation?". *Journal of personality and social psychology* vol.71 no.3.

60년대 한국 소설과 허무주의, 무거운 우울의 가능성 _박성진

김미현. 2012. 〈서울의 우울: 김승옥론〉.《무진기행: 김승옥 소설집》. 민음사.

김승옥. 1995. 〈작가의 말〉.《김승옥 소설전집 1: 생명연습 외》. 문학동네.

김승옥. 2012. 〈건(乾)〉.《무진기행: 김승옥 소설집》. 민음사.

김승옥. 2012. 〈무진기행〉.《무진기행: 김승옥 소설집》. 민음사.

김승옥. 2012. 〈서울 1964 겨울〉.《무진기행: 김승옥 소설집》. 민음사.

김승옥. 2012. 〈생명연습〉.《무진기행: 김승옥 소설집》. 민음사.

김승옥. 2012. 〈역사(力士)〉.《무진기행: 김승옥 소설집》. 민음사.

김승옥. 2012. 〈염소는 힘이 세다〉.《무진기행: 김승옥 소설집》. 민음사.

김현. 1991.《현대 한국 문학의 이론/사회와 윤리》. 김현 문학전집 제2권. 문학과지성사.

김현. 1993.《우리 시대의 문학/두꺼운 삶과 얇은 삶》. 김현 문학전집 제14권. 문학과지성사.

니체, 프리드리히. 2005.《즐거운 학문 메시나에서의 전원시 유고(1881년 봄~1882년 여름)》. 안성찬, 홍사현 옮김. 책세상 니체 전집 12. 책세상.

박성진. 2013. 〈레오 스트라우스와 니체의 니힐리즘: 근대 허무주의 극복의 시도와 실패를 중심으로〉.《개념과 소통》 제12권. 한림대학교 한림과학원.

설혜경. 2015. 〈60년대 문학 주체의 마조히즘의 윤리학: 김승옥의 소설을 중심으로〉.《현대소설연구》 제60집. 한국현대소설학회.

송준호. 2006. 〈김승옥의 「서울 1964년 겨울」 연구〉.《현대문학이론연구》 제29집. 현대문학이론학회.

신형기. 2008. 〈분열된 만보객(漫步客): 김승옥의 1960년대 소설 읽기〉.《상허학보》 제11집. 상허학회.

유홍주. 2010. 〈김승옥 소설의 60년대적 특징에 대한 고찰〉.《현대문학이론연구》 제41집. 현대문학이론학회.

채영주. 1995. 〈김승옥의 생명연습〉.《김승옥 소설전집 3: 내가 훔친 여름/60년대식》. 문학동네.

하이데거, 마르틴. 1996.《니체와 니힐리즘》. 박찬국 역. 지성의 샘.

Camus, Albert. 1956. *The Rebel: An Essay on Man in Revolt*. Vintage Press.

Goudsblom, Johan. 1980. *Nihilism and Culture*. Rowman and Littlefild.

Heidegger, Martin. 1982. *Nietzsche Vol. IV: Nihilism*. Harper & Row.

Lauter, W. M. 1999. *Nietzsche: His Philosophy of Contradictions and The Contradictions of His Philosophy*. translated by Parent, D. J. University of Illinois Press.

Löwith, Karl. 1945. "Nietzsche's Doctrine of Eternal Recurrence". *Journal of the Historical Ideas* Vol.6, No.3. University of Pennsylvania Press.

Nietzsche, F. 1907. *Beyond Good and Evil*, translated by Zimmer, H. Macmillan.

Nietzsche, F. 1979. *Ecce Homo*, translated by Hollingdale, R. J. Penguin Books.

Nietzsche, F. 2001. *The Gay Science*. translated by Nauckhoff, J. edited by Williams, B. Cambridge University Press.

Pangle, T. L. 1983. "The Roots of Contemporary Ninilism and Its Political Consequences According to Nietzsche". *The Review of Politics* Vol.45, No.1. Cambridge University Press.

Warren, Mark. 1988. *Nietzsche and Political Thought*. MIT Press.

Woolfolk, Alan. 1990. "Toward a Theory of Nihilism". *Sociological Analysis* Vol.51, No.1. Oxford University Press.

'인성'과 삶, 문화, 교육 간의 의미 고찰: '문질빈빈' 인성 고찰을 통한 교육인류학적 함의 탐색 _김상철

강태웅, 김원식, 박용곤, 백남진, 서정수. 2009.《인간중심철학과 한국의 민주 주의》. 시대정신.

강선보, 박의수, 김귀성, 송순재, 정윤경, 김영래, 고미숙. 2008. 〈21세기 인성 교육의 방향설정을 위한 이론적 기초 연구〉.《교육문제연구》제30집. 고려대학교 교육문제연구소.

교육개혁위원회. 1995. 〈세계화·정보화 시대를 주도하는 新교육체제 수립을 위한 교육개혁 방안〉. 대통령자문교육개혁위원회.

교육과학기술부. 2012.07.09. 〈초·중등학교 인성교육 대폭 확대된다!: 인성교육을 강화한 초·중등학교 교육과정 개정〉. 교육부 보도자료.

김광현. 2015.05.25. 〈"착해 보이게 만들어드려요"…인성교육도 과외?〉. 《SBS 뉴스》. https://news.sbs.co.kr/news/endPage.do?news_id=N1002992438

김헌수, 민병근, 김현실. 1996. 〈청소년 범죄유형과 한국가족형태간의 관계〉. 《신경정신의학》 제35집 제3호. 대한신경정신의학회.

김진수. 2013. 《붓과 칼의 노래》. 북랩.

김학주. 2012. 《새로 옮긴 서경》. 명문당.

남궁달화. 1999. 《인성교육론》. 문음사.

류종목. 1999. 《논어의 문법적 이해》. 문학과지성사

문용린. 1997. 〈인성 및 시민교육: 교육내용과 방법적 원리의 재개발〉. 《한국교육개발원 창립 25주년 학술대회 자료집》. 한국교육개발원. 403-425.

문용린. 2010. 〈이제는 창의·인성 교육이다〉. 《과학창의》 2010년 2월호. 한국과학창의재단.

박성미, 허승희. 2012. 〈청소년용 통합적 인성 척도 개발〉. 《아동교육》 제21집 제3호. 한국아동교육학회.

박균열, 김순남, 주영효, 박호근, 김진규, 최윤호. 2015. 《인성교육 진흥 중장기 발전방안 연구》. 한국교육개발원.

서덕희. 2012. 《학교현장 안정화를 위한 인성교육 방안: 미래지향적인 인성교육의 비전 제시》. 한국교육개발원.

서울대교육연구소. 1994. 《교육학 용어사전》. 도서출판 하우.

서지영, 남명호, 김소영, 이원석, 최미숙, 홍수진. 2010. 《창의력 계발 및 인성 함양을 위한 수행평가 활성화 방안 연구》. 교육과학기술부.

성백효. 1998. 《현토완역 서경집전》. 전통문화연구회.

손봉호. 1994. 〈세계화시대의 개인윤리교육의 방향〉. 《도덕윤리과교육연구》 제5집. 한국도덕윤리과교육학회.

신승환. 2014.《철학, 인간을 답하다》. 21세기북스.

신차균. 2000. 〈체험중심 인성교육의 이념과 실제〉.《교육철학연구》제23집. 교육철학회.

안인희, 정희숙, 임현식. 1996.《루소의 자연교육사상》. 이화여자대학교출판부.

양정실, 조난심, 박소영, 장근주, 은지용. 2013.《교과교육을 통한 인성교육 구현 방안》. 한국교육과정평가원.

엄상현, 김민정, 전은화, 서명희, 하영근. 2014.《인성덕목을 활용한 융합형 인성교육 프로그램 개발 연구》. 교육부.

유병열. 2006.《도덕교육론》. 양서원.

이근철. 1996. 〈도덕과에서의 인성교육 방안〉.《초등도덕교육》제1호. 경인초등도덕교육학회.

이기동. 2007.《서경》. 성균관대학교 출판부.

이형득, 한상철. 1995.《인간이해와 교육》. 중앙적성출판사.

임소현, 박병영, 황준성, 황은희, 백승주, 김혜자, 이정우. 2020.《한국교육개발원 교육여론조사》. 한국교육개발원.

정기철. 2001.《인성 교육과 국어 교육》. 역락.

정명환. 2006.《현대의 위기와 인간》. 민음사.

정현미. 2006. 〈법인은닉죄의 해석론의 비교법적 접근: 독일 형법 제258조 처벌방해죄와 비교〉.《비교형사법연구》제8집 제2호. 한국비교형사법학회.

조난심. 1997. 〈인성 및 시민교육: 토론. 한국교육의 신세기적 구상: 2000년대 한국교육의 방향과 과제〉.《한국교육개발원 창립 25주년 기념 세미나 자료집》. 한국교육개발원.

조난심, 문용린, 김현수, 김현지, 이우용. 2004.《인성평가 척도 개발을 위한 기초 연구》. 한국교육과정평가원.

조난심, 이종태. 1997. 〈인간 교육의 개념 정립을 위한 연구: 현대 사회에서의 인간 교육의 의미와 실천 방향 탐색〉.《교육철학연구》제18집. 교육철학회.

조연순. 2007. 〈초등학교 아동의 특성변화와 인성교육의 요구〉.《한국초등교육학회 연차학술대회 자료집》. 한국초등교육학회.

조용환. 1997.《사회화와 교육: 부족사회 문화전승 과정의 교육학적 재검토》. 교육과학사.

조용환. 1998. 〈교육학에서의 문화연구〉. 김광억 외.《문화의 다학문적 접근》. 서울대학교출판부.

조용환. 2001a. 〈문화와 교육의 갈등-상생 관계〉.《교육인류학연구》. 제4집 제2호. 한국교육인류학회.

조용환. 2001b. 〈한국 문화교육의 정책과 실상〉. 교육철학회 편.《문화개방과 교육》. 문음사.

조용환. 2007. 〈다문화교육의 의미와 과제〉. 유네스코 아시아 태평양국제이해교육원 편.《다문화 사회의 이해》. 동녘.

조용환. 2011. 〈다문화교육의 교육인류학적 검토와 존재론적 모색〉.《교육인류학연구》제14집 제3호. 한국교육인류학회.

조용환. 2012a. 〈교육인류학과 질적 연구〉.《교육인류학연구》제15집 제2호. 한국교육인류학회.

조용환. 2012b. 〈어떤 변화가 필요한가 & 교육의 본질에서 본 공교육 개혁의 의미〉.《새로운 공교육의 이해와 실천》. 한국방송통신대학교 종합교육연수원.

정창우. 2015.《인성교육의 이해와 실천》. 교육과학사.

정창우. 2016. 〈인성교육의 체화적 접근과 실천 방안〉.《The SNU Journal of Education Research》제25집 제1호. 서울대학교 교육종합연구원.

정창우, 손경원, 김남준, 신호재, 한혜민. 2013.《학교급별 인성교육 실태 및 활성화 방안》. 교육부.

차경명. 2013.《인성교육 개념의 재구조화 방안 연구》. 서울대학교 석사학위 논문.

차성현. 2012. 〈인성교육 개념의 재구조화〉. 《제6회 청람교육포럼 겸 제53차 KEDI 교육정책포럼 자료집》. 한국교육개발원.

차우규. 2008. 〈초등학교 교육과정으로서 인성교육의 독자성과 통합성〉. 《한국초등교육학회 학술대회 발표논문집》. 한국초등교육학회.

천세영, 김왕준, 성기옥, 정일화, 김수아. 2012. 《인성교육 비전 수립 및 실천 방안 연구》. 교육과학기술부.

최준. 2012. 〈존속범죄 처벌규정의 의미〉. 《교정복지연구》 제24호. 한국교정복지학회.

최준환, 박춘성, 연경남, 민영경, 이은아, 정원선, 서지연, 차대길, 허준영, 임청묵. 2009. 〈인성교육의 문제점 및 창의·인성교육의 이론적 고찰〉. 《창의력교육연구》 제9집 제2호. 한국창의력교육학회.

한국교육개발원. 2014. 《인성교육 활성화를 위한 방향과 과제》. 한국교육개발원.

한국교육학회. 1998. 《인성교육》. 문음사.

한국문화인류학회. 2006. 《낯선 곳에서 나를 만나다》 개정판. 일조각.

현용수. 2008. 《현용수의 인성교육 노하우》 제1권~제4권. 동아일보사.

현주. 2012. 《학교 인성교육의 의의와 과제》. 한국교육개발원.

현주, 장명림, 정광희, 한미영, 류덕엽. 2014. 《초중등 학생 인성교육 활성화 방안 연구(Ⅱ): 초등교원 인성교육 연수 자료 개발》. 한국교육개발원.

현주, 최상근, 차성현, 류덕엽, 이혜경. 2009. 《학교 인성교육 실태분석 연구: 중학교를 중심으로》. 한국교육개발원.

황응연. 1995. 〈세계 속의 한국인 육성을 위한 인성교육〉. 《교육연구정보》 제20권. 강원도교육연구원.

《孟子》.
《書經》.

민황기. 2011. 〈순자의 도덕적 인간관〉.《동서철학연구》제59호. 한국동서철학회.

박영진. 2006. 〈유가의 도덕적 인성론 연구〉.《율곡사상연구》제12집. 율곡학회.

송갑준. 2005. 〈『논어』의 군자상과 그 현대적 의미〉.《대동철학》제32호. 대동
철학회.

이영경. 2007. 〈율곡의 심성론에 있어서 선악과 도덕 의지의 문제〉.《율곡학연
구총서》제3권. 율곡학회.

임헌규. 2012. 〈율곡의 인간 이해에 대한 일고찰〉.《동방학》제24집. 동양고전
연구소.

조장연. 2006. 〈율곡의 인성론 연구〉.《한문고전연구》제12집. 한문고전학회.

황지원. 2009. 〈고대 유가의 인간이해와 이상적 인간상〉.《남도문화연구》제17
권. 남도문화연구소.

황성규. 2019. 〈맹자가 추구한 이상적 인간상의 특성과 역할에 관한 고찰〉.
《한국철학논집》제61집, 한국철학사연구회.

《論語》.

《孟子》.

《荀子》.

《正夢》.

《書經》.

《大學》.

《朱子大全》.

《朱子語類》.

《栗谷全書》.

《退溪集》.

김비환. 2001.《축복과 저주의 정치사상-20세기와 한나 아렌트》. 한길사.

김선욱. 2001.〈한나 아렌트의 정치개념: "정치적"인 것과 "사회적"인 것의 관계를 중심으로〉.《철학》제67집. 한국철학회.

라클라우, 어네스토., 무페, 샹탈. 1990.《사회변혁과 헤게모니》. 김성기, 김해식, 정준영, 김종엽 역. 터.

롤즈, 존. 1988.《공정으로서의 정의》. 황경식 외 역. 서광사.

무페, 샹탈. 2006.《민주주의의 역설》. 이행 역. 인간사랑.

무페, 샹탈. 2007.《정치적인 것의 귀환》. 이보경 역. 후마니타스.

슈미트, 카를. 2012.《정치적인 것의 개념》. 김효전, 정태호 역. 살림.

스트라우스, 레오. 2012.〈카를 슈미트의『정치적인 것의 개념』에 대한 주해〉. 슈미트, 카를.《정치적인 것의 개념》. 김효전, 정태호 역. 살림.

아렌트, 한나. 2007.《정치의 약속》. 콘, 제롬 편집. 김선욱 역. 푸른숲.

왈쩌, 마이클. 1999.《정의와 다원적 평등》. 정원섭 외 역. 철학과현실사.

장원석. 1993.〈끌로드 르포르의 정치이론연구〉. 서울대학교 정치학과 박사학위 논문.

정윤석. 2001.〈아렌트와 공화주의의 현대적 전개〉. 서울대학교 철학과 박사학위 논문.

한센, 필립. 2008.《한나 아렌트의 정치이론과 정치철학》. 김인순 역. 삼우사.

홍원표. 2013.《한나 아렌트 정치철학》. 인간사랑.

홍철기.〈샹탈 무페〉. 홍태영, 람혼 최정우, 양창렬, 강병호, 조영일, 홍철기, 장태순, 장진범. 2010.《현대 정치철학의 모험》. 난장.

홍태영, 람혼 최정우, 양창렬, 강병호, 조영일, 홍철기, 장태순, 장진범. 2010.《현대 정치철학의 모험》. 난장.

Arendt, Hannah. 1963. *The Origins of Totalitarianism*. George Allen & Unwin.

Arendt, Hannah. 1972. *Crises of the Republic*. Harcourt Brace & Company.

Arendt, Hannah. 1977. *Between Past and Future*. Penguin Books.

Arendt, Hannah. 1990. *On Revolution*. Penguin Books.

Arendt, Hannah. 1998. *The Human Condition*. The University of Chicago Press.

Bernstein, Richard J. 1986. *Philosophical Profiles*. The University of Pennsylvania Press.

Schmitt, Carl. 1985. *The Crisis of Parliamentary Democracy*. translated by Ellen Kennedy. MIT Press.

Freeman, Samuel. 2007. *Justice and the Social Contract: Essays on Rawlsian Political Philosophy*. Oxford University Press.

Lefort, Claude. 1963. "La politique et la pensée de la politique". *Les lettres nouvelles* no.32. Février.

Lefort, Claude. 1978. *Les Formes de l'histoire*. Gallimard.

Lefort, Claude. 1981. *L'invention démocratique*. Fayard.

Lefort, Claude. 1986. Essais sur le politique. Seuil.

Lefort, Claude. 1988. *mai 1968: la Brèche*. Editions Complexe.

Lefort, Claude. 1988. *Democracy and Political Theory*. translated by David Macey. Polity Press.

Lefort, Claude. 2012. *Machiavelli in the Making*. translated by Michael, B. Smith. Northwestern University Press.

Mouffe, Chantal. 1988. "Radical Democracy: Modern or Postmodern?", edited by Ross, Andrew. *Universal Abandon?: The Politics of Postmodernism*. University of Minnesota Press.

Rawls, John. 1993. *Political Liberalism*. Columbia University Press.

Rawls, John. 1999. *A Theory of Justice* revised edition. The Belknap Press of

Harvard University Press.

Rawls, John. 2000. *Lectures on the History of Moral Philosophy*. edited by Barbara, Herman. Harvard University Press.

Rawls, John. 2001. *Justice as Fairness: A Restatement*. edited by Kelly, Erin. The Belknap Press of Harvard University Press.

Rawls, John. 2007. *Lectures on the History of Political Philosophy*. edited by Freeman, Samuel. The Belknap Press of Harvard University Press.

Villa, Dana. R. 1996. *Arendt and Heidegger*. Princeton University Press.

Rawls, John. 2000. *Hannah Arendt*. Cambridge University Press.

Weithman, Paul. 2010. *Why political liberalism?: on John Rawls's political turn*. Oxford University Press.

기업의 사회적 책임과 역할에 대한 묵가적 사고 _서용모

기세춘. 2009. 《묵자》. 바이북스.

김경은. 2018. 〈경제교육에서의 기업의 사회적 책임〉. 《학습자중심교과교육연구》 제18권 제7호. 학습자중심교과교육학회.

김성택. 2010. 〈기업의 사회적 책임(CSR)에 대한 평가 모형 개발에 관한 연구 : 계층 분석절차(AHP) 기법을 적용하여〉. 경희대학교 경영학과 박사학위 논문.

민홍석. 2013. 〈묵가철학의 핵심처는 어디인가〉. 《양명학》 제34권. 한국양명학회.

신현철. 1996. 〈공동체주의의 자아 및 사회관에 관한 연구〉. 한국교원대학교 초등도덕교육 박사학위 논문.

이경희. 2009. 〈프랜차이즈 CSR이 조직몰입과 조직시민행동에 미치는 영향: 조직신뢰와 직무만족의 매개 역할〉. 세종대학교 경영학과 박사학위 논문.

진용주. 1996. 〈기업 커뮤니케이션의 사회적 책임 유형과 주제가 기업평판과 사회적 연결감에 미치는 영향〉. 홍익대학교 광고홍보학과 박사학위 논문.

Bowen, Howard R. 1953. *Social Responsibility of the Businessman*. Harper & Row.

Brown, Tom J. & Dacin, Peter A. 1997. "The Company and the Product: Corporate Associations and Consumer Product Responses". *Journal of Marketing* vol.61, no.1.

Carroll, A. 1979. "A Three-Dimensional Conceptual Model of Corporate Performance". *The Academy of Management Review* vol.4 no.4.

Davis, Keith. & Blomstrom, Robert L. 1971. *Business, society, and environment*. McGraw-Hill.

Eells, R. & Walton, C. 1961. *Conceptual Foundations of Business*. Richard D. Irwin Inc.

Jarvenpaa, Sirkka L., Shaw, Thomas R. & Staples, Sandy D. 2004. "Toward Contextualized Theories of Trust: The Role of Trust in Global Virtual Teams". *Information Systems Research* vol.15, no.3.

McGuire W. J. & Papageorgis D. 1961. "The relative efficacy of various types of prior belief-defense in producing immunity against persuasion". *The Journal of Abnormal and Social Psychology* vol.62 no.2.

Petkus, E. & Woodruff, R. B. 1992. "A model of the socially responsible decision-making process in marketing association". edited by Allen, CT. American Marketing Association.

Poter, Michael E. & Kramer, Mark R. 2011. "Creating Shared Value". *Harvard Business Review*.

Yong-Mo, Seo. 2012. "The Realization of Shared value and Mozi's Universal

Love". Establishment of China 20 years Commemoration International Conference. Chinese Mozi Society.

Windsor, D. 2006. "The Corporate Social Responsibility, Three Key Approaches". *Journal of Management Studies* vol.43. no.1.

祝瑞開. 1981.《先泰社會和諸子思想新探》. 福建人民出版社.

《墨子》.

이 책에 나오는 몇몇 글은 다른 저널 등에 게재했던 논문의 일부 등을 수정, 보완, 확장한 것임을 밝힙니다.

- 예술 공론장, 공중 그리고 예술 대중
  이하준. 2016. 〈예술 공론장, 공중 그리고 예술대중〉. 《철학논총》 제85집. 새한철학회.
- 우리의 예술 작품과 예술 행위, 그리고 하이데거의 예술론
  홍진후. 2018. 〈하이데거 예술론의 특성: 그 의미와 의의에 대한 비판적 검토〉. 《미학예술학연구》 제53집. 한국미학예술학회.
- 인문학과 예술의 로컬리티Locality
  송석랑. 2018. 〈서양철학 분야에 관한 『동서철학 연구』 이력 小考〉. 한국동서철학회 35주년 기념 학술대회 발표문.
- 메타픽션 소설 쓰기의 치유적 기능
  이명미. 2020. 〈메타픽션을 활용한 글쓰기 치료 기법 연구〉. 《문학치료 연구》 제55집. 한국문학치료학회.
- 60년대 한국 소설과 허무주의, 무거운 우울의 가능성
  박성진. 2019. 〈60년대 한국소설과 허무주의, 무거운 우울의 가능성: 김승옥과 니체의 허무주의 비교를 중심으로〉. 《비교문화연구》 제54권. 경희대학교 비교문화연구소.
- '인성'과 삶, 문화, 교육 간의 의미 고찰: '문질빈빈' 인성 고찰을 통한 교육인류학적 함의 탐색
  신현철, 김상철. 2017. 〈인성과 교육의 관계적 의미 고찰: '문질빈빈' 인성 고찰을 통한 교육인류학적 함의 탐색〉. 《한국교육학연구》 제23권 제2호. 안암교육학회.
- 생활세계의 정치와 실존적 정치철학
  안효성. 2013. 〈정치의 고유성과 공공성: 정치철학의 근본문제와 경계 설정〉. 《범한철학》 제69집. 범한철학회.
- 기업의 사회적 책임과 역할에 대한 묵가적 사고
  서용모 외. 2018. 〈묵가적墨家的 입장에서 바라본 기업의 사회적 책임과 역할〉. 《한국융합학회논문지》 제9권 제9호. 한국융합학회.

인문예술, 세계를 담다

초판인쇄 2022년 4월 8일
초판발행 2022년 4월 8일

지은이 대전인문예술포럼
발행인 채종준

출판총괄 박능원
편집장 지성영
책임편집 양동훈
디자인 김화, 풍숙원
마케팅 문선영, 전예리
전자책 정담자리

브랜드 이담북스
주소 경기도 파주시 회동길 230 (문발동)
문의 ksibook13@kstudy.com

발행처 한국학술정보(주)
출판신고 2003년 9월 25일 제406-2003-000012호

ISBN 979-11-6801-428-2 03100